我国企业外部导向的
知识资本报告研究

董必荣◎著

中国财经出版传媒集团
中国财政经济出版社

图书在版编目（CIP）数据

我国企业外部导向的知识资本报告研究／董必荣著．—北京：中国财政经济出版社，2018.12

ISBN 978-7-5095-8736-2

Ⅰ．①我…　Ⅱ．①董…　Ⅲ．①上市公司-会计信息-研究-中国　Ⅳ．①F279.246

中国版本图书馆 CIP 数据核字（2018）第 287220 号

责任编辑：郁东敏　　　　　　　　责任校对：张　凡

封面设计：田　晗

中国财政经济出版社出版

URL：http：//www.cfeph.cn

E-mail：cfeph@cfeph.cn

社址：北京市海淀区阜成路甲 28 号　邮政编码：100142

营销中心电话：010-88191537　北京财经书店电话：64033436　84041336

北京财经印刷厂印刷　各地新华书店经销

787×1092 毫米　16 开　21 印张　285 000 字

2018 年 12 月第 1 版　2018 年 12 月北京第 1 次印刷

定价：78.00 元

ISBN 978-7-5095-8736-2

（图书出现印装问题，本社负责调换）

本社质量投诉电话：010-88190744

打击盗版举报热线：010-88191661　QQ：2242791300

代序
Preface

科技发展作为社会经济的强大推动力量，从来没有像现在这样凸显。特别是信息技术的飞速发展，促进了技术超越和行业迭代的频繁发生，不但深刻的改变着人们的思维方式，而且极大的改变着企业组织形式、社会生产和管理模式以及市场运作方式。毋庸讳言，知识资本在其中起着关键作用。

以知识资本为核心的知识密集型企业在全球的快速发展，不仅成为发达国家经济增长的主要动力，也是促进我国经济增长的核心力量，更是我国加快建设创新型国家的有效途径。掌握企业知识资本信息是把脉知识密集型企业现在和未来的关键，对于投资者、债权人、监管机构及其他利益关系方都至关重要。如何全面系统地报告和披露企业知识资本信息，是一个跨学科的难题。我欣喜的看到，董必荣教授为此进行了积极和富有意义的尝试。

本书基于“资源基础论”论述知识资本的战略地位，采用中国资本市场数据实证分析知识资本对企业价值的影响，检验我国上市公司知识资本信息披露现状，借鉴财务会计概念框架构建了外部导向知识资本报告的理论框架，进而设计了由存量报表、增量报表、成效报表共同构成的企业知识资本报表体系，遵循标准化与特异化有机结合原则，分“社会通用指标”“行业特定指标”和“企业特定指标”三个层面设计了企业知识资本的计量指标体系。从而给出了知识资本记录、计量、报告和披露的系统解决方案。特别值得称道的是，作者以上市公司“红日药业”为例，借鉴西方企业的知识资本报告实践，将知识资本的计量和报告有机融入企业战略实施与价值创造过程，进行了外部导向知识资本报告的编制实验。本书还面向未来，探讨了外部导向知识资本报告的规制问题，提出知识密集型企业应采用“财务报告＋外部导向知识资本报告”的二维报告模式。

学科交叉是科技发展的重要途径。本书跳出财务会计框架，突破传统财务会计主要计量和报告物质资本、零星计量和报告知识资本的局限，系统构建了专门用于知识资本计量和报告的外部导向知识资本报告体系，包括外部导向的知识资本报告基本概念框架、一套现实可操作的外部导向知识资本报告模式和计量指标体系，不但为企业编制外部导向的知识资本报告、向外界系统披露企业知识资本信息提供了有益指导，也为政府部门制定知识资本报告指南提供了参考。

我们处在一个前所未有的创新时代。作为优秀的会计学者，董必荣教授不但密切关注作为经济引擎的科技发展的知识资本这一源头，长期致力于知识资本会计研究，而且能够举一反三的借用财务报告概念框架，深入探索知识资本报告的内在逻辑和机理，实为难能可贵。作为长期的学术积累和创新尝试，本书奉予读者的，不只是知识资本报告的理念和设计，更是一种治学的态度和创新性思维，这对于处于变革时代的我们每一位学者和实务工作者都颇具启示。

作为董必荣教授的博士导师，我感到非常欣慰。

是为序。

2018 年 12 月 3 日

目录

Contents

第一章

研究背景

知识资本（Intellectual Capital），又常被译成“智力资本”，最早是作为“人力资本”的同义词由西尼尔（Senior）于1836年提出，1969年美国经济学家加尔布雷斯（J. K. Galbrainth）首次正式提出了“知识资本”一词。知识资本，通常是指能够为企业创造价值的企业所有知识和能力（Bell，1997；Edvinsson and Malone，1997；Koos，Roos，Edvinsson and Dragonetti，1997；Stewart，1997；Sullivan，2000；Ordonez de Pablos，2003；Ghosh and Mondal，2009；Stephen et al.，2013；Crema and Verano，2014）。在会计界相关学者和组织（如IFAC，1998；Lev，2001；N. N，2001；Brennan and Connell，2000；Mohamad et al.，2013等）看来，知识资本本质上代表了企业对未来收益非实物形态的要求权。知识资本通常被分成人力资本、结构资本和关系资本三部分。人力资本，是指企业员工所拥有的知识、能力和经验等。结构资本一般被分成组织资本和智力资产两部分：组织资本是指企业在长期经营过程中通过无数大小决策所逐步累积形成的、能够将企业各类资源有机整合起来的企业知识和能力，如企业愿景、企业理念、企业文化、惯例、管理制度和机制等；智力资产则是指企业通过创新而生成的各类知识产权，如专利、专有技术、商业秘密等。关系资本，则是指一个企业在长期的发展过程中所累积形成的、与社会各界组织和人员之间的良好关系和资源。

随着知识经济的不断发展，知识资本对于企业（特别是知识密集型企业）的经营业绩和竞争位势的重要作用不仅得到理论界广泛认同（Stewart，1997；茅宁，2001；Edvinsson and Malone，1997；Sveiby，1998；Crema and Verano，2014），也得到一些经验研究的支持（如Bontis，1998；Firer et al.，2003；Riahi－Belkaoui，2003；Marvidis，2004；Pew Tan et al.，2007；薛云奎、王志台，2001；陈劲，2004；李嘉明等，2004；王化成、卢闯、李春玲，2005；万希，2006；安妮，2009；黄早化，2013；甘如彦，2014；党小博，2015等）。以知识资本为核心的知识密集型企业在各国都获得了快速的发展，不仅成为发达国家（如美国）经济增长的主要动力（玛格丽特·布莱尔和史蒂文·沃曼，2004；Stephen et al.，2013），也成为促进我国经济增长的核心力量。

如何科学地管理知识资本并系统地对外披露企业知识资本信息已经逐渐成为各国知识密集型企业急待解决的一个现实难题。由于传统财务报告比较适合有形资产的计量、管理和报告，而太不适合知识资本的计量、管理和报告（巴鲁·列弗，2003；Bornemann and Leitner，2002），因此，从20世纪80年代开始，实务界和理论界开始系统研究知识资本的计量、管理和报告问题，先后提出了Intangible Assets Monitor（Sveiby，1997）、Skandia Navigator™（Edvinsson and Malone，1997）、IC Rating™（Intellectual Capital Sweden，1997）、IC－Index™（Roos，Roos，Dragonetti and Edvinsson，1997）、IC－dVAL™（Bonfour，2003）、Intellectual Capital Report Benchmarking（Karagiannis et al.，2009）等40多种知识资本计量、管理和报告模式（Sveiby，2010）。20世纪90年代中期，一些知识密集型企业开始将知识资本的计量、管理和报告付诸实践，并将知识资本报告作为企业内部的一种管理工具定期进行编制，部分知识密集型企业甚至将知识资本报告作为企业年度报告的一个有效补充，定期对外公开披露（如Scandia、COWI、Dow Chemical、Norst Tripping、GoPro、Netstrategen ApS、OeNB、Teva、Oracle、Systematic等）。近年来，部分发达国家的政府部门（如丹麦、德国等）和国际组织（如欧盟等）也开始介入知识密集型企业的知识资本管理和知识资本报告问题，并出台了多份知识资本报告指南（如Danish Guidelines，2003；Genmen Guidelines，2004；Meritum Guidelines，2002；European ICS Guideline，2008；Florinda Matos et al.，2013；Subhash et al.，2013），以指导和规范知识密集型企业的知识资本管理和知识资本报告编制，并认为这种基于内部管理目的编制的知识资本报告也适合对外报告。

知识资本报告原本是知识密集型企业用来评价和强化自身知识资本管理的一种内部管理工具，是服务于企业内部管理目的的，然而，迫于外界对知识密集型企业知识资本信息的需求，很多知识密集型企业将原本用于企业内部管理目的的知识资本报告经过简要处理后直接对外披露，由此引发了一系列值得深思的问题：这种原本用于企业内部管理目的的知识资本报告能否适合对外报告目的？如果不适合，基于对外报告目的的知识资本报告究竟应该依据什么理论模型？如何进行编制？这种外部导向的知识资本报告究竟应该遵循什么样的质量标准？

经过改革开放几十年的发展，我国经济已经逐步步入工业化中后期阶段，知识经济在我国也初露端倪，知识密集型产业在我国也得到了蓬勃发展，沪深两市上市的知识密集型企业越来越多，国外知识密集型企业面临的知识资本计量、报告和信息披露难题我国知识密集型企业同样会遇到，传统的财务报告同样不能有效传递我国知识密集企业的核心信息，我国知识密集型企业该怎么办？如果采用国外知识密集型企业的做法，采用对外知识资本报告的模式对外系统披露企业知识资本信息，那么，我国企业外部导向的知识资本报告究竟应该依据什么理论模型？如何编制？遵循什么样质量标准？又如何对其进行管制？

为了系统解决上述问题，本书从对外报告角度出发，将重点研究外部导向知识资本报告的基本概念框架、以对外报告为目标的知识资本计量和报告理论模型构建、以对外报告为目标的知识资本计量指标体系的设计与筛选、外部导向知识资本报告的具体报告模式、外部导向知识资本专项报告的规制等基本理论问题。

第二章

文献回顾

一、有关知识资本的基本问题研究

（一）知识资本的内涵

知识资本最早是 Senior 在 1836 年提出来的，他认为知识资本是个体所拥有的知识和技能，与人力资本同义。20 世纪 90 年代，学术界逐渐展开对知识资本的系统研究。1991 年，Thomas Stewart 从组织层面对知识资本进行系统界定，他认为知识资本是组织中所有成员知晓并加以运用的能够成为企业优势的事物总和，包括员工的知识技能、组织结构、企业文化、经营流程、客户关系等，即一切可以为企业带来利益的知识。通过梳理国内外学者对知识资本理论的研究成果发现，由于知识资本研究的环境差异，学术界对知识资本内涵的界定仍存在较大差异，目前学者对知识资本定义主要基于无形资产、价值、知识能力三个视角。Seviby（1986）认为，知识资本是以知识为基础，体现企业核心竞争力的无形资产；Brooking（1996）认为，知识资本是企业持续经营所必须拥有的无形资产的总称；随后 Masoulas（1998）、Booth（1998）、Johnson（1999）、Knight（1999）、Lev. B（2001）、申明（1998）、原毅军（2007）等也从无形资产视角出发，认为知识资本是企业所拥有的无形资产，能够为企业带来价值增值，创造竞争优势。许多学者认为知识资本不能等同于无形资产，两者在范围上有所差异。OCED（1999）、Petty and Guthrie（2000）认为知识资本是无形资产的子集。Bontis（1996）、Dyinsson and Malon（1997）、Pablos（2002）、万希（2005）等基于价值视角，认为知识资本可以看作企业市场价值与账面价值所形成的差额。张兆国（2000）、金水英（2007）认为知识资本蕴含于知识中，并不断变化，是企业在其生产经营及其管理活动中所积累起来的最具有价值增值性的预付价值。Bell（1997），Vonk（2000），Dow（2003），李冬琴（2003），朱学义（2004），景莉（2006），傅传锐（2009），黄早化（2013），甘如彦（2014），党小博（2015），Stephen et al.（2013），Garanina、Tatiana（2017）等基于知识能力视角对知识资本进行了不同的定义。Vonk（2000）提出，知识资本是企业成员的知识、能力转化为生产力的知识总和。王勇、许庆瑞（2001）认为，知识资本指整合组织所有的知识资源并能够提高企业获利的能力。景莉（2006）将知识资本定义为是通过对组织中各种知识元素进行有效整合，从而提升企业价值创造的能力。张显峰（2016）在研究中将知识资本界定为是企业成员拥有的以知识技能等软资源为基础，表现为制度文化、专利、顾客关系等企业潜能。

（二）知识资本的分类

目前对知识资本要素的分类并没有形成统一的结论，国内外学者对知识资本的分类方法可以分为四种：二分法、三分法、四分法以及多分法。

1. 二分法

最早提出知识资本二分法的学者是 Karl Erik，他在 1989 年发表的《资产负债表中的无形资产》一书中将知识资本划分为人力资本和结构资本两部分。Edvinsson and Malone（1997）利用 Scandia 模型将知识资本划分为人力资本和结构资本两大部分。结构资本由组织资本和顾客资本构成，组织资本又包含流程资本和创新资本。其中，人力资本是企业人员知识、能力、经验的体现；顾客资本是与供应商、客户、政府部分有关的资本；流程资本决定企业决策的执行；创新资本则对企业未来发展有很大影响的因素。Roos（1997），Joia（2000），纪建悦，刘红等（2008），卢馨，黄顺（2009），傅传锐（2009），曹裕、陈晓红等（2010），赵海林（2014），Leitner（2015）在研究中也基于 Scandia 模型将知识资本划分为人力资本和结构资本两大类，但不同学者在对结构资本细分上有所差异。例如 Roos（1997）将结构资本细分为关系资本、组织文化资本以及发展创新资本。傅传锐（2009）将结构资本细分为组织资本和关系资本。Sullivan（2000）将知识资本分为人力资本和知识资产，人力资本指依附于员工的经验、技能技巧以及创造性等；知识资产是个人所拥有的知识编码化后形成的公司拥有和控制的知识。徐笑君（2004）认为，知识资本可以分为个人知识资本和组织知识资本，强调组织知识资本由组织拥有和控制，不随员工变迁而发生改变。

2. 三分法

知识资本三分法是在二分法基础上产生的，三分法的代表 Thomas Stewart（1994）将顾客资本从结构资本中分离出来，认为知识资本包含人力资本、结构资本和顾客资本三部分，此种分类方法被称为“H－S－C”结构。其中，人力资本包含企业员工所拥有的知识、技术、互动交流，是其他要素发挥作用的基础；结构资本是企业内部的制度规范、组织管理形式，能够保证企业有效运行；顾客资本是企业在经营过程中与客户建立起来的牢固关系。随后有许多学者借鉴此种分类方法，只是对结构资本和顾客资本的定义上存在略微差异。Bontis（1998），Johnson（1999），李冬琴（2004），Raine Hermans（2005），饶淑华（2005），Rajiv S. Narvekar、Karuna Jain（2006），蒋琰、茅宁（2008），Yahui Hsua、Wen Chang、Fang（2009），孙东哲（2010），刘亚军（2010），髙丽、潘煜（2014），党小博（2015），王莹（2017）等对“顾客资本”的内涵进行了扩展，将企业在经营过程建立的供应商关系、客户关系等关系网络统称为关系资本，认为知识资本由人力资本、结构资本和关系资本构成；Nahapiet and Ghoshal（1998），Snell、Lepak and Youndt（1999），Bramaniam and Youndt（2005）等强调外部网络关系作用，将知识资本划分为人力资本、组织资本、社会资本；Lynn（1998）、万希（2009）将知识资本划分为人力资本、组织资本和关系资本。可以发现，学者采用三分法对知识资本划分的过程中，结构资本和组织资本经常混用，关系资本和社会资本经常混用。

3. 四分法

知识资本四分法的分类标准存在较大差异。Brooking（1996）将知识资本划分为人力资本、基础设施资本、知识产权资本和市场资本。其中，人力资本主要侧重于企业领导者的能力技巧、创意思想、精神文化等；基础设施资本是保障企业有效运行的资产，包括企业文化制度、信息系统、硬件设施等；知识产权资本指受法律保护的有关知识产权、商标、专利、非专有技术等资产；市场资本是与市场有关的无形资产，包含顾客关系、忠诚度、企业营销策略等。Jin Chen（2004），Wen ying Wang（2005），郭黎、张爱华（2016）在对知识资本进行分类的过程中强调创新资本的作用，将其划分为人力资本、结构资本（组织资本或流程资本）、关系资本（顾客资本）和创新资本。郑美群（2006）将知识资本划分为人力资本、技术型组织资本、管理型组织资本和关系资本四个部分。吕爽（2015）在考虑企业内部团队成员间合作交流重要性的基础上将知识资本划分为人力资本、结构资本、内部社会资本、外部社会资本四个部分。

4. 多分法

多分法对知识资本进行更为细致的划分。Bassi（1999）、Van Buren（1999）将知识资本划分为人力资本、结构资本、流程资本、创新资本、关系资本或顾客资本五部分；Andreou（2006）将知识资本划分为人力资本、决策有效、技术资本、流程资本、市场资本；Eduardo Bueno，Maria P. Salmador and Oscar Rodriguez（2006）提出知识资本由人力资本、组织资本、技术资本、社会资本和经营资本构成。

可以看出，目前学者对知识资本分类方法还存在争议，二分法和三分法的分类标准较为明确，采用三分法的学者较多地将顾客资本或关系资本从结构资本中分离出来，作为一个单独要素进行研究；四分法和多分法的分类标准存在较大差异。本项目基于外部导向的知识资本报告研究目的，参照 Thomas Stewart（1994），Raine Hermans（2005），饶淑华（2005），Rajiv S. Narvekar、Karuna Jain（2006），蒋琰、茅宁（2008），Ya－hui Hsua、Wen Chang、Fang（2009），孙东哲（2010），刘亚军（2010），高丽、潘煜（2014），党小博（2015）等人的分类标准，在将知识资本分为人力资本、结构资本、关系资本三部分基础上在后文对知识资本报告展开研究。

二、有关知识资本信息披露的研究

（一）知识资本信息披露的研究现状

知识资本对于企业（特别是知识密集型企业）成长、经营业绩和竞争位势的重要作用不仅得到理论界广泛认同（Stewart，1997；Edvinsson and Malone，1997；Sveiby，1998；Sydler，2013；茅宁，2001；杨政、董必荣、施平，2007；油永华，2014；马跃如，2017），也得到了大量经验研究的支持（Bontis，1998；Firer et al.，2003；Riahi－Belkaoui，2003；Marvidis，2004；Pew Tan et al.，2007；Garanina Tatiana et al.，2017；陈劲、谢洪源、朱朝晖，2004；李嘉明、黎富兵，2004；王化成、卢闯、李春玲，2005；万希，2006；傅传锐，2007a，2007b；宁德保、李莹，2007；冉秋红、罗嫣、赵丽，2007；张炜，2007；张炜、王重鸣，2007；朱瑜、王雁飞、蓝海林，2007；郝文杰、鞠晓峰，2008；蒋琰、茅宁，2008；王新利、王凯，2008；王智宁、吴应宇、叶新，2008；刘超、原毅军，2008；张炜、袁晓璐，2008；李冬伟、汪克夷，2009；蒋天颖、王俊江，2009；安妮，2009；黄早化，2013；甘如彦，2014；党小博，2015 等）。然而，目前企业对外披露知识资本信息主要通过传统财务报告。受现行财务会计模式的局限，这种传统的财务报告只适合反映和报告企业的有形资产信息，无法有效地反映和报告企业的知识资本信息（巴鲁·列弗，2003；董必荣，2008）。Guthrie and Petty（2000）、Olsson（2001）、Brennan（2001，IRELAND）、Bontis（2002）、Bontis（2003）、Bozzolan et al.（2003）、April et al.（2003）、Ordonez de Pablos（2003）、Goh and Lim（2004）、Vandemaele et al.（2005）、Abeysekera and Guthrie（2005）、Bozzolan et al.（2006）、Guthrie et al.（2006）、Oliveira et al.（2006）、Firer and Williams（2007）、Abeysekera（2007）、Ester Oliveras et al.（2008）、Striukova et al.（2008）、Huafang Xiao（2008）、Whiting and Miller（2008）、Sonnier et al.（2008）、

Abeysekera（2008）、Mehralian et al. （2016）、Ousama and Fatima（2015）、Wang et al. （2016）、Amitava Mondal（2017）等对有关国家上市公司年度财务报告知识资本信息披露情况的系统分析表明，在各国现有的法律制度环境下，尽管传统财务报告已经披露了一部分知识资本信息，并且部分国家还有逐步增加的趋势，但总体而言，传统财务报告披露的知识资本信息非常有限，而且既不系统也不全面。薛云奎、王志台（2001），张丹（2008a，2008b），蒋艳霞、徐程兴（2009），蒙立元、张婉婧（2013），毕见良（2013），彭浩流（2015），孙颖（2016）等国内学者对我国上市公司知识资本信息披露情况的实证研究也证实了这一点。

知识资本信息披露的不足，不仅影响投资者的投资决策，提高投资者的投资成本（Amihud and Mendelson，1986；Boone and Raman，2001；Shi，2003），还会导致内部人获得额外收益、投资人对资本市场信心的丧失（Kothari et al.，1998；Aboody and Lev，2000；巴鲁·列弗，2003），甚至会进一步妨碍社会资源的优化配置，导致知识资本密集型企业无法及时得到足够的资本支持，影响知识资本密集型企业的健康发展（Gu and Lev，2004；Lev，Sarath and Sougiannis，2005）。知识资本信息披露一定程度上可以降低信息不对称程度，对企业价值有重要影响（Lang and Lundholm，1993；Elliott，1999；Mohammad，2005；王志台，2001；Tsai and Hua，2005；Alireza Vafaei et al.，2011；冉秋红、罗嫣，2008；肖志雄，2008；张丹，2008；黄娟、周茜，2011；蒋艳辉、李林纯，2014；张露，2016等）。

（二）知识资本信息披露的作用

随着知识资本对企业价值贡献度的提升，利益相关者逐渐增加对知识资本信息的需求，企业在激烈的竞争中也倾向通过财务报告、招股说明书、上市公司网站等途径向市场传递企业竞争优势等相关信息，提高知识资本信息披露水平。国内外学者也从多个角度对知识资本信息披露作用进行了研究。

1. 知识资本信息披露与企业绩效

在经济全球化和信息化高速发展的时代，知识资本的价值创造作用突显，利益相关者的信息需求不仅局限于财务信息，知识资本信息需求也逐渐提高，企业也逐渐加强对知识资本信息的披露。较多的信息披露可以向市场传递积极的信息，有利于企业良好形象的树立，缓解信息不对称的程度，降低投资不确性，从而促进资本市场的流动性。因此，管理者有动机披露知识资本信息（Jensen and Mecking，1976；Elliott，1999）。知识资本信息披露不仅有利于促进投资者加强对企业的了解，也有利于企业利好信息的传递，从而对提升企业绩效产生重要影响。国内外学者从多个角度检验了知识资本信息披露与企业绩效的关系。Savcrio Bozzolan（2003）证实意大利盈利水平高的上市公司知识资本信息披露频率更高；Petty（2008）、Tovstiga（2009）在对不同地区上市公司知识资本信息披露与企业绩效关系进行了实证检验，结果表明知识资本信息披露与企业业绩存在正相关关系。随着知识资本信息披露对企业绩效影响的加强，屈志凤、肖志雄（2008），李景春（2011），Abdelrazaq Faleh Alta（2016）还进一步探究了知识资本不同维度信息披露状况对企业绩效的影响，研究发现知识资本信息披露频度与企业绩效显著相关，但人力资本、结构资本（组织资本）以及顾客资本信息披露水平与企业绩效相关程度存在差异。

2. 知识资本信息披露与企业成长

在知识经济时代，知识资本是企业提升创新能力（Pena，2002；Li Chang and Chao hung Wang，2010；Gregorio，2011；蒋天颖等，2009；刘博，2013；崔凯悦，2016 等）、树立竞争优势的重要驱动因素（Bontis，1998；Bassi and Buren，2002；Hong et al.，2007；Cabrita and Bontis，2008；万希，2006；傅传锐，2007；王蜀霖，2014；潘楚林、田虹，2016）。企业应当对知识资本进行有效管理，提高知识资本利用效率。由于目前知识资本信息信息披露是自愿性的，企业知识资本信息披露水平存在较大差异，较高的知识资本信息披露水平有利于加强企业对知识资本的识别和管理，促进企业有效利用知识资本资源发挥创新优势（李玉平，

2008；肖华芳，2009）。根据信息不对称理论和信号传递理论，企业可以通过知识资本信息的披露向市场传递企业的经营战略、核心资源、竞争优势等（李平，2006），缓解资本市场信息不对称的状况，一方面可以较少融资约束，降低债务成本（曾洁琼，2009）；另一方面投资者可以通过知识资本信息加强对企业了解，减少未来投资的不确定性，从而有利于企业市场价值的提升（Dumay and Tull，2007；屈志凤、肖志雄，2008；冉秋红、罗嫣、赵丽，2007）。Abdolmohammadi（2005），Tsai and Hua（2005），Kamath（2008），Mishari M. Alfraih（2017），肖华芳、万文军（2009），王雪（2010），欧凌燕、潘琰（2012），蒋艳辉等（2014），李林纯（2015）等通过对不同地区上市公司的检验，证实知识资本信息披露与企业价值之间存在正相关关系。知识资本不同组成部分的信息披露水平在缓解信息不对称、促进企业价值提升方面也发挥着不同的作用，但目前尚未形成统一结论。李建良、陈明（2011）对房地产行业知识资本信息披露价值效应进行验证时发现，结构资本、关系资本与市场价值正相关关系更显著，人力资本信息披露与企业市场价值正相关关系不显著。Abdelrazaq Faleh Alta（2016）对约旦制造业行业上市公司知识资本信息披露影响进行检验，结果表明人力资本、结构资本、关系资本对企业的市场价值有显著正效应，企业应当加大对知识资本信息的披露。

3. 知识资本信息披露

目前对知识资本信息披露作用的研究主要集中在知识资本信息披露与企业绩效或企业成长方面，关于知识资本信息披露其他作用的研究较少，没有形成系统的研究成果。Mohalnland（2005）选取美国部分上市公司，发现知识资本对企业资本化程度存在正向效应；张露（2012）认为知识资本信息披露频率越高，公司 IPO 抑价率越低；Brennan et al.（2000），Omar Farooq and Christian Nielsen（2013），Farooqo、Nielsen C（2014），李林纯（2015）从信息搜寻成本角度出发，研究发现较高的知识资本信息披露水平可以降低证券分析师信息搜寻成本，促使证券分析师更加倾向于对此类企业进行分析跟踪。

通过对知识资本信息披露作用的文献进行梳理，发现知识资本信息披露在缓解信息不对称、提升企业知识资本管理效率、促进企业可持续成长方面的作用已经得到证，但知识资本各构成要素信息披露对企业作用还有待进一步研究。

三、有关知识资本报告的研究

（一）内部导向的知识资本报告研究

知识资本报告的系统研究源于 20 世纪 90 年代，最初知识资本报告是发达国家的一些知识密集型企业为了强化自身知识资本管理而编制的，后来学术界也开始介入知识资本报告的研究。截至目前，西方实务界和学术界先后提出 Balanced Score Card（Kaplan and Norton，1992）、Technology Broker（Brooking，1996）、Skandia Navigator™（Edvinsson and Malone，1997）、Intangible Assets Monitor（Sveiby，1997）、Value Added Intellectual Coefficient（Pulic，1997）、IC－Index™（Roos et al.，1997）、Value Creation Index（Baum et al.，2000）、The Value Explorer™（Andriessen and Tiessen，2000）、Knowledge Audit Cycle（Schiuma and Marr，2001）、IC－Rating™（Edvinsson，2002）、Value Chain Scoreboard™（Lev B.，2002）、IC－dVAL™（Bonfour，2003）、Intellectual Accounting Scorecard（Abeysekera，2003）、Intellectual Capital Report Benchmarking（Karagiannis et al.，2009）等 40 多种不同的知识资本计量和报告模式。

以上述相关的理论模型为依据，从 20 世纪 90 年代中期开始，一些西方知识密集型企业开始尝试编制知识资本报告，以强化自身的知识资本管理。1994 年，瑞典 Scandia 公司编制并披露了全球首份知识资本报告。随后，其他一些西方知识密集型企业（主要是一些西欧国家企业）开始定期编制智力资本报告，如 COWI、Celemi、Dow chemical、Norst Tripping、Intercos、Plastal、TurnIT、Systematic、ATP 等。近年来，部分发展中国家的少数知识密集型企业（如印度的 Reliance、Navneet 等）也开始尝试编制知识资本报告。很多知识密集型企业则不仅将知识资本报告作为企业知识管理或战略管理的一种工具，还将知识资本报告作为对外信息传递的一种工具，将原本基于企业内部管理目的编制的知识资本报告经过适当处理定期对外披露。然而，由于知识资本报告原本是基于企业内部知识管理目的而编制的，为了使所编制的知识资本报告具有管理针对性，不同企业的知识资本报告无论是理论模型选择、指标体系设计，还是具体报告模式设置等各个方面都存在巨大差异，相互之间缺乏可比性，很难被外部人有效理解和使用。

近年来，一些国家的政府部门和国际组织也开始介入知识资本报告研究问题。在与多个知识密集型企业合作研究的基础上，丹麦的“Ministry of Science, Technology and Innovation”于 2000 年出台了首份知识资本报告指南《A Guideline for Intellectual Capital Statements》，并于 2003 年发布了新的知识资本报告指南《Intellectual Capital Statements – The New Guideline》。与丹麦类似，在与众多知识密集型企业合作研究的基础上，德国的“Federal Ministry of Economics and Labour”也于 2004 年出台了《Intellectual Capital Statement – Made in Germany》。20 世纪 90 年代后期，欧盟先后启动了 Meritum、MAGIC 等多个研究计划，在总结欧盟各国（主要是西欧）知识资本管理和报告经验的基础上，通过与多个国家知识密集型企业合作，先后于 2002 年发布了《Meritum Guidelines》，2006 年出台了“RICARDIS”报告，2008 年发布了《European ICS Guideline》，以协调和指导欧盟范围内各国知识密集型企业知识资本报告的编制和知识资本信息的披露。此外，北欧创新中心（Nordic Innovation Centre，其前身是“Nordic Industrial Fund”）在与多个国家众多知识密集型企业长期合作研究的基础上，也先后出台了《Intellectual Capital Managing and Reporting》（2001）、《How to Develop and Monitor Your Company's Intellectual Capital》（2003）、《Putting Intellectual Capital into Practice》（2006）等多份研究报告，以指导北欧企业知识资本报告的编制。2008 年欧洲金融分析师协会联合会（EFFAS）成立的知识资本委员会（Commission on Intellectual Capital，CIC）调整了原2006年发布的一套为“知识资本有效沟通原则”的指导方针。主要针对公司报告用户（金融分析师）的IC披露准则，提高公司提供的智力资本信息对公司评估的可用性，包含了制定具体部门智力资本指标的10条原则。尽管这些国家的政府部门和国际组织声称，这些指南或研究报告既可以用来指导知识密集型企业内部管理目的知识资本报告，又适合指导这些企业知识资本信息的对外披露，然而，这些指南和研究报告的核心是指导知识密集型企业如何将知识资本报告作为企业自身的一种知识管理工具或战略管理工具进行编制，而没有从外部人需求的角度出发认真研究外部导向的知识资本报告问题。

（二）外部导向的知识资本报告研究

尽管实务界认为知识资本报告既可以用于企业内部管理目的，又可以用于对外报告目的，然而，外部人对知识资本信息的需求却与内部人有着巨大差异，因此，基于内部管理目的编制的知识资本报告很难满足外部人的需要。

近年来，国外部分学者和研究组织逐渐意识到了这一问题，开始尝试从对外报告的视角研究知识资本报告问题。例如，Meritum Guidelines（2002）、European ICS Guideline（2008）和北欧创新中心的第三份研究报告《Putting Intellectual Capital into Practice》（2006）在主要讨论如何基于企业内部管理目的编制知识资本报告时，也简要提及了对外知识资本报告的编制和披露问题。Danish Guideline（2003）则在其第三部分专门讨论了对外知识资本的一些基本问题：如哪些人需要知识资本信息？对外知识资本报告应包括哪些内容？以独立报告的方式还是附在年度报告后面进行披露？在“RICARDIS”报告（2006）中，欧盟专家组也在其政策建议部分，专门从对外报告的视角讨论了知识资本报告的标准化问题，认为知识资本报告无法做到绝对的标准化，必须适度顾及企业的特异性；知识资本报告的标准化应主要从统一智力资本分类、统一报告结构、统一指标体系几个方面着手。在此基础上，欧盟专家组还进一步讨论了对外知识资本报告的制定机构问题和 XBRL 标准问题。2005 年，日本的 "Ministry of Economy, Trade and Industry" 还专门出台了《Guidelines for Disclosure of Intellectual Assets Based Management》（简称 GIPID），从对外报告的角度详细规定了知识资本信息的披露问题。Johanson et al. （2006）则在比较了 GIPID 与 MERITUM、Danish Guideline 差异的基础上，指出了未来知识资本指南和报告必须解决的四大挑战，其中有几点涉及对外知识资本报告问题。近年来，Mertins et al. （2007）、Mertins et al. （2009）、Mertins et al. （2010）在欧盟相关研究（尤其是《European ICS Guideline》）的基础上，专门讨论了知识资本报告的质量鉴证问题。2013 年，国际综合报告委员会（简称"IIRC"）基于利益相关者需求发布《国际综合报告框架》，提出将知识资本与财务资本、制造资本、人力资本、社会与关系资本、自然资本综合起来一起在报告中列示，但其只是对知识资本信息披露的指导原则进行了说明，并没有规定知识资本信息披露的具体指标和计量方法。

国内学者有关知识资本报告的研究基本上都是基于对外报告视角的研究。曾洁琼（2006a），张丹、张韵（2006a），徐玲芳、孔玉生、朱乃平（2006），张丹、牛晓君（2009），李金勇、胡伟清（2011），曾蔚（2015）等在总结分析国外有关企业知识资本报告模式的基础上，指出了未来知识资本报告研究的一些方向，对未来我国企业知识资本报告的编制提出了一些建议。李平、刘希宋（2006）分析了国外企业知识资本报告的基本内容，总结了国外企业知识资本报告的四要件，提出了企业知识资本报告的一个框架。徐程兴（2003）指出了设计企业知识资本报告应该注意的问题，并模仿传统财务报告模式设计了一套由主表、附表、报表附注构成的知识资本报告体系。曾洁琼（2006b）则在分析了知识资本信息提供方式和报告方式的基础上，提出了由知识资本状况表、知识资本流量表、知识资本预测表和知识资本备忘录共同组成的知识资本报告基本框架。孔玉生、华东、朱乃平（2006）认为，未来我国知识资本报告应遵循从"相对独立的知识资本报告"向"完整的含有知识资本的财务报告"模式转变，并且也提出了由主表、附表、报表附注组成的知识资本报告体系。张丹（2008）在基于我国上市公司年度报告中知识资本信息披露情况实证研究的基础上，认为我国企业知识资本报告可以建立在企业年度报告基础上，并提出了建立与规范我国企业知识资本报告的一些建议。董必荣（2009）剖析了知识资本报告与通用财务报告之间的差异，论述了知识资本报告的标准化问题（董必荣，2008），指出对外知识资本报告应该事先标准化与差异化的有机结合（董必荣，2009）。于蒙、杨志萍（2013）对科研机构知识资本管理及报告进行研究，发现科研机构知识资本报告并没有形成统一的标准和框架，缺少对知识资本指标评估的实践。武军晓（2015）提出，虽然披露知识资本信息存在必要性，但目前关于如何披露知识资本信息缺乏公认框架结构，而且知识资本报告服务对象也不具有明确性。曾蔚（2015）在对国内外知识资本报告进行研究的基础上，构建基于知识资本创值观的企业知识资本报告，提出企业知识资本报告应当包含知识资本状况表、知识资本流量表、知识资本预测表、知识资本描述性报告和附注。此外，曾洁琼、陈君宁（2006b），汪炜、孔玉生（2006），曾洁琼（2008），刘洪泉、金福（2014）等在借鉴 Guimon（2005）研究的基础上，分析了知识资本报告效应发挥存在的障碍，并提出了清除障碍的一些措施。曾洁琼、陈君宁（2006a）还借鉴 Abeysekera（2003）的研究，将知识资本报告和财务报告相结合，提出了智力会计计分卡。

可以看出，目前国内外有关知识资本报告的大部分研究文献都是基于企业内部管理目的研究的，所提出的报告模式基本上也都是为企业内部知识管理目的而设计的，既没有考虑外部人对知识资本信息的需求，又没有考虑对外报告的特点，很难直接用于对外报告目的。

近年来，部分学者（尤其是国内学者）和研究机构已经意识到了外部导向的知识资本报告研究的重要性，并着手进行了一些卓有成效的研究，这些研究成果为未来进一步研究打下了良好的基础。但尽管如此，截至目前，有关外部导向的知识资本报告研究仍处于起步阶段，仍需要进行更为深入系统的研究。

第三章

知识资本理论分析

强调知识资本信息披露的重要性，系统研究外部导向知识资本报告问题，首先必须明确知识资本在企业特殊的战略地位，知识资本在企业的战略地位可以依据“资源基础论”进行深入分析。

一、资源基础论

（一）资源基础论的兴起

“资源基础论”是一个于 20 世纪 80 年代在战略管理领域逐步兴起的理论流派，其思想渊源可以追溯到 Penrose（1959）在她的《企业成长论》一书中的精辟论述。1984 年，Wernerfelt 在著名的《企业的资源基础观》中，正式提出了“资源基础论”的基本观点，认为企业内部所拥有的资源是决定一家企业能否取得竞争优势的关键，企业所拥有的资源位势决定了一家企业在市场中的竞争位势。不仅如此，企业内部所拥有的资源状况还决定了企业经营战略的广度和深度。Dierichx and Cool（1989）认为，实施一项战略所需要的战略资产中，有很多战略资产根本就不存在市场，无法通过市场来买卖，而只能在企业内部逐步积累。一家企业现有的战略资产存量决定了其在市场中的竞争位势，而企业现有的战略资产存量则是企业在过去一定时期内通过选择资源流量的恰当时点和路径而逐步累积形成的，那些试图仿制优势企业战略资产的企业将因为时间压缩非经济性（time compression diseconomies）、资产积聚效率（asset mass efficiencies）、资产存量交互关联性（interconnectedness of asset stocks）、资产的腐蚀性（asset erosion）以及原因模糊等等因素的存在而无法模仿和替代。这样，拥有这些战略资产的企业就能够赢得持续的竞争优势。

在上述文献论述的基础上，1991 年，Barney 正式提出了“资源基础论”的基本分析框架。在“企业所拥有的资源是异质的”和“这些异质资源是不可流动的”这两个假设的基础上，Barney（1991）认为，企业要想获得并维持竞争优势，其内部所拥有的特异资源和能力必须具备如下四个特性：①有价值性；②稀缺性；③不完全可模仿性；④不完全可替代性。在 Barney（1991）论述的基础上，1993 年，Peteraf 在《竞争优势的里程碑：一个资源基础理论的观点》一文中运用经济学的分析方法，从竞争战略的视角也对资源基础论的思想进行了深入的研究。Peteraf 认为，要获得持续的竞争优势，企业必须同时实施四种不同的竞争战略，即以资源异质性（heterogeneity）为核心的竞争战略、事后限制竞争（expost limits to competition）的战略、不完全流动性（imperfect mobility）竞争战略和事前限制（ex ante limits to competition）竞争战略。根据 Peteraf 的论述，采用“以资源异质性为核心的竞争战略”，企业可以同时获得李嘉图租金和垄断租金；通过实施“事后限制竞争的战略”，企业则可以维持和延续这些租金；而采用“不完全流动性竞争战略”，企业可以防止其他企业对本企业租金的侵蚀；采用“事前限制竞争战略”则可以使得企业的租金不会因为成本过高而被侵蚀。

与上述诸多学者不同的是，另外一些学者则坚持“企业能力论”，强调企业能力对于企业取得和维持竞争优势的关键作用。如 Prahalad and Hamel（1990）的强调了企业核心能力的重要性，认为一家企业能否在市场竞争中取得竞争优势，关键要看这个企业有没有核心能力；Teece，Pisano and Shuen（1997）则强调了“动态能力”（dynamic capabilities）的重要性，认为面对快速变化的外部环境，企业必须具备不断整合、获取和重构内外部资源和能力的动态能力。动态能力可以使企业在给定路径依赖和市场位势的情况下，通过不断革新，适时建立起适应市场需求的新的资源和能力，使企业在动态变化的环境下获得持续的竞争优势。

Grant（1995、1996）、Spender（1996）则特别强调知识对于取得和维持竞争优势的核心作用，提出了“知识基础论”，认为企业最主要的工作是创造和运用知识，利用组织结构和知识管理的互相配合，达到有效率的知识创造、利用及移转来创造价值。不同的知识可以用来解决不同的问题，透过整合企业个体（企业成员，如员工、小组或是部门）的知识可以获得新的知识，借此解决新企业再营运时遇到的新问题，再借由散布使得企业成员能力得以提升以取得竞争的优势。企业战略的重点在于设计适当的组织结构、善用权授、沟通或是决策的各种机制，将存于个人中的特有知识加以整合成为组织能力。

但是，在资源基础理论学者看来，这几种理论都是资源基础论的一种延伸和发展，无论是“企业能力论”强调了企业能力，还是“知识基础论”强调的企业知识，都是“资源基础论”所强调的特异资源。

除了上述诸多学者的经典论述外，其他一些学者，如 Selznick（1957）；Hofer and Schendel（1978）；Rumelt（1984，1987）；Itami（1987）；Winter（1987，1988）；Demsets（1988）；Wernerfelt（1989）；Schoemaker（1990）；Conner（1991）；Grant（1991）；Foil（1991，2001）；Rumelt，Schendel and Teece（1991）；Castanias and Helfat（1992，2001）；Langlois（1992）；Leonard－Barton（1992）；Mahoney and Pandian（1992）；Amit and Schoemaker（1993）；Foss（1993）；Hamel and Heene（1994）；Spender（1996）；Spender and Grant（1996）；Barney（2001b）；Mahoney（2001）；Winter S.（2003）；Newbert，Scott L.（2008）；Bernard，Xavier，Pieere（2009）；Sirmon（2011）；Mehralian et al.（2012）等的论述也推动了资源基础理论的发展，丰富了“资源基础论”的内容。

（二）资源基础论的基本思想

1. 对企业性质的认识

“资源基础论”对企业性质的认识主要体现在如下两点：

（1）源于资源异质性的企业异质性。“资源基础论”认为，每个企业都是一个特殊的资源体系，不同企业所拥有的资源是有差异的，因此每个企业都是不同的。

（2）资源的难以流动性。“资源基础论”认为，不同企业所拥有的资源不仅是不同的，很多资源在不同企业之间还具有难以流动性，特别是那些在企业内部逐步形成的无形资源（Dierichx and Cool，1989）。这主要是因为：① 企业的各项资源之间往往具有高度关联性，高度关联性不仅表现在这些资源的形成离不开其他资源的作用（Dierichx and Cool，1989），还表现在这些资源只有在和其他资源结合起来使用时才具有更高的价值（Teece，1986）。② 企业内部积累的某些资源虽然具有可流动性，但这些资源的专用性极强，只有在本企业使用，才能发挥其最大价值，一旦移到其他企业其价值将大打折扣（Williamson，1985；Peteraf，1993）。

2. 基本分析框架

在对企业性质上述两点认识的基础上，Barney（1991）认为，能够为企业获得持续竞争优势的资源和能力必须具备下述四个特征：

（1）有价值性。所谓“有价值性”，是指资源和能力能够有助于企业制定和实施改进其效率和效果的战略，能够有助于企业降低成本或提高效益。尽管有价值的资源和能力还必须具备稀缺性、不完全可模仿性和不完全可替代性，才能成为企业持续竞争优势的来源，但是若企业所拥有的某项“东西”不能够帮助企业抓住外部机遇或抵御外部威胁，那么，即使其具有稀缺性、不完全可模仿性和不完全可替代性，也不能为企业创造持续竞争优势。“有价值性”将企业内部的资源和能力与外部环境的机遇和威胁有机地联系起来（Barney，1991；Joshi，Cahill，and Kansal，2013）。

（2）稀缺性。有价值的资源和能力还必须具有稀缺性，才能够为企业创造竞争优势和超额利润。由于这种资源具有稀缺性，因此，一旦这些稀缺的资源被某些企业所拥有或控制，其他企业将无法得到此类资源，至少在短期内是如此，这样，拥有或控制这些稀缺资源的企业就能够借此获得竞争优势。如果实施未来战略所需要的资源和能力不是稀缺资源，而是普通资源，那么别的企业也可以轻而易举地获得这些资源，这样，拥有这些资源和能力的企业就无法凭借这类普通资源来获得竞争优势，最多只能获得暂时的超额利润（Barney，1991，1995）。而且，既然每个企业都可以控制、拥有这些资源和能力，那么，这些资源一定可以在市场上买卖，众多需求者对这些资源的追逐会使得这些资源的价格上涨，最终这些资源的市场价格将等于利用这些资源实施战略所能创造的价值，这样通过市场获得这些资源的企业不可能形成竞争优势（Barney，1986）。只有那些有价值而又稀缺的资源和能力才有可能成为企业竞争优势的源泉，至少使得企业可以获得短期竞争优势。显然，这种具有有价值性而又稀缺的资源和能力只能在企业内部积累，而不能或很难通过市场购买（Dierichx and Cool，1989）。但是，必须明确的是，强调稀缺资源和能力的重要性并不意味着普通资源就不重要；相反，有价值的普通资源和能力是企业生存所必需的，可以被用来创造平等的产业竞争环境，确保企业的生存（Barney，1989、1991）。在平等竞争的产业环境下，虽然没有一个企业能够获得竞争优势和超额利润，但是，普通资源增强了这些企业的生存能力（Mck-elvey，1980；Porter，1980；Maditions D.，2011）。

当然，要确定某些资源和能力究竟有多稀缺才能产生竞争优势是一个很困难的问题。显然，如果一个企业所拥有或控制的资源和能力是绝对独一无二的，那么这些资源和能力可以为企业创造竞争优势；如果某一个行业只有为数不多的几个企业拥有或控制某些有价值的稀缺资源和能力，那么，控制这些资源和能力的几个企业都有可能在行业内处于优势地位。一般来说，只要一个行业内拥有稀缺资源的企业数量小于形成动态的完全竞争行业所需要的企业数量，那么，控制这些资源就有可能获得竞争优势（Hirshleifer，1980；Barney，1991；Amitava Mondal and Santanu Kumar Ghosh.，2014）。

（3）不完全可模仿性。有价值而稀缺的企业资源和能力能够为企业带来竞争优势，但却不一定能够带来持续的竞争优势。要使企业的资源和能力不仅能够为企业产生竞争优势，而且能够产生持续的竞争优势，这些资源和能力还必须具有不完全可模仿性。难以模仿性主要源于下述一个或多个原因：①独特的历史条件。某些稀缺资源的形成和积累依赖于过去特定的历史条件，一旦错过这一特定的历史时点，其他企业复制此类资源就具有明显的时间压缩不经济性（Dierickx and Cool，1989；Wang et al.，2013）。②暂时的模糊性，是指企业资源与其持续竞争优势之间的关系不能够被识别或不能完全被识别（Barney，1991）。因为稀缺资源往往以默示的形式存在，很难对其进行清晰的表述和分析（Nelson and Winter，

1982；Winter，1988）。由于原因模糊的存在，那些试图模仿的公司由于不知道究竟该模仿什么，从而望而却步（Peteraf，1993；Collis and Montgomery，1995）。③社会复杂性。某些资源难以模仿的第三个原因可能是一种超越了企业系统管理和影响的复杂社会现象所造成的，如企业内部经理人员之间的人际关系、企业文化、企业在客户和供应商中的声誉等等。

（4）不完全可替代性。除了有价值性、稀缺性和不完全可模仿性外，能够产生持续超额利润的企业资源和能力还必须具备不完全可替代性，即不存在与该项资源和能力战略等价的其他非稀缺的、易于模仿的资源。如果能够为企业产生竞争优势的资源和能力存在战略等价的替代资源，那么，即使其具有有价值性、稀缺性和不完全可模仿性，源于该项资源的超额利润和竞争优势也只能是暂时的，而非持续的，因为其竞争对手可以利用替代性资源、以不同的方式实施相同的战略。企业的竞争对手可以采取两种方式对企业的优势资源和能力进行替代：①尽管企业的竞争对手不能准确地模仿企业的优势资源，但是，它们可以用类似的资源进行替代，构建、实施优势企业相同的战略。例如，尽管一个企业无法准确复制优势企业的杰出高级管理团队，但它可以构建自己独一无二的高级管理团队，虽然这两个团队是不同的，但它们在战略上却可能是等价的。②在战略的角度看，非常不同的资源有可能在战略上是相互替代的（Barney，1991）。与不完全可模仿性一样，企业资源的不可替代性也仅仅是一个程度大小的问题，不存在绝对不可替代的资源。

综上所述，在"资源基础论"看来，某些企业之所以能够获得持续竞争优势，根本原因在于这些企业内部拥有有价值的、稀缺的、难以模仿的、难以替代的特异资源。这种能够为企业创造持续竞争优势的、具有价值性、稀缺性、难以模仿性、难以替代性的特异资源通常被称为"战略资产"（Barney，1991；Amit and Schoemaker，1993；Michalisin，Smith and Kline，1997；Wang et al.，2013）。

二、基于“资源基础论”的知识资本战略地位分析

那么，在企业的各类资源中，哪些资源具备战略资产的上述特性，具有为企业获取持续竞争优势的潜力呢？是有形的实物资产，还是无形的知识资本？按照 Michalisin，Smith and Kline（1997）的观点，有形的实物资产一般不属于战略资产的范畴，因为在当今发达的市场经济下，实物资产一般都存在相应的比较成熟的市场，企业可以快速自由地从市场上获得这些资源，因此，实物资产一般都是非稀缺的，同时也是可模仿、可替代的。根据“资源基础论”的基本思想，这种非稀缺的、可模仿的、可替代的普通资源是不可能为企业创造持续竞争优势和超额利润的。因此，尽管有形的实物资产也是公司战略所必需的，其有价值性也是毋庸置疑的，但是由于它们本身所具有的标准化属性，使其很少成为企业竞争优势的来源（Collis and Montgomery，1997）。

由于一个企业的资产只有有形的实物资产和无形的知识资本两大类，既然有形的实物资产不属于战略资产的范畴，能够称之为战略资产的只能是企业的知识资本了。只有知识资本才具有创造持续竞争优势的潜力，原因有以下三点：

（一）知识资本的价值创造潜力分析

与有形实物资产相比，知识资本具有更大的价值创造潜力（Lev，2001；刘玉平、赵兴莉，2013），这主要源于以下几个因素：

1. 与使用有形实物资产相比，使用知识资本的机会成本极低

因为知识资本的本质是知识，而知识可以同时用于不同的用途，在一个地方使用知识资本并不会妨碍它在其他地方使用。因此，大部分知识资本使用的机会成本是微乎其微的。而有形的实物资产则不同，有形实物资产的本质是有形的实物，企业无法同时在不同的地方使用这种实物资产。正因为如此，使用有形实物资产的机会成本非常高（Lev，2001）。

2. 知识资本具有规模报酬递增的特点

因为知识资本的核心是孕育于其中的知识，而知识是可以积累的。正如 Grossman and Helpman（1994）所言："知识是可以累计的，每一个思想都是建立在前一个思想的基础上。然而，机器需要折旧和更新。从这个意义上讲，在知识上投入的每一美元都有极高的边际贡献，而机器设备上的投资可能有 3/4 是在弥补折旧。"因此，知识资本往往只受市场规模的约束，存在规模报酬递增现象，而有形实物资产往往具有规模报酬递减现象。

3. 网络效应的作用

网络效应可以归纳为客户作为网络中的一员而得到的好处，网络效应随着网络成员数量的增加而增大。网络效应的产生主要源于网络的良性循环功能、网络的外部效应以及行业标准等等因素的作用，而知识资本不仅存在于网络市场的核心也存在于网络市场的边缘（Lev，2001）。

（二）知识资本的稀缺性分析

除了一些以知识产权形式存在的智力资产和普通技能的人力资源存在一些相对不完善的市场外，知识资本一般不存在市场，企业无法通过市场获得这些资产，而只能在企业内部经过长时间的积累逐步培育这些知识资本。具体来说，每个企业的组织资本都是独一无二的，根本不存在什么市场。关系资本也没有公开的、成熟的市场，只能靠企业在自身长期的经营过程中慢慢积累，因为每个企业的关系资本都是不同的。虽然普通技能同质化的人力资本存在相对成熟完善的市场，但企业家、高级管理层和关键技术人员等企业核心人力资本是无法通过市场获得的，而只能在企业内部慢慢培养。这些核心人力资本所掌握关键知识和能力具有组织依附性，一旦离开了所赖以依存的企业，其价值将大大降低。以知识产权形式存在的智力资产虽然存在一些相对不完善的市场，但技术秘密、专有技术等企业特有的，只能在企业内部开发和创新。因此，一旦某个企业率先培育出某些特异知识资本，其竞争对手将很难在短期内加以复制和模仿，甚至永远都无法复制和模仿。所以，在任何时点，知识资本都具有稀缺性，企业既不能从外部快速有效地获取所需要的知识资本，也无法在企业内部及时培育出所需要的知识资本。

（三）知识资本的难以模仿性和不可替代性分析

除了巨大的价值创造潜力和稀缺性外，很多知识资本可能同时还具有难以模仿性和难以替代性，因为知识资本具有：

1. 路径依赖性

知识资本基本上都是在企业内部经过长时间的积累、通过无数的大小决策而逐步形成的（如组织资本和专用人力资本），或是企业在长期经营过程中与企业外部各类利益相关者的长期互动过程中而逐步培育的（如关系资本），具有路径依赖性。

2. 专有知识性

无论是组织资本，还是关系资本，其本质都是知识，而且主要是关于特定企业本身的专有知识。这种知识主要以缄默的形式存在，只可意会不可言传，分布于企业内各级组织和团队中，不仅包括企业在长期的团队生产和“干中学”过程中逐步形成的隐性知识，还包括企业在长期经营过程中与企业外部各类利益相关者长期互动过程中所形成和获取的隐性知识。

3. 交互关联性

知识资本的各个组成部分（包括组织资本、人力资本和关系资本）是相互依存、高度关联的，每一项知识资本的形成和培育离不开其他知识资本（Dierichx and Cool，1989；Haken，2005），每一项知识资本也只有在和企业所拥有的其他资源结合起来使用时才具有更高的价值（Teece，1986；Cabrita and Bontis，2008；Sydler，2013；严太华等，2014）。正是由于知识资本往往具有路径依赖性、专有知识性和交互关联性，其他企业复制知识资本的成本非常高，大部分知识资本根本就不可能复制和替代。

综上所述，在企业的各类资源中，只有某些知识资本符合战略资产的特征。因此，一旦企业内部积累了这类有价值的、稀缺的、难以模仿的、难以替代的战略知识资本，企业就可以借此获得持续竞争优势。实际上，“资源基础论”的学者们所强调的特异资源正是知识资本，这在 Wernerfelt（1984）、Barney（1986a，1986b）、Dierichx and Cool（1989）、Barney（1991）、Conner（1991）、Grant（1991）、Peteraf（1993）、Amit and Schoemaker（1993）、Teece，Pisano and Shuen（1997）、Barney（2001）、Mahoney（2001）等人经典论述中都可见一斑。

第四章

目前我国上市公司知识资本信息披露现状

由于知识资本是决定企业竞争位势和价值创造潜力的关键资产，因此，对企业外部的各类利益相关者来说，知识资本的信息披露就显得尤为重要，它是外部人了解企业竞争能力和获利潜力的钥匙，是外部人亟待了解的企业核心信息。

一、目前我国上市公司知识资本信息披露的主要方式

在现有的财务会计范式下，目前我国上市公司主要通过年度报告对外披露知识资本信息，具体来说，主要通过两种方式进行反映和披露。

（一）财务报表中反映、报告知识资本信息

财务报表（包括其附注）目前是我国企业对外披露知识资本信息的主要方式。现行财务会计试图用货币作为计量尺度，从财务的视角，通过确认、计量、记录、报告的程序，将知识资本纳入资产负债表进行反映和报告。具体来说，主要通过资产负债表中的“无形资产”“开发支出”“商誉”三个项目来实现。其中，“无形资产”项目主要反映能够用货币可靠计量的各类以知识产权形式存在的“智力资产”（“结构资本”的一部分）和“土地使用权”；“开发支出”项目是反映企业开发智力资产过程中能够资本化形成智力资产成本的支出部分；“商誉”项目反映的是企业在收购其他企业时所产生的收购溢价价差（即收购企业所支付的对价大于被收购企业净资产的公允价值部分）。

但是，受美国财务会计准则委员会（FASB）财务会计概念公告和国际会计准则理事会（IASB）“财务报告概念框架”精神的指引，各国会计准则和会计制度在相关条文中，都直接或间接地限定：在现行的财务会计模式下，一个项目必须符合可定义性、可计量性、相关性和可靠性才能进入会计系统，并在最终的财务报表中加以综合反映和报告。正因为如此，在现行的财务会计范式下，财务报表（具体来说通过“资产负债表”）实际反映和报告的知识资本信息十分有限。具体来说：“无形资产”项目反

映的主要是能够被现行财务会计系统确认、计量的部分智力资产，如专利权、非专利技术、软件、特许经营权等。“无形资产”项目中的“土地使用权”不属于知识资本的范畴，因为尽管“土地使用权”代表了企业对未来收益的一种要求权，但是它既不属于“知识”的范畴，也不属于“能力”的范畴，不符合知识资本的核心特征。“开发支出”项目反映的仅仅是企业在开发智力资产过程中成本能够资本化的支出部分。“商誉”项目仅仅是现行财务会计系统对收购价差的一种标识或特殊账务处理项目，其本身不一定具有知识资本的“知识”或“能力”特征，严格地讲，也不属于知识资本的范畴。因此，在现行的财务会计范式下，财务报表中反映、报告知识资本信息仅仅是那些能够纳入现行财务会计系统的少数“智力资产”。

（二）非财务报告中反映、报告知识资本信息

在现在的财务会计范式下和信息披露模式下，各国会计准则和会计制度（包括中国会计准则和会计制度）并没有有意识地从知识资本视角要求企业对外系统披露知识资本信息，而是基于缓解企业内外部人之间的信息不对称，保护处于信息弱势的外部人利益，促进资本市场有效运行等目标强制要求企业对外披露相关专题信息。如我国现有的会计准则和相关信息披露制度规定，在企业对外定期披露的年度报告中，除了强制披露的财务报告外，还必须对外披露“重要提示、目录和释义”“公司基本情况简介”“董事会报告”“重要事项”“股份变动及股东情况”“董事、监事、高级管理人员和员工情况”“公司治理”等相关专题信息。我们只能从这些专题报告中，零星地捕捉一些企业对外披露的知识资本信息。

与财务报表反映和报告知识资本信息的方式不同，非财务报告披露知识资本信息的方式比较灵活，既可以采用定性描述的方式，也可以采用定量计量的方式，还可以采用定性描述与定量计量相结合的方式，而且对定量计量的尺度也没有明确的要求，既可以是货币计量，也可以是非货币计量。非财务报告所披露的知识资本信息可以进一步分为两类：一类是现行

的法规制度强制要求企业必须对外披露的知识资本信息（如人力资本的职业能力信息）；另一类则是现行的法规制度没有强制要求企业必须对外披露的知识资本信息，这类知识资本信息属于企业自愿信息披露的范畴，如非财务报告零星传递的一些企业组织资本（“结构资本”的另一部分）信息和关系资本信息。

具体来说，在我国企业年度报告的其他专题报告中，可以零星地观察如下一些知识资本信息：(1) 人力资本的职业能力信息。这是企业强制信息披露的范畴，主要通过“董事、监事、高级管理人员和员工情况”专题来反映和报告。(2) 少量的“组织资本”信息。这属于企业自愿信息披露的范畴，主要通过“公司治理”、“董事会报告”等零星地揭示。(3) 微量的关系资本信息。这也属于企业自愿信息披露的范畴，可以通过“股份变动及股东情况”“董事、监事、高级管理人员和员工情况”、财务报表附注、社会责任报告等来考察。

二、目前我国上市公司知识资本信息披露的现实情况

（一）样本企业选择

为了系统分析目前我国上市公司的知识资本信息披露情况，我们以创业板上市公司为例来进行分析。之所以选择创业板企业，是因为创业板专为暂时无法在主板上市的创业型企业、高科技产业企业等中小企业提供融资途径和成长空间的一种证券交易市场，创业板是孵化科技型、成长型企业的摇篮，凡是能够在创业板市场上市的公司基本上都是具有较高成长性的科技型知识密集型企业。在创业板上市企业是典型的知识密集型企业，该类企业的知识资本信息披露现状，在某种程度上能够代表我国上市公司的知识资本信息情况。正因为如此，我们选择创业板上市公司为样本进行分析。

截至 2017 年 9 月，在创业板上市的企业共有 699 家，本项目主要选取

了样本 2009～2016 年的数据，剔除了部分数据缺失的企业，最后剩余 603 家，详细信息见附录 1。

（二）知识资本信息披露总体情况

如前所述，目前各国会计准则和会计制度（包括中国会计准则和会计制度）并没有有意识地强制要求企业从知识资本视角对外系统披露知识资本信息，我们只能从年度报告的其他各专项报告中（如“重要提示、目录和释义”“公司基本情况简介”“董事会报告”“重要事项”“股份变动及股东情况”“董事、监事、高级管理人员和员工情况”“公司治理”等专题）零星地捕捉一些企业对外披露的知识资本信息。随着利益相关者对上市公司信息需求要求的提高以及市场制度的完善，上市公司逐步加大了信息披露的透明度，并开始逐步披露其社会责任履行状况，部分企业也在网站上发布了企业社会责任报告，我们可以从社会责任报告中获知结构资本和关系资本相关信息。具体情况如下：

1. 人力资本信息披露情况

人力资本是指企业员工所拥有的知识、能力和经验等，在我国现行的信息披露制度框架下，人力资本的职业能力信息属于企业强制性信息披露的范畴，每个上市公司都必须通过“董事、监事、高级管理人员和员工情况”报告对外详细披露企业人力资本的职业能力信息。参照 Edvinsson and Malone（1997），Gunnar Rimmel et al（2012），Amitava Mondal and Santanu Kumar Ghosh（2014），P. N. Bukh（2001），饶淑华（2005），李平、刘希宋（2006），党小博（2015）等学者的研究成果，基于本项目研究目的在人力资本下设 13 个指标，分别为：“年末员工总数”“具有本科以上学历的员工比例”“具有硕士以上学历的高管比例”“具有高级职称的高管比例”“技术岗位人数”“年人均培训费用”“高管平均教育水平”“员工人均薪酬”“高管人均薪酬”“员工人均销售收入”“高管平均年龄”“是否披露员工年龄”“是否披露员工岗位分布情况”。

（1）有关人力资本信息披露的法律规定。有关人力资本信息披露的具体规定源自中国证监会《公开发行证券的公司信息披露内容与格式准则第2号——年度报告的内容与格式》（2014年修订）的第四十七条～第四十九条，具体来说：

“第四十七条　公司应当披露董事、监事和高级管理人员的情况，包括：（一）基本情况。现任及报告期内离任董事、监事、高级管理人员的姓名、性别、年龄、任期起止日期、年初和年末持有本公司股份、股票期权、被授予的限制性股票数量、年度内股份增减变动量及增减变动的原因……（二）现任董事、监事、高级管理人员最近5年的主要工作经历……（三）年度报酬情况……（四）在报告期内被选举或离任的董事和监事、聘任或解聘的高级管理人员姓名，及董事、监事离任和高级管理人员解聘原因。”

“第四十八条　公司应当披露报告期内核心技术团队或关键技术人员（非董事、监事、高级管理人员）等对公司核心竞争力有重大影响的人员的变动情况，并说明变动对公司经营的影响及公司采取的应对措施。”

“第四十九条　公司应当披露母公司和主要子公司的员工情况，包括在职员工的数量、专业构成（如生产人员、销售人员、技术人员、财务人员、行政人员）、教育程度、员工薪酬政策、培训计划以及需公司承担费用的离退休职工人数。其中，专业构成和教育程度须以柱状图或饼状图等统计图表列示……”

（2）人力资本信息披露的整体情况。根据表4－1可以观察到样本企业人力资本信息披露情况，其相关指标信息主要来源于企业年度财务报告，各家公司都基本按照《公开发行证券的公司信息披露内容与格式准则第2号——年度报告的内容与格式》第四十七条～第四十九条的规定，逐项披露高级管理人员的基本情况、最近5年的主要工作经历、年度报酬情况、报告期内被聘任或解聘的情况等以及在职员工的数量、专业构成、教育程度等。报告内容固定，报告格式也都类似，严格按照第2号披露内容与格式准则的规定逐条进行信息披露。此外，部分企业还披露了报告期内该公司的培训费用。

表 4－1　　　　　　　　　人力资本描述性统计

类别 知识资本	指标	样本量	均值	标准差	最小值	p5	p25	中位数	p75	最大值
人力资本	年末员工总数	1310.00	1295.00	3570.00	47.00	228.00	457.00	746.50	1309.00	74174.00
	具有本科以上学历的员工比例	1307.00	0.35	0.24	0.00	0.05	0.15	0.30	0.52	0.97
	具有硕士以上学历的高管比例	1317.00	0.47	0.15	0.00	0.17	0.40	0.50	0.57	0.80
	具有高级职称的高管比例	1317.00	0.25	0.18	0.00	0.00	0.13	0.25	0.38	0.74
	技术岗位人数	1306.00	356.30	640.10	7.00	44.00	94.00	181.00	356.00	8734.00
	年人均培训费用	1317.00	120.00	628.70	0.00	0.00	0.00	0.00	0.00	10853.00
	高管平均教育水平	2627.00	3.35	0.35	2.00	2.73	3.14	3.37	3.59	4.20
	员工人均薪酬	1310.00	13014.00	13612.00	0.00	316.90	4593.00	9089.00	17019.00	114618.00
	高管人均薪酬	1317.00	611926.00	418730.00	106000.00	211333.00	357383.00	500117.00	723843.00	4196000.00
	员工人均销售收入	1310.00	788496.00	762968.00	85208.00	229807.00	387335.00	610062.00	934253.00	14400000.00
	高管平均年龄	2791.00	46.78	3.14	34.45	41.67	44.50	46.81	48.95	57.35
	是否披露员工年龄	2791.00	1.00	0.00	1.00	1.00	1.00	1.00	1.00	1.00
	是否披露员工岗位分布情况	2518.00	0.99	0.08	0.00	1.00	1.00	1.00	1.00	1.00

根据描述性统计结果，将近 100% 的样本披露了员工年龄、岗位分工等相关信息，“具有本科以上学历的员工比例”平均水平为 35.1%，最小值为 0，最大值为 97.3%，说明创业板上市公司员工教育水平差距较大，大部分企业员工的教育水平处在本科及以下。从岗位分工中可以获得企业技术岗位的具体人数。由于企业规模、经营范围对技术需求差距较大，所以样本中“技术岗位人数”最大值为 8734，最小值为 7。披露企业培训费

用的样本个数为1317，占样本总数的47.19%，披露水平有待提高。90%以上样本企业披露了高管背景相关情况，高管年龄基本为40~50岁，“高管的平均教育水平”达到了本科以上，本科学历所占比重较大，且具有硕士以上学历的高管比例平均水平达到47.19%，可以看出创业板上市公司高管有较高的教育水平。

（3）人力资本中有关员工年龄、岗位、学历信息披露情况。在对创业板上市公司的员工情况进行统计的过程中发现，企业虽然按照规定披露了员工年龄、岗位、学历等信息，但由于中国证监会并没有对相关信息的披露形式作出详细规定，所以企业员工年龄、岗位、学历等信息披露的形式多种多样。首先，企业员工年龄信息披露形式主要有两类：大部分企业按照“30岁以下、30~40岁、40~50岁、50岁以上”的年龄结构进行披露，还有较少部分企业按照“35岁以下、35~45岁、45~55岁、55岁以上”的年龄结构进行披露。其次，关于员工岗位分工信息披露方面，由于各个企业经营业务存在差异，所以岗位设置也存在较大差异，但基本都设有管理、财务、技术、市场营销、生产等岗位；部分企业的员工教育程度设置为“中专及以下、大专及本科、硕士及以上”的结构，也有部分企业员工教育程度设置为“大专及以下、本科及以上”的结构。本项目按照“30岁以下、30~40岁、40~50岁、50岁以上”的年龄结构，“综合管理、财务管理、管理人员、技术岗位、市场营销、售后服务、物资采购、质量质检、生产岗位、其他岗位”的岗位设置，“大专及以下、本科及以上”的学历分类，将企业员工年龄按照、岗位分工、学历单独进行了描述性统计。

表4-2为员工年龄、岗位、学历信息描述性统计结果，50%以上的企业员工年龄在30岁以下，30~40岁的员工比例均值为29%，50岁以上的员工所占比例较少。虽然企业年度报告披露的岗位设置存在较大差异，但从描述性统计结果可以发现生产岗位员工所占比例最大，均值为44.8%；技术岗位员工所占比例次之，50%分位数为22.6%，且均值为30.6%，占员工总数将近1/3的比例，说明创业板上市公司较为重视技术

人员的投入。由于市场营销是实现企业产品市场价值的重要环节，市场营销人员的比例均值为 14.8%，甚至有企业达到了 99%。员工学历方面，50% 以上的企业大专及以下的员工比例达到 70% 以上，本科及以上学历员工比例均值为 40.2%，因此企业员工学历主要为大专及以下，说明员工总体学历水平较低。

表 4-2　　　　员工年龄、岗位、学历信息描述性统计

	分类说明	N	mean	sd	min	p5	p25	p50	p75	max
员工年龄	30 岁以下员工个数	1370.00	602.00	840.70	17.00	83.00	186.00	367.00	694.00	10750.00
	30 岁员工以下比例	1375.00	0.53	0.17	0.00	0.26	0.40	0.53	0.66	0.96
	30～40 岁员工个数	1374.00	300.00	387.80	11.00	53.00	116.00	193.00	349.00	5176.00
	30～40 岁员工比例	1375.00	0.29	0.10	0.00	0.15	0.23	0.29	0.34	0.91
	40～50 岁员工个数	1367.00	132.10	163.40	1.00	13.00	37.00	83.00	166.00	1967.00
	40～50 岁员工比例	1375.00	0.14	0.10	0.00	0.02	0.06	0.12	0.20	0.86
	50 岁以上员工个数	1237.00	42.23	69.11	0.00	2.00	9.00	23.00	53.00	1147.00
	50 岁以上员工比例	1375.00	0.04	0.05	0.00	0.00	0.01	0.03	0.07	0.28
岗位结构	综合管理员工个数	254.00	101.10	148.20	2.00	9.00	22.00	56.50	114.00	1298.00
	综合管理员工比例	254.00	0.10	0.09	0.00	0.01	0.05	0.08	0.13	0.69
	财务管理员工个数	1679.00	31.85	63.19	3.00	7.00	12.00	20.00	33.00	1424.00
	财务管理员工比例	1679.00	0.03	0.04	0.00	0.01	0.02	0.03	0.04	0.50
	管理人员个数	2427.00	130.40	208.40	2.00	19.00	46.00	82.00	145.00	4389.00
	管理人员比例	2427.00	0.12	0.07	0.00	0.04	0.08	0.11	0.16	0.56
	技术岗位人数	2482.00	490.40	7232.00	5.00	42.00	93.00	172.00	353.00	359438.00
	技术岗位员工比例	2482.00	0.31	0.22	0.02	0.08	0.14	0.23	0.41	1.00
	市场营销员工个数	2388.00	148.30	260.30	0.00	13.00	36.00	72.00	153.00	3223.00
	市场营销员工比例	2387.00	0.15	0.14	0.00	0.02	0.05	0.11	0.20	0.88
	售后服务员工个数	454.00	113.00	163.90	0.00	11.00	28.00	53.00	135.00	1550.00
	售后服务员工比例	453.00	0.11	0.11	0.00	0.02	0.04	0.07	0.14	0.75
	物资采购员工个数	94.00	27.72	40.33	0.00	6.00	9.00	17.00	26.00	305.00
	物资采购员工比例	93.00	0.04	0.05	0.00	0.00	0.01	0.02	0.04	0.24
	质量质检员工个数	49.00	74.80	61.92	0.00	4.00	29.00	54.00	105.00	251.00
	质量质检员工比例	48.00	0.10	0.12	0.00	0.02	0.05	0.07	0.10	0.61
	生产岗位员工个数	2006.00	639.10	2398.00	0.00	41.00	145.00	309.50	631.00	62017.00
	生产岗位员工比例	2002.00	0.45	0.20	0.00	0.10	0.30	0.46	0.60	1.00
	其他岗位员工个数	436.00	139.60	422.50	0.00	7.00	23.50	61.00	149.00	7919.00
	其他岗位员工比例	434.00	0.13	0.14	0.00	0.01	0.04	0.08	0.16	0.85

续表

	分类说明	N	mean	sd	min	p5	p25	p50	p75	max
员工学历	大专及以下员工个数	1614.00	808.60	1871.00	0.00	77.00	236.00	463.50	895.00	44902.00
	大专及以下员工比例	1612.00	0.67	0.25	0.03	0.20	0.48	0.71	0.86	1.00
	本科及以上员工个数	1608.00	367.50	522.00	0.00	39.00	107.00	203.00	404.50	5396.00
	本科及以上员工比例	1583.00	0.40	0.27	0.00	0.07	0.17	0.34	0.60	1.00
	总人数	2664.00	1264.00	7437.00	0.00	0.00	392.50	713.00	1259.00	359950.00

2. 结构资本信息披露情况

结构资本是指企业在长期经营过程中通过无数大小决策所逐步累积形成的、能够将企业各类资源有机整合起来的企业知识和能力，如企业愿景、企业理念、企业文化、惯例、管理制度和机制等。结构资本是结构资本的一个有机组成部分。参照饶淑华（2005），李平，刘希宋（2006），De Pablos（2002），陈劲、谢洪源、朱朝晖（2004），原毅军、孙晓华、柏丹（2005），曾洁琼（2006），刘玉平、赵兴莉（2013），郑丽萍、朱和平（2014）等人的研究成果，基于本项目研究目的，在结构资本分下设 14 个二级指标，分别为“人均固定资产”“研发人员占全体员工比例”“无形资产—土地使用权（总额）”“专利权数（数量）”“发明专利（数量）”“产品设计”“产品商标数”“是否披露职工权益保护”“是否披露员工健康等”“是否披露生产安全性指标”“年人均管理费用”“研发人员年人均研发费用”“研发费用占销售收入比例”“研发费用资本化率”。

目前，我国上市公司的年度报告中并没有专题报告来披露企业结构资本信息，我们只能通过各家公司年度报告中的财务报表、“董事会公告”“社会责任”等专题内容摘取一些企业结构资本相关信息。我们可以从年度报告披露的相关信息中获得“人均固定资产”“研发人员占全体员工比例”“无形资产—土地使用权（总额）”“专利权数（数量）”“发明专利（数量）”“产品设计”“产品商标数”“年人均管理费用”“研发人员年人均研发费用”“研发费用占销售收入比例”“研发费用资本化率”的具体信息，可以从社会责任报告中获得“是否披露职工权益保护”“是否披露员工健康等”“是否披露生产安全性指标”具体定性信息。

由于结构资本主要涉及企业愿景、企业理念、企业文化、惯例、管理制度和机制等定性的内容，我们可以统计计量的指标也因此受到限制，但我们可以通过各家公司年度报告中的“公司治理”“内部控制”“董事会报告”等专题内容了解一些企业结构资本信息。如通过年度报告的“公司治理”专题，我们可以了解上市公司的股东大会运行及其作用发挥情况，董事会的运行及其作用发挥情况，监事会的运行及其作用发挥情况，企业的绩效评价与激励约束机制、企业的内部审计制度、企业的信息披露机制与利益相关者的协调机制等；通过董事会报告，可以看出企业特定期间的经营管理情况及其成效；通过内部控制报告，可以了解企业的内部控制整个架构、企业的控制环境、企业的风险识别和评估机制、企业的风险控制制度和流程等等。所有这些，都有助于我们了解企业的管理制度和机制、运行惯例、企业理念和企业文化等，判断企业的结构资本情况。

表 4－3　　结构资本描述性统计

类别 知识资本	指标	样本量	均值	标准差	最小值	p5	p25	中位数	p75	最大值
结构资本	人均固定资产	1310.00	227200.00	240371.00	4329.00	14799.00	75029.00	164466.00	298073.00	3.06×10^{6}
	研发人员占全体员工比例	1296.00	0.31	0.22	0.00	0.08	0.14	0.23	0.41	0.94
	无形资产－土地使用权	2335.00	3.29×10^{7}	2.35×10^{8}	-6.26×10^{7}	0.00	627526.00	3.95×10^{6}	2.07×10^{7}	9.85×10^{9}
	专利权数（数量）	1317.00	54.67	112.20	0.00	0.00	0.00	20.00	68.00	2000.00
	发明专利（数量）	770.00	7.18	14.08	0.00	0.00	1.00	3.00	8.00	266.00
	产品设计	770.00	1.58	4.81	0.00	0.00	0.00	0.00	1.00	70.00
	产品商标数	1187.00	10.20	30.37	0.00	0.00	0.00	0.00	7.00	413.00
	是否披露职工权益保护	1317.00	0.07	0.26	0.00	0.00	0.00	0.00	0.00	1.00

续表

类别 知识资本	指标	样本量	均值	标准差	最小值	p5	p25	中位数	p75	最大值
结构资本	是否披露员工健康等	1317.00	0.16	0.37	0.00	0.00	0.00	0.00	0.00	1.00
	是否披露生产安全指标	1317.00	0.05	0.22	0.00	0.00	0.00	0.00	0.00	1.00
	年人均管理费用	1310.00	92548.00	61018.00	3550.00	29025.00	52811.00	79479.00	114747.00	696268.00
	研发人员年人均研发费用	986.00	181213.00	162173.00	6250.00	31933.00	85408.00	139411.00	224483.00	1.65×10^{6}
	研发费用占销售收入比例	985.00	0.07	0.07	0.00	0.02	0.04	0.05	0.08	0.73
	研发费用资本化率	588.00	0.10	0.19	0.00	0.00	0.00	0.00	0.13	1.29

表 4-3 为结构资本描述性统计结果，可以从中获得 2335 个样本“无形资产—土地使用权”的数据，占样本总量的 83.66%，披露水平较高，主要原因是中国证监会要求上市公司在财务报表中强制披露无形资产净额，所以该指标信息相对其他指标较容易获得；披露研发相关指标信息的样本在 40% 左右，占样本比例较低，主要原因是研发信息披露并不是强制性的，而且不同企业对研发要求也存在差异，部分企业研发人员和研发费用投入量较少，所以相关信息披露较少。其中，“研发人员占全体员工比例”指标的最小值为 0.21%，最大值为 94.1%，平均水平 31.1%；“研发费用占销售收入比例”最大值为 72.8%，最小值为 0.12%，均值为 7.43%，说明创业板企业研发投入总体水平较低，且各个企业研发人员、研发费用的投入水平存在较大差距。披露“发明专利”和“产品设计”信息的样本企业较少，占样本总量的 27.59%，主要是由于专利数量和产品设计并不是强制披露的信息，而且大部分企业发明专利、产品设计的数

量较少，有些企业甚至没有，所以相关信息披露频度较低。随着创业板上市公司逐步在年度报告中披露社会责任信息或者发布社会责任报告，我们可以从中获得其“是否披露职工权益保护”“是否披露员工健康等”“是否披露生产安全性指标”等定性信息，了解上市公司的运行管理制度、企业文化与理念。其中，“是否披露职工权益保护”指标均值为 7.06%，“是否披露员工健康等”指标均值为 16%，“是否披露生产安全性指标”的均值为 4.86%，说明大部分企业并没有披露相关信息，而且在数据收集过程中发现，企业对此类信息的披露说辞较为模糊，很少有企业具体说明为员工权益的保护、生产安全方面做了哪些具体措施，基本用格式化语言简单带过，而且此类信息披露的内容、形式也没有形成体系。

3. 关系资本信息披露情况

关系资本是指一个企业在长期发展过程中所累积形成的、与社会各界组织和人员之间的良好关系和资源。参照 Bontis（1998），原毅军、孙晓华、柏丹（2005），饶淑华（2005），肖美丹（2007），张丹（2008），牛玉颖、肖建华（2013），郑丽萍、朱和平（2014）等研究成果。基于本项目研究目的，在关系资本下设 19 个二级指标，分别为“本年稳定的前五名客户占销售额比例”“第一大客户销售比例”“第一与第二大客户销售比例之比”“是否披露客户及消费者权益保护”“本年稳定的前 5 名供应商采购比例”“第一大供应商采购比例”“第一与第二大供应商采购比例之比”“是否披露供应商权益保护”“是否披露债权人权益保护”“是否披露股东权益保护（定性）”“股利支付率（定量）”“是否披露公共关系和社会公益事业”“是否披露环境和可持续发展”“产品质量认证（SA、ISO90001、ISO14000）可持续发展”“企业科技方面的荣誉”“企业荣誉”“捐款额”“人均销售费用”“销售费用占销售收入比例”。

由于关系资本相关指标属于企业自愿信息披露的范畴，因此，目前我国上市公司的年度报告中并没有专门内容来披露企业关系资本信息。我们可以通过公司年度报告中的财务报表附注等了解企业的主要债权人、主要供应商和主要顾客，探察企业与这些群体之间的关系，还可以从社会责任报告中探察企业如何维护与中小投资者以及其他利益相关者之间良好关系以及企业荣誉等信息。例如，通过年度报告可以获知“本年稳定的前五名客户占销售额比例”“第一大客户销售比例”“第一与第二大客户销售比例之比”“本年稳定的前5名供应商采购比例”“第一大供应商采购比例”“第一与第二大供应商采购比例之比”指标的具体信息；通过社会责任报告可以获知“是否披露客户及消费者权益保护”“是否披露供应商权益保护”“是否披露债权人权益保护”“是否披露股东权益保护（定性）”“是否披露公共关系和社会公益事业”“是否披露环境和可持续发展”“企业科技方面的荣誉”等指标的具体信息。

表4－4为关系资本描述性统计结果，除了“本年稳定的前5名供应商采购比例”“第一大供应商采购比例”“第一与第二大供应商采购比例之比”这三个指标有效数据占样本总量的比例在30%左右外，其他指标有效数据占样本总量的比例基本都达到了47%。中国证监会2009年发布的《公开发行证券的公司信息披露内容与格式准则第30号——创业板上市公司年度报告的内容与格式》中规定：“公司还应当披露主要供应商、客户情况：介绍公司向前5名供应商合计的采购金额占年度采购总额的比例及应付账款的余额和其占公司应付账款总余额的比重，前5名客户销售额合计占公司销售总额的比例及应收账款的余额和其占公司应收账款总余额的比重。单一供应商或客户采购、销售比例超过30%的，还应说明该供应商或客户的名称，采购或销售金额及所占比例……”由于单个供应商采购比例或单个客户销售比例属于自愿披露的内容，而且企业通常会披露销售收入构成情况，所以披露单个供应商采购比例的公司较少。其中，“本年稳定的前5名客户占销售额比例”和“本年稳定的前5名供应商采购比例”两个指标的均值达到35%以上，最大值甚至达到了90%以上，说明创业板上市公司供应商和客户集中度较高。“第一大客户销售比例”和“第一大供应商采购比例”75%分位数均在20%左右，只有少数企业单一供应商、客户的采购或销售比例超过30%，因此创业板上市公司单一供应商或单一客户依赖风险较低。从社会责任报告中获得的“是否披露客户及消费者权

益保护”“是否披露供应商权益保护”“是否披露债权人权益保护”“是否披露股东权益保护（定性）”“是否披露公共关系和社会公益事业”“是否披露环境和可持续发展”等指标均值都在10%以下，其中“是否披露客户及消费者权益保护”均值为6.53%，“是否披露供应商权益保护”均值为5.24%，“是否披露债权人权益保护”均值为4.33%，“是否披露股东权益保护（定性）”均值为7.06%，“是否披露公共关系和社会公益事业”和“是否披露环境和可持续发展”均值在6%左右。可见，创业板上市公司在社会责任报告中对利益相关者权益保护等信息披露较少，尤其缺乏对供应商和债权人权益保护相关信息的披露，说明目前创业板上市公司对利益相关者权益的保护并不到位，应该重视维护与利益相关者的良好关系，完善相关信息披露，实现企业的可持续发展。在对“企业荣誉”指标数据收集过程中发现上市公司对相关信息披露的内容与形式多样，少量企业会披露企业荣誉的年份、名称、级别等详细信息，大部分企业只是在年度报告中零星披露，语言模糊，并没有形成统一体系。纵观603家创业板企业的年度报告、社会责任报告等内容，我们发现，与传递组织资本信息类似，各家公司通过“董事会公告”、财务报表附注等内容释放的关系资本信息也都是无意识的，各家公司编制、报告这些专题报告的格式相同，内容也都类似，从知识资本信息披露视角来看，也都不成体系。

表4-4　　　　关系资本描述性统计

知识资本类别	指标	样本量	均值	标准差	最小值	p5	p25	中位数	p75	最大值
关系资本	本年稳定的前五名客户占销售额比例	1317.00	0.35	0.21	0.01	0.10	0.20	0.30	0.47	1.00
	第一大客户销售比例	1317.00	0.14	0.12	0.00	0.03	0.06	0.11	0.18	0.88
	第一与第二大客户销售比例之比	1317.00	2.00	2.05	1.00	1.03	1.17	1.46	2.15	38.11

续表

知识资本类别	指标	样本量	均值	标准差	最小值	p5	p25	中位数	p75	最大值
关系资本	是否披露客户及消费者权益保护	1317.00	0.07	0.25	0.00	0.00	0.00	0.00	0.00	1.00
	本年稳定的前5名供应商采购比例	787.00	0.40	0.20	0.01	0.15	0.25	0.35	0.50	0.98
	第一大供应商采购比例	784.00	0.17	0.13	0.00	0.04	0.08	0.13	0.22	0.88
	第一与第二大供应商采购比例之比	757.00	8.43	5.05	0.24	2.87	4.91	7.09	10.38	37.77
	是否披露供应商权益保护	1317.00	0.05	0.22	0.00	0.00	0.00	0.00	0.00	1.00
	是否披露债权人权益保护	1317.00	0.04	0.20	0.00	0.00	0.00	0.00	0.00	1.00
	是否披露股东权益保护（定性）	1317.00	0.07	0.26	0.00	0.00	0.00	0.00	0.00	1.00
	股利支付率（定量）	1230.00	0.15	0.18	0.00	0.00	0.05	0.10	0.20	1.60
	是否披露公共关系和社会公益事业	1317.00	0.07	0.25	0.00	0.00	0.00	0.00	0.00	1.00
	是否披露环境和可持续发展	1317.00	0.07	0.25	0.00	0.00	0.00	0.00	0.00	1.00
	产品质量认证（SA、ISO90001、ISO14000）	1316.00	0.01	0.10	0.00	0.00	0.00	0.00	0.00	1.00
	企业科技方面的荣誉	1317.00	1.64	2.12	0.00	0.00	0.00	0.00	4.00	6.00
	企业荣誉	1315.00	2.51	2.27	0.00	0.00	0.00	3.00	5.00	6.00
	捐款额	1317.00	94135.00	2.17×10^{6}	0.00	0.00	0.00	0.00	0.00	7.50×10^{7}
	人均销售费用	1308.00	62950.00	81191.00	0.00	7169.00	20972.00	42337.00	74964.00	1.18×10^{6}
	销售费用占销售收入比例	1317.00	0.09	0.09	0.00	0.01	0.03	0.07	0.12	0.58

总体来说，知识资本相关指标信息主要来源于年度报告，我们还可以根据社会责任报告来获得企业社会责任履行情况方面的信息，一些来源于财务报表定量指标的披露格式、内容已形成统一范式，但其他自愿披露的非财务信息的披露内容和格式并没有形成统一的披露体系。

（三）知识资本信息披露趋势分析

随着证券市场监管制度的不断完善，创业板上市公司知识资本信息披露的状况也在不断发生改变。本项目为了发现知识资本信息披露纵向变化情况，对所有样本进行了年份描述性统计。我们可以发现 2009～2016 年，获得的知识资本相关有效样本数据数量在不断增加，一方面说明了创新型知识企业在不断发展，创业板上市公司数量在不断增加，由 2009 年 59 家增加至 2016 年 615 家；另一方面也说明了相关指标信息披露状况在逐渐完善。具体结果如下：

1. 人力资本信息披露趋势分析

表 4－5 为人力资本年份描述性统计结果部分信息（详见附录 2）。2009～2016 年人力资本各指标披露水平逐渐提高，披露状况逐渐稳定。例如 2009 年“高管平均教育水平”样本数据有 39 个，2016 年增至 583 个。在过去几年间，“年末员工总数”和“技术岗位人数”呈不断增加趋势，一方面可能是企业规模扩大，另一方面也说明企业逐渐加大人员投入。2009～2016 年“具有本科以上学历的员工比例”均值在 0.3 左右浮动，并没有发生较大变化，说明员工总体学历水平并没有显著提高。“员工人均薪酬”和“高管人均薪酬”均值都呈现逐年上升的趋势，说明企业逐渐注重对人力资本的投资，不断提高员工薪酬水平。在人力资本效率方面，2009～2016 年“员工人均销售收入”均值有波动增加的趋势，2016 年增至 85 万元以上，人力资本投资效率显著提高。

2. 结构资本信息披露趋势分析

表 4－6 为结构资本年份描述性统计结果部分信息（详见附录 3）。根据统计结果，2009～2016 年，“人均固定资产”均值总体呈现波动上升的

表 4－5　　人力资本年份描述性统计

年份	Sum	人力资本							
		年末员工总数	具有本科以上学历的员工比例	具有高级职称的高管比例	技术岗位人数	高管平均教育水平	员工人均薪酬	高管人均薪酬	员工人均销售收入
2009	N	38.00	38.00	39.00	39.00	39.00	55.00	38.00	39.00
	mean	509.30	0.37	0.24	170.90	3.40	8332.00	320621.00	708418.00
2010	N	69.00	69.00	70.00	70.00	179.00	69.00	70.00	69.00
	mean	849.00	0.33	0.27	251.50	3.29	8935.00	406146.00	658375.00
2011	N	144.00	144.00	145.00	144.00	275.00	144.00	145.00	144.00
	mean	927.50	0.33	0.27	263.40	3.31	8398.00	466093.00	703681.00
2012	N	181.00	181.00	182.00	178.00	325.00	181.00	182.00	181.00
	mean	902.60	0.33	0.26	270.10	3.33	9165.00	518889.00	698443.00
2013	N	217.00	216.00	218.00	216.00	355.00	217.00	218.00	217.00
	mean	967.20	0.35	0.25	291.20	3.36	10980.00	592092.00	743929.00
2014	N	419.00	378.00	303.00	410.00	377.00	419.00	419.00	417.00
	mean	1203.00	0.01	0.30	363.10	3.36	12953.00	621393.00	840998.00
2015	N	349.00	347.00	350.00	348.00	478.00	349.00	350.00	349.00
	mean	1617.00	0.36	0.25	429.50	3.37	14865.00	704614.00	874962.00
2016	N	309.00	309.00	310.00	308.00	583.00	309.00	310.00	309.00
	mean	1761.00	0.37	0.23	460.80	3.38	18119.00	727118.00	855744.00
Total	N	1726.00	1682.00	1617.00	1713.00	2627.00	1726.00	1733.00	1724.00
	mean	1273.00	0.27	0.26	358.10	3.35	12977.00	614205.00	801631.00

趋势，说明员工人均可支配的生产工具价值增加，质量提升；“研发人员占全体员工比例”一直在 0.3 左右浮动，没有显著增加，说明企业对研发人员的投入还有待提升；“专利权数（数量）”平均值在不断提高，而且专利种类具体信息的披露也在不断完善，说明企业研发水平逐年提升，也逐渐注重对研发成果的保护；各年份“是否披露职工权益”的均值一直为 8% 左右，处于较低水平，且变化幅度不大，说明创业板上市公司欠缺对职工权益保护相关信息的披露水平，而且对职工权益保护重视程度较低。

关于“研发费用资本化率”，2009～2012 年获得的数据个数占当年样本量的比例较低，2013 年逐渐增多，达到了 205 个，说明企业逐渐注重对该指标的披露；在过去几年“年人均管理费用”逐年增加，说明企业加大对结构资本的投资，同时运营成本也在增加。

表 4－6　　结构资本年份描述性统计

年份	sum	结构资本								
		人均固定资产	研发人员占全体员工比例	无形资产－土地使用权（总额）	专利权数（数量）	产品商标数	是否披露职工权益保护	是否披露健康等	是否披露生产安全指标	年人均管理费用
2009	N	38.00	38.00	38.00	40.00	26.00	39.00	39.00	39.00	39.00
	mean	108394.00	0.35	3502000.00	10.23	8.36	0.08	0.08	0.00	57448.00
2010	N	69.00	69.00	148.00	70.00	70.00	70.00	70.00	70.00	69.00
	mean	149539.00	0.32	3911000.00	19.97	12.59	0.11	0.20	0.10	69175.00
2011	N	144.00	143.00	239.00	145.00	145.00	145.00	145.00	145.00	144.00
	mean	155112.00	0.33	7052000.00	34.21	14.48	0.08	0.13	0.06	74799.00
2012	N	181.00	177.00	294.00	182.00	182.00	182.00	182.00	182.00	181.00
	mean	189600.00	0.31	13800000.00	36.41	8.47	0.09	0.10	0.07	82438.00
2013	N	217.00	214.00	314.00	218.00	218.00	218.00	218.00	218.00	217.00
	mean	246099.00	0.31	20600000.00	45.40	9.15	0.09	0.10	0.06	90579.00
2014	N	419.00	407.00	95.00	419.00	371.00	419.00	419.00	419.00	419.00
	mean	307580.00	0.29	12100000.00	50.51	12.25	0.07	0.06	0.10	99865.00
2015	N	349.00	345.00	426.00	350.00	220.00	350.00	350.00	350.00	349.00
	mean	272292.00	0.30	46700000.00	68.70	12.28	0.08	0.11	0.05	101990.00
2016	N	309.00	307.00	518.00	310.00	310.00	310.00	310.00	310.00	309.00
	mean	252229.00	0.31	65400000.00	78.72	8.06	0.02	0.31	0.00	105923.00
Total	N	1726.00	1700.00	2074.00	1733.00	1555.00	1733.00	1733.00	1733.00	1726.00
	mean	247010.00	0.31	32700000.00	53.60	10.67	0.07	0.14	0.06	94132.00

3. 关系资本信息披露趋势分析

表 4－7 为关系资本年份描述性统计结果部分信息（详见附录 4）。

2009～2016年“是否披露客户及消费者权益保护”“是否披露供应商权益保护”“是否披露债权人权益保护”“是否披露股东权益保护（定性）”“是否披露公共关系和社会公益事业”“是否披露环境和可持续发展”指标的均值变化幅度不大，且都在10%以下，说明2009～2016年以来，我国创业板上市公司对社会责任认知较为浅薄，缺乏定性信息的披露，尤其是企业对其所负担的关于债权人、供应商、环境方面的责任和关于企业文化方面的责任的认知程度明显偏低，没有重视对利益相关权益的保护和相关信息的披露。在过去几年间“人均销售费用”均值总体呈现逐步增加的趋势，说明企业逐渐注重对关系资本的投资。总体来说2009～2016年知识资本指标数据披露在不断完善，企业知识资本水平也在不断提高，知识资本披露的内容和形式无较大差异，但各年份均缺乏对社会责任相关信息的披露。

表4－7　　关系资本年份描述性统计

年份	sum	关系资本										
		前五名客户占销售额比例	是否披露客户及消费者权益保护	前5名供应商采购比例	是否披露供应商权益保护	是否披露债权人权益保护	是否披露股东权益保护	是否披露公共关系和社会公益事业	是否披露环境和可持续发展	企业荣誉	人均销售费用	销售费用占销售收入比例
2009	N	2.00	39.00	39.00	3.00	39.00	39.00	39.00	39.00	39.00	38.00	39.00
	mean	0.33	0.08	0.66	0.03	0.05	0.08	0.08	0.08	2.87	53080.00	0.10
2010	N	70.00	70.00	24.00	70.00	70.00	70.00	70.00	70.00	70.00	69.00	70.00
	mean	0.36	0.10	0.48	0.06	0.04	0.11	0.11	0.11	3.56	53658.00	0.09
2011	N	145.00	145.00	70.00	145.00	145.00	145.00	145.00	145.00	145.00	144.00	145.00
	mean	0.35	0.08	0.39	0.06	0.02	0.08	0.08	0.08	2.74	54519.00	0.09
2012	N	182.00	182.00	16.00	182.00	182.00	182.00	182.00	182.00	181.00	181.00	182.00
	mean	0.35	0.09	0.62	0.07	0.07	0.09	0.08	0.08	2.34	57060.00	0.10
2013	N	218.00	218.00	11.00	218.00	218.00	218.00	218.00	218.00	217.00	217.00	218.00
	mean	0.34	0.08	0.80	0.07	0.07	0.09	0.09	0.08	2.31	64886.00	0.10

续表

年份	sum	关系资本										
		前五名客户占销售额比例	是否披露客户及消费者权益保护	前5名供应商采购比例	是否披露供应商权益保护	是否披露债权人权益保护	是否披露股东权益保护	是否披露公共关系和社会公益事业	是否披露环境和可持续发展	企业荣誉	人均销售费用	销售费用占销售收入比例
2014	N	393.00	419.00	381.00	419.00	419.00	419.00	419.00	419.00	419.00	419.00	419.00
	mean	0.33	0.07	0.37	0.07	0.04	0.07	0.08	0.07	2.18	69913.00	0.09
2015	N	350.00	350.00	348.00	350.00	350.00	350.00	350.00	350.00	350.00	349.00	350.00
	mean	0.35	0.07	0.37	0.06	0.05	0.08	0.08	0.07	2.30	63754.00	0.09
2016	N	310.00	310.00	310.00	310.00	310.00	310.00	310.00	310.00	310.00	307.00	310.00
	mean	0.37	0.02	0.38	0.01	0.01	0.02	0.02	0.02	2.57	71173.00	0.09
Total	N	1707.00	1733.00	1167.00	1733.00	1733.00	1733.00	1733.00	1733.00	1731.00	1724.00	1733.00
	mean	0.35	0.07	0.39	0.06	0.04	0.07	0.07	0.07	2.42	64601.00	0.09

（四）知识资本信息披露区域分析

为了探究知识资本披露现状的区域性差异，本项目对企业知识资本披露现状进行了区域描述性统计。根据统计结果发现，样本主要分布于广东、北京、浙江、江苏、上海等东部区域，宁夏、青海、西藏等地有效样本量为0，说明我国中西部地区缺少知识型创新企业，且对知识资本信息披露较贫乏。

1. 人力资本信息披露区域分析

表4－8为人力资本区域描述性统计结果部分信息（详见附录5）。31个省市企业对人力资本相关信息的披露较为充分，“具有本科以上学历员工的比例”均值为35.1%，而内蒙古和江西“具有本科以上学历员工的比例”均值分别为15.1%和14.2%，且90%左右的员工学历为本科以下，说明中西部地区员工的学历水平较低；“具有高级职称的高管比例”均值为24.8%，且大部分区域样本此指标均值均在25%以上，陕西、吉林、海

南、广东等地“具有高级职称的高管比例”在 20% 以下，江西、黑龙江“具有高级职称的高管比例”基本达到 40% 以上，因此不同区域对高管职称要求有所差异。从描述性统计结果还可以发现，各个区域“年人均培训费用”指标水平差距较大，总体平均水平只有 120。山西、黑龙江、山东、重庆、贵州等地“年人均培训费用”均值为 0，主要原因是由于培训费用并不属于上市公司年度报告强制披露的内容。许多企业虽然在年度报告中披露了相关员工培训的定性信息，例如员工培训计划、培训内容等，但披露具体培训费用等定量信息的企业少之又少，所以在对其进行描述性统计过程中，缺乏培训费用具体信息的披露。总体来说，各个区域企业人力资本信息披露差异较小，但有关培训费用相关信息披露缺乏统一的内容与形式，且企业披露培训费用的频度较低。培训费用是我们了解企业人力资本投入的一个重要指标，企业应加强对相关信息的披露。

表 4-8　人力资本区域描述性统计

区域	sum	人力资本							
		本科以上学历的员工比例	硕士以上学历的高管比例	高级职称的高管比例	年人均培训费用	高管平均教育水平	员工人均薪酬	是否披露员工年龄	员工岗位分布情况披露
广东	N	275.00	277.00	277.00	277.00	277.00	277.00	275.00	275.00
	mean	0.32	0.47	0.14	142.10	3.41	13932.00	1.00	1.00
北京	N	234.00	235.00	235.00	235.00	235.00	235.00	235.00	235.00
	mean	0.54	0.53	0.22	73.99	3.57	14736.00	1.00	1.00
江苏	N	130.00	137.00	137.00	137.00	137.00	130.00	137.00	137.00
	mean	0.23	0.39	0.27	64.88	3.10	15213.00	1.00	1.00
浙江	N	130.00	130.00	130.00	130.00	130.00	130.00	130.00	130.00
	mean	0.31	0.45	0.26	46.44	3.31	12713.00	1.00	1.00
上海	N	110.00	110.00	110.00	110.00	110.00	110.00	109.00	109.00
	mean	0.41	0.50	0.26	165.80	3.32	11626.00	1.00	1.00
山西	N	6.00	6.00	6.00	6.00	6.00	6.00	6.00	6.00
	mean	0.24	0.42	0.17	0.00	3.04	13600.00	1.00	1.00

续表

区域	sum	人力资本							
		本科以上学历的员工比例	硕士以上学历的高管比例	高级职称的高管比例	年人均培训费用	高管平均教育水平	员工人均薪酬	是否披露员工年龄	员工岗位分布情况披露
内蒙古	N	13.00	13.00	13.00	13.00	13.00	13.00	13.00	13.00
	mean	0.15	0.49	0.48	3023.00	3.18	16167.00	1.00	1.00
吉林	N	4.00	4.00	4.00	4.00	4.00	4.00	4.00	4.00
	mean	0.50	0.45	0.16	63.28	3.21	12072.00	1.00	1.00
黑龙江	N	9.00	9.00	9.00	9.00	9.00	9.00	9.00	9.00
	mean	0.30	0.49	0.57	0.00	3.40	4344.00	1.00	1.00
江西	N	13.00	13.00	13.00	13.00	13.00	13.00	13.00	13.00
	mean	0.14	0.42	0.42	17.14	3.06	11064.00	1.00	1.00
山东	N	44.00	44.00	44.00	44.00	44.00	44.00	44.00	44.00
	mean	0.19	0.36	0.30	0.00	3.01	9240.00	1.00	1.00
海南	N	6.00	6.00	6.00	6.00	6.00	6.00	6.00	6.00
	mean	0.22	0.37	0.07	192.70	3.29	8037.00	1.00	1.00
重庆	N	11.00	11.00	11.00	11.00	11.00	11.00	11.00	11.00
	mean	0.33	0.56	0.34	0.00	3.63	10395.00	1.00	1.00
贵州	N	4.00	4.00	4.00	4.00	4.00	4.00	4.00	4.00
	mean	0.39	0.49	0.11	0.00	3.48	6678.00	1.00	1.00
陕西	N	11.00	11.00	11.00	11.00	11.00	11.00	11.00	11.00
	mean	0.64	0.45	0.30	0.00	3.33	14834.00	1.00	1.00
Total	N	1307.00	1317.00	1317.00	1317.00	1317.00	1310.00	1314.00	1314.00
	mean	0.35	0.47	0.25	120.00	3.36	13014.00	1.00	1.00

2. 结构资本信息披露的区域分析

表 4 -9 为结构资本区域描述性统计结果部分信息（详见附录 6）。各区域结构资本中“无形资产—土地使用权（总额）”“发明专利（数量）”“产品设计”“研发人员年人均研发费用”“研发费用占销售收入比例”“研发费用资本化率”指标的样本数据较少，例如披露“发明专利（数

量)”样本比例为 58%，广东披露“发明专利（数量)”样本比例为 60%，北京披露“发明专利（数量)”样本比例为 54%，而吉林披露“发明专利（数量)”样本比例只有 25%，主要是由于相关研发信息的披露并不是强制性的。我们在进行数据收集过程中发现，有些企业无形资产具体项目披露情况千差万别，大部分企业只是在经营状况中零星涉及企业商标、专利、产品设计等信息。而且在披露内容上，有的企业会说明本年度各种类型专利的增加情况和截至目前无形资产各项目的拥有情况；而有的企业只是披露目前无形资产合计数额，不对具体项目作出相关说明，在相关信息披露的持续性上也较为欠缺，因此各区域此类指标的数据较为缺乏。

从统计结果可以发现，辽宁、吉林等地区“研发人员占全体员工比例”指标的均值在 30% 左右，由此可见东北地区虽然不是创新型产业集聚的地区，但也在加大研发人员的投入，带动地区创新产业的发展。而江苏创新型企业数量较多，但 75% 的企业“研发人员占全体员工的比例”只有 25.2%，研发力量较为薄弱。根据企业披露的“专利权数”“产品商标数”等数据，可以进一步了解企业无形资产具体项目的拥有情况，从而更好地评价企业创新能力。统计结果表明，样本总体“专利权数（数量)”均值为 55，河南、湖南、重庆三个区域“专利权数（数量)”均值超过了 100，湖南地区企业“专利权数（数量)”甚至达到 22，创新产出水平极高，而山西、海南地区企业“专利权数（数量)”均值在 20 以下，大大低于平均水平。“是否披露职工权益保护”“是否披露员工健康等”“是否披露生产安全指标”可以从社会责任报告中获得，但由于社会责任报告的披露并不是强制性的，我们可以发现相关信息披露甚是缺乏，例如 75% 以上的企业没有披露职工权益保护的信息。进一步研究发现，除了福建、河南两个省份“是否披露职工权益保护”75% 分位数为 1，其他区域均为 0，说明全国大部分区域创业板上市公司缺乏对职工权益、安全性生产指标等信息的披露。

表 4－9　　结构资本区域描述性统计

区域	sum	结构资本								
		研发人员占全体员工比例	无形资产－土地使用权（总额）	专利权数（数量）	发明专利（数量）	产品设计	产品商标数	是否披露职工权益保护	是否披露健康等	是否披露生产安全指标
广东	N	272.00	232.00	277.00	166.00	166.00	253.00	277.00	277.00	277.00
	mean	0.33	2.11×10^7	68.93	9.22	1.82	11.40	0.06	0.17	0.04
北京	N	233.00	132.00	235.00	126.00	126.00	216.00	235.00	235.00	235.00
	mean	0.42	1.54×10^8	37.68	9.41	1.37	14.32	0.11	0.19	0.07
江苏	N	130.00	127.00	137.00	91.00	91.00	117.00	137.00	137.00	137.00
	mean	0.24	7.09×10^6	46.73	5.77	2.01	1.88	0.00	0.07	0.00
浙江	N	130.00	112.00	130.00	72.00	72.00	119.00	130.00	130.00	130.00
	mean	0.31	1.08×10^7	46.59	5.00	1.67	8.27	0.02	0.12	0.01
上海	N	103.00	81.00	110.00	59.00	59.00	98.00	110.00	110.00	110.00
	mean	0.36	7.37×10^6	30.47	4.83	1.42	5.53	0.11	0.16	0.07
山西	N	6.00	6.00	6.00	3.00	3.00	5.00	6.00	6.00	6.00
	mean	0.27	2.79×10^7	14.00	1.67	0.33	74.60	0.17	0.00	0.00
辽宁	N	18.00	15.00	18.00	10.00	10.00	16.00	18.00	18.00	18.00
	mean	0.29	1.20×10^7	35.06	6.60	0.50	9.94	0.17	0.28	0.11
吉林	N	4.00	3.00	4.00	1.00	1.00	4.00	4.00	4.00	4.00
	mean	0.38	1.96×10^8	107.80	7.00	0.00	0.00	0.00	0.00	0.00
河南	N	33.00	33.00	33.00	24.00	24.00	31.00	33.00	33.00	33.00
	mean	0.23	3.32×10^7	153.90	3.21	2.33	6.16	0.42	0.39	0.42
湖南	N	34.00	34.00	34.00	23.00	23.00	29.00	34.00	34.00	34.00
	mean	0.24	1.33×10^7	220.80	12.57	4.39	3.17	0.03	0.18	0.00
海南	N	6.00	6.00	6.00	4.00	4.00	6.00	6.00	6.00	6.00
	mean	0.11	8.33×10^7	17.83	3.75	1.25	144.00	0.17	0.33	0.17
重庆	N	11.00	11.00	11.00	7.00	7.00	11.00	11.00	11.00	11.00
	mean	0.23	1.24×10^7	101.30	9.00	0.14	0.09	0.00	0.36	0.00
Total	N	1296.00	1080.00	1317.00	770.00	770.00	1187.00	1317.00	1317.00	1317.00
	mean	0.31	3.46×10^7	54.67	7.18	1.58	10.20	0.07	0.16	0.05

3. 关系资本信息披露的区域分析

表4－10为关系资本区域描述性统计结果部分信息（详见附录7）。在关系资本指标中，各地区关于“本年稳定的前五名客户占销售额比例”“第一大客户销售比例”“第一与第二大客户销售比例之比”“本年稳定的前5名供应商采购比例”“第一大供应商采购比例”“第一与第二大供应商采购比例之比”指标的具体信息披露并没有较大差异。“是否披露股东权益保护（定量）”指标表明是否披露股利支付率，其均值为15%；而陕西、甘肃、新疆、广西、黑龙江、山西“是否披露股东权益保护（定量）”均值在10%以下，说明披露股利支付率定量指标企业较少。其他有关社会责任履行状况披露的信息主要来自于社会责任报告。根据统计结果，“是否披露客户及消费者权益保护”“是否披露供应商权益保护”“是否披露债权人权益保护”“是否披露股东权益保护（定性）”“是否披露公共关系和社会公益事业”“是否披露环境和可持续发展”指标均值都在0.1以下，且只有河南这五个指标均值达到0.4，福建“是否披露债权人权益保护”“是否披露股东权益保护（定性）”“是否披露公共关系和社会公益事业”三个指标75%分位数均为1。这两个区域社会责任履行状况相关信息披露较为良好，其他地区社会责任履行状况相关信息披露极为匮乏，说明我国大部分区域对社会责任认知较为浅薄，缺乏定性信息的披露，尤其是企业对其所负担的关于债权人、供应商、环境方面的责任和关于企业文化方面的责任的认知程度明显偏低，甚至还有很大一部分公司在理解和履行其社会责任的时候并未全面地考虑社会群众的需求，没有重视对利益相关者权益的保护。基于以上分析可以发现，我国有31个省市知识资本披露的内容和形式无较大差异，但除了河南、福建两个区域，其他各区域均缺乏对社会责任相关信息的披露。

（五）知识资本信息披露行业分析

为了探讨知识资本信息披露的行业差异，本项目将所有样本按照中国证监会2012版行业分类标准进行了分行业描述性统计。根据统计结果可

表 4－10　　　　关系资本区域描述性统计

区域	sum	关系资本												
		本年稳定的前五名客户占销售额比例	第一大客户销售比例	第一与第二大客户销售比例之比	是否披露客户及消费者权益保护	本年稳定的前5名供应商采购比例	第一大供应商采购比例	第一与第二大供应商采购比例之比	是否披露供应商权益保护	是否披露债权人权益保护	是否披露股东权益保护（定性）	股利支付率（定量）	是否披露公共关系和社会公益事业	是否披露环境和可持续发展
广东	N	277.00	277.00	277.00	277.00	165.00	163.00	159.00	277.00	277.00	277.00	252.00	277.00	277.00
	mean	0.36	0.15	1.94	0.05	0.39	0.17	8.31	0.04	0.04	0.06	0.15	0.06	0.06
北京	N	235.00	235.00	235.00	235.00	140.00	140.00	133.00	235.00	235.00	235.00	220.00	235.00	235.00
	mean	0.38	0.15	1.90	0.10	0.39	0.17	7.88	0.07	0.07	0.11	0.12	0.11	0.10
江苏	N	137.00	137.00	137.00	137.00	87.00	87.00	81.00	137.00	137.00	137.00	129.00	137.00	137.00
	mean	0.36	0.14	1.81	0.00	0.39	0.17	8.16	0.00	0.00	0.00	0.19	0.00	0.00
浙江	N	130.00	130.00	130.00	130.00	75.00	75.00	72.00	130.00	130.00	130.00	126.00	130.00	130.00
	mean	0.37	0.16	2.03	0.02	0.41	0.18	9.07	0.01	0.00	0.02	0.18	0.02	0.02
上海	N	110.00	110.00	110.00	110.00	59.00	59.00	56.00	110.00	110.00	110.00	101.00	110.00	110.00
	mean	0.32	0.13	1.82	0.11	0.45	0.21	9.82	0.10	0.05	0.11	0.17	0.11	0.11
山西	N	6.00	6.00	6.00	6.00	4.00	4.00	4.00	6.00	6.00	6.00	6.00	6.00	6.00
	mean	0.23	0.08	1.56	0.00	0.21	0.06	4.57	0.17	0.17	0.17	0.07	0.00	0.17
黑龙江	N	9.00	9.00	9.00	9.00	4.00	4.00	4.00	9.00	9.00	9.00	8.00	9.00	9.00
	mean	0.44	0.18	2.64	0.00	0.60	0.28	12.44	0.00	0.00	0.00	0.09	0.00	0.00
安徽	N	43.00	43.00	43.00	43.00	25.00	25.00	25.00	43.00	43.00	43.00	42.00	43.00	43.00
	mean	0.28	0.12	1.97	0.00	0.35	0.17	6.21	0.00	0.00	0.00	0.13	0.00	0.00
福建	N	31.00	31.00	31.00	31.00	18.00	18.00	17.00	31.00	31.00	31.00	27.00	31.00	31.00
	mean	0.35	0.16	2.72	0.26	0.45	0.20	9.09	0.23	0.26	0.26	0.12	0.26	0.16
河南	N	33.00	33.00	33.00	33.00	21.00	20.00	20.00	33.00	33.00	33.00	33.00	33.00	33.00
	mean	0.23	0.07	1.43	0.39	0.37	0.14	8.34	0.39	0.39	0.42	0.11	0.42	0.42
广西	N	2.00	2.00	2.00	2.00	2.00	2.00	2.00	2.00	2.00	2.00	2.00	2.00	2.00
	mean	0.56	0.29	3.20	0.00	0.27	0.09	6.26	0.00	0.00	0.00	0.06	0.00	0.00
云南	N	1.00	1.00	1.00	1.00	1.00	1.00	1.00	1.00	1.00	1.00	1.00	1.00	1.00
	mean	0.36	0.13	1.33	0.00	0.30	0.09	6.45	0.00	0.00	0.00	0.15	0.00	0.00

续表

区域	sum	关系资本												
		本年稳定的前五名客户占销售额比例	第一大客户销售比例	第一与第二大客户销售比例之比	是否披露客户及消费者权益保护	本年稳定的前5名供应商采购比例	第一大供应商采购比例	第一与第二大供应商采购比例之比	是否披露供应商权益保护	是否披露债权人权益保护	是否披露股东权益保护（定性）	股利支付率（定量）	是否披露公共关系和社会公益事业	是否披露环境和可持续发展
陕西	N	11.00	11.00	11.00	11.00	7.00	7.00	7.00	11.00	11.00	11.00	11.00	11.00	11.00
	mean	0.59	0.30	2.95	0.00	0.45	0.16	10.73	0.00	0.00	0.00	0.07	0.00	0.00
甘肃	N	14.00	14.00	14.00	14.00	5.00	5.00	5.00	14.00	14.00	14.00	14.00	14.00	14.00
	mean	0.38	0.13	1.66	0.00	0.46	0.18	13.07	0.00	0.00	0.00	0.05	0.00	0.00
新疆	N	5.00	5.00	5.00	5.00	3.00	3.00	3.00	5.00	5.00	5.00	3.00	5.00	5.00
	mean	0.40	0.15	1.64	0.00	0.43	0.18	10.93	0.00	0.00	0.00	0.05	0.00	0.00
Total	N	1317.00	1317.00	1317.00	1317.00	787.00	784.00	757.00	1317.00	1317.00	1317.00	1230.00	1317.00	1317.00
	mean	0.35	0.14	2.00	0.07	0.40	0.17	8.43	0.05	0.04	0.07	0.15	0.07	0.07

以发现，制造业所占样本比重最大，其次是信息传输、软件和信息技术服务业。具体分析如下：

1. 人力资本信息披露行业分析

表4－11为人力资本行业描述性统计结果部分信息（详见附录8）。我们可以从各行业90%以上的样本企业中获得“高管平均教育水平”“高管平均年龄”指标信息，且行业差距不大。而从样本中获得“年末员工总数”“具有本科以上学历的员工比例”“技术岗位人数”等员工教育背景和岗位分工等信息较少，说明目前各行业较为侧重披露高管背景等相关信息，而员工教育背景、岗位设置等信息的披露频率较低。信息传输、软件和信息技术服务业，科学研究和技术服务业，卫生和社会工作，文化、体育和娱乐业的“具有本科以上学历的员工比例”均值在55%以上，说明这些行业对员工的学历要求较高，而制造业样本个数虽然最多，但“具有本科以上学历的员工比例”均值只有26.4%，教育水平较低。农、林、

牧、渔业和采掘业“年人均培训费用”均值都在1以下，说明这些行业对员工培训投入较少，而且培训费用相关信息披露也较少。农、林、牧、渔业，信息传输、软件和信息技术服务业，科学研究和技术服务业，文化、体育和娱乐业“员工人均薪酬”高于所有行业平均水平，说明这些行业注重对人力资本的投资。

表4-11　　人力资本行业描述性统计

行业分类	Sum	人力资本								
		年末员工总数	具有本科以上学历的员工比例	具有硕士以上学历的高管比例	具有高级职称的高管比例	技术岗位人数	年人均培训费用	高管平均教育水平	员工人均薪酬	高管人均薪酬
农、林、牧、渔业	N	11.00	11.00	11.00	11.00	11.00	11.00	39.00	11.00	11.00
	mean	8893.00	0.32	0.54	0.26	637.00	0.16	3.29	28203.00	850918.00
采掘业	N	6.00	6.00	6.00	6.00	6.00	6.00	27.00	6.00	6.00
	mean	460.00	0.39	0.43	0.11	184.50	0.00	3.49	7418.00	741831.00
制造业	N	885.00	885.00	885.00	885.00	880.00	885.00	1797.00	885.00	885.00
	mean	1209.00	0.26	0.46	0.26	229.10	97.15	3.31	12193.00	597413.00
电力、热力、燃气及水生产和供应业	N	1.00	1.00	1.00	1.00	1.00	1.00	2.00	1.00	1.00
	mean	218.00	0.25	0.33	0.20	46.00	0.00	4.20	6358.00	626100.00
建筑业	N	20.00	20.00	20.00	20.00	20.00	20.00	37.00	20.00	20.00
	mean	653.00	0.35	0.44	0.25	137.90	0.00	3.23	12329.00	438828.00
批发和零售业	N	14.00	14.00	14.00	14.00	14.00	14.00	33.00	14.00	14.00
	mean	2498.00	0.23	0.52	0.30	441.30	240.10	3.40	6675.00	564600.00
信息传输、软件和信息技术服务业	N	272.00	269.00	279.00	279.00	277.00	279.00	474.00	272.00	279.00
	mean	1169.00	0.61	0.51	0.21	706.80	211.50	3.49	14098.00	632458.00
科学研究和技术服务业	N	26.00	26.00	26.00	26.00	26.00	26.00	39.00	26.00	26.00
	mean	1487.00	0.56	0.54	0.33	589.00	163.40	3.52	20894.00	828215.00
卫生和社会工作	N	7.00	7.00	7.00	7.00	7.00	7.00	19.00	7.00	7.00
	mean	3237.00	0.57	0.50	0.20	1857.00	325.10	3.60	10157.00	633290.00
文化、体育和娱乐业	N	11.00	11.00	11.00	11.00	8.00	11.00	47.00	11.00	11.00
	mean	427.60	0.58	0.54	0.30	89.00	130.60	3.27	23189.00	738202.00
Total	N	1309.00	1306.00	1316.00	1316.00	1305.00	1316.00	2626.00	1309.00	1316.00
	mean	1295.00	0.35	0.47	0.25	356.50	120.00	3.35	13023.00	612283.00

2. 结构资本信息披露行业分析

表4－12为结构资本行业描述性统计结果部分信息（详见附录9）。各行业大部分样本都披露了“无形资产—土地使用权”的相关信息，制造业披露相关信息的样本个数达到了1839个，披露“发明专利（数量）”和“产品设计”信息的样本较少；批发和零售业，交通运输、仓储和邮政业，卫生和社会工作，文化、体育和娱乐业等行业甚至没有企业披露相关指标信息，可能是这些行业对研发水平要求较低，缺乏对此类信息的披露。信息传输、软件和信息技术服务业、科学研究和技术服务业的“发明专利（数量）”指标的均值都在8以上，超过了行业平均水平，说明此类高新技术产业对科技发明要求较高，发明专利数量较多。“是否披露职工权益保护”行业均值为0.07，“是否披露健康等”指标均值为0.16，“是否披露生产安全指标”均值为0.05。其中，卫生和社会工作行业相关指标均值都为0.235，文化、体育和娱乐业三个指标的水平大大超过了行业平均值，说明这两个行业较注重对职工权益和生产安全的保障，且较多地披露了相关信息。制造业和建筑业均属于对生产安全环境要求较高的行业，但其对相关信息的披露水平较低，甚至制造业“是否披露职工权益保护”指标均值只有0.06，缺乏对职工权益和生产安全的保障的认知。文化、体育和娱乐业“年人均管理费用”均值大大超过所有行业平均水平，说明该行业注重在结构资本方面的投资，但是也可能说明行业运行成本的较高。

表4－12　结构资本行业描述性统计

行业分类	Sum	结构资本							
		无形资产－土地使用权（总额）	专利权数（数量）	发明专利（数量）	产品设计	是否披露职工权益保护	是否披露健康等	是否披露生产安全指标	年人均管理费用
采掘业	N	16.00	6.00	5.00	5.00	6.00	6.00	6.00	6.00
	mean	5.29×10^{7}	36.83	2.40	0.00	0.00	0.00	0.00	100322.00
制造业	N	1839.00	885.00	586.00	586.00	885.00	885.00	885.00	885.00
	mean	2.22×10^{7}	71.08	7.11	1.71	0.06	0.18	0.05	90094.00

续表

行业分类	Sum	结构资本							
		无形资产－土地使用权（总额）	专利权数（数量）	发明专利（数量）	产品设计	是否披露职工权益保护	是否披露健康等	是否披露生产安全指标	年人均管理费用
建筑业	N	28.00	20.00	15.00	15.00	20.00	20.00	20.00	20.00
	mean	3.17×10^7	35.95	4.67	0.07	0.10	0.25	0.00	98098.00
批发和零售业	N	25.00	14.00	0.00	0.00	14.00	14.00	14.00	14.00
	mean	1.34×10^7	2.93	.	.	0.29	0.14	0.14	53025.00
交通运输、仓储和邮政业	N	19.00	13.00	0.00	0.00	13.00	13.00	13.00	13.00
	mean	1.43×10^7	2.77	.	.	0.00	0.00	0.00	70424.00
信息传输、软件和信息技术服务业	N	218.00	279.00	116.00	116.00	279.00	279.00	279.00	272.00
	mean	4.42×10^7	17.10	8.53	1.52	0.06	0.11	0.03	100855.00
科学研究和技术服务业	N	39.00	26.00	18.00	18.00	26.00	26.00	26.00	26.00
	mean	2.61×10^7	39.00	8.94	0.22	0.00	0.04	0.00	71820.00
卫生和社会工作	N	17.00	7.00	0.00	0.00	7.00	7.00	7.00	7.00
	mean	5025000.00	0.29	.	.	0.14	0.14	0.00	58767.00
文化、体育和娱乐业	N	8.00	11.00	0.00	0.00	11.00	11.00	11.00	11.00
	mean	2.14×10^7	3.36	.	.	0.36	0.18	0.27	181314.00
Total	N	2331.00	1316.00	770.00	770.00	1316.00	1316.00	1316.00	1309.00
	mean	3.30×10^7	54.68	7.18	1.58	0.07	0.16	0.05	92572.00

3. 关系资本信息披露行业分析

表 4－13 为关系资本行业描述性统计结果部分信息（详见附录 10）。各行业较多地披露了客户销售比例信息，而供应商采购比例信息披露较少，主要是由于企业大都列示前五名供应商或前五名客户合计采购或销售比例，我们从财务报表附注中可以获得营业收入的主要客户构成，而企业很少在财务报表附注披露各个供应商采购比例，而且从统计结果发现，批发、零售业“本年稳定的前五名客户占销售额比例”均值大大低于行业平均水平，主要是由于该行业客户包含较多个体，客户较为分散，所以对相关信息披露较少，且客户集中度较低。各行业社会责任信息披露程度较低，所有行业“是否披露供应商权益保护”“是否披露债权人权益保护”

"是否披露股东权益保护（定性）""是否披露公共关系和社会公益事业""是否披露环境和可持续发展"指标均值都在0.1以下，总体披露程度不高。但卫生和社会工作行业以及文化、体育和娱乐业相关指标均值超过了总体均值，相对于其他行业来说，这两个行业较注重对职工权益和生产安全的保障，且较多地披露了相关信息。批发和零售业，文化、体育和娱乐业的"人均销售费"用均值大幅高于所有行业平均水品，说明这两个行业较注重对关系资本的投资。

表4-13　　　　　　　关系资本行业描述性统计

行业分类	Sum	关系资本									
		前五名客户占销售额比例	第一大客户销售比例	前5名供应商采购比例	第一大供应商采购比例	是否披露供应商权益保护	是否披露债权人权益保护	是否披露股东权益保护（定性）	是否披露公共关系和社会公益事业	是否披露环境和可持续发展	人均销售费用
农、林、牧、渔业	N	11.00	11.00	7.00	7.00	11.00	11.00	11.00	11.00	11.00	11.00
	mean	0.19	0.07	0.29	0.09	0.09	0.00	0.09	0.09	0.09	98352.00
采掘业	N	6.00	6.00	2.00	2.00	6.00	6.00	6.00	6.00	6.00	6.00
	mean	0.57	0.20	0.42	0.16	0.00	0.00	0.00	0.00	0.00	18748.00
制造业	N	885.00	885.00	547.00	544.00	885.00	885.00	885.00	885.00	885.00	885.00
	mean	0.36	0.14	0.39	0.16	0.05	0.04	0.06	0.06	0.06	63031.00
电力、热力、燃气及水生产和供应业	N	1.00	1.00	0.00	0.00	1.00	1.00	1.00	1.00	1.00	1.00
	mean	0.46	0.25			0.00	0.00	0.00	0.00	0.00	89123.00
建筑业	N	20.00	20.00	13.00	13.00	20.00	20.00	20.00	20.00	20.00	18.00
	mean	0.73	0.37	0.33	0.15	0.10	0.10	0.10	0.10	0.10	44063.00
批发和零售业	N	14.00	14.00	6.00	6.00	14.00	14.00	14.00	14.00	14.00	14.00
	mean	0.17	0.08	0.38	0.19	0.07	0.00	0.29	0.21	0.21	153641.00
交通运输、仓储和邮政业	N	13.00	13.00	6.00	6.00	13.00	13.00	13.00	13.00	13.00	13.00
	mean	0.21	0.07	0.33	0.17	0.00	0.00	0.00	0.00	0.00	16732.00

续表

行业分类	Sum	关系资本									
		前五名客户占销售额比例	第一大客户销售比例	前5名供应商采购比例	第一大供应商采购比例	是否披露供应商权益保护	是否披露债权人权益保护	是否披露股东权益保护（定性）	是否披露公共关系和社会公益事业	是否披露环境和可持续发展	人均销售费用
信息传输、软件和信息技术服务业	N	279.00	279.00	159.00	159.00	279.00	279.00	279.00	279.00	279.00	272.00
	mean	0.34	0.14	0.44	0.21	0.04	0.04	0.06	0.06	0.04	64360.00
租赁和商务服务业	N	26.00	26.00	11.00	11.00	26.00	26.00	26.00	26.00	26.00	26.00
	mean	0.39	0.15	0.42	0.19	0.04	0.00	0.15	0.15	0.15	68849.00
科学研究和技术服务业	N	26.00	26.00	16.00	16.00	26.00	26.00	26.00	26.00	26.00	26.00
	mean	0.22	0.09	0.33	0.13	0.00	0.00	0.00	0.00	0.00	21019.00
水利、环境和公共设施管理业	N	17.00	17.00	10.00	10.00	17.00	17.00	17.00	17.00	17.00	17.00
	mean	0.38	0.17	0.21	0.08	0.24	0.24	0.24	0.24	0.24	30777.00
卫生和社会工作	N	7.00	7.00	4.00	4.00	7.00	7.00	7.00	7.00	7.00	7.00
	mean	0.19	0.07	0.56	0.43	0.00	0.00	0.14	0.14	0.14	27183.00
文化、体育和娱乐业	N	11.00	11.00	6.00	6.00	11.00	11.00	11.00	11.00	11.00	11.00
	mean	0.44	0.18	0.39	0.15	0.27	0.36	0.36	0.36	0.36	138406.00
Total	N	1316.00	1316.00	787.00	784.00	1316.00	1316.00	1316.00	1316.00	1316.00	1307.00
	mean	0.35	0.14	0.40	0.17	0.05	0.04	0.07	0.07	0.07	62973.00

三、目前我国上市公司知识资本信息披露存在的主要问题

（一）缺乏系统的逻辑框架

在现有的信息披露模式下，知识密集型上市公司通过年度报告的两个组成部分——财务报告和非财务报告（包括强制性信息披露和自愿性信息披露）两种方式对外披露知识资本信息。然而，这两种方式对外披露知识

资本信息的依据是不同的：财务报告遵循的是我国企业会计准则；非财务报告的强制性信息披露部分遵循的是操作层面的我国具体信息披露法律制度，如中国证监会的相关信息披露规定、交易所的信息披露规定。这些法规制度与会计准则有着很大差异，侧重点也不同，管制要求也存在巨大差异，非财务报告的自愿性信息披露部分则完全由每个企业根据特定时点企业的自身情况自己决定。由于年度报告不同部分在披露知识资本信息时缺乏统一的理论依据和系统的逻辑框架，因此，这些信息很难有机地整合到一起，系统地反映一个企业知识资本全貌。

（二）披露方式纷繁多样

目前我国上市公司对外披露知识资本信息的方式多种多样，纷繁复杂。具体来说，财务报表以现有的企业会计准则为准绳，通过严格的确认、计量、记录、报告程序，以货币作为计量手段，从财务视角传递企业智力资产的定量信息；年度报告的非财务报告部分则以中国证监会的《公开发行证券的公司信息披露内容与格式准则第 2 号——年度报告的内容与格式》等为依据，基于缓解企业内外部人之间的信息不对称，保护处于信息弱势的外部人利益，促进资本市场有效运行等目标强制要求企业对外披露相关专题信息，对每个专题内容，要求披露的内容详略有巨大差异，披露的侧重点也各不相同，所采用的披露方式和披露手段多种多样，有以定性文字说明为主的，如“公司治理”专题和“内部控制”专题，有定性文字说明和定量测量相结合的，如“董事会报告”“股份变动及股东情况”“董事、监事、高级管理人员和员工情况”等专题内容。即使同样是定量计量信息，所采用的计量尺度也多种多样。这种纷繁多样的信息披露方式所传递的知识资本信息往往语境不同，口径不一，很难被外部人理解和应用，难以对企业知识资本状况进行综合判断。

（三）相互之间缺乏可比性

这主要表现在两个方面：

（1）每个企业年度报告的不同部分所披露的知识资本信息相互之间缺乏可比性。财务报告中披露的知识资本信息是财务信息，非财务报告中披露的知识资本信息则是非财务信息，相互之间很难进行比较和应用。

（2）不同公司年度报告中所披露的知识资本信息相互之间也缺乏可比性。尽管不同企业财务报告部分披露的知识资本信息具有一定的可比性，但非财务报告部分披露的知识资本信息相互之间几乎没有可比性，因为不同企业非财务报告部分披露的知识资本信息差异很大（尤其是自愿性信息披露部分），而且这些信息基本上都属于定性信息，相互之间无法进行直接比较，即使是定量信息，所使用的计量尺度往往也各不相同，很难进行直接比较。

（四）信息含量十分有限

尽管目前知识密集型企业可以通过年度报告定期对外披露知识资本信息，而且既有强制性信息披露，也有自愿性信息披露，但年度报告中实际对外披露的知识资本信息非常少，因为：

（1）财务报表中反映和报告的知识资本寥寥无几，仅仅是专利权、非专利技术、软件、特许经营权等少数几类智力资产。

（2）非财务报告中强制披露的知识资本信息也非常有限。目前我国相关法规强制要求企业在非财务报告中必须对外披露的知识资本信息只有人力资本的职业能力信息，其余信息只能靠外部人透过“重要提示、目录和释义”“公司基本情况简介”“董事会报告”“重要事项”“股份变动及股东情况”“董事、监事、高级管理人员和员工情况”“公司治理”“内部控制”等专题自我挖掘和探察。

（3）自愿披露的知识资本信息则更少。在年度报告的自愿披露部分，有的企业根本不披露任何知识资本信息，有的企业虽零星地自愿披露一些知识资本信息，但也都是经过精心设计的、有所选择的。

实际上，不仅中国上市公司如此，发达国家的知识资本信息披露也十分有限，对外公开披露知识资本信息的也仅仅是少数知识型企业。在英国，对许多企业的高层管理当局来说，“知识资本”还是一个比较陌生的词，很多人根本不知道“知识资本”一词的含义。虽然少数企业开始运用平衡计分卡等模型来计量和管理知识资本，但仅仅用于内部管理目的，很少有企业试图将其知识资本信息对外公开披露（Roslender and Fincham，2004；Amitava Mondal and Santanu Kumar Ghosh.，2014）。爱尔兰公司目前也很少在其财务报告中披露知识资本信息，少数企业虽然对外公开披露知识资本信息，但往往是以定性说明的方式进行（Brennan，2001）。在西班牙，尽管很多公司对知识资本信息披露问题表现出了浓厚的兴趣，但目前仅有少数公司开始对外披露知识资本信息，并且不是以专门的知识资本报告的形式，而是在年度财务报告中对知识资本信息进行补充披露，一般仅有在 3～4 页的篇幅（Ordonez de Pablos，2003）。部分意大利企业也开始尝试对外公开披露知识资本信息，但主要披露的是关系资本方面的信息（Bozzolan et al.，2003）。在加拿大，目前知识资本信息披露问题还主要处于学术界讨论阶段，很少有企业对外公开披露知识资本信息，而且加拿大企业最常用的词汇是“智力财产”（intellectual property）一词（Bontis，2003）。目前，澳大利亚的很多公司已经认识到了知识资本对于企业长期经营业绩的关键作用，但真正去计量和报告知识资本的公司还很少，并且也没有建立起一致公认的知识资本报告框架。因此，目前澳大利亚公司所进行的知识资本计量和报告等还基本上限于一些空洞的理论概念陈述，没有什么实质性的内容（Guthrie and Petty，2000）。在南非，尽管某些企业已经充分认识到了知识资本的重要作用，在知识资本计量和报告方面也比较积极，但还缺乏一个系统的知识资本计量和报告框架（April et al.，2003）。Abeysekera and Guthrie（2005）对部分斯里兰卡企业的年度财务报告进行了研究，结果发现斯里兰卡企业所披露的知识资本信息也有逐年增加的趋势，但既没有统一的框架，也缺乏持续一贯的披露方法。实际上，尽管知识资本信息披露问题逐渐受到各国的广泛重视，但除了部分西方发达国家的少数知识型企业在知识资本信息披露方面进行了一些有益的尝试外，对绝大部分企业来说，知识资本信息披露还是一个非常陌生的问题，知识资本信息披露不足仍然是各国的一个普遍特征。

四、财务会计范式下知识资本信息披露困境的渊源

（一）企业产权制度及其所决定的财务会计模式约束

1. 传统财务会计范式的基本特征

知识资本信息披露的困境与现行财务会计模式的特征以及知识资本的特性密切相关。现行财务会计模式的基本思想形成于12～15世纪；16～19世纪间这种会计模式在全球得到了大力推广和应用，并得到不断发展和完善；20世纪中叶，这种会计模式基本形成。由于现行财务会计模式形成于农业经济社会和工业经济社会，因而这种会计模式不可避免地带有农业经济社会和工业经济社会的基本特征。众所周知，农业经济社会和工业经济社会的企业产权制度是一种“物质资本至上”的企业产权制度，这种产权制度不仅得到目前各国法律、法规的普遍认同，也被各国社会习俗、文化、道德等所广泛接受。在这一产权制度安排下，企业的终极所有权、终极收益权全部归物质资本所有者——股东所有。即使按照现代经济理论知识资本所有者有权或有能力参与企业剩余收益分配，在现行各国的法律制度框架下，知识资本所有者也只能通过分享部分股权成为物质资本所有者的方法来实现，无法通过所谓专门的“知识资本股权”来实现。作为企业剩余索取权的计量模式（谢德仁，2001），现行财务会计模式必须遵循这种“物质资本至上”的企业产权制度和法律制度。正因为如此，在现行的财务会计框架体系中，我们无法通过什么专门的“人力资本权益”“知识资本权益”等来体现知识资本所有者在企业的权益，而只能通过传统的股东权益或所有者权益来反映知识资本所有者在企业的权益。

“物质资本至上”的企业产权制度对现行财务会计模式的约束主要表现在：

（1）所站立场狭隘，主要为物质资本所有者服务，反映产权最终能够

明确归属于物质资本所有者的项目信息。这主要表现在以下两个方面：

①会计衡等式“资产＝负债＋所有者权益”是按照“物质资本至上”的企业产权制度设计的，左边反映的是那些产权能够明确归属于企业的、从而能够最终归属于股东或债权人的企业资产价值，右边则对应地反映股东和债权人这两类物质资本所有者在企业的权益。

②财务报告也是按照“物质资本至上”的企业产权制度设计的。现行的资产负债表是直接依据物质资本所有者的需要来构建的，右边反映了股东和债权人这两类物质资本所有者特定时点在企业的权益，左边则相应地只反映那些在现行的法律制度框架下产权能够明确归属于物质资本所有者的资产，由于有形资产的价值和产权能够明确地界定，能够最终归属于物质资本所有者——股东或债权人，并且能够较为清晰地在不同利益相关者之间进行分配，因而有形资产在现行的资产负债表中得到了充分反映和披露。利润表则完全是从股东的角度编制的，其最终结果就是反映特定期间股东在企业权益的变动情况。现金流量表虽然表面上看是独立于各个利益相关者团体，反映了会计主体本身特定期间的资金运动情况，但从现金流量表的格式和实质来看，无不体现了为物质资本所有者服务的思想。所有者权益变动表则更直接地反映了特定期间，股东这一物质资本所有者在企业权益的详细变动和分配情况。

（2）确认标准严格，主要反映能够确定的交易、事项和情况。财务会计的本质是一种价值计量系统，主要用来反映企业的价值及其在股东、债权人等物质资本所有者之间的分配情况①，然而，长期以来现实中的财务会计一直是一个基于交易的会计系统（夏冬林，2006）②，即只反映和报告那些已经发生的交易、事项或情况，对于那些没有充分客观证据证明其发生的事项或情况，即使其严重影响企业价值，也不能纳入会计报表中进

---

① 实际上，现行财务会计系统只能计量那些产权能明确归属于企业、从而最终能够归属于物质资本所有者的单项资产价值，而无法计量企业的整体价值。

② 基于交易的会计本质上也是对企业价值的一种计量，是一种扭曲的价值计量系统，与理论上的企业价值系统相差甚远。

行反映和报告。虽然最近几十年来，各国准则制定机构不断修订自身准则，在一些项目上进行了大胆的尝试，试图将传统的基于交易的会计改成基于价值的会计，回归财务会计的本位，但这一进程十分漫长，基于交易的会计依然是实务中的主导模式。我们认为，财务会计之所以只确认那些确定的交易、事项或情况，是因为财务会计是按照物质资本所有者的需要设计的，所反映和报告的任何影响企业价值的交易、事项或情况必须清晰明确，所涉及的资产必须产权明确，能够被企业拥有或控制，而且数量、金额清楚，容易分割，所涉及的权益也必须权责明确，数量、金额确定，这样企业价值才能被物质资本所有者所拥有，才能够在不同的利益相关者之间（特别是物质资本所有者之间）进行清晰的分割和界定。对于那些影响企业价值但权责、数量和金额难以明确界定的事项或情况，由于其所引起的价值和权责难以明确地归属于企业，难以明确地归属于各类具体的利益相关者，难以在不同利益相关者之间（特别是物质资本所有者之间）进行清晰地分割，因而不能纳入现行财务会计系统进行反映和报告。

（3）计量手段单一，只反映能够以货币量化的企业信息，并且所选择的计量属性必须充分可靠。现行财务会计模式计量尺度的选择也体现了“物质资本至上”的企业产权制度要求。由于物质资本所有者关心的主要是企业财富的增加，而货币又是财富的综合表现形式，因此，现行会计模式选用货币作为单一计量尺度来综合反映物质资本所有者在企业的权益及其增减变动情况。然而，货币计量尺度却与其他计量尺度存在很大差异。其他计量尺度本身固定不动的；而货币作为衡量其他事物价值大小的尺度，其本身的价值却是动态变化的，由此导致了历史成本、现行市价、未来现金流量现值等多种不同的计量属性。在所有这些计量属性中，传统财务会计一直选择历史成本作为唯一的计量属性。最近几十年来，财务会计虽然在计量属性选择方面开始有所松动，但仍以历史成本作为主要的计量属性，仅仅在一些特殊情况下允许企业采用其他计量属性，条件是这些计量属性必须和历史成本一样可靠。我们认为，财务会计之所以选择历史成本作为最主要的计量属性，是因为以历史成本所计量的企业价值信息明确可靠，权责清楚，能够清晰明确地在不同利益相关者（主要是股东、债权人等物质资本所有者）之间进行利益分割。要求其他计量属性在应用时必须与历史成本一样可靠也是为了确保所计量结果清晰可靠、权责清楚，能够明确地在股东、债权人等物质资本所有者之间进行利益分割。

2. 知识资本的特殊性质导致其难以纳入传统财务会计范式

知识资本之所以无法纳入现行的财务会计系统，是因为知识资本有着非常特殊的性质。主要表现在：

（1）产权主体的多样化。根据目前学术界和实务界公认的主流观点，知识资本由人力资本、结构资本（或组织资本）和关系资本三部分组成。从产权归属的视角来看，人力资本的产权属于人力资本本身，尽管企业可以根据雇佣契约在合约范围内对人力资本进行约束和控制，利用人力资本为企业创造价值，但企业无法对人力资本进行绝对地控制，更不可能拥有人力资本。结构资本（或组织资本）一般由两部分组成：一类是由创新而形成的创新资本（主要由知识产权组成）；另一类则是企业通过独特的历史路径所形成的流程资本。知识产权类知识资本比较特殊，由于目前各国法规对其有较为明确的规定，因而其产权能够明确界定归属于企业，并能够最终为物质资本所有者所拥有或控制。与知识产权类知识资本不同，流程资本是企业通过独特的历史路径、无数的大小决策、在各类因素的综合作用下形成的，是企业各类利益相关者共同创造的，尽管理论上说流程资本可以被企业拥有或控制，但由于现行法律对其没有明确的规定，这类知识资本的产权很难被企业明确拥有，更无法归属于股东等物质资本所有者。关系资本则是企业通过过去独特的历史路径、在与企业外部的各类利益相关者长期互动过程逐步形成的，企业只能一定程度上对其施加影响，而很难对其进行绝对的控制，更不可能绝对拥有它，将其分配给物质资本所有者。由于知识资本（知识产权类知识资本除外）既不能被企业完全拥有，也难以被企业绝对控制，更不可能被股东、债权人等物质资本所有者所拥有或控制，因而知识资本难以纳入“物质资本至上”的现行财务会计系统进行反映和报告，更不可能被物质资本所有者进行清晰地分割。

（2）高度的不确定性。如前所述，现行财务会计模式是一种基于交易的会计，只确认那些比较确定的交易、事项或情况，而知识资本却存在高度的不确定性，很难满足这一条件。知识资本的不确定性主要表现在：①难以明确地辨别和划分。企业知识资本是一个丰富的体系，然而能够清晰划分和界定的知识资本却相对较少（主要表现为人力资本和知识产权类结构资本），大部分知识资本是很难清晰地划分和界定的（特别是一些关系资本和流程资本）。由于企业对这些知识资本连划分和界定都搞不清楚，就更谈不上纳入财务会计系统进行反映和报告了。②难以清晰地界定产权。如前所述，除了知识产权等少数知识资本外，目前各国法律制度对知识资本都没有明确的规范，因而知识资本的产权很难清晰地界定。实际上，大部分知识资本具有产权主体多元性和模糊性的双重特点。③所创造未来收益具有巨大的不确定性。知识资本具有组织依附性和环境依附性，其创造未来收益的能力随着组织和环境的变化而不断变化，具有高度的不确定性。多方面的高度不确定性决定了知识资本很难纳入传统的、基于交易的会计系统。

（3）难以用货币可靠地计量。一个项目进入现行财务会计系统的一个核心条件是：能够用货币进行可靠地计量。然而，知识资本却基本上都不符合这一条件，很难用货币可靠地计量。由于知识资本具有：①路径依赖性。知识资本基本上都是在企业内部经过长时间的积累逐步形成的（如组织资本和专用人力资本），或是企业在长期经营过程中与企业外部各类利益相关者的长期互动过程中而逐步培育的（如关系资本），具有路径依赖性。②专有知识性。知识资本的本质是知识，而且主要是关于特定企业本身的专有知识，这种知识分布于企业内各级组织和团队中，主要以缄默的形式存在，只可意会不可言传。③相互关联性。知识资本的各个组成部分是相互关联的，不仅每一项知识资本的形成离不开其他资源的作用（Dierichx and Cool，1989），每一项知识资本也只有在和企业所拥有的其他资源结合起来使用时才具有更高的价值（Teece，1986）。因而，知识资本具有组织依附性和环境依附性。组织依附性和环境依附性导致知识资本所创造的未来收益具有高度的不确定性，因为任何一项知识资本的作用发挥离不开其他知识资本的支持，离不开组织内部环境和外部环境的支持，而其他知识资本的功能发挥、组织的内部环境和外部环境都是不断变化的，一旦其中的任何一项因素发生变化，知识资本价值创造功能都可能受到较大影响。

（二）产品市场竞争的制约

如前所述，在资源基础理论看来，知识资本是企业持续竞争优势和长期超额经营业绩的根源，因此，知识资本信息的公开披露涉及企业在产品市场竞争的商业秘密问题。尽管知识资本是企业经过过去独特的历史路径、在社会复杂性等因素的综合作用下而逐步形成的，具有难以模仿性，然而，难以模仿性是相对的，仅仅是个时间和程度问题（Collis and Montgomery，2000）。如果企业向其竞争对手公开披露知识资本的详细信息，那么，将会加速其竞争对手的模仿进程，危及企业的竞争优势。因此，如果现行的法律制度没有明确的披露要求，企业一般不愿意向资本市场公开披露知识资本的详细信息，以免泄露企业的商业秘密。Verrecchia（1983，1990），Darrough and Stoughton（1990），Feltham and Xie（1992），Sanker（1995），Ackert、Church and Sanker（2000），Arya and Mittendorf（2005），王雄元、喻长秋（2014）等人的研究都表明，如果信息披露危及企业的商业秘密，那么企业会隐瞒部分信息，采取选择性的信息披露政策。

（三）信息披露“政治动机”的影响

尽管知识资本具有巨大的价值创造潜力，但是知识资本价值创造潜力的发挥却具有高度的不确定性，因为知识资本都是特异的，其价值创造潜力的发挥与特定企业特定时期的内外部环境是密不可分的，一旦企业的内、外部环境发生变化，知识资本的价值创造潜力将发生巨大的变化。知识资本价值创造潜力发挥的不确定性导致企业管理当局在对外公开披露知识资本信息时可能存在一定的风险，因为在企业外部的利益相关者看来，知识资本是企业持续竞争优势和长期经营业绩的源泉，因而知识资本信息的公开披露可能会导致投资者对企业经营业绩的过高预期，一旦企业的实际经营业绩和他们的预期相去甚远，那么将不仅祸及企业的股票价格。在目前各国普遍强化保护外部投资者利益的法律环境下，企业管理当局还可能承担相应的法律风险。因此，如果相关的法律制度没有强制要求公开披露知识资本信息，企业管理当局一般不愿意公开知识资本信息。不仅企业管理当局，会计师事务所等中介结构也不愿意为知识资本信息的公开披露提供相应的服务，因为知识资本价值创造潜力发挥的高度不确定性也可能会给它们带来一定的法律风险。因此，从知识资本信息供给的相关各方来看，由于公开披露知识资本信息可能会给它们带来一定的法律风险，出于对自身的保护，相关各方都可能对知识资本信息的公开披露持消极的态度，这无疑也会在一定程度上抑制知识资本信息的公开披露。

（四）缺乏成熟的知识资本理论指导

缺乏成熟的知识资本理论指导也是造成知识资本信息披露困境的一个重要原因。知识资本理论体系的不成熟主要表现在：

1. 没有系统的理论依据

迄今为止，除了少数学者运用“资源基础论”或“知识基础论”论述知识资本外，大部分学者在论述知识资本时往往都是就事论事，没有合理的理论依据。

2. 多种不同的称谓和定义

目前理论界至少使用 intangibles、intangible assets、intangible resources、intellectual capital、intellectual property、immatetial assets 等多种不同的词汇来表述“知识资本”。不仅如此，不同学者和组织对知识资本的界定也不尽相同，其中从知识的角度（Sullivan，2000）或某种形式的经济价值角度（Lev，2001）来定义知识资本的较多。

3. 没有统一的分类

目前理论界对知识资本不仅有最为常见的关系资本（或外部资本）、

结构资本（或内部资本）和人力资本的三分法（Roos et al.，1997；Stewart，1998；Sanchez et al.，2000；Gunthe，2001；Mouritsen et al.，2002；Andriessen and Stam，2005；Carlos，2012；Khalique，2015 等），还有人力资本和组织资本（或机构资本）的两分法（Bontis et al.，1999；OECD，1999；Petty and Guthrie，2002；Joia，2000；Leitner，2015；景莉，2006；纪建悦、刘红，2008；曹裕、陈晓红，2010；马宁、严太华，2015 等），市场资产、知识产权资产、人才资产和基础结构资产的四分法（Brooking，1996）以及技术基础资产、顾客基础资产、市场基础资产、雇员基础资产、合同基础资产、组织基础资产和法律基础资产的七分法（N. N.，2001）。

4. 多种不同的计量和报告模式

有关知识资本的计量和报告目前还存在 The IC Navigator、Intangible Assets Monitor、IC－Rating™、Intangible Value Framework、Intellectual Capital Monitor、Balanced Scorecard、Value Chain Scoreboard 等多种不同的模式，不同模式之间尽管存在部分相似之处，但是相互之间差异很大。

5. 缺乏足够的经验证据

目前的知识资本研究还主要处于理论探讨的范畴，没有足够的经验证据，这不仅严重影响了知识资本理论的影响力和说服力，也大大制约了知识资本理论的应用。

由于缺乏成熟的理论框架，目前知识资本及其信息披露问题还主要处于学术界的探讨阶段，尽管很多企业希望对外公开披露其知识资本信息，但由于缺乏成熟的理论指导，也不知道如何去编制和披露知识资本信息，结果导致知识资本信息披露的严重不足。而对于那些已经对外公开披露知识资本信息的企业来说，由于缺乏统一的理论指导，不同企业往往采用同的模式来计量和报告知识资本，因而所披露的知识资本信息相互之间还缺乏可比性。

五、我国知识密集型企业智力资本信息披露不足的后果

知识资本信息披露不足不仅对投资者决策、资本市场运行，甚至对整个社会资源的配置都产生了严重的负面影响，主要表现在：

（一）增加投资者的投资成本

知识资本信息披露的不足增加了企业价值的可变性，从而会提高投资者的投资成本。Amihud and Mendelson（1986），Boone and Raman（2001），Shi（2003），ORENS R、AERTS W、LYBAERT N（2009），Dan and Li（2010），曾颖、陆正飞（2006），李姝（2013）等人的研究都表明，由于企业内外部信息不对称的存在，尤其知识资本信息分布不对称的存在，投资者需要用高额回报来补偿高交易成本。可见，信息不对称会导致投资者投资成本的提高。

（二）危及资本市场的公正原则，致使投资者对资本市场的信心下降

企业内部与外部严重的信息不对称使得拥有信息优势内部人可以借此获得超额回报，而内部人的超额回报是以其他投资者的相应损失为代价，这就使得投资者对资本市场信心的逐步丧失，最终将导致大量资本逐步退出市场，造成市场萎缩。

（三）妨碍社会资源的优化配置

知识资本信息披露不足会加剧企业内外部的信息不对称，使得投资者无法作出正确的投资决策，整个社会的资源无法得到合理配置。Lev, Sarath and Sougiannis（1998）的研究表明，研究开发费用支出高增长的公司通常会被投资者系统地低估（研究开发费用支出高增长但收益增长率相对较低是新生的知识资本密集型企业的典型特征），然而，几年后这些企业一般都会产生高额回报。这种状况也说明由于知识资本信息披露的不

足，投资者无法作出正确的投资决策，结果会导致能够产生高额回报的企业无法及时得到足够的资金支持，社会资源没有得到优化配置。

实际上，Lev and Zarowin（1999），Brown、Lo and Lys（1998）以及 Chang（1998）、Abeysekera（2006）、李洋（2012）等人的研究都表明，由于现行财务报告模式的制约，随着企业总资产中知识资本含量的逐步提高，企业内外部的信息不对称正在逐步加剧，财务报告的有用性正在逐步退化，财务会计信息的价值相关性也正在逐步降低。

第五章

知识资本信息披露的效应分析

知识经济时代，知识资本作为企业最关键的生产要素，是公司发展的核心要素，是最活跃、最具有增值潜质的一种资源。1991 年，Stewart 首次提出“知识资本”概念，知识资本研究日益兴起。知识资本是企业保持核心竞争力和实现战略发展目标的基本保证与动力源泉，其所释放出来的资源、关系对激活企业内部的积极性、主动性和创新性至关重要，并最终影响企业价值增长的速度。因此，知识资本对公司价值的影响一直是理论界与实务界的关注焦点。为适应我国创新型国家战略发展的需要，企业大力倡导“以人为本”的经营理念，高度重视科技与产品等的研发创新，凸显企业尤其是员工创新的主体地位，在一定程度上彰显了知识资本对企业创新与经济发展的重要性。目前，在知识经济为主的世界，企业资源内核正由物质资本转向知识资本，企业未来财富源泉和持续竞争优势主要取决于知识资本（OECD，1996）。企业知识资本价值已远远超过物质资本价值，知识资本已成为企业创新与成功的关键要素。

随着知识经济的不断发展，知识资本对于企业（特别是知识密集型企业）的经营业绩和竞争位势的重要作用不言而喻（Edvinsson and Malone，1997；Sveiby，1998；茅宁，2001；Riahi－Belkaoui，2003；Marvidis，2004；Pew Tan et al.，2007；陈劲，2004；万希，2006；赵海林，2012 等）。以知识资本为核心的创新型企业在各国都得到了迅猛发展，不仅成为美国等发达国家经济增长的源动力（玛格丽特·布莱尔和史蒂文·沃曼，2004），也是促进我国等发展中国家经济增长的核心力量。

一、文献回顾与研究假设

（一）知识资本信息披露与公司绩效

知识资本作为一个整体，现有关于知识资本信息披露的文献主要集中在研究知识资本披露对公司绩效影响（Vera、Steven and Arjen，2004；曹晓峰，2003；顾剑，2006；蒋艳辉、李林纯，2014；曹裕等，2016）。多数集中在知识资本二分法（人力资本、结构资本）、三分法（人力资本、结构资本、关系资本）下的某个单因素分析，认为知识资本中人力资本、结构资本或关系资本等单个因素信息披露对企业绩效有着积极的正面影响（万希，2006；Robin Berglun，2002；Appuhami，2007；金水英、吴应宇，2008），能显著提供经营绩效（Baruch and Stefano，2003；Norma and G. TygePayne，Mark，2004；Shao Chichang、Sheng Syan Chen and Jung Ho-Lai，2006；李嘉明、黎富兵，2004；傅传锐，2007；Eko Santoso，2011；Chen et al. ，2013），但对知识资本组成要素之间的内在联系及其三者的综合合力对公司价值的影响涉及较少。实际上，人力资本、结构资本、关系资本是密切相连的，彼此间披露的信息是纵横交错的。人力资本镶嵌于特定的组织结构和社会关系网络之中，是知识资本中最具有灵性和原创新性的潜质资源。人力资本价值的挖掘与信息释放有利于企业保持组织结构的稳定性，促进企业关系资本与关系网络所控制资源的价值变现与增值，人力资本信息披露与信号传递对企业价值具有显著的正向作用（Vera、Steven and Arjen，2004；顾剑，2006）。

尽管人是自然界最活跃的一个群体，是知识资本的直接主体和核心要素，但其所有活动都离不开特定的组织结构和网络关系。人力资本作为知识资本最核心要素，其价值实现离不开企业组织结构与关系资本等隐性资源。结构资本是企业所拥有的一种组织能力，一个良好的组织结构是企业长期积淀形成的文化、基建、规章制度等系列正式与非正式制度组成的，将最终决定人力资本的稳定发展与潜质发挥。良好的组织结构与完善的信息披露机制能有效整合企业内外所有资源，合理匹配企业生产与经营管理间的资源，形成科学高效的规章制度体系，并为企业人力资本选聘、提升和关系资本网络的搭建提供一个平台与基础，极大地提升了公司价值（刘海建、陈传明，2007）。显然，结构资本体系完善与披露机制不仅为人力资本提供了价值创造和知识变现的良好氛围与环境，还为企业与个人关系资本的稳定与增值提供了平台。人力资本与关系资本价值的信息释放与充分披露也反过来作用于结构资本，促进组织结构的完善，显著提高知识资本与公司价值增值积极作用。

依据镶嵌理论，人所镶嵌的社会关系与网络结构也为人力资本的变现提供了关系、技术与组织等方面的支撑。关系资本所嵌入的社会关系和网络结构，可以搭建与企业等不同组织结构之间的联动桥梁，促进资源的流动与整合（Teece，1986），提高企业价值。企业关系资本信息披露有助于提升企业内部人力资本的黏合性，融洽企业内部关系，增强员工的归属感，激活企业结构资本的组织效应，不断提升企业社会声誉和知名度，更好地促进企业内外的有机融合，增强组织关联性（Dierichx and Cool，1989），并在一定程度上可以提高专用性资源的流动性（Williamson，1985；Peteraf，1993），提升企业价值（Eko Santoso，2011；Chen et al.，2013）。由此可见，知识资本中，人力资本、结构资本与关系资本等的信息披露与信号传递彼此交互作用，共同作用提升企业绩效（李冬琴，2004）。由此，我们提出假设：

假设 1：企业知识资本信息披露越多，公司绩效越高。

假设 1a：企业人力资本信息披露越多，公司绩效越高。

假设 1b：企业结构资本信息披露越多，公司绩效越高。

假设 1c：企业关系资本信息披露越多，公司绩效越高。

（二）知识资本信息披露与公司成长

“资源基础论”理论认为，每个企业都有一个特殊的资源体系，且不同企业所驾驭的资源是千差万别，很多资源的专有属性使其很难在不同企业之间流动，譬如在企业内部长期积淀形成的无形资源（Dierichx and Cool，1989）。有形的实物资产一般都存在比较成熟的交易市场，企业能够方便快捷地获取，也就很难形成企业的核心竞争力。与有形实物资产相比，知识资本报酬呈递增规模，能为企业创造的价值更多（Lev，2001），并难以效仿与替代（Michalisin Smith and Kline，1997），形成企业竞争优势的来源（Collis and Montgomery，1997），提升企业未来的市场占有率。

随着竞争日趋激烈，企业未来增长潜力和核心竞争力主要源于企业知识资本创新与累积。在知识经济时代，知识资本能够促进企业不断进行技术创新，重视人才的引进与培养，优化资源配置，全面提升企业的创新能力（杨晓辉，2011），稳步提升企业的市场占有率。显然，知识资本信息披露越充分的公司，公司知识资本的市场口碑和融合度就越高，公司战略规划更为科学和前瞻性，更容易保持稳定的市场占有率。而知识资本报告作为知识资本信息披露的重要形式，详细的知识资本报告不仅可以在单位内部不断地传递知识资本方面的信息，而且还能提高单位在全球竞争中的核心竞争力和投资发展潜力（Leitner，2004），充分发挥知识资本积极的溢出效应。知识资本信息披露不断完善，有利于强化知识资本管理，有效地实现知识资本的实际生产效率，有效地提高其创新能力（Chen I－Shuo and Chen，Jui－Kuei，2013），稳步提升企业的市场占有率，保持良好的成长性。综上所述，企业知识资本具有创新性、传承性和价值增值性，企业知识资本的信息披露和信号传递有利于提升公司科技创新能力，保持持续稳定的市场增长率。由此，我们提出假设：

假设 2：企业知识资本信息披露越多，公司成长越好。

假设 2a：企业人力资本信息披露越多，公司成长越好。

假设 2b：企业结构资本信息披露越多，公司成长越好。

假设 2c：企业关系资本信息披露越多，公司成长越好。

二、研究设计与模型构建

（一）数据来源

本研究以 2009～2016 年在创业板非金融类的上市公司为研究的初始样本。参与相关文献以及公司的实际情况做了如下删除：①被中国证监会处罚的 ST 和 PT 公司样本；②资料残缺不齐的样本公司；③重要财务信息残缺的样本公司。最终得到 1317 个公司样本观测值。企业知识资本信息资料主要是巨潮资讯网（http：//www. cninfo. com. cn）上的年度报告、社会责任信息，部分缺失的信息从上市公司网站或新浪财经网站上搜索，整理分析并予以补充，财务数据主要来源国泰安（CSMAR）和锐思（RESSET）。

（二）变量定义

1. 被解释变量

20 世纪 60 年代，公司制迅猛发展，伴随着企业所有权与经营权的分离，企业之间的并购重组等资本运作也日趋常态化和市场化，其交易的市场价值主要由公司投资者与购买者双方共同商定和协议支付的价格所决定。根据价值效用理论，公司未来的价值主要是由公司经营过程中预期未来的现金流量、投资增长机会与预期的风险回报率等多因素共同决定的，高度综合了公司过去、现在和未来的价值，是现有投资者与潜在投资者对公司未来的一种期望。而“公司价值”一直是一个颇有争议的复杂概念，尽管研究文献数不胜数，但迄今为止还难以找到最优的单一度量指标，现有文献主要集中于公司经营绩效指标和市场成长性指标两大类指标。

（1）公司经营绩效指标。根据公司传统的资产负债表、现金流量表和利润表以及相关附表和附注说明，从定性和定量所反映的公司财务状况和经营成果的系列会计经营绩效，或资本市场上的股票市场价值指标。其中，会计经营绩效指标主要有：总资产报酬率（Bettis，1981；Hoskisson，1990）、销售税后净利率（Hoskisson，1990）、股东权益净利率（Lenz，1998；Koka，2008）、息税前利润（EBIT）（Cornett 等，2003；Faccio and Lasfer，2003）、依据现金流量表为基础的现金净流量（Healy 等，1992；Cornett 等，2003；魏刚、肖泽忠、Nick Travlos、邹宏，2007）、股票每股盈余（Marta，1997；徐晓东、陈小悦，2003）。资本市场的股票市场价值指标主要有：股票价值（魏刚等，2007；Hossain，2001）、投入资本的经济增加值（EVA）　（周兆生，2003）、资产单位平均经济增加值指标（EPA）（李洪，2008）等。

（2）成长性指标。总体而言，公司知识资本对企业创新绩效最终都会体现在公司市场成长性上。现有文献公司成长性指标主要有：公司市场价值和债务的账面价值与净资产的账面价值之比（MBV）（魏刚等，2007；Wei and Xiao，2005；Fama and French，2003）、Tobin'Q（Hermalin and Weisbach，1991；Bhagat and Black，2000；罗党论、黄琼宇，2008；吴文峰，2008；陈健等，2015）、可持续增长率（王瑞，2016）、主营业务收入增长率（Frésard，2010）。

考虑到我国资本市场起步较晚，目前仍不太成熟，账面利润与股价中仍存在人为操作因素，本书选用股东权益净收益率（Lenz，1998；Koka，2008）、总资产报酬率（Bettis，1981；Hoskisson，1990）指标综合衡量上市公司运营绩效。选用公司 Tobin'Q 和可持续增长率表示公司成长性，衡量公司未来市场成长性和潜在价值。为保证结果的稳健性，运用员工人均息税前利润（AEBIT）和每股盈余（EPS）进行检验。

2. 自变量

关于知识资本构成要素，主要有 Stewart（1997）、王重鸣（2007）的三分法（人力资本、结构资本与关系资本）、Edvinsson and Malone（1997）的二分法（人力资本和结构资本），以及 Roos et al（1997）、仇元福等（2002）、范徵（2000）、张炜（2015）在此基础上细分为多分法（关系资本、组织资本、创新资本、发展资本）、四分法（人力资本、结构资本、技术资本和市场资本）。结合我国国情，本研究主要参照 Meritum Guideline（2002）、王化成等（2005）、董必荣（2012）等相关研究，认为知识资本是由企业组织结构以及企业中的每个人为企业所带来一切的经验、知识、能力和关系的综合，主要包括人力资本、结构资本和关系资本三大部分。现有文献主要集中于知识资本信息披露研究，而对已披露的企业知识资本差异度却很少涉及。为了更好地反映知识资本披露的数量与质量，本研究在相关度量指标是否披露的基础上，还进一步分析了已披露知识资本的质量高低。为进一步保证实证结果的稳健性，知识资本披露指标的度量不仅考虑了知识资本均值（IC_m），还考虑知识资本中位数（IC_d）。综合以上分析，本研究从人力资本、结构资本与关系资本三个层面设计知识资本信息披露的度量指标体系（详见表 5 -1）。

表5－1　　知识资本信息披露指标体系

类型	衡量指标	定义	赋值	指标设计来源
人力资本	员工年龄	是否披露员工年龄	披露员工年龄结构赋值为，否则赋值为0	Edvinsson and Malone（1997）；P. N. Bukh（2001）；饶淑华（2005）；李平，刘希宋（2006）；张丹（2008）；党小博（2015）
	员工岗位	是否披露员工岗位分布情况	详细披露员工岗位分工赋值1，否则赋值为0	
	员工总数	样本公司本年度在职员工的总人数	高于均值，取1；否则，取0	
	员工学历比例	本科员工人数/在职员工总人数	高于均值，取1；否则，取0	Bukh（2001）；张丹（2008）；党小博（2015）
	高管学历比例	硕士高管人数/高管总数	高于均值，取1；否则，取0	Zwell and Ressler（2000）；Palacios－Marquesand；
	高管职称比例	具有高级职称的高管人数/高管总数	高于均值，取1；否则，取0	Garrisos－Simon（2006）；ZwellandRessler（2005）
	技术岗位人数	技术岗位在职员工总数	高于均值，取1；否则，取0	原毅军，孙晓华，柏丹（2005）
	年人均培训费用	是否披露培训费用	披露年培训费用的取值为1；否则为0	Edvinsson and Malone（1997）；Dvinsson and Malone（1997）；Bontis（1998）Engstrom and Westnes（2005）；党小博（2015）；
		年培训费用/年末在职员工总数	高于均值，取1；否则，取0	
	高管教育水平	高管平均教育水平	高于均值，取1；否则，取0	蒋艳辉，李林纯（2014）
	员工人均薪酬	员工薪酬总额/在职员工总数	高于均值，取1；否则，取0	冉秋红等（2007）
	高管人均薪酬	高管人员的薪资/高管总数	高于均值，取1；否则，取0	原毅军，孙晓华，柏丹（2005）
	员工人均销售收入	销售收入/员工总数	高于均值，取1；否则，取0	Bukh（2001）；原毅军，孙晓华，柏丹（2005）；刘玉平，赵兴莉（2013）
	高管平均年龄	高管年龄总和/高管人数	高于均值，取1；否则，取0	徐笑君（2004）；原毅军，孙晓华，柏丹（2005）

续表 1

类型	衡量指标	定义	赋值	指标设计来源
组织资本	人均固定资产	总固定资产/员工人数	高于均值，取 1；否则，取 0	饶淑华（2005）；李平，刘希宋（2006）
	研发人员比例	研发人员人数/员工总数	高于均值，取 1；否则，取 0	Edvinsson and Malone（1997）；原毅军，孙晓华，柏丹（2005）郑丽萍，朱和平（2014）
	无形资产－土地使用权	无形资产期末余额－土地使用权	高于均值，取 1；否则，取 0	
	专利权数	年末专利总数	高于均值，取 1；否则，取 0	Dzinknowski（2000）；党小博（2015）；原毅军，孙晓华，柏丹（2005）
	发明专利	年末发明专利总数	高于均值，取 1；否则，取 0	
	产品设计	年末产品设计总数	高于均值，取 1；否则，取 0	
	产品商标数	年末产品商标数	高于均值，取 1；否则，取 0	Bontis（1998）；党小博（2015）
	职工权益保护	披露职工权益保护	定性指标，员工权益保护、人文关怀等相关活动。无信息 0 分，文字信息 1 分，有数字或图表、图片 2 分，数字图片或者图表都有 3 分	Davide Scaltrito（2014）
	员工健康	披露员工健康信息	定性指标，无信息 0 分，文字信息 1 分，有数字或图表、图片 2 分，数字图片或者图表都有 3 分	Sharpe（2001）；Tracy－Anne De Silva et al（2014）；Whiting and Miller（2008）
		SA8000/OHSA18000	定性指标，SA8000（社会责任标准）/OHSA18000（职业健康安全管理体系）。报告中涉及 SA8000/OHSA18000 赋值 1，否则为 0	
	生产安全指标	是否披露生产安全指标	披露生产安全指标取值为 1，否则为 0	Davide Scaltrito（2014）
	年人均管理费用	管理费用/员工人数	高于均值，取 1；否则，取 0	原毅军，孙晓华，柏丹（2005）
	研发人员年人均研发费用	研发费用/研发人数	高于均值，取 1；否则，取 0	刘玉平，赵兴莉（2013）

续表 2

类型	衡量指标	定义	赋值	指标设计来源
组织资本	研发费用比例	研发费用/销售收入	高于均值，取 1；否则，取 0	De Pablos（2002）；陈劲，谢洪源，朱朝晖（2004）；原毅军，孙晓华，柏丹（2005）；曾洁琼（2006）
	研发费用资本化率	资本化研发费用/研发费用总额	高于均值，取 1；否则，取 0	
关系资本	前五名客户	本年稳定的前五名客户占销售额合计比例	高于均值，取 1；否则，取 0	Bontis（1998）；原毅军，孙晓华，柏丹（2005）；饶淑华（2005）；肖美丹（2007）；张丹（2008）；陈晓红，雷井生（2009）；郑丽萍，朱和平（2014）
	第一大客户	第一大客户销售比例	高于均值，取 1；否则，取 0	
	第一与第二大客户制衡度	第一大客户销售比例/第二大客户销售比例	高于均值，取 1；否则，取 0	
	客户及消费者权益保护	是否披露客户及消费者权益保护	披露客户及消费者权益保护取值为 1，否则为 0	陈劲，谢洪源，朱朝晖（2004）原毅军，孙晓华，柏丹（2005）；
	前五名供应商	本年稳定的前 5 名供应商采购合计比例	高于均值，取 1；否则，取 0	Bontis（2005）；Dzinkowski（2007）Palacios Marques and Garrisos Simon（2007）；陈晓红，雷井生（2009）；饶淑华（2005）；肖美丹（2007）；郑丽萍，朱和平（2014）；Sullivan（2006）
	第一大供应商	第一大供应商采购比例	高于均值，取 1；否则，取 0	
	第一与第二大供应商制衡度	第一大供应商采购比例/第二大供应商采购比例	高于均值，取 1；否则，取 0	
	供应商权益保护	是否披露供应商权益保护	披露供应商权益保护取值为 1，否则为 0	李斌和赵玉勇（2009）
	债权人权益保护	是否披露债权人权益保护	披露债权人权益保护取值为 1，否则为 0	Abeysekera（2008）
	股东权益保护）	是否披露股东权益保护	披露股东权益保护取值为 1，否则为 0	陈平和张国英（2011）
		当年是否支付现金股利	当年支付现金股利，赋值为 1；否则，为 0.	
	公共关系和社会公益事业	是否披露关系和社会公益事业	披露关系和社会公益事业取值为 1，否则为 0	李斌和赵玉勇（2009）

续表 3

类型	衡量指标	定义	赋值	指标设计来源
关系资本	环境保护	是否披露环境	披露环境取值为 1，否则为 0	Tracy -Anne De Silva et al（2014）
	可持续发展	是否披露可持续发展	披露持续发展取值为 1，否则为 0	Salamudin，Bakar，Ibrahim，and Hassan（2010）
	产品质量认证	ISO9001	定性指标，国际质量管理体系要求。报告中涉及 ISO9001 的赋值 1，否则为 0	Colleyand Volkan（1988）
		ISO14000①	报告中涉及 ISO14000 的赋值为 1，否则为 0	
		ISO14001②	报告中涉及 ISO14001 的赋值为 1，否则为 0	
	科技荣誉	科技方面的荣誉	按授予荣誉称号的单位所在区域的行政级别来赋值，国务院、中央政府赋值为 5，省、直辖市赋值为 4，市赋值为 3，县赋值为 2，乡镇赋值为 1，乡镇以下赋值为 0。	Campbell and Rahman（2009）
	企业荣誉	企业荣誉称号	按授予荣誉嘉奖单位的区域级别来赋值，国务院、中央政府赋值为 5，省、直辖市赋值为 4，市赋值为 3，县赋值为 2，乡镇赋值为 1，乡镇以下赋值为 0。	Deborah Branwijck（2014）
	社会捐款	是否对外捐赠	对外捐赠赋值为 1，否则为 0	Stahle and Bounfour（2008）
		对外捐款捐款金额	高于均值，取 1；否则，取 0	Cohen and Kaimenakis（2007）
	人均销售费用	销售费用/员工人数	高于均值，取 1；否则，取 0	刘玉平，赵兴莉（2013）
	销售费用比例	销售收入/员工人数	高于均值，取 1；否则，取 0	原毅军，孙晓华，柏丹（2005）；饶淑华（2005）；郑丽萍，朱和平（2014）

① ISO14000 认证标志 ISO14000 环境管理系列标准是国际标准化组织（ISO）继 ISO9000 标准之后推出的又一个管理标准。

② ISO 14001 是环境管理体系认证的代号。ISO 14000 系列标准是由国际标准化组织制订的环境管理体系标准。

3. 控制变量。

（1）股权集中度（H1）：用第一大股东持有股份的比例来衡量。一股独大利弊争议由来已久，主要体现在“监督之手”和“掠夺之手”之争。Bertrand and Mullainathan（2000）、Jeffrey Moriarty（2005）研究发现，大股东的持股比例越高，作为控股大股东越能分享到公司更多的剩余收益，自身利益与公司整体的利益目标越趋于统一。此时，控股大股东会投入更多的激情和精力去监督和激励高管，极大地提升了高管薪酬与公司绩效内在关联度，提升了公司价值，发挥了“监督之手”，缓解了委托代理双方的矛盾与冲突，降低代理成本（Shleifer and Vishny，1986）。然而，Zingales（1994）、谢军和王娃宜（2009）研究却认为，当控股大股东持有很高比例的股份时，大股东对公司的控制力更强，很容易在公司内外通过复杂多变的关联方交易等形式多样的隐蔽隧道方式掏空上市公司，侵占和转移优质的核心资源，对公司形成“掠夺之手”，极大地降低了企业价值。

（2）股权制衡度（H1/H2）：用第一与第二大股东持股比例的比值来衡量。李增泉等（2004）、唐清泉等（2005）研究发现，当公司大股东之间持股比例旗鼓相当时，对控股股东的股权制衡度较高，控股大股东非法挪用上市公司资金的难度也就越大，变相地提高了公司资金的使用效率，增加了公司价值。

（3）公司规模（Lnasset）：用规模大小对总资产取对数的值作为度量指标。公司资产规模越大，公司所面临的内部事务也就日趋复杂，同时公司在行业和外部的声誉和影响力也就日益提升，最终也会影响知识资本在企业内部的作用机制和作用效率（陈运森，2012）。

（4）公司杠杆风险因素（DAT）：用负债与总资产的比率度量。高负债率的公司对应的财务风险较高，基于公司声誉和未来发展的考虑，知识资本对公司价值程度更大些（曾颖和陆正飞，2006）。

（5）年份（YEAR）和行业控制（IND）。

具体见表 5 -2。

表 5-2　　主要变量定义

变量名称		符号	变量定义
公司价值（VALUE）	经营业绩	ROA	总资产报酬率 = 税后净利润/期末公司总资产
		ROE	股东权益净利率 = 净利润/期末股东权益平均
		EPS	税后全面摊薄稀释的每股盈余
		AEBIT	息税前利润总额/公司总员工数
	成长性	Tobin'Q	市场价值/期末总资产，其中市场价值等于非流通股权与流通股股权市值 + 净债务市值，非流通股市价用流通股市价替代
		G	销售税后净利率 × 资产总周转率 × 收益留存率 × 权益乘数。其中，权益乘数 = 期末总资产/期初权益
知识资本		IC	首先，分别计算公司年末知识资本披露的综合指标和分项指标值。然后，取知识资本均值（IC_m）和中位数社会资本（IC_d）
第一大股东持股比例		H1	公司第 i 年第一大股东持股股份占公司总股份的比例
股权制衡度		H1/H2	公司第 i 年前两大股东持股比例的比值
公司规模		Lnasset	第 i 年公司资产的总额取对数
公司杠杆风险		DAT	第 i 年公司负债与负债的比率
年度/行业		YEAR/ IND	行业虚拟变量参照 2001 年中国证监会一级行业分类标准，剔除金融业为 12 个行业设置行业虚拟变量。2009 ~ 2016 年设置年份虚拟变量

（三）研究模型

为了研究知识资本（IC_m、IC_d）以及知识资本中人力资本（IC_m_1、IC_d_1）、结构资本（IC_m_2、IC_d_2）与社会资本（IC_m_3、IC_d_3）对公司价值的影响，构建模型如下：

$$VALUE = \alpha_0 + \alpha_1 IC_{\_m} + \alpha_2 DAT + \alpha_3 H_1 + \alpha_4 H_1/H_2 + \alpha_5 Lnasset + \sum ControlVariables_{jj} + \varepsilon$$

$$VALUE = \alpha_0 + \alpha_1 IC_{\_d} + \alpha_2 DAT + \alpha_3 H_1 + \alpha_4 H_1/H_2 + \alpha_5 Lnasset + \sum ControlVariables_{jj} + \varepsilon$$

三、描述性统计与相关性分析

（一）描述性统计

表 5－3　　　　变量的描述性统计分析

	样本量	均值	标准差	最小值	P25	中位数	P75	最大值
IC_ m	1288	11. 555	4. 909	1	8	11	14	35
IC_m_1	1288	4. 034	2. 086	0	2	4	5	11
IC_m_2	1288	2. 857	1. 830	0	2	3	4	10
IC_m_3	1288	6. 902	4. 412	0	3	7	10	21
IC_ d	1288	16. 368	4. 208	5	14	16	10	34
IC_d_1	1288	6. 734	1. 639	2	6	7	8	11
IC_d_2	1288	3. 566	1. 750	0	2	3	5	10
IC_d_3	1288	6. 068	2. 437	1	4	6	7	17
ROA	1288	0. 062	0. 053	−0. 628	0. 038	0. 059	0. 082	0. 319
ROE	1288	0. 084	0. 097	−1. 533	0. 053	0. 083	0. 114	0. 471
AEBIT	1288	128417. 8	164538. 4	−861218	51721. 32	100965. 6	161775. 1	2511855
EPS	1288	0. 489	0. 446	−2. 880	0. 232	0. 423	0. 651	2. 813
Tobin'Q	1151	4. 463	3. 304	0. 645	2. 157	3. 567	5. 628	29. 169
G	1288	0. 067	0. 075	−0. 605	0. 033	0. 061	0. 091	0. 529
Lnasset	1288	20. 874	0. 769	18. 721	20. 359	20. 761	21. 30	24. 447
DAT	1288	0. 257	0. 160	0. 011	0. 131	0. 226	0. 351	0. 843
H1/H2	1288	4. 118	4. 410	1. 000	1. 447	2. 543	5	52. 966
H1	1288	32. 594	13. 486	4. 150	22. 5	30. 745	40. 84	89. 850

表 5－3 是主要变量的描述性统计结果。企业知识资本信息披露的均值（IC_ m）和中位数（IC_ d）的分别为 11. 555 和 16. 368，最大值为 35 和 34，最小值为 1 和 0，综合知识资本中位数（IC_ d）比均值（IC_ m）的标准差较大，说明公司之间知识资本披露分布差异度较大。知识资本信

息披露中人力资本、结构资本与关系资本中，结构资本无论是均值还是中位数在各公司之间的差异度较小，主要缘于公司组织结构中关于员工健康、生产安全等方面软性指标采集比较困难，结构资本方面的信息披露较少，且公司之间缺乏可比性。总资产报酬率（ROA）均值为 0.062，中位数为 0.059；而股权权益净收益率（ROE）的均值为 0.084，中位数为 0.083，与多数文献分析结果相符。人均息税前利润（AEBIT）均值为 128417.8，中位数为 100965.6；每股收益（EPS）均值为 0.489，中位数为 0.423。其中，人均息税前利润的标准差所反映的差异度较大，这在一定程度上说明了公司规模对经营绩效影响较大。反映公司成长性的指标，如公司潜在价值的成长性指标 Tobin'Q 均值为 4.463，中位数为 5.628；企业可持续性增长率（G）均值为 0.067，中位数为 0.061。成长性指标反映了创业板公司注重科技创新，市场发展前景看好，企业市场成长性比较稳定，并呈平缓上升趋势。公司规模（Lnasset）、财务风险因素（DAT）以及股权结构中的第一大股东持股比例（H1）和股权制衡度（H1/H2）均值、中位数和差异度等相关指标分布符合相关研究文献。

（二）相关性分析

表 5-4 列示了变量 spearman 的相关性系数和变量 Pearson 的相关性系数。从表 5-4 的相关性分析，可以看出知识资本综合指标的均值（IC_m）与总资产报酬率（ROA）、股东权益净收益率（ROE）、人均息税前利润（AEBIT）等公司绩效的相关性系数为 0.0694、0.1008、0.2964，且都在 1% 的统计水平显著正相关性。知识资本综合指标的中位数（IC_d）与总资产报酬率（ROA）、每股盈余（EPS）、股东权益净收益率（ROE）等公司经营绩效指标的相关性系数为分别为 0.0420、0.0596、0.0101、0.0194，且在统计上呈显著正相关性。进一步验证了假设 1，即公司披露的知识资本指标值越高，则公司经营绩效越好。

表 5-4　　变量 spearman 相关性分析

	IC_m	IC_m_1	IC_m_2	IC_m_3	IC_d	IC_d_1	IC_d_2	IC_d_3	ROA
IC_m	1.0000								
IC_m_1	0.6791***	1.0000							
	0.0000								
IC_m_2	0.6687***	0.261***	1.0000						
	0.0000	0.0000							
IC_m_3	0.7569***	0.2493***	0.2975	1.0000					
	0.0000	0.0000	0.0000						
IC_d	0.7023***	0.3710***	0.6176***	0.535***	1.0000				
	0.0000	0.0000	0.0000	0.0000					
IC_d_1	0.354***	0.5492***	0.188***	0.0827***	0.5092	1.0000			
	0.0000	0.0000	0.0000	0.0030	0.0000				
IC_d_2	0.5067***	0.1731***	0.7052***	0.2704***	0.7766***	0.1823***	1.0000		
	0.0000	0.0000	0.0000	0.0000	0.0000	0.0000			
IC_d_3	0.5791***	0.1133***	0.4032***	0.6955***	0.7517***	0.0307***	0.4605***	1.0000	
	0.0000	0.0000	0.0000	0.0000	0.0000	0.2714	0.0000		
ROA	0.0694***	0.0895***	-0.0034	0.0694***	-0.0420	0.0294	0.1183***	0.0014	1.0000
	0.0000	0.0000	0.9041	0.0000	0.1315	0.2921	0.0000	0.9590	
ROE	0.1008***	0.1519***	-0.0036	0.0771***	0.0101	0.1151***	0.0943***	0.0134	0.9402***
	0.0000	0.0000	0.8983	0.0056	0.7196	0.0000	0.0007	0.6302	0.0000
Tobin'Q	0.1239***	0.135***	0.0381	0.0871***	0.0194	0.0435	0.1163***	0.0938***	0.3518***
	0.0000	0.0000	0.1961	0.0031	0.5111	0.1405	0.0001	0.0014	0.0000
G	0.090***	0.1656***	0.0573**	0.0754***	0.0427	0.143***	0.0574**	0.0250	0.808***
	0.0012	0.0000	0.0396	0.0068	0.1252	0.0000	0.3393	0.3702	0.0000
EPS	0.0287	0.0461***	0.0109	0.0250	0.0596**	0.0049	0.1296***	-0.0065	0.7597***
	0.3033	0.0000	0.6968	0.3695	0.0325	0.8599	0.0000	0.8195	0.0000
AEBIT	0.2964***	0.2362***	0.2322***	0.1902***	0.2068***	0.1039***	0.1985***	0.1267	0.5961***
	0.0000	0.0000	0.0000	0.0000	0.0000	0.0002	0.0000	0.0000	0.0000
Lnasset	0.2805***	0.3381***	0.2338***	0.0735***	0.407***	0.5133***	0.3198***	0.0868***	-0.2052***
	0.0000	0.0000	0.0000	0.0084	0.0000	0.0000	0.0000	0.0018	0.0000
DAT	-0.0176	0.1204***	-0.1369***	-0.0386	0.1065***	0.2841***	0.0117	-0.0373	-0.1054***
	0.5276	0.0000	0.0000	0.1662	0.0001	0.0000	0.6755	0.1804	0.0002

续表

	IC_m	IC_m_1	IC_m_2	IC_m_3	IC_d	IC_d_1	IC_d_2	IC_d_3	ROA
H1/H2	-0.0918 *** 0.0010	-0.1304 *** 0.0000	-0.0530 ** 0.0571	-0.0039 0.8878	-0.0483 * 0.0832	-0.0888 *** 0.0014	-0.0290 0.2977	0.0133 0.6343	-0.0485 * 0.0820
H1	-0.2227 *** 0.0000	-0.3045 *** 0.0000	-0.1668 *** 0.0000	-0.0296 0.2881	-0.168 *** 0.0000	-0.245v 0.0000	-0.1188 *** 0.0000	-0.0124 0.6573	0.0933 *** 0.0008
	ROE	Tobin'Q	G	EPS	AEBIT	Lnasset	DAT	H1/H2	
ROE	1.0000								
Tobin'Q	0.3075 *** 0.0000	1.0000							
G	0.8903 *** 0.0000	0.2391 *** 0.0000	1.0000						
EPS	0.7391 *** 0.0000	0.1505v 0.0000	0.6215 *** 0.0000	1.0000					
AEBIT	0.5757 *** 0.0000	0.173 *** 0.0000	0.523 *** 0.0000	0.5514 *** 0.0000	1.0000				
Lnasset	-0.0993 *** 0.0004	-0.2143 *** 0.0000	-0.0007 0.9811	-0.1015 *** 0.0003	0.1161 *** 0.0000	1.0000			
DAT	0.0945 *** 0.0007	-0.1686 *** 0.0000	0.2141 *** 0.0000	-0.1423 *** 0.0000	-0.0838 *** 0.0026	0.3469 *** 0.0000	1.0000		
H1/H2	-0.0397 0.1548	0.0177 0.5488	-0.0093 0.7400	-0.0720 *** 0.0098	-0.0527 ** 0.0586	0.0049 0.8614	0.0674 *** 0.0155	1.0000	

表5-4中知识资本中人力资本、结构资本和关系资本的均值（IC_m_1、IC_m_2、IC_m_3）与中位数（IC_d_1、IC_d_2、IC_d_3）多数都与公司绩效（ROA、ROE、AEBIT）显著正相关，只有结构资本个别不太显著，这可能与结构资本作为软性指标难以系统地被量化，可能一定程度上与结构资本作为软组织指标披露的信息较少，一定程度上影响分析的实证结果。符合前文假设1a、假设1b和假设1c。

表5-5中知识资本综合指标（IC_m）与成长性指标[托宾Q(Tobin'Q)、可持续增长率（G）]等的相关性系数分别为0.1239和0.090，在1%的统计水平上显著呈显著正相关性，初步验证了假设2，即

公司披露的知识资本指标值越高，则公司市场成长越好。

表 5 -5 中知识资本中人力资本、结构资本和关系资本等三项指标的均值（IC_m_1、IC_m_2、IC_m_3）与中位数（IC_d_1、IC_d_2、IC_d_3）和成长性指标［托宾 Q（Tobin'Q）、可持续增长率（G）］等的相关性系数多数都在 1% 的统计水平上呈显著正相关性，说明知识资本中人力资本、结构资本和关系资本无论是均值还是中位数都是披露越多，公司的市场透明度高，公司成长越好。与前面的假设 2a、假设 2b 和假设 2c 基本相符，初步验证了前面理论分析：即知识资本越高，则公司潜在成长性越好。综上所述，知识资本均值（IC_m）和中位数（IC_d）以及各个分项指标也与公司经营绩效和成长性指标呈显著正相关性，进一步说明公司披露的知识资本越高，公司价值越高。其余变量相关性系数基本都是在 0.5 以下，说明模型设计的各变量之间没有存在严重的共线性问题。

表 5 -5　　变量的 Pearson 相关性分析

	IC_m	IC_m_1	IC_m_2	IC_m_3	IC_d	IC_d_1	IC_d_2	IC_d_3	ROA
IC_m	1.0000								
IC_m_1	0.6466*** 0.0000	1.0000							
IC_m_2	0.7096*** 0.0000	0.2536*** 0.0000	1.0000						
IC_m_3	0.8041*** 0.0000	0.2206*** 0.0000	0.3854*** 0.0000	1.0000					
IC_d	0.7577*** 0.0000	0.3509*** 0.0000	0.6603*** 0.0000	0.6303*** 0.0000	1.0000				
IC_d_1	0.3449*** 0.0000	0.550*** 0.0000	0.1952*** 0.0000	0.064** 0.0216	0.495*** 0.0000	1.0000			
IC_d_2	0.5548*** 0.0000	0.1686*** 0.0000	0.7261*** 0.0000	0.362*** 0.0000	0.8009*** 0.0000	0.1929*** 0.0000	1.0000		
IC_d_3	0.678*** 0.0000	0.1149*** 0.0000	0.4875*** 0.0000	0.7853*** 0.0000	0.8186*** 0.0000	0.0437 0.1172	0.5349*** 0.0000	1.0000	

续表

	IC_m	IC_m_1	IC_m_2	IC_m_3	IC_d	IC_d_1	IC_d_2	IC_d_3	ROA
ROA	0.0290	0.0606**	-0.0431	0.0353	-0.0415	0.0245	-0.1028	-0.0142	1.0000
	0.2987	0.0297	0.1223	0.2056	0.1368	0.3798	0.0002	0.6094	
ROE	0.0372	0.062***	-0.0236	0.0354	0.0013*	0.0546**	0.0528**	0.0034	0.8917***
	0.1826	0.0260	0.3976	0.2044	0.0932	0.0503	0.0583	0.9018	0.0000
Tobin'Q	0.0974***	0.1067***	0.0482*	0.0609**	0.0021	0.0451	0.0995***	0.0445	0.2546***
	0.0009	0.0003	0.1021	0.0389	0.9470	0.1265	0.0007	0.1312	0.0000
G	0.0384	0.088***	0.0624**	0.0447	0.0241	0.0927***	-0.0407	0.0084	0.8476***
	0.1679	0.0016	0.2251	0.1091	0.3877	0.0009	0.1446	0.7622	0.0000
EPS	0.0232	0.0479	-0.0033	0.0074	-0.0328	0.0287	-0.0938***	-0.0086	0.7434***
	0.4048	0.0857	0.9056	0.7912	0.2392	0.3028	0.0008	0.7568	0.0000
AEBIT	0.2288***	0.2129***	0.1439***	0.1474***	0.142***	0.0812***	0.1135***	0.1091***	0.5004***
	0.0000	0.0000	0.0000	0.0000	0.0000	0.0035	0.0000	0.0001	0.0000
Lnasset	0.3049	0.3519	0.2301	0.1188	0.4112	0.5123	0.3222	0.1341	-0.1716
	0.0000	0.0000	0.0000	0.0000	0.0000	0.0000	0.0000	0.0000	0.0000
DAT	-0.0025	0.1376***	-0.1269***	-0.0214	0.0947***	0.2697***	0.0190	0.0315	-0.1254***
	0.9297	0.0000	0.0000	0.4420	0.0007	0.0000	0.4956	0.2587	0.0000
H1/H2	-0.0330	-0.1069***	-0.0185	0.0349	0.0091	-0.0922***	0.0393	0.0494***	-0.0447**
	0.2368	0.0001	0.5070	0.2112	0.7449	0.0009	0.1584	0.0761	0.1092
H1	-0.2176***	-0.2920***	-0.1697***	-0.0502**	-0.1576***	-0.2354***	-0.1014***	-0.0409	0.1075***
	0.0000	0.0000	0.0000	0.0718	0.0000	0.0000	0.0003	0.1424	0.0001
	ROE	Tobin'Q	G	EPS	AEBIT	Lnasset	DAT	H1/H2	
ROE	1.0000								
Tobin'Q	0.1541***	1.0000							
	0.0000								
G	0.8799***	0.1542***	1.0000						
	0.0000	0.0000							
EPS	0.6958***	0.1126***	0.6701***	1.0000					
	0.0000	0.0001	0.0000						
AEBIT	0.4582***	0.1079***	0.4783***	0.4555***	1.0000				
	0.0000	0.0002	0.0000	0.0000					

续表

	IC_m	IC_m_1	IC_m_2	IC_m_3	IC_d	IC_d_1	IC_d_2	IC_d_3	ROA
Lnasset	-0.0934***	-0.2385***	-0.062**	-0.0523**	0.1401***	1.0000			
	0.0008	0.0000	0.0262	0.0608	0.0000				
DAT	-0.0345	-0.1771***	0.1192***	-0.1415***	-0.0439	0.3721***	1.0000		
	0.2164	0.0000	0.0000	0.0000	0.1154	0.0000			
H1/H2	-0.0263	0.0235	-0.0251	-0.0511**	-0.0348	-0.0039	0.0639**	1.0000	
	0.3451	0.4266	0.3690	0.0669	0.2119	0.8900	0.0218		

通过表 5 -5 变量的 Pearson 相关性分析，可以看出知识资本综合指标以及人力资本、结构资本和关系资本等分项指标无论是均值（IC_m、IC_m_1、IC_m_2、IC_m_3）还是中位数（IC_d、IC_d_1、IC_d_2、IC_d_3），多数都与公司绩效指标［总资产报酬率（ROA）、股东权益净收益率（ROE）、每股盈余（EPS）和人均息税前利润（AEBIT）］呈显著正相关性，分别在 5% 和 1% 的统计水平上呈显著正相关性，与前面的假设 1、假设 1a、假设 1b 和假设 1c 基本相符，初步验证了前面理论分析：公司的知识资本以及知识资本各分项指标披露程度越大，则公司经营绩效越高。

表 5 -5 变量的 Pearson 相关性分析，知识资本综合指标（IC_m、IC_d）以及人力资本（IC_m_1、IC_d_1）、结构资本（IC_m_2、IC_d_2）和关系资本（IC_m_3、IC_d_3）等分项指标无论均值还是中位数多数都与成长性指标［托宾 Q（Tobin'Q）、可持续增长率（G）］呈显著正相关性，多数在统计水平上呈显著正相关性，验证了前文的假设 2、假设 2a、假设 2b 和假设 2c，实证结果证明：公司知识资本以及人力资本、结构资本和关系资本等各分项指标的披露程度越大，则公司未来的市场成长越好。表 5 -5 中其余变量相关性系数也基本上都在 0.5 以下，说明模型设计的各变量之间没有存在严重的共线性问题。

五、结果回归分析

（一）回归结果分析

1. 知识资本与公司绩效

从表 5 -6 可以看出，知识资本信息披露的综合指标均值（IC_m）与总资产报酬率（ROA）、股东权益净收益率（ROE）的相关性系数分别为 0.0012、0.0021，且在 1% 的统计水平上呈显著正相关性，说明公司知识资本综合指标值越大，知识资本的信息披露程度越高，对应公司的总资产报酬率（ROA）和股东权益净收益率（ROE）也就越高，验证前文的假设 1。知识资本的分项指标人力资本（IC_m_1）、关系资本（IC_m_3）与公司绩效［总资产报酬率（ROA）、股东权益净收益率（ROE）］分别在 1% 和 10% 的统计水平上呈显著正相关性，说明了无论是人力资本、结构资本还是关系资本披露的程度越高，公司经营绩效越好，符合前文的假设 1a、假设 1c。而结构资本（IC_m_2）与总资产报酬率（ROA）、股东权益净收益率（ROE）关系不显著，可能是由于企业内部组织结构、文化和规章制度等软指标公司披露较少，且又广泛难以收集，一定程度上影响了其实证分析结果。

表 5 -6　知识资本（IC_m）与经营绩效（ROA 和 ROE）回归分析

	ROA				ROE			
	模型一	模型二	模型三	模型四	模型五	模型六	模型七	模型八
IC_m	0.0012*** (4.59)				0.0021*** (4.27)			
IC_m1		0.00467*** (5.77)				0.0076*** (5.05)		
IC_m2			−0.0013 (−1.53)				−0.0006 (−0.38)	

续表

	ROA				ROE			
	模型一	模型二	模型三	模型四	模型五	模型六	模型七	模型八
IC_m3				0.001 * (1.79)				0.002 ** (2.00)
Lnasset	−0.0094 *** (−4.28)	−0.0116 *** (−5.25)	−0.0075 *** (−3.38)	−0.0087 *** (−3.99)	−0.0095 ** (−2.30)	−0.0124 *** (−3.00)	−0.0066 (−1.61)	−0.0077 * (−1.92)
DAT	−0.029 *** (−2.87)	−0.0283 *** (−2.79)	−0.0316 *** (−3.05)	−0.0277 ** (−2.69)	−0.0022 (−0.11)	−0.0025 (−0.13)	−0.0051 (−0.27)	−0.0008 (−0.04)
H1/H2	−0.0018 *** (−4.38)	−0.0017 *** (−4.17)	−0.0016 *** (−3.85)	−0.0017 *** (−4.09)	−0.0032 *** (−4.01)	−0.003 *** (−3.81)	−0.0028 *** (−3.61)	−0.003 *** (−3.79)
HI	0.0007 *** (5.10)	0.0008 *** (5.77)	0.0007 *** (4.52)	0.0007 *** (4.86)	0.0013 *** (4.97)	0.0015 *** (5.52)	0.0012 *** (4.57)	0.0013 *** (4.77)
常数	0.261 *** (5.89)	0.244 *** (4.56)	0.250 *** (5.52)	0.265 *** (5.95)	0.271 *** (3.24)	0.275 *** (2.76)	0.251 *** (2.99)	0.263 *** (3.18)
行业	控制	控制	控制	控制	控制	控制	控制	控制
年份	控制	控制	控制	控制	控制	控制	控制	控制
F 值	6.53 ***	7.70 ***	6.26 ***	6.30 ***	3.81 ***	4.49 ***	3.37 ***	3.54 ***
Adj R^2	0.0935	0.1090	0.0875	0.0881	0.0497	0.0600	0.0414	0.0617
N	1288	1315	1317	1317	1288	1315	1317	1317

注：括号内为 t 值，***，**，*表示在 1% 水平，5% 和 10%（双尾检验）。

表 5-7　知识资本（IC_m）与经营绩效（AEBIT 和 EPS）回归分析

	AEBIT				EPS			
	模型一	模型二	模型三	模型四	模型五	模型六	模型七	模型八
IC_m	4717.5 *** (6.14)				0.0064 *** (2.99)			
IC_m1		16259.6 *** (6.77)				0.0332 *** (4.89)		
IC_m2			11562.1 *** (4.66)				0.0068 (0.97)	
IC_m3				6901.9 *** (4.36)				0.0013 (0.30)

续表

	AEBIT				EPS			
	模型一	模型二	模型三	模型四	模型五	模型六	模型七	模型八
Lnasset	31550.2 ***	28457.1 ***	32263.9 ***	37456.6 ***	0.0286 *	0.0120	0.0316 *	0.0357 *
	(4.75)	(4.32)	(4.88)	(5.82)	(1.54)	(0.64)	(1.60)	(1.96)
DAT	-119841.6 ***	-123592 ***	-94965.7 ***	-115407.6 ***	-0.367 ***	-0.356 ***	-0.345 ***	-0.362 ***
	(-3.90)	(-4.10)	(-3.05)	(-3.78)	(-4.27)	(-4.17)	(-3.91)	(-4.19)
H1/H2	-3775.2 *	-3023.3 **	-3134.9 **	-3203.9 **	-0.0181 ***	-0.0177 ***	-0.0174 ***	-0.0173 ***
	(-2.99)	(-2.44)	(-2.50)	(-2.55)	(-5.11)	(-5.03)	(-4.91)	(-4.87)
HI	1528.5 ***	1698.4 ***	1440.9 ***	1286.7 ***	0.0078 ***	0.0087 ***	0.0078 ***	0.0076 ***
	(3.55)	(3.97)	(3.37)	(3.02)	(6.50)	(7.15)	(6.40)	(6.34)
常数	-562329.3 ***	-800100.6 ***	-550151.5 ***	-642097.1 ***	-0.1410	-0.2880	-0.0954	-0.159
	(-4.18)	(-5.03)	(-4.10)	(-4.85)	(-0.37)	(-0.64)	(-0.25)	(-0.42)
行业	控制	控制	控制	控制	控制	控制	控制	控制
年份	控制	控制	控制	控制	控制	控制	控制	控制
F 值	9.93 ***	10.35 ***	9.13 ***	9 ***	6.01 ***	7.06 ***	6.02 ***	5.98 ***
Adj R^2	0.1428	0.1458	0.1292	0.1274	0.0855	0.0996	0.0839	0.0833
N	1288	1315	1317	1317	1288	1315	1317	1317

注：括号内为 t 值，***，**，* 表示在 1% 水平，5% 和 10%（双尾检验）。

表 5-7 可以看出，知识资本信息披露的综合指标均值（IC_m）与人均息税前利润（AEBIT）、每股收益（EPS）的相关性系数分别为 4717.5 和 0.0064，且在 1% 的统计水平上呈显著正相关性，说明公司披露知识资本指标值越大，公司人均息税前利润（AEBIT）、每股收益（EPS）等经营效率也就越高，符合前文假设 1。知识资本的分项指标人力资本（IC_m_1）、结构资本（IC_m_2）、关系资本（IC_m_3）与人均息税前利润（AEBIT）在 1% 的统计水平上呈显著正相关性，人力资本（IC_m_1）与每股收益（EPS）的相关性系数为 0.0332，且也在 1% 的统计水平上呈显著正相关性，进一步验证了知识资本无论是综合指标还是分项指标信息披露的越多，公司的人均息税前利润（AEBIT）、每股收益（EPS）等经营绩效指标也就越好，符合前文的假设 1a、假设 1b 和假设 1c。资产规模、风

险因素和股权制衡度等相关指标与公司绩效的关系与以往文献基本相同，不予赘述。

2. 知识资本与公司成长

表 5-8　知识资本（IC_m）与成长性（Tobin'Q 和 G）回归分析

	Tobin'Q				G			
	模型一	模型二	模型三	模型四	模型五	模型六	模型七	模型八
IC_m	0.0306 ** (2.55)				0.0016 *** (4.29)			
IC_m1		0.0989 ** (2.59)				0.0063 *** (5.37)		
IC_m2			0.0835 ** (2.18)				0.0005 (0.39)	
IC_m3				0.0542 ** (2.21)				0.002 ** (2.57)
Lnasset	-1.633 *** (-14.88)	-1.664 *** (-15.23)	-1.648 *** (-15.18)	-1.616 *** (-15.28)	-0.0103 *** (-3.28)	-0.013 *** (-4.19)	-0.01 *** (-2.88)	-0.01 *** (-3.10)
DAT	-4.044 *** (-7.90)	-4.027 *** (-7.97)	-3.826 *** (-7.39)	-3.941 *** (-7.75)	0.078 *** (5.37)	0.0787 *** (5.37)	0.0787 *** (5.18)	0.0807 *** (5.44)
H1/H2	-0.0210 (-0.99)	-0.0143 (-0.68)	-0.0154 (-0.73)	-0.0166 (-0.79)	-0.0026 *** (-4.31)	-0.0025 *** (-4.18)	-0.0025 *** (-4.01)	-0.0026 *** (-4.19)
HI	0.0091 (1.26)	0.0095 (1.31)	0.0078 (1.09)	0.007 (0.98)	0.001 *** (4.96)	0.0012 *** (5.68)	0.001 *** (4.76)	0.001 *** (4.90)
常数	41.25 *** (16.10)	39.09 *** (17.43)	41.80 *** (16.40)	41.17 *** (16.30)	0.254 *** (3.99)	0.267 *** (3.46)	0.265 *** (4.04)	0.266 *** (4.15)
行业	控制	控制	控制	控制	控制	控制	控制	控制
年份	控制	控制	控制	控制	控制	控制	控制	控制
F 值	55.05 ***	56.26 ***	56.15 ***	56.16 ***	4.93 ***	5.97 ***	4.67 ***	4.96 ***
Adj R^2	0.5301	0.5302	0.5293	0.5293	0.0682	0.0832	0.0627	0.0674
N	1151	1176	1178	1178	1288	1315	1317	1317

注：括号内为 t 值，***，**，* 表示在 1% 水平，5% 和 10%（双尾检验）。

表 5-8 可以看出，知识资本综合指标均值（IC_m）与托宾 Q（Tobin'Q）、可持续增长率（G）等成长性指标的相关性系数分别为

0.0306和0.0016，且在1%的统计水平上呈显著正相关性，说明公司知识资本信息披露的指标值越大，公司托宾Q（Tobin'Q）、可持续增长率（G）等反映公司潜在价值的增值速度越快，公司市场成长越好，符合前文假设2。知识资本的分项指标人力资本（IC_m_1）、结构资本（IC_m_2）、关系资本（IC_m_3）、托宾Q（Tobin'Q）和可持续增长率（G）等公司潜在市场价值成长指标的相关性系数分别为0.0989、0.0835、0.0542、0.0063、0.002等，且基本上在1%和10%的统计水平上呈显著的正相关性，说明了知识资本中人力资本、结构资本和关系资本等分项指标信息披露得越多，公司潜在的市场成长性越好，符合前文的假设2a、假设2b和假设2c。资产规模、风险因素和股权制衡度等相关指标与公司绩效的关系与以往文献基本相同。

（二）稳定性检验

表5-9　知识资本（IC_d）与经营业绩（ROA和ROE）回归分析

	ROA				ROE			
	模型一	模型二	模型三	模型四	模型五	模型六	模型七	模型八
IC_d	0.0007** (1.90)				0.0019*** (2.66)			
IC_d1		0.0057*** (5.37)				0.0099*** (4.95)		
IC_d2			-0.0007 (-0.80)				0.0004 (0.25)	
IC_d3				0.0003 (0.51)				0.0014 (1.25)
Lnasset	-0.0086*** (-3.76)	-0.0119*** (-5.18)	-0.0066*** (-2.90)	-0.0072*** (-3.35)	-0.0094** (-2.19)	-0.014*** (-3.21)	-0.0059 (-1.38)	-0.0061 (-1.50)
DAT	-0.0306*** (-3.00)	-0.0359*** (-3.56)	-0.0331*** (-3.24)	-0.0317*** (-3.10)	-0.0035 (-0.18)	-0.0142 (-0.74)	-0.0073 (-0.38)	-0.0054 (-0.28)
H1/H2	-0.0017*** (-4.00)	-0.0016*** (-3.78)	-0.0016*** (-3.81)	-0.0016*** (-3.90)	-0.0029*** (-3.73)	-0.0027*** (-3.45)	-0.0028*** (-3.56)	-0.0029*** (-3.63)

续表

	ROA				ROE			
	模型一	模型二	模型三	模型四	模型五	模型六	模型七	模型八
HI	0.0007 *** (4.80)	0.0007 *** (5.26)	0.0006 *** (4.48)	0.0007 *** (4.61)	0.0013 *** (4.81)	0.0014 *** (5.11)	0.0012 *** (4.51)	0.0012 *** (4.57)
常数	5.7300 0.0810	6.8900 0.0990	5.5900 0.0589	5.5700 0.0786	3.3100 0.0413	4.0800 0.0543	3.0000 0.0360	3.0700 0.0372
行业	控制	控制	控制	控制	控制	控制	控制	控制
年份	控制	控制	控制	控制	控制	控制	控制	控制
F 值	5.56 ***	6.50 ***	4.90 ***	5.28 ***	3.19 ***	3.89 ***	2.63 **	2.70 **
Adj R^2	0.252	0.297	0.224	0.234	0.273	0.334	0.227	0.226
N	1288	1288	1288	1288	1288	1288	1288	1288

注：括号内为 t 值，***，**，* 表示在 1% 水平，5% 和 10%（双尾检验）。

为了保证上述实证结果的稳健性，本书继续通过中位数度量知识资本总指标（IC_d）和三大分项指标（IC_d_1、IC_d_2、IC_d_3）的信息披露值，回归结果详见表 5 −9、表 5 −10、表 5 −11。无论是知识资本总指标，还是人力资本（IC_d_1）、结构资本（IC_d_2）和关系资本（IC_d_3），基本上都与公司经营绩效（ROA、ROE、AEBIT 和 EPS）和成长性指标（Tobin'Q 和 G）在统计上呈显著正相关性，结果进一步说明公司知识资本披露得越多，公司经营业绩和成长性越好，符合前文的假设 1 和假设 2。

表 5 −10　知识资本（IC_d）与经营业绩（AEBIT 和 EPS）回归分析

	模型一	模型二	模型三	模型四	模型五	模型六	模型七	模型八
	AEBIT	AEBIT	AEBIT	AEBIT	EPS	EPS	EPS	EPS
IC_d	4467 *** (3.81)				0.0003 (0.09)			
IC_d1		3218.4 *** (0.98)				0.0381 *** (4.21)		
IC_d2			10855.7 *** (3.87)				−0.0157 ** (−2.01)	

续表

	模型一	模型二	模型三	模型四	模型五	模型六	模型七	模型八
	AEBIT	AEBIT	AEBIT	AEBIT	EPS	EPS	EPS	EPS
IC_d3				5352.7 *** (2.89)				0.0006 (0.13)
Lnasset	31768.1 *** (4.58)	37928 * * * (5.32)	32476.4 *** (4.73)	38560.6 *** (5.85)	0.0300 (1.59)	0.0088 (0.45)	0.0528 *** (2.77)	0.0408 ** (2.23)
DAT	-122887 *** (-3.96)	-134958 *** (-4.33)	-119931 *** (-3.86)	-123873 *** (-3.98)	-0.4290 *** (-5.26)	-0.409 *** (-4.77)	-0.403 *** (-4.67)	-0.383 *** (-4.43)
H1/H2	-3278.1 ** (-2.58)	-2912.7 ** (-2.28)	-3322.3 ** (-2.61)	-3214.5 ** (-2.52)	-0.02 *** (-5.69)	-0.0166 *** (-4.72)	-0.0164 *** (-4.64)	-0.017 *** (-4.8)
HI	1450.4 *** (3.33)	1294.5 *** (2.96)	1424 *** (3.28)	1315.9 *** (3.03)	0.0085 *** (7.20)	0.0081 *** (6.70)	0.0072 *** (5.95)	0.0075 *** (6.19)
常数	-558782 *** (-4.05)	-640409 *** (-4.57)	-54196 *** (-3.90)	-662060 *** (-4.90)	-0.2250 (-0.60)	0.1320 (0.34)	-0.4920 (-1.27)	-0.2950 (-0.79)
行业	√	√	√	√	×	√	√	√
年份	√	√	√	√	×	√	√	√
F值	8.82 ***	8.17 ***	8.84 ***	8.52 ***	16.43 ***	6.42 ***	5.79 ***	5.6 ***
Adj R^2	0.1273	0.1179	0.1276	0.1300	0.0566	0.0918	0.0820	0.0790
N	1288	1288	1288	1288	1288	1288	1288	1288

注：括号内为t值，***，**，*表示在1%水平，5%和10%（双尾检验）。

表5-11 知识资本（IC_d）与成长性（Tobin'Q和G）回归分析

	Tobin'Q				G			
	模型一	模型二	模型三	模型四	模型五	模型六	模型七	模型八
IC_d	0.0817 *** (3.36)				0.0019 *** (3.51)			
IC_d1		0.1150 ** (2.22)				0.0080 *** (5.26)		
IC_d2			-0.0786 (-1.38)				0.0015 (1.15)	
IC_d3				0.0867 ** (2.24)				0.0016 * (1.81)

续表

	Tobin'Q				G			
	模型一	模型二	模型三	模型四	模型五	模型六	模型七	模型八
Lnasset	−1.117***	−1.667***	−0.846***	−0.967***	−0.0112***	−0.0141***	−0.0085***	−0.0079**
	(−7.17)	(−14.36)	(−5.55)	(−6.63)	(−3.42)	(−4.25)	(−2.61)	(−2.56)
DAT	−1.635**	−4.202***	−1.969***	−1.676**	0.078***	0.0686***	0.0755***	0.0763***
	(−2.44)	(−8.24)	(−2.92)	(−2.49)	(5.35)	(4.74)	(5.14)	(5.21)
H1/H2	0.0418	−0.0144	0.0558*	0.0462*	−0.0024***	−0.0022***	−0.0024***	−0.0024***
	(1.44)	(−0.69)	(1.92)	(1.59)	(−4.09)	(−3.74)	(−3.92)	(−3.97)
HI	−0.0114	0.0094	−0.0171*	−0.0145	0.001***	0.0011***	0.0009***	0.0009***
	(−1.18)	(1.29)	(−1.77)	(−1.51)	(4.92)	(5.15)	(4.59)	(4.60)
常数	0.0709***	0.5294***	0.0633***	0.0658***	0.0638***	0.0749***	0.0557***	0.0571***
	(18.54)	(54.91)	(16.54)	(17.21)	(4.65)	(5.34)	(4.16)	(4.25)
行业	×	√	×	×	√	√	√	√
年份	×	√	×	×	√	√	√	√
F值	27.11***	41.98***	23.27***	24.87***	0.267***	0.307***	0.235***	0.22***
Adj R^2	(8.75)	(15.98)	(7.50)	(8.28)	(4.12)	(4.70)	(3.58)	(3.47)
N	1151	1151	1151	1151	1288	1288	1288	1288

注：括号内为t值，***，**，*表示在1%水平，5%和10%（双尾检验）。

六、结论

本研究从知识资本的内涵着手，细分为人力资本、结构资本和关系资本三大分项指标和综合指标论证企业知识资本信息披露对公司价值影响的内在机理。实证结果发现：知识资本无论是分项指标（人力资本、结构资本与关系资本）还是综合知识资本指标基本上都与上市公司经营绩效和市场成长等价值指标在统计上呈显著的正相关性。

本书研究对于完善中国上市公司知识资本的信息披露和报告体系具有重要启示。我国上市公司知识资本披露仍缺乏系统逻辑框架，企业之间知识资本缺乏可比性，尽管披露渠道很多，披露形式眼花缭乱，但其信息含量却比较有限，一定程度上影响了企业之间，尤其是知识密集型企业之间交流与学习，不仅影响企业自身价值提升，甚至影响整个行业的学习效率和市场成长。

本书研究存在不足：在企业知识资本信息披露属于公司自愿性行为，信息披露来源公司之间差异度较大，一定程度上导致知识资本信息披露指标度量过程中存在信息检索不全和相关信息筛选具有主观臆断性，这些可能在一定程度上导致了本书的研究一定程度上会影响企业知识资本信息披露与公司价值的实证结果。

第六章

国外企业的知识资本报告实践

一、知识资本报告的兴起

随着知识经济不断发展，知识资本在企业总资产中所占比例日趋提高，并逐渐成为企业价值和竞争位势的关键驱动因素（Bontis，1998；Bassi and Buren，2002；巴鲁·列弗，2003；茅宁，2001；Hong et al.，2007；Cabrita and Bontis，2008；万希，2006；傅传锐，2007；王蜀霖，2014；潘楚林、田虹，2016），知识资本信息也逐渐成为企业外部的各类利益相关者共同关心的企业核心信息。然而，由于诸多因素的制约，传统财务报告却只适合反映和报告企业的有形资产信息，难以有效地反映和报告企业的知识资本信息（巴鲁·列弗，2003）。

为了促进知识资本信息的有效披露，20 世纪 90 年代以来，一些西方发达国家的学者、学术性团体和知识密集型企业开始研究知识资本的计量与报告问题，希望企业通过知识资本报告的方式对外系统传递知识资本信息，以弥补传统财务报告的不足。为此，西方学术界和实务界先后提出了 Balanced Score Card（Kaplan and Norton，1992）、Skandia Navigator™（Edvinsson and Malone，1997）、Intangible Assets Monitor（Sveiby，1997）、Holistic Accounts（Rambøll Group，1995）、Value Creation Index（Baum et al.，2000）、Knowledge Audit Cycle（Schiuma & Marr，2001）、Konrad Group Method（Nordic Industry Fund，2001）、Meritum guidelines（Meritum project，2002）、Value Chain Scoreboard™（Lev B.，2002）、IC Rating™（Edvinsson，2002）、IC－dVAL™（Bonfour，2003）、Danish guidelines（DMSTI，2003）、Enhanced Business Reporting（Wallison，2004）、GIPID（METI，2004）、Germany Guideline（FMEL，2004）、IABM（Japanese Ministry of Economy，Trade and Industry，2004）、PIP（Nordic Innovation Centre，2006）、Dynamic Monetary Mode（Milost，2007）、European ICS Guideline（Europearn Commission，2008）等多种不同的知识资本计量和报告模式。

与此同时，一些西方知识密集型企业开始尝试编制知识资本报告，并定期对外披露，以弥补传统财务报告在知识资本信息披露方面的不足。1994，瑞典 Scandia 公司率先编制并披露了全球首份知识资本报告，随后，其他一些西方知识密集型企业（特别是一些西欧国家的知识密集型企业）也开始定期编制并对外披露知识资本报告。近年来，部分发展中国家的少数知识密集型企业（如印度的 Reliance 公司）也开始尝试对外编制和披露知识资本报告。在一些欧洲国家的知识密集型企业，知识资本报告目前实际上依据成为这些企业对外报告的一个组成部分。

为了规范和指导知识资本报告的编制，一些国家的政府部门和国际组织开始介入知识资本报告的编制。在与多个企业合作研究的基础上，丹麦政府于 2000 年出台了全球首份知识资本报告指南——《A Guideline for Intellectual Capital Statements》，并于 2003 年发布了新的知识资本报告指南《Intellectual Capital Statements——The New Guideline》（通常简称《Danish Guideline》），以指导和规范丹麦知识密集型企业知识资本报告的编制。20 世纪 90 年代后期，欧盟先后启动了多个研究计划，在总结欧盟各国企业（主要是西欧企业）知识资本管理和报告经验的基础上，欧盟于 2002 年发布了知识资本报告指南《Guidelines for Management and Reporting on Intangibles (Intellectual Capital Report)》（通常简称“Meritum Guidelines”）。为了进一步促进欧盟知识密集型企业对知识资本的投资、管理和报告，2006 年欧盟再次出台了《Reporting Intellectual Capital to Augment Research, Development and Innovation in SMEs》（通常简称“RICARDIS 报告”）。与此同时，北欧创新中心（Nordic Innovation Centre，其前身是“Nordic Industrial Fund”）也启动了有关知识资本计量与报告的研究计划，并于 2001 年、2003 年、2006 年出台了多份知识资本管理和报告指南，以指导北欧企业知识资本报告的编制。此外，德国于 2004 年发布了《Guideline on the Preparation of an IC Statement》、澳大利亚于 2005 发布了《Australian Guiding Principles on Extended Performance Management》、日本也分别于 2004 年和 2005 年先后发布了《Guideline for Intellectual Property Information Disclosure》和《The Guideline for Disclosure of Intellectual Assets Based Management》，以规范和指导本国企业知识资本报告的编制。2007 年是欧洲共同体第六框架计划下的另一 RICARDA 报告旨在为区域知识密集型集群和网络举措提供知识资本报告的指导。这个名为“区域性知识资本报告 - 欧洲地区方法论的应用和发展”（RICARDA）的项目通过方法论来支持区域性、制度化的集群和网络举措，侧重于知识的产生和交流（如研发和创新网络，管理集群）来制定知识资本报告。RICARDA 建议理想情况下每两年制作一份 IC 报告并提供了有关 IC 报告流程的逐步说明。2008 年欧洲金融分析师协会联合会（EFFAS）成立的知识资本委员会 Commission on Intellectual Capital（CIC）调整了原 2006 年发布的一套为“知识资本有效沟通原则”的指导方针。主要针对公司报告用户（金融分析师）的 IC 披露准则，提高公司提供的知识资本信息对公司评估的可用性，包含了制定具体部门知识资本指标的 10 条原则。2013 年综合报告是业务报告的最新发展，主要与报告知识资本有关。在 Wales 亲王殿下赞助和全球报告倡议组织的支持下运作的可持续性会计项目于 2010 年 8 月启动了国际综合报告委员会，（现为理事会，International Integrated Reporting Council）。IIRC 的目标是“建立一个全球公认的国际综合报告框架，以清晰简洁和可比较的形式从组织中获取有关其战略、治理、业绩和前景等重要信息”。

二、国外企业知识资本报告的主要模式

知识资本报告目前在国外还处于起步探索阶段，多种不同的知识资本报告模式先后被提出并被实务界采纳，在所有这些知识资本报告模式中，以下几种知识资本报告模式影响最大，最为典型：

（一）以无形资产监视器为基础的知识资本报告模式

无形资产监视器模型（The Intangible Assets Monitor，IAM）是由 Karl Erik Sveiby 于 20 世纪 90 年代创造的一种无形资产计量和报告模式（如表 6 -1 所示），其基本思想于 20 世纪 80 年代初步形成。这种模型将一个企

业的知识资本（或无形资产）分为员工能力、内部结构和外部结构三个组成部分，并从成长、革新、效率和稳定性四个方面为每一类知识资本设计出一系列的计量指标体系，以系统反映和报告一个企业在特定期间所拥有的知识资本及其动态变化情况。无形资产监视器模型被提出以后，很快就被实务界企业广泛应用，并对后来其他知识资本报告模型的形成产生了重要影响。

表 6－1　　无形资产监视器模型

	市场价值			
	有形资产	无形资产		
		外部机构	内部结构	员工能力
成长（Growth）	指标体系	指标体系	指标体系	指标体系
革新（Innovation）	指标体系	指标体系	指标体系	指标体系
效率（Efficiency）	指标体系	指标体系	指标体系	指标体系
稳定性（Stability）	指标体系	指标体系	指标体系	指标体系

依据无形资产监视器模型编制的知识资本报告一般非常简单，报告内容就是一张如表 6－1 所示的无形资产监视器表，为了便于使用者理解和应用，通常在表后对所使用的相关指标进行简要的界定。因此，依据无形资产监视器模型编制的知识资本报告一般都不会超过两页。目前发达国家很多知识密集型企业都依据该模型编制知识资本报告，比较典型的如 Celemi 公司、Plastal 公司和 Dow Chemical 公司。

（二）以斯勘的亚导航器模型为基础的知识资本报告模式

斯勘的亚导航器模型（The Skandian Navigator）是由 Edvinsson and Malone 于 20 世纪 90 年代初创立的。该模型认为，计量和报告一个企业的知识资本应该从顾客、过程、更新与发展以及人力资本四个方面进行，并且应该与企业财务资本有机联系起来，它们之间的相互关系如图 6－1 所示。从图 6－1 可以看出，在该模型看来，更新与发展是一个企业长远发展的基础，它不仅决定了一个企业的未来成长潜力，也决定了一个企业现有的知识资本状况，而一个企业的现有知识资本状况则决定了企业的财务经营业绩。在企业的所有各类知识资本中，人力资本是核心，它不仅是企业其他各类知识资本发挥作用的基础，也是决定企业财务业绩的关键因素。

依据斯勘的亚导航器模型编制的知识资本报告通常由两部分组成：(1) 企业概况的简要介绍和说明；(2) 知识资本及其功效的具体计量。这部分通常依据斯勘的亚导航器模型分别从财务资本和知识资本的四个方面设计相关的指标体系，以对企业知识资本及其功效信息进行系统反映和报告。目前依据斯勘的亚导航器模型编制知识资本报告的企业主要是瑞典 Skandia 集团下属的各个公司。尽管截至目前依据这种模型编制知识资本报告的企业并不多，但由于 Skandia 公司是全球首家系统编制知识资本报告并对外披露的企业（1994 年），因此，该公司所创立的知识资本报告模式对后来其他的知识资本计量和报告模式也产生了深远的影响。

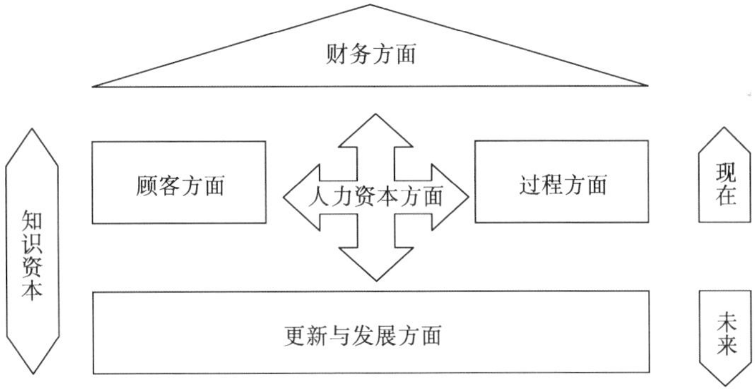

图 6－1　斯勘的亚导航器模型

（三）以 IC－rating 为基础的知识资本报告模式

IC－rating 是一种计量和评价企业知识资本的综合方法，由 Intellectual Capital Sweden 公司于 1997 年创立。依据该方法，一个企业的知识资本由人力资本（进一步分为管理人员和雇员）、组织结构资本（进一步分为智力财产和过程资本）和关系结构资本（进一步分为网络资本、品牌和顾客资本）三部分组成。由于知识资本在企业作用的发挥与企业愿景、战略等密不可分，因此，该方法认为，反映和报告一个企业的知识资本信息必须与企业愿景、企业战略和企业理念结合起来。在具体计量企业各类知识资本和整体知识资本时，该方法从效率（指该类知识资本目前在企业所起作用或价值）、风险（指该类知识资本现行价值或效率降低的可能性）、更新与发展（指企业为了更新和发展现有知识资本所作出的努力）三个方面进行分析，并分决策、经营和调查对象三个层面对企业愿景、组织结构资本、人力资本、关系结构资本分别进行评价。

IC－rating 计量和评价企业知识资本所需要的数据和信息通常来自对企业内部人（如管理者和雇员等）和外部人（如顾客、合作伙伴、分销渠道、供应商等）的深度采访，所使用的指标和参数多达 230 多个。为了便于数据和信息的采集，在对企业内部人和外部人进行具体深度采访时，每一个指标或参数都被转化为一个具体问题，每个被采访者需要回答 80～100 个问题，并对每一个问题采用类似于标准普洱评价方法的 8 个等级（适用于效率、更新和发展两类指标）或 4 个等级（适用于风险指标）进行打分，所有这些打分最终将被汇总起来，形成对企业每一类知识资本和总体知识资本的总体评价。在采访过程中，除了要记录被采访者的评价打分外，对被采访者的相关评论也要详细记录整理，并将以匿名的方式在知识资本报告中进行反映，以便使用者更好地理解知识资本评价结果。

应用 IC－rating 模型编制的知识资本报告通常由如下两大部分组成：（1）IC－rating 方法介绍。这部分通常首先要对企业愿景、知识资本的各个组成部分进行界定，然后再对 IC－rating 评价方法进行系统介绍。（2）企业知识资本评价。这一部分通常站在决策层面，应用 IC－rating 方法从效率、更新与发展、风险三个方面，对企业愿景、组织结构资本、人力资本、关系结构资本以及企业知识资本的整体进行评价，这种评价以量化指标为主，同时配以适当的解释说明，最终将形成一个如图 6－2 形式的综合评价图。IC－rating 方法自创立以来在全球得到了广泛的应用，目前应用该模型编制知识资本报告的知识密集型企业已经多达 250 多个（RICARDIS，2006）。在所有应用 IC－rating 方法编制知识资本报告的企业中，挪威 Norsk Tipping 公司最为典型。该公司从 2000 年开始应用 IC－rating 定期编制知识资本报告，并作为企业年度报告的补充对外公开披露。截至目前，该公司已经先后披露了多份知识资本报告。

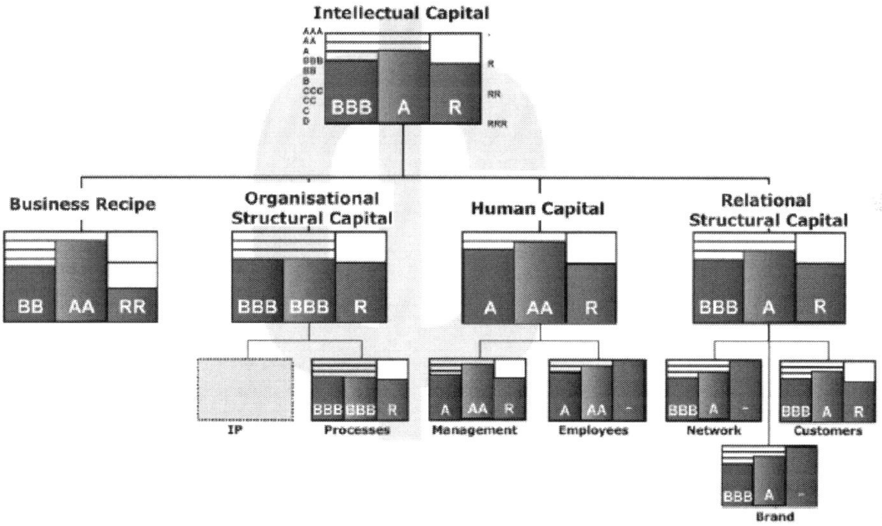

图 6－2　IC－rating 对企业知识资本基于决策层面的综合评价示意图

注：该图中，IC－Rating 在对每一类知识资本进行评价时，第一个栏表示该类知识资本的效率状况、第二栏表示该类知识资本的更新与发展情况，第三栏表示该类知识资本的风险状况。其中，效率、更新与发展方面评价分“AAA、AA、A、BBB、BB、B、CCC、CC、C、D”八个等级进行，风险方面评价则分“－、R、RR、RRR”四个等级进行。该图引自 Jacobsen，Kristine and Peder Hofman－Bang：“The IC－Rating Model by Intellectual Capital Sweden”，Journal of Intellectual Capital，2005（4），p578. 由于 Jacobsen and Hofman 所列举的该案例中没有对智力财产（IP）进行评价，因此本图中的 IP 框是空的。

（四）Danish Guideline 所倡导的知识资本报告模式

Danish Guideline 是丹麦政府为了指导和规范丹麦知识密集型企业知识资本报告的编制而于 2000 年发布的一种操作指南，并于 2003 年进行了修订。该指南并没有提出类似于无形资产监视器或斯勘的亚导航器那样的理论模型，但该指南对知识资本报告的内容进行了专门规定。根据该指南，一个企业的知识资本报告应该由四部分构成（如图6－3所示）：

1. 知识战略的描述。这部分要说明企业如何通过自身的产品和服务为使用者创造价值，为了实现这种知识战略，企业需要什么样的知识资源。这部分通常通过定性描述的方式，将企业的知识战略与知识资本有机地联系起来。具体来说，这部分至少要阐述以下四个方面问题：①企业对外提供什么样的产品和服务；②企业产品和服务为使用者创造了什么样的价值；③为了实现这种知识战略，企业需要什么样的知识资源；④知识资本与企业价值之间的关系。

2. 管理的挑战。这部分主要描述企业管理当局应该作出哪些战略决策和选择，以实现企业为使用者创造价值的知识战略？为此，企业管理首先要明确：①为了实现企业的知识战略，企业现有的哪些知识资源需要强化？②还需要哪些新的知识资源？

3. 主要行动。这部分主要阐述，企业具体应该采取哪些行动来培育（或获取）、发展和强化实现企业知识战略所需要的知识资源，以及监控和保证这些知识资源实现企业的战略？为此，企业管理当局首先要明确两件事：一是为了实现企业知识战略，企业究竟要采取什么样的行动；二是企业应该优先实施哪些行动。

4. 具体量化指标。这部分采用一些具体指标对实现企业知识战略所需要的知识资源以及企业所采取的具体行动及其效果进行衡量。指标体系按照顾客、员工、过程和技术四个方面分别进行设计。对知识资源和企业行动的具体计量使企业更直观地明确采取哪些行为，以应对为了实现企业知识战略管理当局所面临的挑战。依据Danish Guideline编制知识资本报告的企业主要是一些丹麦知识密集型企业，其中以Systematic Software Engineering公司、GoPro公司等最为典型。

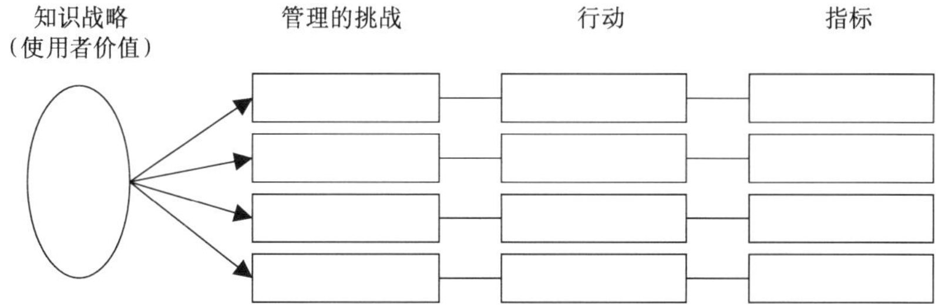

图 6－3　Danish Guideline 所倡导的知识资本报告模式

（五）Meritum Guideline 所倡导的知识资本报告模式

Meritum Guideline 是欧盟为了协调、指导和规范欧盟知识密集型企业知识资本报告的编制而于 2002 年发布的一份指南。与 Danish Guideline 一样，该指南也没有提出什么具体的理论模型，但对知识资本报告的内容进行了专门规定。Meritum Guideline 认为，知识资本报告应该能够反映出企业在发展、维持和管理无形资源及其活动方面的努力情况，企业的人力资本、结构资本和关系资本是如何有机结合起来创造价值的，以及企业的无形资源和活动是如何随着企业战略变化而变化的。按照 Meritum Guideline 精神，一个企业的知识资本报告应该由三部分组成（如图 6－4 所示）：

（1）企业的愿景。在愿景部分，企业应该明确企业的主要目标、为了实现这些目标企业所采取的主要战略以及为了实现这些目标和战略所需要的关键无形资产和活动。在此基础上，企业应特别信息地描述和说明如下两点：①实现企业战略目标所必须关键无形资源；②知识资本报告应该能够让其使用者知道，企业价值的创造过程、在这一过程中无形资源是如何发挥贡献的。

（2）无形资源和活动。这部分内容应该包括：①描述和说明企业控制了哪些实现企业战略目标所必需的无形资源，未来还需要培育和发展哪些无形资源；②为了实现企业战略目标，企业采取了哪些获取无形资源以及提高现有无形资源价值的活动。③企业实施了什么样的程序将无形资源计量转变为企业日常管理活动，未来还将采取哪些程序和行动。

（3）指标体系。这部分应该反映出企业为了实现战略目标是如何开发、管理和运用无形资源的，要通过知识资本报告反映出企业的价值创造过程。所采用的指标应该按照知识资本的三个组成部分（人力资本、结构资本和关系资本）分别反映，可以是财务的，也可以是非财务的。这些指标体系应该不仅能够反映企业所控制的无形资源及其变动情况，还应该能够反映企业为培育、发展和提高无形资源价值所采取的活动及其效果。

Meritum Guideline 所倡导的知识资本报告在欧盟范围内产生了很大的影响，很多企业依据该模式编制知识资本报告，比较典型的如 Telefonica 公司、Telenor 公司、The Swede Bank 等。

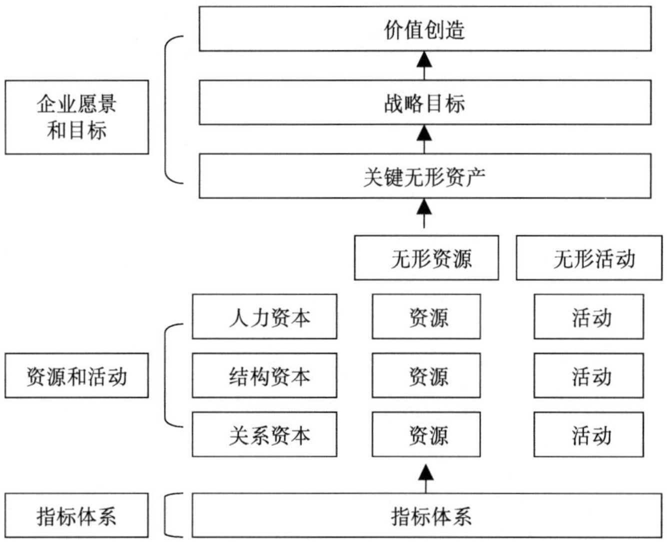

图 6－4 Meritum Guideline 所倡导的智力资本报告模式

（六）西欧创新中心 PIP 模型所倡导的知识资本报告模式

PIP 的全称是“Putting Intellectual Capital into Practice”，它是北欧创新中心（Nordic Innovation Centre）在与爱尔兰、丹麦、芬兰、挪威、瑞典五国的 21 个 IT 企业合作研究基础上于 2006 年发布的。与 Danish Guideline 和 Meritum Guideline 一样，该报告也没有提出什么具体的理论模型，但对

知识资本报告的内容进行了专门规定。按照 PIP 的精神，一个企业的知识资本报告应该由如下几部分构成：

（1）管理当局的评论。这部分通常由两个方面内容组成：一是公司和董事会报告（其中包括一些财务核心指标和审计报告）；另一部分是对知识资本报告主要内容和背后机理的一个简要描述。

（2）公司历史发展过程中的一些关键事件。

（3）公司使命、愿景和战略的描述。这部分首先应说明公司的使命、愿景和战略，而后应解释企业运行的商业模式、企业的价值创造、革新过程和知识转移情况以及企业的组织结构。

（4）资源、行动、结果。这部分首先应结合公司使命、愿景和战略对企业所拥有的人力资本、结构资本和关系资本状况进行系统分析，而后应说明企业为了有效地利用现有知识资本、更新和发展原有知识资本所采取的相关行动及其结果。

（5）知识资本的具体量化指标体系。这部分分人力资本、结构资本和关系资本分别设置一系列的量化计量指标体系，对企业知识资本及其功效信息进行系统计量，从而为上述定性描述部分提供有力解释和支持。自 PIP 发布以来，该报告所倡导的知识资本报告模式在北欧得到了很多企业的响应，其中以丹麦 Oracle Denmark 公司、芬兰 Creadesign Oy 公司、瑞典 Ciceronen Telecom AB 公司和 SENTENSIA Q AB 公司以及爱尔兰的 ANZA 公司、TM Software 公司和 Tolvumidlun 公司最为典型。

（七）European ICS Guideline 所倡导的知识资本报告模式

European ICS Guideline 是欧盟委员会于 2008 年提出的欧洲 Intellectual Capita Statement 指南。ICS 是评估和开发组织的知识资本的战略管理工具，它说明了知识资本如何与企业目标、业务流程以及组织业务成功挂钩。ICS 结构模型（如图 6 –5 所示）描述了 ICS 的主要元素及其相互关系。在 ICS 结构模型中，知识资本被分为人力资本、结构资本和关系资本。业务流程（BP）包括组织内部活动的链条，以及它们的网络状况。BP 描述人与经营资源的相互作用，组织是嵌入在商业环境中的。根据业务战略，管理决策决定运营措施，这些措施有助于改善业务流程，并在这些流程中利用知识资本。业务成功（BS）是经营业绩，通过在业务流程中使用企业(无形）资源来实现。实施 ICS 过程中有五个步骤：第一步：定义公司的价值创造模式和模型中的主要业务流程，明确公司的战略方向和主要战略目标。第二步：分析公司的知识资本，从知识资本因素的识别开始，主要包括影响绩效的效率和效果以及公司成功的无形影响因素。紧接着，知识资本因素的优势和劣势是根据战略目标进行评估的，每个知识资本因素在公司数量，应该评估质量和系统开发水平方面的充分性，而后评估每个知识资本因素对公司业务成功的影响。第三步：确定最重要的知识资本因素的知识资本指标。第四步：解释分析的结果，即分析优势和劣势，以及知识资本因素对企业成功的影响，从而指导知识资本策略的措施。第五步：说明最终 ICS 的结构和内容。Intellectual Capita Statement（ICS）致力于：通过有系统地激活知识资本来增强欧洲组织的竞争力和创新潜力；将知识资本报告建立为知识驱动型经济中重要而有价值的管理工具；在欧洲层面整合各国的知识资本报告方法。

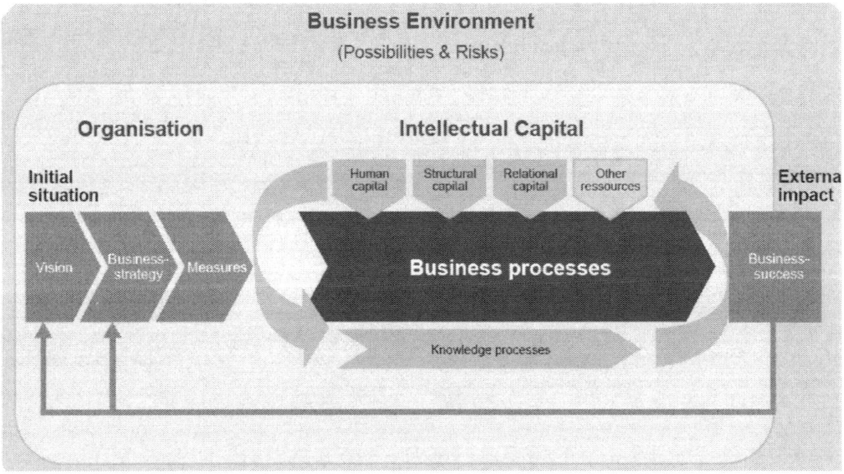

图 6-5 ICS 结构模型

（八）欧洲金融分析师协会联合会倡导的知识资本报告模式

由欧洲金融分析师协会联合会（EFFAS）成立的知识资本委员会Commission on Intellectual Capital（CIC）于2006年发布了一套为“知识资本有效沟通原则”的指导方针。这些是公司报告用户（金融分析师）开发的首个知识资本披露准则，这些原则的主要目的是提高公司提供的知识资本信息对公司评估的可用性。它包含了制定具体部门知识资本指标的十条原则。欧洲金融分析师协会知识资本委员会（EFFAS CIC，2008）声称：对于金融界有用的指标，他们应该尽可能遵守这些原则。如果分析师和投资者将无形资产的信息整合到公司评级中，他们就会缩小这些需求。这些原则涉及：（1）将知识资本指标与未来价值创造联系起来；（2）解释用于衡量知识资本指标的方法；（3）通过引入各行业和公司共同的基本层次指标，特定行业的中层指标和个别公司特定的顶层指标，实现知识资本指标的标准化；（4）披露指标和使用方法保持一致，提高一段时间各部门或公司之间的可比性；（5）平衡专有的披露成本与潜在收益；（6）调整公司与投资者之间的利益关系；（7）具有适量的指标，考虑处理过度信息的成本；（8）客观地选择指标和度量方法，真实、公正地表达公司潜力，确保信息的可查证性和责任追究；（9）提供对每个指标固有风险的评估；（10）高效、及时披露知识资本指标。

除了上述几种在实务界影响比较大的、典型的知识资本报告模式外，其他一些知识资本报告模式在特定区域也有一定的影响，如依据IC－dVAL模型编制的知识资本报告模式在法国有一定的影响，Germen Guideline所倡导的知识资本报告模式在德国有一定的影响，ARC IC Report模式在奥地利有一定的影响①。2013年，国际综合报告委员会（简称IIRC）

① ARC IC Report是奥地利研究中心（Austrian Research Centre，简称ARC）提出的、一种适应于研究密集型组织的智力资本报告模式，但该模式对一些知识密集型企业智力资本报告的编制也产生了一定的影响。

基于利益相关者需求发布《国际综合报告框架》，提出将知识资本与财务资本、制造资本、人力资本、社会与关系资本、自然资本综合起来一起在报告中列示。除此以外，还有很多企业创立了自己的知识资本理论模型和报告模式，如丹麦的 COWI 公司、奥地利的 OeNB 银行等。

三、目前国外企业对外披露的知识资本报告存在的问题

纵观上述各种知识资本报告模式及其在相关企业的应用实践可以发现，尽管近年来知识资本报告倍受学术界和实务界的推崇和重视，但目前西方企业的知识资本报告还处于起步和探索阶段，存在诸多的问题，主要表现在以下方面。

（一）目标定位模糊

知识资本报告的内容、格式和功效取决于知识资本报告的目标定位，如果知识资本报告的目标是为外部人服务，向企业外部的利益相关者传递企业的知识资本信息，那么，为了方便外部人的理解与应用，知识资本报告必须借鉴通用财务报告模式，采用标准化的方式进行编制。不同企业的知识资本报告无论是报告内容还是编制方法都必须尽可能一致，以增强知识资本信息的可比性。反之，如果知识资本报告的目标是为企业内部管理服务，强化企业知识资本的管理，那么知识资本报告实际上是企业内部的一种管理报告，知识资本报告的编制必须与企业自身的特殊情况结合起来，无论是报告内容还是编制方法都应该根据企业自身的特殊情况来定，而无须顾及外部人如何理解和应用，更不需要顾及如何增强与其他企业知识资本报告之间的可比性问题。然而，令人遗憾的是，目前各国企业知识资本报告的目标定位却模糊不清，不知道知识资本报告究竟是作为企业对外报告的一部分，为外部人服务，还是作为企业内部的一种管理报告，为内部人服务。实际上，大部分企业都明确或隐含地假定知识资本报告可以同时为企业内部人和外部人共同服务。然而，为外部人服务的知识资本报

告与为内部人服务的知识资本报告在诸多方面都是截然不同的，一份知识资本报告是很难有效地同时服务于基于不同目的、不同要求的企业内部人与外部人的。

（二）报告内容不确定

目前的知识资本报告反映和报告什么内容也含混不清，不知道究竟是模仿传统财务报告反映和报告企业知识资本的存量及其动态变化信息，还是反映和报告知识资本的价值创造能力和战略实施能力信息或其他方面信息。综观目前相关企业的知识资本报告可以发现，很多企业设法将知识资本与企业目标和战略等联系起来，反映和报告知识资本在企业战略实施过程中的关键作用信息（如依据 Danish Guideline、Meritum Guideline 和 PIP 模型等编制知识资本报告的企业），而有些企业则试图反映企业知识资本本身的现状及其动态变化信息（如依据无形资产监视器编制知识资本报告的企业），有些企业则根据企业自身的管理需要反映和报告知识资本的其他信息。

我们认为，如果知识资本报告作为企业内部管理报告，那么，知识资本报告反映和报告什么内容可以根据企业内部管理的需要来定，不同企业的知识资本报告以及同一企业不同时期的知识资本报告可以反映和报告不同的内容。但是如果知识资本报告作为企业对外报告的一部分，那么，不同企业的知识资本报告必须反映和报告相同的内容，同一企业不同时期的知识资本报告也必须反映和报告同样的内容，这样外部人才能够对不同企业的知识资本报告以及同一企业不同时期的知识资本报告进行比较应用。

（三）缺乏系统的理论支持

一套完善的报告体系必须有一套成熟的报告理论为支撑。传统财务报告之所以能够被各界所广泛理解和应用，一个关键原因是传统财务报告的编制有一套系统、完善的基本理论支持，即财务报告概念结构，这套理论不仅能够指导政府管制部门制定一套完善的会计准则和制度，也能够指导执行企业如何理解和应用会计准则和制度、编制财务报告，还能够指导财务报告的使用者们如何理解和应用传统的财务报告。然而，综观上述各种知识资本报告模式可以发现，目前知识资本报告的编制并没有一套系统完善的、能够被各界一致认同的理论体系，不同企业、不同组织往往根据自己的理解来编制知识资本报告，由此导致实务界出现了多种不同的知识资本报告模式。实际上，目前不仅知识资本报告的编制缺乏系统的理论支持，知识资本研究本身也缺乏一套系统科学的基本理论支持，无论学术界还是实务界，人们对于知识资本的界定、分类、计量、报告和管理以及知识资本在企业的作用机理等各个方面都存在多种不同的认识。由于知识资本研究本身都缺乏科学一致的理论支持，没有成熟的报告理论来指导知识资本报告的编制也就很自然了。

（四）没有成熟统一的编制方法和报告方式

除了上述几点外，目前的知识资本报告也没有统一的编制方法。不同的报告模式往往采用不同的编报方法。如依据 IC－rating 编制知识资本报告时，一般要根据事先准备好的问题，对企业内部人和外部人进行深度采访，并要求被采访人对每一个问题分 8 个或 4 个等级进行评价打分，而后对这些评价打分进行分类汇总，形成对企业知识资本的总体评价和解释说明；而依据 Danish Guideline、Meritum Guideline 和 PIP 等所倡导的模式编制知识资本报告时，则通常将知识资本计量指标体系的设置与企业目标和战略的实现联系起来，区分知识资本的各个类别分别设置相应的指标体系。这些指标体系的计算主要以企业生产经营过程中生成的客观数据为主，辅之以部分调查数据。除了编制方法不同外，不同知识资本报告模式的表达方式和内容构成也不一样。依据无形资产监视器模型编制的知识资本报告，通常仅由一张量化表格组成，没有系统的解释和说明；而依据其他模型编制的知识资本报告模式则通常由企业概况说明、企业目标和战略、企业所拥有的资源、企业所采取的行动以及最终的量化指标体系等多部分构成，不仅有系统的量化指标体系，还有详细的文字解释和说明。由于不同企业的知识资本报告在编制方法、表达方式、内容构成等各个方面都存在重大差异，因而最终形成的知识资本报告很难被企业外部人比较分析应用，知识资本报告的有用性也大大降低。

（五）没有统一的规范约束

知识资本信息目前在各国还属于企业自愿信息披露的范畴，没有统一的规范和强制性的要求，因此，知识资本报告的编制和披露纯粹由每个企业自己决定。不同企业编制知识资本报告时，主要依据企业自身的特殊情况来选择相应的理论模型，决定报告的具体内容和形式，而不太考虑相互之间的可比性。因此，知识资本报告目前基本上都是以特异化的方式进行编制和报告，缺乏可比性，难以为外部人理解和应用。

综上所述，尽管目前各国企业都将知识资本报告作为对外报告的进行编制和报告，为投资者、债权人等外部人服务，然而，目前的知识资本报告更多地强调如何与企业自身特殊背景的结合，强调特异性，而不注重可比性。因此，目前的知识资本报告特异化过浓，标准化不够，根本不符合对外通用报告的要求，很难有效地为企业外部人服务。

第七章

外部导向知识资本报告的基本框架研究

外部导向知识资本报告的发展及其应用离不开理论的指导，开展外部导向知识资本报告的相关研究首先必须回答外部导向知识资本报告所涉及的一些基本理论问题。

一、外部导向知识资本报告的基本理论框架

以对外报告为目标的知识资本报告相关理论构建可以借鉴财务会计概念框架。财务会计概念框架是一套以指导企业会计准则制定和修订的理论体系，其本质是为了指导和规范企业的对外财务报告。财务会计概念框架体系的基本逻辑如图 7 -1 所示。这个理论框架以信息论和系统论为理论基础，认为财务会计是一个会计信息系统，在这个框架体系中，会计目标是龙头，它引领着该系统的构建和运行，任何其他要素和环节的构建与运行都必须围绕会计目标来展开。具体来说：(1) 依据该理论框架，财务会计的目标是向企业外部的各类利益相关者提供决策相关的信息，特别是有关该企业自身特定时点财务状况、特定期间经营成果和现金流动状况的信息；(2) 会计要素设计与划分必须以会计目标为指引，充分考虑企业外部会计使用者的要求；(3) 会计确认标准的设定和修改必须充分考虑会计目标的约束；(4) 会计计量属性和计量模式的选择必须依据会计目标及其动态变动来定；(5) 财务报表是财务会计实现自身目标的主要工具，也是把企业与外部各类利益相关者有机连接起来的一个桥梁，为了实现财务会计的目标，无论是财务报表类别的确定，还是财务报表内容的变革、格式的编排等都必须充分考虑企业外部各类利益相关者的需求；(6) 为了保证会计目标的实现，会计信息必须符合一定的质量标准，会计要素的设计与划分，会计确认、会计计量、会计记录和财务报告等具体业务环节的运行都必须接受会计信息质量标准的约束。

借鉴财务会计概念框架，我们认为，外部导向知识资本报告的基本理论问题可以按照图 7 -2 所示的框架开展研究。

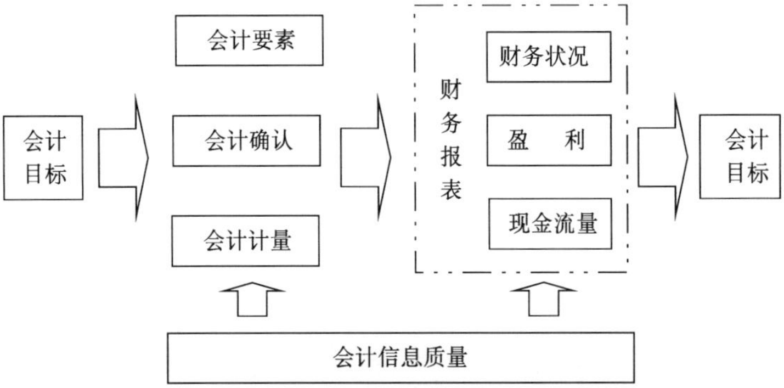

图 7-1 财务会计概念框架

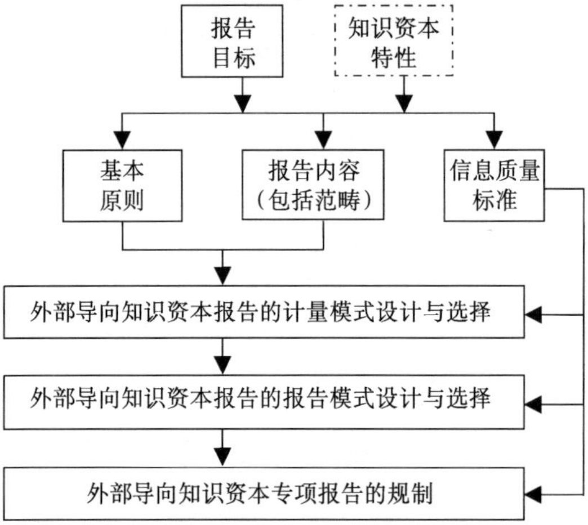

图 7-2 外部导向知识资本报告的基本理论框架

具体来说，外部导向知识资本报告的基本理论问题研究应重点解决如下七个方面问题：（1）外部导向知识资本报告的报告目标。报告目标是外部导向知识资本报告的引擎，外部导向的知识资本报告究竟反映和报告什么内容、采用什么计量模式和报告方式、遵循什么质量标准、如何规制等都取决于报告目标的设定。（2）外部导向知识资本报告应遵循的基本原则。主要研究在报告目标的指引下，外部导向知识资本报告的计量模式和报告模式如何设计，具体计量指标体系如何设计，基本原则的确定与外部人的信息需求特征和知识资本的自身特性密切相关。（3）外部导向知识资本报告的报告内容定位。主要解决：外部导向知识资本报告究竟应该反映和报告知识资本的哪方面信息？哪些知识资本应该纳入反映和报告的范畴？（4）外部导向知识资本报告的信息质量标准。主要研究外部导向知识资本报告所生成的信息应该遵循哪些质量标准，信息质量标准也影响和制约着计量模式选择、报告模式设计和具体计量指标体系设计。（5）外部导向知识资本报告计量模式的设计与选择。主要研究外部导向的知识资本报告究竟采用什么样的计量模式，这是外部导向知识资本报告的核心难题。（6）外部导向知识资本报告具体报告模式的设计与选择。主要解决采用什么样的方式呈报企业知识资本信息，报告模式的设计与选择与计量模式密切相关。（7）外部导向知识资本报告的规制。主要研究外部导向的知识资本报告要不要规制、如何规制。这七个问题相互之间有机关联，共同构建了外部导向知识资本报告的基本理论框架。

为了系统研究外部导向知识资本报告的基本理论问题，本部分将重点论述外部导向知识资本报告的报告目标、基本原则、报告内容和质量标准问题，外部导向知识资本报告的计量模式设计与选择、报告模式设计与选择以及外部导向知识资本报告的规制问题将在后续章节中分三个专题分别进行论述。

二、外部导向知识资本报告的报告目标

按照西方很多学者和研究组织的观点，知识资本报告的编制和披露源于下述两个平行的目标：（1）帮助企业内部管理者系统管理企业所拥有和控制的知识资本；（2）向企业外部的各类利益相关者系统传递企业知识资本信息。显然，这种“二维目标观”源于学者们和研究组织对知识资本报告的一种理想定位，即知识资本报告既可以用于内部知识管理目的，又可以用于对外报告目的。然而，众所周知，企业内部管理者和企业外部人对知识资本的信息需求是有很大差异的：内部人把知识资本报告当成知识管理的一种工具，希望利用知识资本报告对企业知识资本进行系统的管理；

外部人把知识资本报告当成企业对外传递知识资本信息的一种平台和载体，希望利用知识资本报告全面系统地了解企业知识资本信息，进而借此判断企业未来的竞争位势、获利潜力和综合实力。目标定位不同，所要求编制的知识资本报告必然有很大差异。基于内部知识管理目的编制的知识资本报告必须与企业自身的知识资本管理和具体业务紧密结合，只有这样才能被企业内部管理者接受，才能现实用于企业知识资本管理。因此，这种内部导向的知识资本报告必然特异性强，只适合企业内部使用，不能对外披露。基于对外报告目标编制的知识资本报告必须考虑外部人可比的信息需求，为此，外部导向知识资本报告应尽可能削弱特异性，增强可比性，必须以一种可比性的、甚至标准化的方式进行编制和披露，不应与企业具体的知识资本管理和特定业务结合过紧。因此，一份知识资本报告是很难同时100%胜任两种不同目标的。

基于上述分析，外部导向知识资本报告应该抛弃“二维目标观”，采用单一目标观。具体来说，我们认为，外部导向知识资本报告可以借鉴现行的财务会计范式，采用“决策有用观”。“决策有用观”原本用于解释传统财务报告，认为财务报告的目标就是向企业外部的会计信息使用者提供决策相关的信息，主要是关于企业财务状况、经营业绩和现金流动方面的信息。拓展到知识资本报告领域，我们认为，“决策有用观”可以解释为：外部导向知识资本报告的目标就是向企业外部的各类利益相关者系统传递特定时点企业知识资本现状信息、特定期间企业知识资本的利用情况及其成效信息，以便于企业外部的各类利益相关者综合判断企业未来的竞争位势和获利潜力，进行科学的决策。

三、外部导向知识资本报告的基本原则

外部导向知识资本报告应遵循标准化与特异化有机结合的原则，原因在于：

（一）对外报告性质要求知识资本报告必须尽可能标准化

作为企业对外报告的一部分，知识资本报告的目的是向企业外部的投资者、债权人等系统披露企业的知识资本信息，以弥补传统财务报告的不足。然而，投资者等在进行决策时，需要比较来自不同企业的同类信息，以对不同的投资方案进行分析比较，作出最优的决策，这就要求不同企业提供的知识资本信息必须具有可比性，知识资本报告必须以标准化的方式进行编制。为此，不同企业的知识资本报告必须实现：

1. 统一报告内容。要实现知识资本报告的标准化，不同企业的知识资本报告必须反映和报告同样的内容。尽管目前学术界和实务界关于知识资本报告究竟应该反映什么内容并没有形成一致的意见，但无论知识资本报告是反映企业知识资本的存量和流量信息，还是反映知识资本的价值创造能力信息和战略实施能力信息，只要不同企业协调一致，就能够为知识资本报告的标准化奠定基础。

2. 依据相同或类似的理论模型。反映同样的内容可以采用不同的理论模型，而不同模型不仅对知识资本有着不同的界定和分类，对知识资本的价值创造机理也存在不同的认识。因此，要实现知识资本报告的标准化，不同企业的知识资本报告在反映同样内容的基础上，还必须采用相同或类似的理论模型。只有这样，不同企业的知识资本报告才会对知识资本采用统一的词汇，进行同样的分类，应用相同或类似的指标体系，实现标准化和可比性。

3. 采用相同或类似的指标体系。计量指标体系设计是实现知识资本报告标准化和可比性的关键所在，外部人在实际了解和应用一个企业的知识资本信息时，主要就是通过一系列明确而具体的计量指标。因此，在统一报告内容和理论模型的基础上，不同企业的知识资本报告在反映和报告同样的内容时还必须使用相同的指标体系，这样不同企业知识资本报告才能实现真正标准化。

4. 统一报告格式和程序。要实现知识资本报告的标准化，不同企业的知识资本报告还必须采用相同的格式进行编制，应用相同的程序对外传递和报送，实现形式上统一、程序上一致。否则，即使不同企业的知识资本报告统一了报告内容，采用同样的理论模型和一致的指标体系，投资者等也很难有效地理解和应用。

5. 有统一的准则或制度规范。实现知识资本报告的标准化，单靠实务界和学术界的自发努力是不够的，政府相关部门必须强力介入，进行统一规范。通用财务报告的发展历史表面，即使实务界和学术界关于某种报告的理论依据、编制方法、报告内容、编报格式等达成了共识，各个企业在实际编制这种报告时，仍然会根据自身的特殊利益需求进行差异化的分类选择和编报。因此，要实现知识资本报告的标准化，政府相关部门必须积极介入，制定知识资本报告的基本准则或指南，并强制实施。

综上所述，作为知识密集型企业对外报告的一部分，知识资本报告必须淡化企业自身的特性，突出与其他企业之间的共性，以标准化的方式进行编制，这样不同企业知识资本报告所传递的知识资本信息相互之间才具有可比性，才能够真正被外部人所一致地理解和广泛应用。

（二）知识资本特殊性要求知识资本报告必须适度特异化

尽管对外报告性质要求知识资本报告必须以标准化的方式进行编制和披露，但知识资本的特殊性质要求我们在反映和报告知识资本信息时必须设法与企业自身的特殊环境和背景结合起来，以适度差异化的方式进行反映和报告，因为知识资本具有：

1. 路径依赖性。知识资本基本上都是在企业内部经过长时间的积累逐步形成的（如结构资本和专用人力资本），或是企业在长期经营过程中与企业外部各类利益相关者的长期互动过程中而逐步培育的（如关系资本），具有路径依赖性。因此，知识资本功能和作用的发挥离不开特定企业的特殊历史，离不开特定企业的特定背景和环境，只有将知识资本与企业特定背景和环境结合起来，才能解释知识资本的价值创造功能和战略实施能力。

2. 专有知识性。无论是结构资本，还是关系资本，其本质都是知识，而且主要是关于特定企业本身的专有知识。这种知识主要以缄默的形式存在，只可意会不可言传，分布于企业内各级组织和团队中，不仅包括企业在长期的团队生产和“干中学”过程中逐步形成的隐性知识，还包括企业在长期经营过程中与企业外部各类利益相关者长期互动过程中所形成和获取的隐性知识。在人力资本所掌握的各类知识中，企业专有知识同样是最为重要的知识，它使得人力资本一旦跳槽离开企业，其价值将大大降低。知识资本的专有知识特性使得我们在反映和报告知识资本信息时，必须将知识资本置身于特定企业背景和环境进行反映和报告，否则将无法解释知识资本巨大的价值创造功能和战略实施能力。

3. 相互关联性。结构资本、人力资本和关系资本是相互依存、高度关联的。结构资本是人力资本与非人力资本结合的桥梁，是人力资本发挥作用、价值实现的关键。关系资本的建立与维系不仅需要人力资本的配合和支持，也需要通过一定的组织机构、流程系统来保证。反过来，关系资本在一定条件下，可以使组织和员工获得更多的信息、知识和技能，从而增强企业的结构资本和人力资本。因此，企业的各项知识资本是密切相关的，不仅每一项知识资本的形成离不开其他资源的作用（Dierichx and Cool，1989），每一项知识资本也只有在和企业所拥有的其他资源结合起来使用时才具有更高的价值（Teece，1986；Cabrita and Bontis，2008；Sydler，2013；陈劲、谢洪源，2004；黄顺，2009；林筠、刘江，2016等）。

路径依赖性、专有知识性和相互关联性决定了知识资本具有组织依附性，要反映和报告知识资本的价值创造潜力，必须将知识资本嵌入到其所赖以依存的特定企业环境和背景中，以适度差异化的方式进行反映和披露，而不能以模仿通用财务报告，以绝对标准化的方式进行反映和报告。正因为如此，无论是“Danish Guideline”所倡导的知识资本报告模式，还是“Meritum Guidelines”和“Nordika Project”所倡导的知识资本报告模式都要求，知识资本报告首先应该介绍企业的战略目标和愿景，以及企业为了实现这一目标和愿景所面临的挑战，然后再设法将知识资本置于特定企业的这一背景环境中，系统阐述知识资本在企业战略目标实现和价值创造过程中的关键作用。

综上所述，为外部人服务的知识资本报告不仅要考虑广大外部人的信息需求，还要考虑知识资本的特异性。为了给广大外部人提供决策相关的可比信息，知识资本报告必须尽可能以标准化的方式进行编制和披露，不同企业编制的知识资本报告无论在内容上，还是在形式上都要尽可能一致。而知识资本的路径依赖性、专有知识性和相互关联性则说明了知识资本具有组织依附的特性，知识资本报告不能离开知识资本所赖以依存的特定企业环境抽象地讨论知识资本价值问题，而必须设法与特定企业的特殊环境和背景紧密结合起来，系统阐述知识资本在企业战略目标实现和价值创造过程中的关键作用。因此，理论上说，为外部人服务的知识资本报告既要考虑到绝对的标准化，又要考虑到适度的差异化，做到标准化与差异化的有机结合。

四、外部导向知识资本报告的内容定位

（一）基于知识资本在企业所承担角色的客观分析

依据资源基础论，现代企业是一个资源体系，主要由金融资本、物质资本和知识资本三类资本构成，不同资本在企业价值创造和现实运行过程中所起的作用是不同的。以工业企业为例，金融资本是企业与各类利益相关者之间进行利益交换的媒介和工具，是把企业与各类利益相关者连接起来的纽带，同时也是企业日常运转和价值创造的润滑剂；物质资本是企业价值创造过程中的一种执行工具（如各类固定资产），也是企业价值创造和实现的载体（如各类存货）；知识资本不仅设计和决定了企业价值创造的模式和方式，更是企业价值创造过程的核心驱动力量。具体来说，人力资本可以通过制定与实施企业整体战略和各项具体业务战略来为企业创造

价值；组织资本（结构资本一部分）可以把企业各类金融资本、物质资本和知识资本有机整体起来，形成一个有机的整体，落实企业既定的战略，发挥“1 +1 >2”效应；智力资产（结构资本另一部分）可以通过创新企业产品和服务，提升企业技术和产品质量为企业创造价值；关系资本可以通过维持企业与各类利益相关者之间的良好关系，维护和提升企业品牌和形象创造价值。企业的价值创造是金融资本、物质资本和知识资本有机结合、共同作用的结果，知识资本价值创造潜力的发挥和实现必须以物质资本、金融资本为载体，物质资本、金融资本价值创造功能的实现也离不开知识资本。

由于知识资本与金融资本、物质资本在企业所发挥的作用不同，因此，如果要对外反映和报告企业的知识资本信息，重点应该是反映和报告知识资本在企业战略制定和实施、在企业价值创造过程中的作用信息，而不是套用金融资本和物质资本反映和报告范式，从价值视角去反映和报告知识资本本身的财务价值及其变动情况信息。

（二）基于外部利益相关者信息需求的现实分析

现代企业是各类利益相关者实现自身价值的一种纽带和工具，各类利益相关者参与企业的根本目的就是为了分享企业价值及其增值，增加自身财富，企业的目标就是最大化地为各类利益相关者（特别是股东）创造价值和财富。对企业外部的各类利益相关者来说，对不同资本关心的重点是不同的：对金融资本和物质资本，主要关心的是它们本身的价值及其增减变动情况，因为物质资本可以直接满足人类基本的生理和生活需求，金融资本可以快速地转化为人类想要的物质资本，因而金融资本和物质资本往往承担着财富和价值的终极形态角色，通常被人们视作财富和价值的象征，它们与股东和债权人等利益相关者在企业的权益直接相对应，显示特定时点他们在企业的权益对应着多少财富。但是对于知识资本，企业外部的各类利益相关者关心的重点不是其本身的直接财务价值有多大，而是其在企业价值创造过程中发挥什么样的作用、如何发挥作用以及怎样让知识资本发挥更大的作用，因为知识资本是企业价值创造模式的设计者，是企业价值的核心驱动力量。

因此，作为信息需求者，企业外部的各类利益相关者对不同类型资本所需求的信息是不一致的。对金融资本和物质资本，他们主要需要的是其直接财务价值及其动态变动情况信息，对知识资本他们关心的重点不是其直接财务价值信息，而是其如何帮助企业创造价值信息。这就要企业对不同类型资本必须采用不同的模式提供不同的信息。既然企业外部利益相关者所需求的知识资本信息不同于对物质资本、金融资本，因此，外部导向知识资本报告反映和报告的内容就应该不同于传统财务报告的定位，侧重于反映和报告知识资本在企业战略制定和实施、在企业价值创造过程中的作用信息，而不是反映知识资本本身的财务价值及其变动情况信息。

具体来说，我们认为，外部导向的知识资本报告应该反映和报告以下内容：

1. 特定时点企业知识资本现状信息。外部导向的知识资本报告首先应该区分知识资本的三个组成部分——人力资本、结构资本和关系资本，详细反映特定时点一个企业的知识资本存量信息，包括特定时点该企业究竟拥有或控制哪些类别的知识资本、每一类知识资本的具体性能和状态等。与传统资产负债表单纯地从财务角度反映特定时点一个企业的资源存量（以财务价值来体现）及其相应的权益归属不同，知识资本报告只反映特定时点一个企业所拥有、控制或可利用的知识资源存量，而根本不涉及知识资本的最终权益归属问题，任何一项知识资本，只要它能够有助于企业目标的实现或战略的实施，都可以纳入知识资本报告进行反映和报告。

2. 特定期间企业知识资本活动信息。在反映特定时点企业知识资本现状的基础上，外部导向的知识资本报告反映和报告的核心内容应该是：为了实现自身既定的战略，特定期间企业运用现有可控制和利用的知识资本，开展了哪些行动，这些行动既包括基于单项知识资本的活动，也包括基于某个类别、甚至所有知识资本的活动，如基于人力资本的企业研发与创新活动、基于智力资产的企业工艺改造与创新活动、基于组织资本的企业整合活动、基于关系资本的企业品牌提升活动、基于关系资本的企业供应商和顾客维护和提升战略活动等。

3. 特定期间企业知识资本活动成效信息。主要反映特定期间企业运用现有可控制和利用的知识资本，开展了系列活动或举措的主要成效，直接成效如企业研发的成效（如新增专利权、专有技术等）、企业管理效率的提升（如管理费用的下降、单位产品成本的降低等）、企业市场占有率的提高和品牌知名度的提升等，综合成效如企业资产报酬率、净资产报酬率的提升等。知识资本活动成效往往是多种知识资本和金融资本、物质资本的共同作用结果，难以与某一种特定知识资本相对应。

五、外部导向知识资本报告的范畴界定

如果知识资本信息的反映与报告聚焦于知识资本在企业目标实现、战略实施和价值创造过程中的作用，那么，凡是在企业战略制定和实施过程中、在企业价值创造过程中发挥作用的知识资本都应该纳入反映与报告的范畴，而不论其产权究竟归属于企业，还是归属于其他利益相关者群体。现实中，为了实现企业战略目标，最大化地为企业各类利益相关者（特别是股东）创造价值和财富，凡是能够被企业拥有或控制的知识资本，企业往往都会设法加以整合利用，而不仅仅限于那些知识产权明确归属于企业的知识资本。因此，凡是企业能够控制和利用的知识资本都应该属于反映与报告范畴。基于这样的认识，我们认为，应该纳入反映与报告的知识资本包括：

1. 企业人力资本。尽管人力资本的产权归属于人力资本所有者自身，但是特定期间一旦人力资本受雇于企业，在该期间内企业就有权控制、利用和激励人力资本来实施企业既定的战略，为企业创造价值。

2. 企业结构资本，由组织资本和智力资产两部分组成。智力资产是人力资本受聘企业期间利用组织资源通过创新、服务而生成的，在现有法律制度框架下，其产权可明确归属于企业。智力资产一旦生成后，可以进一

步通过创新和服务为企业创造价值，显然属于企业反映与报告的范畴。组织资本是企业在长期经营过程中通过无数大小决策所逐步形成的知识和能力，尽管组织资本的产权无法明确归属于企业，但是企业可以利用组织资本将企业各类资源有机整合起来落实企业战略，实现价值创造。因此，组织资本也应该纳入反映与报告的范畴。

3. 企业关系资本。关系资本是企业在长期的发展过程中累积形成的、与社会各界之间的良好关系和资源。尽管其产权不能归属于企业，但是企业可以有效地利用和控制关系资本为企业创造价值，实现企业的战略目标。因此，关系资本也应该纳入反映与报告的范畴。

六、外部导向知识资本报告应遵循的信息质量标准

按照欧盟 Meritum Project（2002）的观点，知识资本报告所传递的知识资本信息必须符合以下几个质量标准（如图 7 -3 所示），才能真正被企业外部的各类利益相关所理解和应用，具体来说：

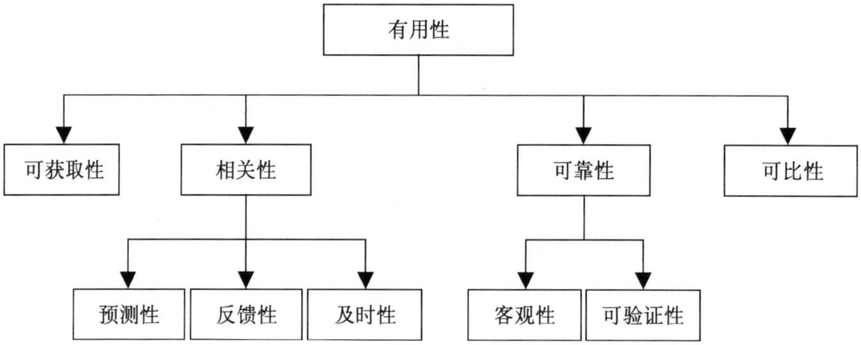

图 7 -3 知识资本报告的信息质量标准

（一）可靠性

可靠性，是指外部导向知识资本报告所传递的知识资本信息必须是可靠的。为了保证可靠性，外部导向知识资本报告所反映的任何知识资本信

息必须具备：(1) 客观性，即外部导向知识资本报告所采用的任何数据都是客观存在，所设计的计量指标是对企业知识资本及其活动和功效信息的客观反映；(2) 可验证性，即外部导向知识资本报告所设计的任何计量指标、采用的任何数据都是可重复的，可以由独立第三方客观验证。

（二）相关性

相关性，是指外部导向知识资本报告所传递的知识资本信息必须是投资者等企业外部人所关心的，与他们的决策有一定的关联性，为此必须做到：(1) 预测性，所有重要的知识资本及其活动和成效信息都必须要充分的反映和报告，并且能够有助于投资者对企业现有的决策作出科学评价，并据此进行反复核实、修缮与补充；(2) 反馈性，是指企业层面的知识资本报告能够帮助投资者了解企业，根据过去的信息披露验证或调整现有的评价体系与预测结果，增强决策方案的科学性和合理性；(3) 及时性，外部导向知识资本报告所传递的知识资本信息还必须尽可能快地传递给外部人，否则，其信息的利用价值将极速下降。

（三）可比性

可比性。可比性具有两层含义，一是指横向可比性，即本企业对外披露的知识资本信息必须与其他企业披露的知识资本信息相互之间具有可比性；二是纵向可比性，即本企业今年对外披露、报告的知识资本信息必须与其以前年度披露、报告的知识资本信息相互之间具有可比性。由于投资者等外部人群体在进行决策时往往不仅要比较多个不同企业的同类信息，以对不同企业在某方面的能力差异进行比较，还要比较同一个企业不同期间的同类信息，以对该企业在某方面能力的变动趋势进行判断，因此，外部导向知识资本报告所传递的知识资本信息必须同时兼具横向可比性和纵向可比性。

（四）可获取性

可获取性，是指外部导向知识资本报告所采用的计量模式必须是现实可行的，具有可操作性，所设计的计量指标体系、所需要的数据都是企业可轻易获取的。如果知识资本报告所采用的计量模式根本无法获得客观的数据，或者企业获取数据的成本太高，那么，外部导向知识资本报告将很难推广使用。

第八章

外部导向知识资本报告的计量模式设计与选择

一、计量模式设计与选择的理论分析

近年来，随着知识资本在企业价值创造中关键作用日益凸显，如何科学地管理知识资本并系统对外披露企业知识资本信息成为学术界和实务界共同关注的一个热门话题。为了科学地管理知识资本，系统地对外报告企业知识资本信息，必须对企业知识资本进行科学的计量，为此，学术界和实务界先后提出了40多种不同的知识资本计量模式，如Balanced Score Card（Kaplan and Norton，1992）、Skandia Navigator™（Edvinsson and Malone，1997）、Intangible Assets Monitor（Sveiby，1997）、Holistic Accounts（Rambøll Group，1995）、Value Creation Index（Baum et al.，2000）、Knowledge Audit Cycle（Schiuma & Marr，2001）、Konrad Group Method（Nordic Industry Fund，2001）、Meritum Guidelines（Meritum project，2002）、Value Chain Scoreboard™（Lev B.，2002）、IC Rating™（Edvinsson，2002）、IC－dVAL™（Bonfour，2003）、Danish Guidelines（DMSTI，2003）、Enhanced Business Reporting（Wallison，2004）、GIPID（METI，2004）、Germany Guideline（FMEL，2004）、IABM（Japanese Ministry of Economy，Trade and Industry，2004）、PIP（Nordic Innovation Centre，2006）、Dynamic Monetary Mode（Milost，2007）、European ICS Guideline（Europearn Commission，2008）、VAIC（Sampath Kehelwalatenna，Gamini Premaratne，2013）、模糊层次分析法（LEE，2010）、数据包络分析和生产力指数（Costa，2012）、结构方程模型（Mura，2013）、网络分析法（Cricelli，2013）、概念图技术（Martinez，2014）、VAIP（杨晓文，杨晓丹，杨志远，2015）、CIV－Calculate Intangible Value（鲍超超，2016）等。如此众多的知识资本计量模式不仅令学术界眼花缭乱，更让实务界（特别是企业）茫然不知所措。对于一个特定的企业来说，究竟该如何作出科学的选择？特别是基于对外报告的目的如何进行选择？如果企业希望自行设计知识资本计量模式，那么，该遵循什么样的范式进行设计？

（一）计量模式设计与选择的关键环节

按照 Stevens（1946）的观点，计量就是按照特定的规则把数额分配给物体或事物。理论上说，一种计量模式主要取决于计量属性、计量尺度和计量规则三个因素。其中，计量属性是指被计量物体或事物的某一方面性质，如长度、质量等；计量尺度是指度量物体或事物某一方面性质的具体单位，如米、千克等；而计量规则则是指采用特定的计量尺度计量物体或事物某种性质时所必须遵循的具体操作规则。

现实中我们在经济管理领域开展的各种计量都属于以满足特定群体需求为目的、以服务特定目标为导向的计量，而不是盲目的计量。计量目标不同，对被计量对象的界定和分类就不同，所需要测量的计量属性自然也有所不同，所选择的计量尺度也必然有所差异，最终所形成的计量模式肯定也不同，因此，借鉴董必荣（2012）的观点，理论上说，在现实世界中，计量目标、计量对象、计量属性、计量尺度与计量模式之间应该存在的关系见图 8 -1。

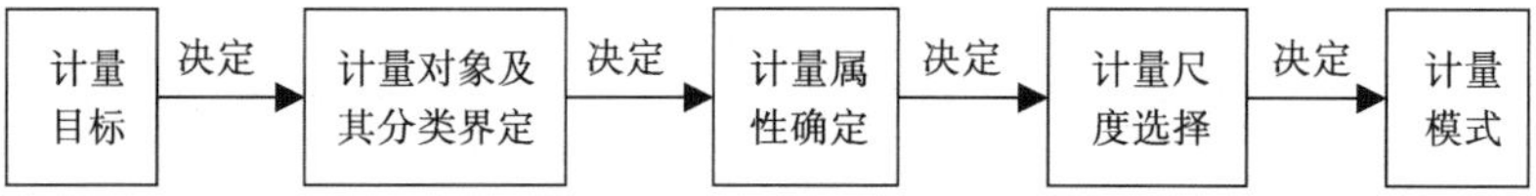

图 8 -1 计量关键环节与计量模式之间的关系

（二）计量模式设计与选择的制约因素

按照图 8 -1 所显示的逻辑关系，一旦明确了计量目标，就可以据此界定具体计量对象，确定相应的计量属性和计量尺度，形成具体计量模式，实现计量目标。然而，现实中在经济管理领域所进行的任何计量都远比图 8 -1 显示的逻辑关系复杂。按照 Pike and Roos（2004）的观点，根据现代计量理论，在经济管理领域对企业所做的任何综合计量必须符合下述五个条件：

1. 完整性（completeness）。完整性是指当对企业某方面性质进行综合计量时，首先要对计量对象进行适当分解，所分解成的几个细分部分合起来无论在外延上还是在内涵上都应该能够地完整地反映计量对象的全部。例如，当对企业知识资本进行测量时，往往首先要把知识资本分成人力资本、结构资本和关系资本三个组成部分，这三部分合起来在外延上应该能够覆盖知识资本的全部，在内涵上也应该包括知识资本的全部。

2. 独特性（distinctness）。独特性是指当把计量对象分解成几个组成部分后，各个组成部分无论在外延上还是在内涵上应该都是不同的，相互之间应该是互斥的，不存在谁包含谁的问题。例如，我们通常把知识资本分成人力资本、结构资本和关系资本三个组成部分，这三个部分都具有独特性，因为人力资本、结构资本和关系资本无论在外延上还是在内涵上都是互斥的。独特性能够避免重复计量问题。

3. 独立性（independence）。独立性与计量对象的分类及计量属性的选择密切相关，是指为了测量企业的某种属性，当把计量对象分解成几个组成部分后，各个组成部分在所测量的属性方面应该是相互独立的，而不是相互影响的。例如，当测量知识资本的价值创造潜力时，通常把知识资本分解成人力资本、结构资本和关系资本三个部分，在这种情况下，独立性要求人力资本、结构资本和关系资本在企业价值创造中所发挥的作用应该相互独立的，而不是相互影响的，只有这样才能分别测量每一类知识资本的价值创造潜力。然而，现实中这三类资本在创造企业价值时根本不可能相互独立，而是紧密相连的。

4. 同质性（agreeability）。同质性与计量尺度的选择密切相关，是指当对企业的某种计量属性进行计量时，所选择的计量尺度以及由此而决定的计量模式最终所得出的数量和数量关系必须与被计量对象在该计量属性方面的内在数量关系保持一致，必须是对客观物体或事物某一方面性质和关系的再体现。例如，当测量一个企业人力资本的专业技术水平时，通常要从人力资本的学历结构、职称结构、工作年限和接受培训情况等几个方面来进行衡量，最终所形成的数据和数量关系必须是对企业人力资本专业技术水平的再体现。

5. 公度性（commensurability）。公度性与计量尺度的选择以及最终形成的计量模式都密切相关，它是指当使用不同的计量尺度从多个方面对企业某方面性质进行计量时，所得出的计量数据必须能够用某一共同刻度进行标准化，这样整合出来的计量数据才能有助于信息使用者对事物的某一方面性质作出综合评价。例如，当采用 Danish Guidelines 方法对企业知识资本进行综合计量和报告时，往往要同时运用多种不同的计量尺度对企业知识资本进行综合计量，最终所生成的计量指标和数据是多种多样的，但是从计量的公度性角度来看，要想对企业知识资本做一个综合有效的评价，对不同企业知识资本进行综合比较，就必须有一个共同刻度对不同计量尺度、不同计量指标所生成的数据进行标准化。然而，当采用某一共同刻度对不同计量尺度、不同计量指标所生成的数据进行标准化时，必然会降低数据本身的级次，导致数据本身的很多经济含义丢失，为此，Pike and Roos（2004）认为，为了使得计量和随后的整合有效，计量必须使用比率刻度，这样才能有助于使用某一共同刻度把不同类型数据进行标准化。

上述五个制约因素对计量模式设计和选择的影响关系可以用图 8－2 来表示。

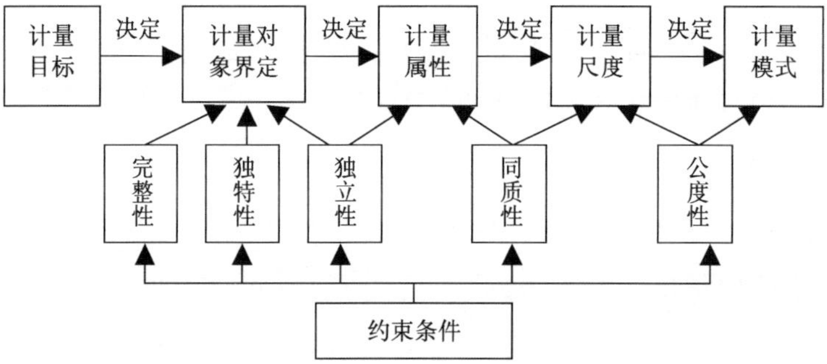

图 8－2　制约因素对计量模式设计与选择的影响

（三）数据类型对计量模式设计与选择的影响

实际上，在经济管理领域进行各种计量时，即使在计量模式设计和选择过程中充分考虑了上述制约因素，最终确定的计量模式也不一定能够实现计量目标的要求，因为不同计量模式所生成的数据类型往往与信息使用者需求的数据类型存在很大差异。

1. 数据的类型

在统计学中，依据计量对象的被量化程度，一般可以将计量最终所形成的数据分为名义级数据、序次级数据、间距级数据和比率级数据。

（1）名义级（nominal）数据，是指通过名义测量所形成的数据。名义级数据仅仅是一种类型编码，用来区别物体或事物的不同类别。该级别的数据，可以用数字来表示，也可以用字母来表示，数据的差异就代表了物体或事物的类型差异。例如，对性别测量所生成的数据就是名义级数据，可以用任意两个不同的数码来表示不同性别，例如，可以用 1 来表示女性，用 2 来表示男性，也可以用 1 来表示男性，2 来表示女性，只要表示男女的两个数码不同都可以；性别差异也可以用任意两个不同的字母来表示，如可以用 Y 来表示男性，X 表示女性，也可以反过来用 X 来表示男性，Y 表示女性。名义测量所生成的数据只能表示物体或事物的不同类别，会丢失物体或事物的大部分性质特征。名义级数据是数据的最低级，既不能计算，也不能进行大小比较。

（2）序次级（ordinal）数据，是指对物体或事物按高低、优劣差异进行测度所形成的数据。序次级数据虽然不能进行计算，但可以比较物体或事物的序次。该级别的变量值，可以用数字来表示，也可以用字母来表示。例如，对我国高校教师的职称高低进行测量所生成的数据就是一种序次级数据，我们可以用 1 来表示助教，2 表示讲师，3 表示副教授，4 表示教授，编码的序值代表了教师职称的高低差异，“4 >3 >2 >1”所表达的含义就与“教授 >副教授 >讲师 >讲师”相对应，表示高校教师的职称教授要高于副教授、副教授高于讲师，讲师高于助教。当然，也可以倒过来用 1 来表示教授，2 表示副教授，3 表示讲师，4 表示助教，“1 >2 >3 >4”所表达的含义就与“教授 >副教授 >讲师 >讲师”相对应，信息没有损失。尽管序次级数据不能准确描述不同序次物体或事物之间差别的大小，但是可以确定其顺序。

（3）间距级（interval）数据。间距级数据是具有一定单位的实际测量值，不但可以比较大小，而且能进行加、减运算。例如，测量温度的摄氏度，今天最高温度是 20 度，明天最高温度是 10 度，我们可以说明天最高温度比今天最高温度低 10 度，但是我们不能说今天温度是明天的两倍，因为在摄氏度体系中，0 度不是物理意义上的绝对 0，如果将 20、10 这两个摄氏温度换算为热力学温度后，这两个温度便不再是 2 倍关系。因此，间距级数据之间可以进行加减运算，但是不能进行乘除运算，因为间距级数据的 0 值不是“无”的意义，它仅是人为定义的一个中介点。间距级数据只能用数字来表示，不能用字母或其他符号表示。

（4）比率级（ratio）数据。比率级数据是数据的最高级别，它是具有一定单位（例如米、千克等）的实际测量值以及基于这类数据所形成的比率数据，这类数据不仅可以作加减运算，还可以进行乘除运算。比率级数据包含了我们通常所熟知的绝对数据。在这一级别的数据体系中，0 值不是人为设定的，而是客观存在的，是对物体或事物某方面性质的客观反映，例如，长度的 0 米，热力学温度中的 0 K 等。只有当变量的 0 值不是人为设定时，其任意两个取值的比率（分母不为 0）才能有确定的意义。

2. 不同类型数据的使用范围与计量目标的实现

在现实生活中，不同类型的数据扮演着不同的角色。一般来说，数据的级别越高，应用范围越广，数据的级别越低，应用范围越窄。表 8 －1 列示了不同类型数据的用途差异：

不同计量模式所生成的数据类型是有很大差异的。一种计量模式能否实现计量目标，不仅取决于计量环节关键要素的选取（如计量目标的设定、计量对象的分类界定、计量属性的具体确定、计量尺度的最终选择等），也受制于在计量环节关键要素在设定过程中有没有充分考虑完整性、

表 8－1　　不同类型数据的用途差异

数据类型	用途差异
名义级数据	区别物体或事物的不同类别
序次级数据	比较物体或事物的大小、高低、强弱等优先级次，确定同类物体或事物的顺序
间距级数据	不仅可以比较物体或事物的大小、高低、强弱等的优先级次，还可以表示物体或事物的具体差异大小
比率级数据	反映物体或事物某方面性质的全部及其相互关系

独特性、独立性、同质性和公度性的制约，还要取决于计量模式最终所生成的数据类型与目标使用者需求数据类型的匹配性程度，计量模式最终所生成的数据级别不能低于计量目标所要求的数据级别，否则，所设计或选择的计量模式将无法实现计量目标。例如，如果使用者需要的是具有实际经济意义的比率级数据，但所选择的某种计量模式只能提供名义级数据，或只能提供序次级数据或间距级数据，那么将很难真正实现设定的计量目标。因此，在界定计量对象、确定计量属性、选择计量尺度等整个过程中，必须充分考虑计量目标的引领和约束，要明确信息使用者究竟要进行什么样的决策，需要什么类型、什么级别的数据，只有某种计量模式能够提供信息使用者所需要的特定级别或更高级别的数据，计量模式才能真正实现既定的计量目标。基于以上论述，我们认为，计量模式与计量关键环节、计量制约因素、计量结果的数据类型相互之间应该进一步具有图 8－3 所示的关系。

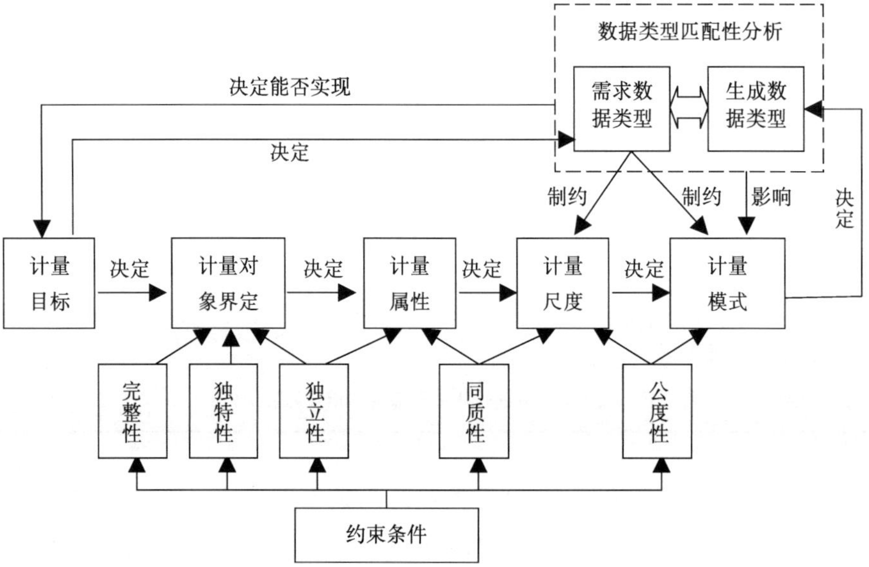

图8-3 计量模式与计量关键环节、计量制约因素、数据特征之间的关系

二、基于对外报告目标的知识资本计量模式设计与选择分析

（一）外部导向的知识资本计量模式设计分析

1. 关键环节要素对外部导向知识资本计量模式设计的影响

按照前述的思想，计量模式设计主要取决于计量目标的设定、计量对象的界定、计量属性的确定和计量尺度的选择等关键环节。因此，外部导向知识资本计量模式设计的关键是设定知识资本的计量目标，在此基础上对计量对象及其分类进行科学的界定，再据此确定计量属性，选择合适的计量尺度。

如前所述，由于外部人关注的核心是知识资本在企业目标实现、战略实施和价值创造过程中的关键作用信息，因此，基于外部人需求的视角，知识资本计量的目标应该是知识资本在企业目标实现、战略实施和价值创造过程中发挥什么样的作用、如何发挥作用以及怎样发挥更大的作用。以该目标为指引，在进行知识资本计量模式设计时，首先，必须对知识资本进行恰当的分类，通常人们把知识资本分成人力资本、结构资本和关系资本三部分，再以此为基础进行细分。其次，确定计量知识资本的具体属性，由于外部导向知识资本计量的目标是测量知识资本在企业目标实现、战略实施和价值创造过程中的作用信息，而这一过程是多维综合的，因此很难用知识资本的某一特定方面属性来进行概括。第三，计量尺度的选择，由于要测量的知识资本属性是多维综合的（即知识资本在企业目标实现、战略实施和价值创造过程中的作用），这就决定了在具体测量时必须从多种不同的视角运用多种不同的计量尺度。上述四个决定因素确定后，最终设计形成的某种知识资本计量模式必然是一种多维的综合计量模式——计分卡模式。

2. 制约因素对外部导向知识资本计量模式设计的影响

基于外部人需求的视角，无论企业设计哪种模式来测量知识资本在企业目标实现、战略实施和价值创造过程中的作用，在知识资本及其分类界定的过程中，都必须符合完整性、独特性和独立性的约束要求，在计量属性确定过程中，必须遵循独立性和同质性的约束，在计量尺度选择过程中，必须符合同质性要求，最终生成的计量模式也必须符合公度性要求。

3. 数据类型对外部导向知识资本计量模式设计的影响

外部导向知识资本计量模式的设计还必须接受数据类型的制约。由于投资人等外部人需求的最优数据是那些能够与其自身的真实经济收益和经济决策直接对接的比率级数据，因此，基于对外报告目标所设计的知识资本计量模式最终是否符合要求，还取决于外部人需求数据类型与自身所设计计量模式生成数据类型的匹配性分析。如果所设计计量模式生成的数据类型等于或高于外部人需求的数据类型，说明所设计计量模式符合外部人的数据需求，能够实现计量目标；反之，如果所设计计量模式生成的数据类型低于外部人需求的数据类型，说明所设计计量模式不符合外部人的数据需求，难以实现计量目标。

综上所述，外部导向知识资本计量模式的设计思路可以用图 8－4 来综合表示。

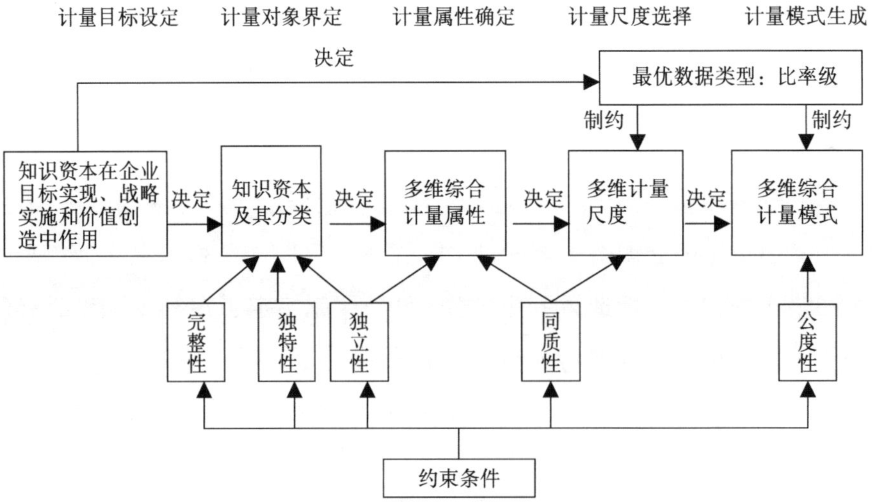

图 8－4 基于对外报告目标的知识资本计量模式设计思路

（二）外部导向的知识资本计量模式选择分析

如果企业自身无法单独设计一种专门的知识资本计量模式，而只能从现有的知识资本计量模式中进行选择，那么又该如何进行科学选择呢？

1. 现有的知识资本计量模式

近年来，学术界和实务界先后提出了 40 多种不同的知识资本计量模式。为了便于企业作出合适的选择，必须对知识资本计量模式进行适当的分类。对知识资本计量模式的分类可以基于不同的视角，如果我们遵循 Sveiby（2004）的分类方法，根据不同计量模式测量知识资本的具体方式（价值还是非价值，整体还是局部）来进行分类，那么，可以把现有的知识资本计量模式总体上划分为：（1）直接计量法（Direct Intellectual Capital Methods，DIC），如 Inclusive Valuation Methodology（McPherson，1998）、Total Value Creation（Anderson and McLean，2000）、Intellectual Asset Valuation（Sullivan，2000）、The Value Explorer（Andriessen and Tiessen，2000）、

Dynamic Monetary Model（Milost, 2007）、Evvicae（McMcCutcheon, 2008）等。（2）市场资本化法（Market Capitalization Methods, MCM），如 The Invisible Balance Sheet（Sweiby, 1989）、Calculated Intangible Value（Stewart, 1997）等。（3）资产报酬率法（Return on Assets Methods, ROA），如 Economic Value Added（Stern and Stewart, 1997）、Knowledge Capital Earnings（Lev, 1999）等。（4）计分卡方法（Scorecard Methods, SC），如 Balanced Score Card（Kaplan and Norton, 1992）、Intangible Asset Monitor（Sveiby, 1997）、Skandia Navigator（Edvinsson and Malone, 1997）、Meritum Guidelines（EU, 2002）、Value Chain Scoreboard（Lev B., 2002）、Danish Guidelines（Mouritzen, Bukh and al., 2003）等。

如果我们依据不同计量模式所使用的计量尺度差异来进行分类，那么，现有的知识资本计量模式总体上可以分为三类：（1）财务计价方法，是指以货币作为单一计量尺度的计量方法。Sveiby（2004）分类中所提到了直接计量法、市场资本化法、资产报酬率法都属于财务计价方法。（2）计分卡方法，是指同时采用多种不同的计量尺度、设计系列计量指标体系来度量知识资本的方法。这种方法在识别知识资本不同组成部分的基础上，按照每一部分设计一系列的计量指标体系，选用多种不同的计量尺度计量知识资本，再通过计分卡或图表的方式进行报告。（3）指数方法。这类方法是在财务计量模式和计分卡模式的基础上，对不同计量尺度和计量指标体系采用某一公度性尺度进行标准化处理，最后生成一个综合指数，如 IC－index（Roos, Roos, Dragonetti and Edvinsson, 1997）、Value Creation Index（Baum, Ittner, Larcker, Low, Siesfeld, and Malone, 2000）、C－dVAL（Bonfour, 2003）等。

2. 基于对外报告视角的现有知识资本计量模式的甄别与选择

（1）基于关键环节要素的知识资本计量模式选择分析。如前所述，外部人最需要的知识资本信息是有关知识资本在企业目标实现、战略实施和价值创造过程中的作用信息。因此，要计量关键环节要素与计量模式之间的相互关系，以满足外部人需求为指引，要测量知识资本在企业目标实现、战略实施和价值创造过程中的作用信息，企业必须选择多种不同的计量尺度，采用多维综合计量模式——计分卡模式。

财务计量模式是一种用来测量客体财务价值及其变动情况信息的计量模式，在测量知识资本在企业目标实现、战略实施和价值创造过程中作用信息时，财务计量模式主要用来综合测量知识资本活动的财务综合成效方面信息，而无法反映知识资本在企业目标实现、战略实施和价值创造过程中全部作用信息。因此，在财务计量模式仅仅是计分卡模式所采用的多维综合计量模式的一种。

各种指数计量模式采用特定的方法对原有的多维绝对数据进行了无量纲化处理，最终所生成的数据是一种没有真实经济含义的数据，这种数据可以用来比较本企业知识资本与其他企业知识资本之间的相对位势，或者比较本企业今年的知识资本与以前年度知识资本的相对位势，无法提供外部人想要的知识资本在企业目标实现、战略实施和价值创造过程中作用的真实经济信息。因此，指数计量模式充其量只能作为计分卡模式的一种有效补充。

综上所述，基于对外报告视角，知识资本计量模式的最优选择是计分卡模式，财务计量模式仅仅是计分卡模式所采用的多维综合计量模式中的一种，无法独立胜任测量知识资本在企业目标实现、战略实施和价值创造过程中的作用信息全部，各种指数计量模式也只能作为计分卡模式的一种有效补充，更无法独立胜任测量知识资本在企业目标实现、战略实施和价值创造过程中的作用信息全部。

（2）基于生成数据类型的知识资本计量模式选择分析。投资者等外部人需要的最佳信息是具有真实经济含义的比率级数据，因此，单纯地从各种知识资本计量模式所生成数据的级别来看：各种财务计量模式最为合适，因为所有财务计量模式所生成的数据都是有现实经济意义的绝对数，属于比率级数据；各种指数类知识资本计量模式所生成的数据都属于间距级数据，难以满足外部人的信息级别需求；各种计分卡类知识资本计量模式除了 IC－Rating 方法外（IC－Rating 方法所生成的数据属于序次级数据），所生成的数据都是混合的，有名义级数据，也有序次级数据、间距级数据和比率级数据。因此，单纯地从不同计量模式所生成的数据级别来看，财务计量模式最优，计分卡模式和指数模式所生成数据都不能满足外部人的比率级数据需求。然而，如前所述，财务计量模式主要用来综合测量知识资本活动的财务综合成效方面信息，无法反映知识资本在企业目标实现、战略实施和价值创造过程中全部作用信息，因此，单纯依靠财务计量模式来测量知识资本在企业目标实现、战略实施和价值创造过程中的作用信息肯定是不行的。

（3）基于制约因素的知识资本计量模式选择分析。

①财务计量模式的五个制约因素匹配性分析。

a. 直接财务计量模式的匹配性分析。就现有的几种直接财务计价方法 Human Resource Costing and Accounting（Flamholtz，1985；Johansson，1996）、Intellectual Asset Valuation（Sullivan，2000）、The Value Explorer™（Andriessen and Tiessen，2000）、Dynamic Monetary Model（Milost，2007）等来说，完整性条件都不满足。因为这些计量模式仅仅列举了部分可识别的知识资本项目，都不符合完整性要求。独特性方面，就各种财务计量模式所列举的部分知识资本项目来看，相互之间在内涵和外延上都是不同的，应该都没问题。独立性方面，所有这些直接财务计量方法都难以满足“独立性”要求，“独立性”要求知识资本的各个组成部分应该是相互独立的，而不是相互影响的，然而，知识资本的各个组成部分在价值创造方面始终是相互影响、互为促进的。至于“公度性”条款则不适用，因为这些计量模式都采用了同样的计量尺度——货币，不存在所谓的“公度性”问题。

b. 市场资本化法的匹配性分析。典型的市场资本化法如 Tobin's Q、Calculated Intangible Value、Investor Assigned Market Value 等，特点是：基于企业市场价值与其有形资产账面价值差额来计量企业知识资本的整体价值，而不是对企业知识资本财务价值的直接测量，因此，不适用制约因素的匹配性分析。不过这类计量模式的方法体系本身存在致命的缺陷，都受

Steward（1997）观点的影响，认为企业市场价值与其有形资产账面价值之间的差额就是知识资本价值。然而，企业的市场价值取决于投资人的共同预期，受资本市场各种与企业自身无关的不确定因素影响，具有高度的不确定性，以此来推定的企业知识资本价值必然也是动态不确定的，受各种与企业自身无关的不确定因素影响。

c. 资产报酬率法的匹配性分析，典型的资产报酬率法如 Economic Value Added、Knowledge Capital Earnings、Total Value Creation 等。这类计量模式也不是对企业知识资本财务价值的直接测量，不适用制约因素的匹配性分析。这些模式本身也存在致命的缺陷，它们不是对企业价值和企业知识资本价值本身进行估价，而是基于企业收益能力与行业平均值的差异来测算企业知识资本价值，所测量的企业知识资本价值根本不是其真实价值，而是一种动态的相对价值。

②计分卡模式的五个制约因素匹配性分析。表 8 -2 列示几种常见计分卡模式的制约因素匹配性分析结果。可以看出，除 Value Chain Scoreboard 外，常见几种计分卡模式对知识资本一级分类的完整性都很好，但二级分类的完整性较差。不同计分卡模式对知识资本分类所形成的各个组成部分相互之间在内涵和外延方面都有明显差异，独特性较好。各种计分卡模式都通过设计一系列计量指标体系来度量知识资本的各方面性质，但所设计指标体系在财务价值方面相互之间往往具有高度关联性，因而，独立性都很差。从同质性角度来看，计分卡模式所使用的多种不同的计量指标体系能否反映知识资本及其各个组成部分本身的内在关系令人质疑，因此，同质性可能都不是很好。从公度性角度来看，所有这些模式都不符合公度性要求，因为所有这些模式都没有采用一个公度性尺度，把不同计量尺度数据整合成一个综合数据，对企业知识资本总体状况进行综合评价。

③指数模式的五个制约因素匹配性分析。表 8 -3 列示了 IC -index、Value Creation Index、C -dVAL 三种指数模式的制约因素匹配性分析结果。可以看出，三种指数模式对知识资本分类在完整性遵循方面结论不一，

表 8－2　基于对外报告目标的几种常见计分卡模式的制约因素匹配性分析

计量模式	完整性		独特性	独立性	同质性	公度性
	一级分类	二级分类				
Balanced Scorecard	良	差	良	差	中	不符合
Intangible Asset Monitor	良	差	良	差	中	不符合
Skandia Navigator	良	差	良	差	中	不符合
Meritum Guidelines	良	差	良	差	中	不符合
Value Chain Scoreboard	不符合	差	中	差	中	不符合
Danish Guidelines	良	差	良	差	中	不符合

C－index、C－dVAL 较好，Value Creation Index 较差；在知识资本分类的独立性方面，三者也有一定差异。但是，在独立性、同质性和公度性方面，三者结论类似。具体来说：由于这几种模式所设计的计量指标体系相互之间具有高度关联性，因而，独立性都很差。在同质性方面，不仅这几种计量模式所设计的计量指标体系能否反映知识资本及其各个组成部分之间的内在关系令人质疑，最终所生成的综合指数能否反映知识资本及其各个组成部分之间的内在关系更令人难以相信，因此，同质性都较差。在公度性方面，这几种模式都能够完全满足公度性要求，但是，令人遗憾的是，虽然这些模式都符合公度性要求，但公度性也直接导致这些计量模式真实经济含义的丢失，最终所生成的数据都是没有现实经济意义的间距级数据，很难满足外部人对企业知识资本真实经济数据的渴求。

表 8－3　基于对外报告目标的几种常见指数模式的制约因素匹配性分析

计量模式	完整性		独特性	独立性	同质性	公度性
	一级分类	二级分类				
IC－index	良	—	良	差	差	符合
Value Creation Index	不符合	差	良	差	差	符合
C－dVAL™	良	差	中	差	差	符合

综上所述，从各种计量模式制约因素匹配性的综合分析来看，现有的知识资本计量模式都很难完全满足五个约束条件要求。但是，如果将

上述三个方面分析综合起来，从对外报告的视角来看，相比较而言，计分卡模式是最为现实的选择，各种财务计量模式和指数计量模式都无法胜任基于对外报告目的的知识资本计量，只能作为计分卡模式的补充。因此，基于对外报告目标的知识资本计量模式选择思路可以用图8－5来综合表示。

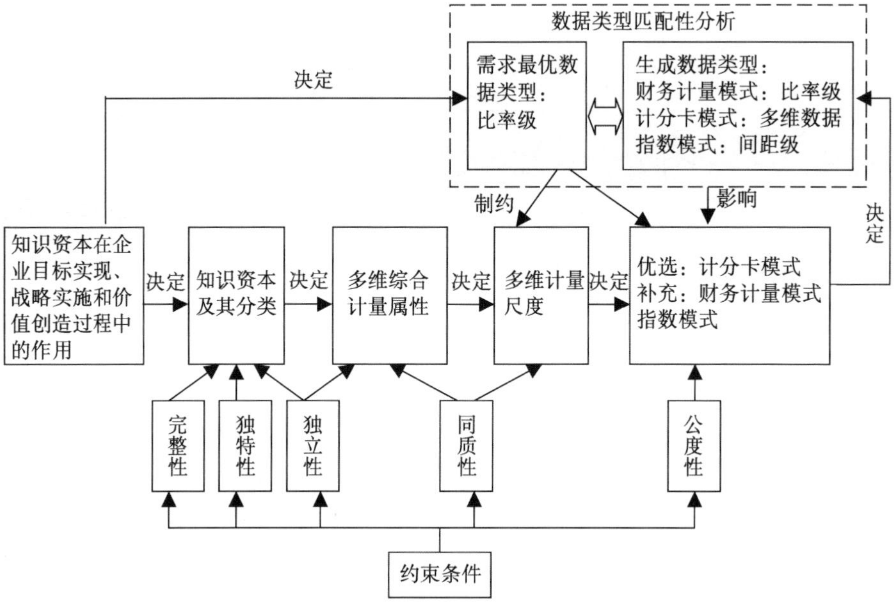

图8－5 基于对外报告目标的知识资本计量模式选择思路

第九章

外部导向知识资本报告的报告模式设计与选择

如前所述，从对外报告的视角来看，计分卡模式目前是知识资本计量最为现实的选择，那么，外部导向智力资本报告究竟应该采用什么样的计分卡模式进行呈报呢？

一、几种常见的计分卡报告模式

（一）以无形资产监视器为基础的知识资本报告模式

该模型将企业知识资本分为员工能力、内部结构和外部结构三个组成部分，采用表 9 -1 的形式从成长、革新、效率和稳定性四个方面为每一类知识资本设计出一系列的计量指标体系，来系统反映和报告企业知识资本状况。依据无形资产监视器模型编制的知识资本报告一般非常简单，篇幅也不长，报告内容就是一张如表 9 -1 所示的无形资产监视器表，为便于使用者理解和应用，通常在表后对所使用的相关指标进行简要的界定。

表 9 -1　　无形资产监视器模型

	市场价值			
	有形资产	无形资产		
		外部机构	内部结构	员工能力
成长（Growth）	指标体系	指标体系	指标体系	指标体系
革新（Innovation）	指标体系	指标体系	指标体系	指标体系
效率（Efficiency）	指标体系	指标体系	指标体系	指标体系
稳定性（Stability）	指标体系	指标体系	指标体系	指标体系

（二）Danish Guideline 所倡导的知识资本报告模式

Danish Guideline 所倡导的知识资本报告由四部分构成（如图 9 -1 所示）：（1）知识战略。这部分要说明企业如何通过自身的产品和服务为使用者创造价值，为了实现这种知识战略，企业需要什么样的知识资本资源。（2）管理的挑战。这部分主要描述企业管理当局应该作出哪些战略决策和选择，以实现企业为使用者创造价值的知识战略。(3) 主要行动。这部分主要阐述企业具体应该采取哪些行动来培育（或获取）、发展和强化实现企业知识战略所需要的知识资本资源，以及监控和保证这些知识资本实现企业的战略。(4) 具体计量指标。这部分按照顾客、员工、过程和技术四个方面分别进行设计相应的计量指标体系，对实现企业知识战略所需要的知识资源以及企业所采取的具体行动及其效果进行衡量。

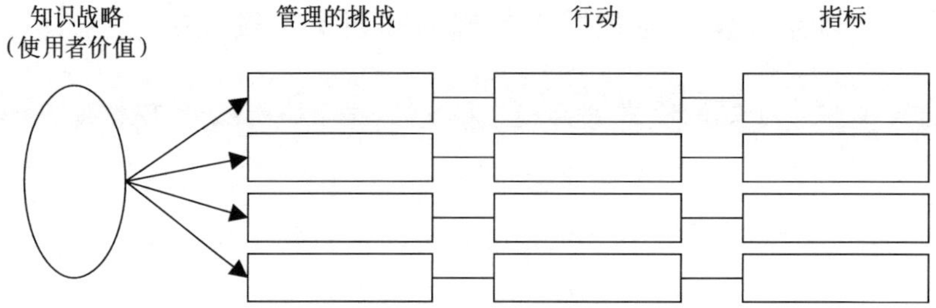

图 9-1 Danish Guideline 所倡导的智力资本报告模式

（三）Meritum Guideline 所倡导的知识资本报告模式

按照 Meritum Guideline 观点，知识资本报告应该由三部分组成（如图 9-2 所示）：(1) 企业的愿景。明确企业的主要目标、为了实现这些目标企业所采取的主要战略以及为了实现这些目标和战略所需要的关键无形资产和活动。(2) 无形资源和活动。这部分主要：①说明企业控制了哪些实现战略目标所必需的无形资源，未来还需要培育和发展哪些无形资源。②为了实现企业战略目标，企业采取了哪些获取无形资源以及提高现有无形资源价值的活动。③企业实施了什么样的程序将无形资源计量转变为企业日常管理活动，未来还将采取哪些程序和行动。(3) 指标体系。这部分按照知识资本的三个组成部分设计一系列的计量指标体系，反映企业为了实现战略目标如何开发、管理和运用无形资源。

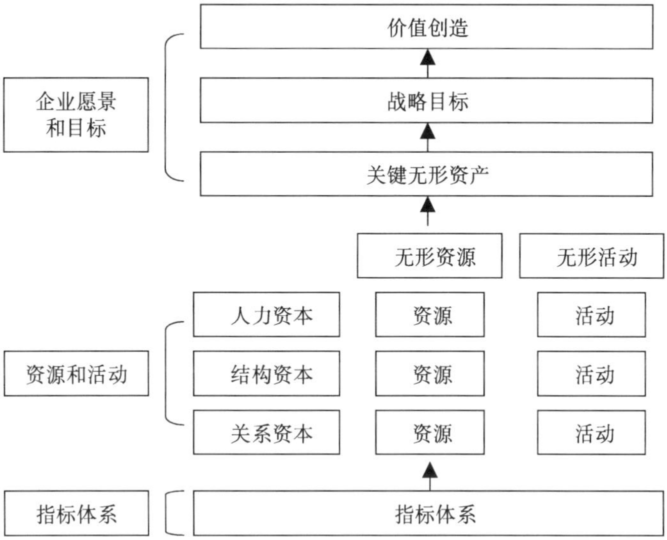

图 9-2　Meritum Guideline 所倡导的智力资本报告模式

（四）北欧创新中心 PIP 模型所倡导的知识资本报告模式

PIP（全称是“Putting Intellectual Capital into Practice”）所倡导的知识资本报告应该由如下几部分构成：（1）管理当局的评论。这部分通常由两个方面内容组成：一是公司和董事会报告；另一部分是对知识资本报告主要内容和背后机理的一个简要描述。（2）公司历史发展过程中的一些关键事件。（3）公司使命、愿景和战略的描述。（4）资源、行动、结果。这部分首先应结合公司使命、愿景和战略对企业所拥有的知识资本状况进行系统分析，而后应说明企业为了有效利用现有知识资本、更新和发展原有知识资本所采取的相关行动及其结果。（5）知识资本的具体量化指标体系。这部分就人力资本、结构资本和关系资本分别设置一系列的量化计量指标体系，对企业知识资本及其功效信息进行系统计量。

二、外部导向知识资本报告的具体报告模式设计

上述四种计分卡模式在实务界都有不少企业的现实应用，但是这些模

式原本都是基于企业内部知识管理目的开发的，所提出的报告模式基本上也都是为企业内部知识管理目的而设计的，既没有考虑外部人对知识资本信息的需求，又没有考虑对外报告的特点，很难直接用于对外报告目的。尽管少数企业将其用于对外报告目的，但实际应用效果不佳。如果我们将某种计分卡模式用于对外报告目的，那么，必须按照外部人信息需求进行系统的改造。

外部导向知识资本报告的具体报告模式可以依据现有的计分卡模式进行改造设计，但是必须充分考虑“决策有用观”报告目标的要求、“标准化与特异化有机结合”基本原则的约束以及信息质量标准的制约。我们认为，外部导向知识资本报告的具体报告模式可以从下述两个层面三个方面进行构建。

（一）整体报告框架设计

既然外部导向知识资本报告的报告内容聚焦于向企业外部各类利益相关者传递知识资本在企业目标实现、战略制定和价值创造过程中作用信息，为了系统地反映和报告知识资本在企业战略实施、价值创造过程中的作用信息，知识资本信息的反映和报告必须与企业目标的实现、战略的实施等有机结合。因此，外部导向的知识资本报告应该采用图 9 -3 的形式，由几下几部分内容构成：（1）企业简介。介绍企业概况、发展历程以及企业所提供的主要产品和服务等，让企业外部的各类利益相关者对知识资本所赖以依存的企业基本信息和总体概况有一个初步了解，便于他们理解知识资本发挥作用的背景环境。（2）愿景和目标。介绍企业的愿景、价值观和长远奋斗目标。由于愿景和目标的实现是通过长期系列战略的实施来完成了，因此，有关企业愿景和目标信息能够帮助企业外部的各类利益相关者深入理解企业战略。（3）主要战略。系统介绍为了实现自身的愿景和目标，企业目前所采取的主要战略，特别是基于知识资本的战略。（4）知识资本报表。这是知识资本报告的关键环节和核心内容，企业可以设置系列知识资本报表，从人力资本、结构资本、关系资本三个方面通过一系列具体的计量指标体系来反映特定时点企业所拥有的知识资本资源、特定期间企业在知识资本方面的投资以及特定期间知识资本在实现企业目标、战略实施和价值创造过程中所起的作用。通常在知识资本报表后面，还要配以适当的注释，以对知识资本报表的相关内容进行详细解释说明。在上述四个部分中，知识资本报表是核心，前三个部分的介绍都是为了向企业外部的各类利益相关者提供一些背景信息，便于他们深入理解知识资本报表。

知识资本报告

编制单位：××公司　　　　编制年：20××

一、企业简介

二、愿景和目标

三、主要战略

四、知识资本报表

图 9－3　外部导向知识资本报告的主要内容框架

必须要特别解释的是：理论上说，外部导向的知识资本报告既然用于对外报告目的，那么，就应该按照外部人标准化的信息需求进行标准化设计，不应该与企业自身的目标和战略紧密结合。然而，如前所述，由于知识资本具有路径依赖性、专有知识性和相互关联性等特性，这就决定了知识资本不同于金融资本和物质资本，具有组织依附性，要反映和报告知识资本在企业目标实现、战略制定和价值创造过程中的关键作用信息，必须将知识资本嵌入到其所赖以依存的特定企业环境和背景中，以适度差异化的方式进行反映和披露。为此，外部导向的知识资本报告必须与企业的愿景目标、所实施的战略等有机结合，不能以机械地模仿通用财务报告，以绝对标准化的方式进行反映和报告，而应该遵循标准化和特异化相结合的原则进行系统设计和编报。

（二）具体报表设计

按照标准化和特异化有机结合的原则，为了系统地反映和报告知识资本在企业目标实现、战略制定和价值创造过程中的关键作用信息，知识资本报表应该按照表9－2的模式进行设计，具体来说：（1）愿景和目标。这部分应该以精炼的文字对企业的愿景和目标进行介绍。（2）主要战略，用文字的形式说明为了实现企业的愿景和目标，目前企业采取了哪些战略，特别是基于知识资本的战略。（3）知识资本资源，这部分通过一个计量指标体系说明为了实现企业的愿景和目标、落实企业既定的战略（特别是知识资本战略），企业目前究竟拥有和控制了哪些知识资本资源。（4）知识资本活动，这部分也是通过一个计量指标体系说明为了实现企业的愿景和目标、落实企业既定的战略（特别是知识资本战略），特定期间企业利用所拥有和控制的知识资本资源开展了哪些活动。（5）知识资本成效，同样通过计量指标体系说明特定期间企业利用所拥有和控制的知识资本开展系列活动、落实既定战略的成效，这些成效既有业务层面的，也有综合层面的，相应地计量指标体系设计既有具体业务层面的，也有综合层面的。

表9－2　　企业知识资本报表

愿景目标	主要战略	知识资本资源		知识资本活动	知识资本成效
		人力资本	指标体系	指标体系	指标体系
		结构资本	指标体系	指标体系	
		关系资本	指标体系	指标体系	

为了便于外部人理解和应用，满足外部人可比的信息需求，落实标准化和特异化有机结合的原则，企业可以设计“社会通用指标”“行业特定指标”和“企业特定指标”三个层次的计量指标体系。其中，社会通用指标体系根据所有企业知识资本的共性设计，适用于评价和比较所有各类企

业的知识资本差异，在所有各类企业应该是一致的；行业特定指标体系根据特定行业的企业特点进行设计，只适合于评价和比较特定行业企业的知识资本差异，同一行业内不同企业的“行业特定指标”也应该是统一的；企业特定指标体系根据特定企业自身的目标和战略进行设计，只适合反映和报告特定企业自身的知识资本信息。在这类指标体系设计方面每个企业有充分自由，以体现智力资本的特异性和组织依附性。三个层次指标体系的综合运用，可以在一定程度上削弱所生成知识资本信息的特异化问题，满足外部人可比的信息需求。由于外部导向的知识资本报告是为企业外部人服务的，因此，无论是社会通用指标体系设计、行业特定指标体系设计，还是企业特定指标系统设计，都必须以企业现实可获取的客观数据为基础，而不能以难以审核的主观数据为依据，这样既便于企业以较低的成本及时收集整理相关数据，编制知识资本报告，也便于会计师事务所等外部中介机构进行客观审核，更有利于投资者等企业外部人有效地理解和应用。

我们认为，为了便于外部人比较应用知识资本报告，每个企业的知识资本报表应该由三张表组成：第一张表是“社会通用知识资本报表”，采用社会通用指标体系反映企业知识资本的基本状况（如表 9 -3 所示）。第二张表是“行业通用知识资本报表”。“行业通用知识资本报表”是在“社会通用知识资本报表”中加入企业自身所在行业的行业特定指标而形成的（如表 9 -4 所示）。第三张表是“企业特定知识资本报表”。这张表是在“行业通用知识资本报表”中进一步加入企业特定指标形成的（如表 9 -5 所示）。如果外部人希望比较不同行业企业的知识资本差异，那么应该重点阅读“社会通用知识资本报表”；如果外部人希望比较同一行业内不同企业的知识资本差异，那么应该重点阅读“行业通用知识资本报表”；如果外部人希望深入了解某一企业的知识资本状况，那么应该重点阅读“企业特定知识资本报表”。

表9-3　　××企业　社会通用知识资本报表

<table>
<tr><td rowspan="2">愿景目标</td><td rowspan="2">主要战略</td><td colspan="2">知识资本资源</td><td>知识资本活动</td><td>知识资本成效</td></tr>
<tr><td>类别</td><td>指标体系</td><td>指标体系</td><td>指标体系</td></tr>
<tr><td rowspan="3"></td><td rowspan="3"></td><td>人力资本</td><td>社会通用指标</td><td>社会通用指标</td><td rowspan="3">社会通用指标</td></tr>
<tr><td>结构资本</td><td>社会通用指标</td><td>社会通用指标</td></tr>
<tr><td>关系资本</td><td>社会通用指标</td><td>社会通用指标</td></tr>
</table>

表9-4　　××企业　行业通用知识资本报表

<table>
<tr><td rowspan="2">愿景目标</td><td rowspan="2">主要战略</td><td colspan="2">知识资本资源</td><td>知识资本活动</td><td>知识资本成效</td></tr>
<tr><td>类别</td><td>指标体系</td><td>指标体系</td><td>指标体系</td></tr>
<tr><td rowspan="6"></td><td rowspan="6"></td><td rowspan="2">人力资本</td><td>社会通用指标</td><td>社会通用指标</td><td rowspan="6">社会通用指标
行业特定指标</td></tr>
<tr><td>行业特定指标</td><td>行业特定指标</td></tr>
<tr><td rowspan="2">结构资本</td><td>社会通用指标</td><td>社会通用指标</td></tr>
<tr><td>行业特定指标</td><td>行业特定指标</td></tr>
<tr><td rowspan="2">关系资本</td><td>社会通用指标</td><td>社会通用指标</td></tr>
<tr><td>行业特定指标</td><td>行业特定指标</td></tr>
</table>

表9-5　　××企业　企业特定知识资本报表

<table>
<tr><td rowspan="2">愿景目标</td><td rowspan="2">主要战略</td><td colspan="2">知识资本资源</td><td>知识资本活动</td><td>知识资本成效</td></tr>
<tr><td>类别</td><td>指标体系</td><td>指标体系</td><td>指标体系</td></tr>
<tr><td rowspan="9"></td><td rowspan="9"></td><td rowspan="3">人力资本</td><td>社会通用指标</td><td>社会通用指标</td><td rowspan="9">社会通用指标
行业特定指标
企业特定指标</td></tr>
<tr><td>行业特定指标</td><td>行业特定指标</td></tr>
<tr><td>企业特定指标</td><td>企业特定指标</td></tr>
<tr><td rowspan="3">结构资本</td><td>社会通用指标</td><td>社会通用指标</td></tr>
<tr><td>行业特定指标</td><td>行业特定指标</td></tr>
<tr><td>企业特定指标</td><td>企业特定指标</td></tr>
<tr><td rowspan="3">关系资本</td><td>社会通用指标</td><td>社会通用指标</td></tr>
<tr><td>行业特定指标</td><td>行业特定指标</td></tr>
<tr><td>企业特定指标</td><td>企业特定指标</td></tr>
</table>

第十章

外部导向知识资本报告的现实应用

——基于“红日药业”的案例研究

案例研究方法能够很好地体现并归纳那些存在于特定研究对象中的动态变化的现象，所构建的理论在创造力、可验证性以及经验效度上具有明显的优势（Eisenhardt，1989）。本部分以医药行业在创业板上市的公司——“红日药业”为例，编制“红日药业”2009～2016年度外部导向的知识资本报告，具体演示本书所设计的外部导向知识资本报告的编制。之所以选择医药行业的“红日药业”公司，是因为：（1）医药行业是典型的知识密集型行业；（2）“红日药业”是医药行业知识密集型企业的典型代表，该公司拥有强大的研发能力和一套在国内领先的、独立自主的医药知识产权体系；（3）相对于创业板上市的其他医药生产企业，“红日药业”公司在其每年的年度报告中披露的知识资本信息最为充分。

一、初创期“红日药业”外部导向知识资本报告

如前所述，按照图9－3的思路，外部导向知识资本报告应该由企业简介、企业愿景和目标、企业主要战略、企业知识资本报表体系几部分组成，下面就按照这几部分内容编制“红日药业”① 2009年度的外部导向知识资本报告。

（一）“红日药业”简介

“天津红日药业股份有限公司”主要从事中成药以及西药的研发、生产和销售，是天津市科学技术委员会、天津市财政局、天津市国家税务局及天津市地方税务局联合认定的天津市高新技术企业。公司的前身为“天津市红日制药厂”，2000年9月“天津市红日制药厂”进行了股份制改造，更名为“天津红日药业股份有限公司”；2009年10月30日，“红日药业”在深圳证券交易所创业板上市，成为全国首批、天津首家创业板挂牌

① 以下有关“红日药业”公司简介、理念与目标、未来发展战略等内容是根据“红日药业”公司网站、2009年上市时的招股说明书以及该公司各年年度报告整理而得。

上市企业（股票代码为 300026）。

在产学研相结合的思想指导下，“红日药业”整合科研资源，建立以研发创新产品为主导思想的研发体系，建立以企业为核心的创新联盟，联合广大科研院所进行合作研究。同时，公司建立院士工作站，与近十名中国工程院院士合作，共同进行项目研究开发。

研发领域涉及脓毒症与抗感染类、抗肿瘤类、免疫调节类、血液类、神经类、麻醉类、呼吸类、血管类等，已形成围绕高发病率疾病、高死亡率疾病、需要更有效药物疾病的梯度研发产品群。

“红日药业”的主导产品主要有血必净注射液、盐酸法舒地尔注射液等，其研发生产的血必净注射液是国家食品药品监督管理局唯一批准治疗全身炎症反应综合征（SIRS）、脓毒症（Sepsis）和多器官功能障碍综合征（MODS）的中药二类新药。其中，血必净注射液是目前国内唯一经 SFDA 批准的治疗脓毒症和多脏器功能障碍综合征的国家二类新药，“红日药业”拥有该药物的独立知识产权，是生产该药物的唯一厂商；盐酸法舒地尔注射液为国家二类新药，是目前国内唯一上市的 Rho 激酶抑制剂，该药物目前在国内同行业同一产品中处于垄断地位。

（二）“红日药业”的愿景与目标

“红日药业”坚持“追求卓越品质、创造健康生活”的企业理念，以创新为动力，崇尚勤勉、尽责、诚实、守信的企业文化。专业从事药品的研发、生产和销售。在研发理念上坚持“新领域、新理论、新技术、新应用”的药物研发理念，专注于特色专科用药的研发及产业化。

“红日药业”公司未来的发展规划是：通过技术创新、管理创新、专业的学术推广及募集项目建设，全面提升新药研发能力、生产能力、运营效率、市场占有率和盈利能力，巩固和提高公司核心竞争力。预期到 2015 年，通过新产品的持续研发，形成涵盖中药、小分子化学药、生物技术药等几个方向的产品系列和完善的中试、质量分析、工业生产平台。以技术为支撑，创新为动力，不断做大、做强，争取跻身我国制药企业前 20 强。

公司的发展目标是：逐步成为以化学药物及中药现代化产品为主导，多剂型并存，拥有众多自主知识产权，并具有国际竞争能力的医药科技企业和国内领先的脓毒症及心血管药物创新研究基地。

（三）“红日药业”的未来发展战略

1. 人力资本的开发与培养战略

人力资本方面的开发与培养战略主要包括：（1）坚持“以人为本”的人才战略，不断提高现有员工的业务素质和技能，多渠道引进研发、营销、管理等方面的高级专业人才，做到技术人才专业化，管理人才复合化。（2）继续加强企业文化建设，努力培养员工的集体意识、责任意识、荣誉意识和创新意识，将员工自我价值的实现与公司的发展紧密联系在一起，充分调动广大员工的积极性。（3）建立科学化、规范化、系统化的人力资源教育培训体系，建设一支素质过硬、技术一流的员工队伍。

2. 结构资本的创新与管理战略

结构资本方面的创新与管理战略主要包括：（1）技术和产品的开发与创新战略。公司将持续加大新产品的开发投入，增强技术研发的实力；完成研究中心建设，并以产学研合作等多种方式增强创新成果转化能力。

具体包括：①广泛吸收国内外科技人才，改善研究开发条件和产品试制能力，提高仪器设备的装备水平和检测分析技术水平，构建国内一流的高标准新药开发平台。②依托公司现有的技术平台，通过吸收消化、再创造到自主创新，不断提高各研发项目的技术领先优势和研发成果转化能力。③继续强化与科研机构和高等院校的合作，通过多种研发合作，提高产品研发能力。④以现有主导产品的二次开发为重点，从改变剂型、改变给药途径、增加新的适应证以及提高有效成分纯度等方面进行二次开发，同时根据医药市场的需要，依托自身研发力量，通过科研合作，积极推进心脑血管、抗肿瘤药物的研发工作。

（2）管理流程的改进与完善战略。进一步完善公司治理结构和内部控制体系，提高综合业务运营水平，改善企业管理水平。

3. 关系资本的培育与提升战略

关系资本方面的培育与提升战略主要包括：（1）市场开发与营销战略。坚持“代理销售、学术营销、精耕细作”的营销策略，加强营销队伍建设，提高“学术推广”的专业化水平，有计划地加快营销网络的建设，巩固公司产品在脓毒症和心脑血管用药领域的优势地位，建立覆盖全国的营销网络。(2) 企业品牌和形象的提升战略。发挥资源优势，努力创新，不断加强与完善品牌建设，推进市场占有率与产品销售持续增长。

4. 其他战略

除了上述三类知识资本未来发展战略之外，其他战略还包括：（1）主导产品产能的扩大战略。在公司现有生产基地上，利用 2009 年上市募集的资金新建生产、检测及配套工程设备，改进血必净注射液生产工艺，建设具有示范作用的中药现代化生产线，使公司血必净注射液的生产规模得到成倍提升；提高产品的安全性和质量可控性，适应国家更高质量管理规范的要求，确保患者用药安全。(2) 资本运营战略。通过收购、兼并、参股控股等形式，加大资本运作能力，不断增强公司的资产规模，完善产业链。

（四）“红日药业”初创期的外部导向知识资本报表

如前所述，“红日药业”外部导向的知识资本报表应该由“社会通用知识资本报表”“行业通用知识资本报表”“企业特定知识资本报表”三张表组成。在系统梳理前人研究成果，特别是 Intangible Assets Monitor (Sveiby, 1997)、Meritum Guidelines (Meritum Project, 2002)、Danish Guidelines (DMSTI, 2003)、PIP (Nordic Innovation Centre, 2006)、Intellectual Capital Reporting (Tracy - Anne De Silva et. al. , 2014) 相关研究基础上，我们结合医药行业生产企业的行业特点和生产实际，设计了“天津红日药业股份有限公司”初创期 (2009 年) 外部导向的“社会通用知识资本报表 (见表 10 -1)”“行业通用知识资本报表”(见表 10 -2) 和“企业特定知识资本报表”(见表 10 -3)。

表 10－1　“红日药业”初创期“社会通用知识资本报表”（2009 年）

知识资本类别	知识资本现状	数据	知识资本投资	数据	知识资本效率	数据
人力资本	1. 年末员工总数 2. 员工平均年龄 3. 具有本科以上学历的员工比例 4. 具有高级职称的员工比例 5. 员工年人均缺勤天数 6. 近 3 年的员工平均离职率 7. 具有硕士以上学历的高管比例 8. 具有高级职称的高管比例	563 × 40.85% 3.78% × × 40% 80%	1. 年人均培训费用 2. 年人均接受培训小时 3. 接受培训的员工比例 4. 员工人均薪酬 5. 高管人均薪酬	× × × 7.76 万元 202 万元	1. 员工人均销售收入 2. 员工人均利润	39.98 万元 16.96 万元
结构资本	1. 员工人均计算机台数 2. 人均固定资产 3. 辅助部门员工占全体员工比例 4. 研发人员占全体员工比例 5. 专利权价值 6. 专利权数（其中发明专利数） 7. 已受理的发明专利申请数 8. 专有技术价值 9. 专有技术数量 10. 各类软件价值 11 各类软件款数	× 17.96 万元 30.91% 14.39% 955.83 万元 9（4） 5 0 7 2.83 3	1. 年人均管理费用 2. 研发人员年人均研发费用 3. 研发费用占销售收入比例 4. 研发费用的增长率	5.80 万元 30.96 万元 11.14% 47.72%	1. 存货周转率 2. 固定资产周转率 3. 总资产周转率 4. 研发费用资本化率 5. 新产品销售收入占全部销售收入比例	2.27 2.55 1.04 66.35% ×
关系资本	1. 顾客年均购买次数 2. 本年稳定的前五名客户占销售额比例 3. 本年流失的顾客比例 4. 本年从稳定的前 5 名供应商采购比例 5. 拥有的商标数 6. 拥有的品牌产品数	× 36.55% × 73.8% 2 25	1. 年人均销售费用 2. 销售费用占销售收入比例	8.78 万元 21.96%	1. 平均每个顾客所带来的销售收入 2. 平均每个顾客所带来的利润	× ×

具体注释：（略）

资料来源：表中数据根据“红日药业”2009 年年度报告、招股说明书以及该公司网站所提供的相关数据计算而得。凡是以“×”标识的项目表示此类数据目前无法通过该公司的年度报告、招股说明书以及网站公开获取，但这些指标对衡量知识资本的某一方面特征非常重要，因此，仍继续保留在表中。实际上，每个医药行业上市公司自身在编制外部导向知识资本报告时，这些以“×”标识的指标数据都是可以比较容易获取的。

表 10－2 “红日药业”初创期“行业通用知识资本报表”（2009 年）

知识资本类别		知识资本现状	数据	知识资本投资	数据	知识资本效率	数据
人力资本	社会通用指标	1. 年末员工总数	563	1. 年人均培训费用	×	1. 员工人均销售收入	39.98 万元
		2. 员工平均年龄	×	2. 年人均接受培训小时	×	2. 员工人均利润	
		3. 具有本科以上学历的员工比例	40.85%	3. 接受培训的员工比例	×		16.96 万元
		4. 具有高级职称的员工比例	3.78%	4. 员工人均薪酬	7.76 万元		
		5. 员工年人均缺勤天数	×	5. 高管人均薪酬	202 万元		
		6. 近 3 年的员工平均离职率	×				
		7. 具有硕士以上学历的高管比例	40%				
		8. 具有高级职称的高管比例	80%				
	行业通用指标		14.39%				
		1. 具有医药、生物等专业背景的专业技术人员比例	×				
		2. 员工在医药行业的平均工作年限					
		3. 高管在医药行业的平均工作年限	×				
结构资本	社会通用指标		×	1. 年人均管理费用	5.80 万元	1. 存货周转率	2.27
		1. 员工人均计算机台数	17.96 万元	2. 研发人员年人均研发费用	30.96 万元	2. 固定资产周转率	2.55
		2. 人均固定资产	30.91%	3. 研发费用占销售收入比例		3. 总资产周转率	
		3. 辅助部门员工占全体员工比例		4. 研发费用的增长率	11.14%	4. 研发费用资本化率	1.04
		4. 研发人员占全体员工比例	14.39%	5. 研究开发涉及项目数			
		5. 专利权价值	955.83 万元		47.72%	5. 新产品销售收入占全部销售收入比例	66.35%
		6. 专利权数（其中发明专利数）	9（4）		5		
		7. 已受理的发明专利申请数					×
		8. 专有技术价值	5				
		9. 专有技术数量	0				
		10. 各类软件价值	7				
		11. 各类软件款数	2.83				
			3				

续表

知识资本类别		知识资本现状	数据	知识资本投资	数据	知识资本效率	数据
结构资本	行业通用指标	1. 有无药品生产质量管理规范（GMP）认证证书	有				
		2. 有无药品经营质量管理规范（GSP）认证证书	有				
		3. 是否省级或省级以上研发中心	是				
		4. 医药事故率	0				
		5. 目前临床研究与生产验证项目数	5				
		6. 国家级保密证书数	1				
		7. 截至2009年底的新药证书数	8				
		8. 截至2009年底的药品批准文号数	22				
		9. 近5年承担的省级以上科研课题数	12				
		10. 近5年获得省级以上科技奖项数	4				
关系资本	社会通用指标	1. 顾客年均购买次数	x	1. 年人均销售费用	8.78万元	1. 平均每个顾客所带来的销售收入	x
		2. 本年稳定的前5名客户占销售额比例	36.55%	2. 销售费用占销售收入比例	21.96%	2. 平均每个顾客所带来的利润	x
		3. 本年流失的顾客比例	x				
		4. 本年从稳定的前5名供应商采购比例	73.8%				
		5. 拥有的商标数	2				
		6. 拥有的品牌产品数	25				

续表

知识资本类别		知识资本现状	数据	知识资本投资	数据	知识资本效率	数据
关系资本	行业通用指标	1. 进入国家医保目录的药品数 2. 进入省医保目录药品数 3. 近3年与本公司有合作关系的大学和科研机构数 4. 近3年合作研究项目数	2 1 × 93	1. 学术推广费用占销售收入比例 2. 学术推广费用占销售费用比例 3. 近3年举办院级以上医学专业学术会议次数 4. 近3年累计培训医生人次	0.9% 4.11% 2721次 18.92万元		

资料来源：同表10－1。

表10－3 “红日药业”企业初创期特定知识资本报表（2009年）

知识资本类别	指标类型	知识资本现状	数据	知识资本投资	数据	知识资本效率	数据
人力资本	社会通用指标	1. 年末员工总数 2. 员工平均年龄 3. 具有本科以上学历的员工比例 4. 具有高级职称的员工比例 5. 员工年人均缺勤天数 6. 近3年的员工平均离职率 7. 具有硕士以上学历的高管比例 8. 具有高级职称的高管比例	563 × 40.85% 3.78% × × 40% 80%	1. 年人均培训费用 2. 年人均接受培训小时 3. 接受培训的员工比例 4. 员工人均薪酬 5. 高管人均薪酬	× × × 7.76万元 202万元	1. 员工人均销售收入 2. 员工人均利润	39.98万元 16.96万元
	行业通用指标	1. 具有医药、生物等专业背景的专业技术人员比例 2. 员工在医药行业的平均工作年限 3. 高管在医药行业的平均工作年限	14.39% × ×				

续表

知识资本类别	指标类型	知识资本现状	数据	知识资本投资	数据	知识资本效率	数据
人力资本	企业特定指标	1. 员工在公司的平均工作年限	×				
		2. 高管在公司的平均工作年限	×				
结构资本	社会通用指标	1. 员工人均计算机台数	×	1. 年人均管理费用	5.80万元	1. 存货周转率	2.27
		2. 人均固定资产	17.96万元				
		3. 辅助部门员工占全体员工比例	30.91%	2. 研发人员年人均研发费用	30.96万元	2. 固定资产周转率	2.55
		4. 研发人员占全体员工比例	14.39%	3. 研发费用占销售收入比例	11.14%	3. 总资产周转率	1.04
		5. 专利权价值	955.83万元	4. 研发费用的增长率	47.72%	4. 研发费用资本化率	66.35%
		6. 专利权数（其中发明专利数）	9（4）			5. 新产品销售收入占全部销售收入比例	×
		7. 已受理的发明专利申请数	5				
		8. 专有技术价值	0				
		9. 专有技术数量	7				
		10. 各类软件价值	2.83				
		11 各类软件款数	3				
	行业通用指标	1. 有无药品生产质量管理规范（GMP）认证证书	有				
		2. 有无药品经营质量管理规范（GSP）认证证书	有				
		3. 是否省级或省级以上研发中心	是				
		4. 医药事故率	0				
		5. 目前临床研究与生产验证项目数	5				
		6. 国家级保密证书数	1				

续表

知识资本类别	指标类型	知识资本现状	数据	知识资本投资	数据	知识资本效率	数据
结构资本	行业通用指标	7. 截至2009年底的新药证书数	8				
		8. 截至2009年底的药品批准文号数	22				
		9. 近5年承担的省级以上科研课题数	12				
		10. 近5年获得省级以上科技奖项数	4				
	企业特定指标						
关系资本	社会通用指标	1. 顾客年均购买次数	×	1. 年人均销售费用	8.78万元	1. 平均每个顾客所带来的销售收入	×
		2. 本年稳定的前5名客户占销售额比例	36.55%	2. 销售费用占销售收入比例	21.96%	2. 平均每个顾客所带来的利润	×
		3. 本年流失的顾客比例	×				
		4. 本年从稳定的前5名供应商采购比例	73.8%				
		5. 拥有的商标数	2				
		6. 拥有的品牌产品数	25				
	行业通用指标	1. 进入国家医保目录的药品数	2	1. 学术推广费用占销售收入比例	0.9%		
		2. 进入省医保目录药品数	1	2. 学术推广费用占销售费用比例	4.11%		
		3. 近3年与本公司有合作关系的大学和科研机构数	×	3. 近3年举办院级以上医学专业学术会议次数	2721次		
		4. 近3年合作研究项目数	93	4. 近3年累计培训医生人次	18.92万		

续表

知识资本类别	指标类型	知识资本现状	数据	知识资本投资	数据	知识资本效率	数据
关系资本		1. 血必净注射液在同类药市场占有率 2. 盐酸法舒地尔注射液在同类药市场占有率 3. 血必净注射液市场占有率排名 4. 盐酸法舒地尔注射液市场占有率排名	100% 97.4% 第一 第一				

资料来源：同表 10 -1。

上述三张报表从“知识资本现状”“知识资本投资”“知识资本效率”三个方面，分社会通用指标、医药行业特定指标以及“红日药业”公司特定指标三个层面分别设置了“红日药业”公司的知识资本计量指标体系。需要特别说明的是，“人力资本”计量指标体系是区分普通员工与管理层从“基本素质”“职业能力”“工作态度与满意度”几方面进行设计的；“结构资本”计量指标体系是从“信息系统”“管理能力”“创新能力”几方面进行设计的；“关系资本”计量指标体系则是从“顾客关系”“供应商关系”“公共关系”“合作伙伴关系”几方面进行设计的。为了便于企业收集整理相关数据，方便会计师事务所等外部中介机构进行客观的审核，保证外部导向知识资本报告所提供数据的客观可靠性，表 10 -1、表 10 -2、表 10 -3 所设计的指标系统都以企业现实可获取的客观数据为依据。

二、发展期“红日药业”外部导向知识资本报表的变动情况

外部导向的知识资本报表并不是一成不变的，不同行业、不同企业由于各自的经营特点不同，外部导向的知识资本报表所反映的信息不可避免

地存在差别。即使是同一家公司，随着时间推移以及相关制度、政策的变化，反映在知识资本报表中的信息可能会发生变化，这种变化既可能是知识资本项目的增减变动，也可能是项目内部信息的变动。因此，对外部导向知识资本报表进行趋势分析能够进一步了解公司在知识资本投资方面的政策和变化。

表 10 -4 是“红日药业”2010～2016 年企业特定知识资本报表中人力资本相关指标的变动情况。由于“红日药业”2010～2016 年“社会通用知识资本报表”和“行业通用知识资本报表”的相关数据可以通过删减表 10 -4 的相关栏目直接编制，为了避免重复，这里不再一一详细重复列示。从表 10 -4 中可以看出，“红日药业”人力资本信息的披露项目和指标在不同年间并没有多大变化，但每一个项目和每一项指标的数据有较大变化。具体来说：

（1）从人力资本现状相关指标变动情况来看，在 2010～2014 年，公司的员工数在不断增加，具有本科以上学历的员工比例虽然增加相对缓慢，但也呈现出逐步上涨的趋势，说明无论在数量上，还是在质量上公司人力资本实力都在逐步提升。高管的学历在不断提高，2011 年以后所有高管都具有硕士学历，但是具有高级职称的高管却在减少，这一现象说明更多年轻、高学历的人员进入到高管团队中，这些年轻高管往往有开拓精神、锐意进取。2015 年公司通过非同一控制下合并获得北京超思电子技术有限责任公司、湖州展望药业有限公司、海南龙圣堂制药有限公司控制权，通过新设方式取得东方康圣控制权，扩大了公司规模，所以员工数激增，具有本科以上学历的员工比例和具有硕士以上学历的高管比例都有所下降。

（2）在人力资本投资方面，2010～2014 年，“红日药业”员工的人均薪酬一直处于不断上涨的趋势，高管的人均薪酬波动比较大，没有明显上涨趋势，说明在这 5 年间，公司十分注重对人力资本的投入。由于 2015 年公司规模扩大，人员激增，薪酬结构不一，员工人均薪酬有所下降。

（3）在人力资本效率方面，2014 年以前，不管是人均员工销售收入，还是员工人均利润都呈现出逐年不断上升，说明“红日药业”这几年来人力资本的使用效率都有不断增加，也说明公司越来越重视对人力资本的投资和科学使用，并且取得了切实的成效。2015 年以后，公司销售收入和利润增幅都在 15% 以上，但由于员工数急剧增多，人均员工销售收入和员工人均利润都呈现下降趋势，说明公司人力资本效率有所降低。

表 10－4　发展期“红日药业”企业特定知识资本报表中的人力资本信息变动情况

类别		项目	2010	2011	2012	2013	2014	2015	2016
人力资本现状	社会通用指标	年末员工总数	599	582	797	959	918	5183	6089
		员工平均年龄	—	—	—	—			
		具有本科以上学历的员工比例	43.24%	45.36%	46.3%	52.04%	52.97%	29.60%	28.12%
		具有高级职称的员工比例	—	—	—	—	—	—	—
		员工年人均缺勤天数	—	—	—	—	—	—	—
		近三年员工平均离职率	—	—	—	—	—	—	—
		具有硕士以上学历的高管比例	40%	80%	100%	100%	—	68%	64%
		具有高级职称的高管比例	80%	60%	40%	40%	20%	20%	20%
	行业特定指标	具有医药、生物等专业背景的专业技术人员比例	—	—	—	—			
		员工在医药行业的平均工作年限	—	—	—	—			
		高管在医药行业的平均工作年限	—	—	—	—			
	企业特定指标	员工在公司的平均工作年限	—	—	—	—			
		高管在公司的平均工作年限	—	—	—	—			

续表

类别		项目	2010	2011	2012	2013	2014	2015	2016
人力资本投资	社会通用指标	年人均培训费用	—	—	—	—			
		年人均接受培训小时	—	—	—	—			
		接受培训的员工比例	—	—	—	—			
		员工人均薪酬（万元）	11.21	13.9	17.33	21.83	28.24	7.17	8.07
		高管人均薪酬（万元）	193.54	54.72	58.72	205.81	-	419.57	322.75
	行业特定指标	—	—	—	—	—			
	企业特定指标	—	—	—	—	—			
人力资本效率	社会通用指标	员工人均销售收入（万元）	64.09	96.53	154.23	218.69	311.93	64.6	63.51
		员工人均利润（万元）	22.52	28.99	38.81	40.25	53.21	11.17	12.04
	行业特定指标	—	—	—	—	—			
	企业特定指标	—	—	—	—	—			

注：“ - ”表示无法从公司年报、其他报告和公司网站上获取数据。

表 10 -5 反映了“红日药业”2010 ~2016 年企业特定知识资本报表中结构资本相关指标的变动情况。可以看出：

(1) 从结构资本现状相关指标的变动情况来看，截至 2014 年，“红日药业”公司的人均固定资产增长迅速，说明公司员工人均可支配的生产工具价值增加，质量提升，由于 2015 年员工数大幅增加，人均固定资产有所下降。辅助部门员工比重相对较高，但过去几年间没有增加趋势，公司研发人员在全体员工中占比有逐步提高的趋势，说明公司的员工结构逐步转好，但在2015年由于公司规模扩大，员工岗位结构发生变化，研发人员比重缩小。公司前临床研究与生产验证项目数、截至当年年底的新药证书数以及截至当年年底的药品批准文号数都稳步增长，说明在过去8年间，公司的创新成果显著，创新能力显著提升。此外，在过去8年间，公司的专业技术数量和专有技术价值比较稳定，拥有的专利权稳步增多，使用的软件数量和软件价值大幅增加，说明公司高度重视利用发达的信息技术强化企业自身管理。

表10-5　“红日药业”特定知识资本报表中的结构资本信息变动情况

类别		项目	2010	2011	2012	2013	2014	2015	2016
结构资本现状	社会通用指标	员工人均计算机台数	—	—	—	—			
		人均固定资产（万元）	23.77	28.37	81.6	72.52	75.91	18.59	17.72
		辅助部门员工占全部员工比例	36.06%	42.26%	37.15%	36.08%	27.66%	21.72%	21.42%
		研发人员占全体员工比例	17.7%	20.45%	24.22%	20.33%	11%	11%	11.04%
		专利权价值（万元）	881.83	807.83	733.83	659.83	3163.54	8319.80	7655.10
		专利权数（其中发明专利数）	12（7）	12（9）	19（16）	—	—	—	—
		已受理的发明专利申请数	0	0	—	—	—	—	—
		专有技术价值（万元）	2838.83	2673.34	2508.26	2344.72	—	—	—
		专有技术数量	9	8	8	8	—	—	—
		软件价值（万元）	149.77	75.01	267.61	247.71	—	288.32	430.95
		软件款数	8	11	14	18	—	—	—
	行业特定指标	有无药品生产质量管理规范（GMP）认证证书	有	有	有	有	有	有	有

续表 1

类别		项目	2010	2011	2012	2013	2014	2015	2016
结构资本现状	行业特定指标	有无药品经营质量管理规范（GSP）认证证书	有	有	有	有	有	有	有
		有无省级或省级以上研发中心	有	有	有	有	有	有	有
		医药事故率	0	0	0	0	0	0	0
		目前临床研究与生产验证项目数	9	14	19	16	16	19	24
		国家级保密证书数	1	1	1	1	1	1	1
		截至当年年底的新药证书数	8	8	—	—	—	—	—
		截至当年年底的药品批准文号数	22	38	—	—	—	—	—
		近5年承担的省级以上科研课题数	—	—	—	—	—	—	—
		近5年获得省级以上科技奖项数	—	—	—	—	—	—	—
	企业特定指标	—	—	—	—	—	—	—	—
结构资本投资	社会通用指标	年人均管理费用（万元）	8.55	14.33	16.13	21.67	29.44	5.95	6.21
		研发人员年人均研发费用（万元）	29.11	34.46	23.41	40.26	87.57	20.43	24.35
		研发费用占销售收入比例	8.04%	7.3%	3.68%	3.74%	3.09%	3.45%	4.23%
		研发费用增长率	23.08%	32.99%	10.19%	73.72%	12.67%	30.48%	41.81%
		研究开发涉及项目数	5	15	16	17	16	19	24

续表 2

类别		项目	2010	2011	2012	2013	2014	2015	2016
结构资本投资	行业特定指标	—	—	—	—	—			
	企业特定指标	—	—	—	—	—			
结构资本效率	社会通用指标	存货周转率	2.01	1.80	2.35	1.97	1.75	1.62	2.38
		固定资产周转率	3.15	3.65	3.01	3.12	4.11	4.03	3.79
		总资产周转率	0.30	0.40	0.68	0.95	0.94	0.52	0.53
		研发费用资本化率	2.27%	26.13%	11.29%	16.78%	18.61%	21.64%	27.75%
		新产品销售收入占全部销售收入比例	—	—	—	—			
	行业特定指标	—	—	—	—	—			
	企业特定指标	—	—	—	—	—			

注：“－”表示无法从公司年报、其他报告和公司网站上获取数据。

（2）从结构资本投资方面相关指标变动情况来看，在 2010～2014 年，“红日药业”公司的人均管理费用逐年增加，说明公司注重在组织资本方面的投资，但是也可能说明公司运行成本的提高。在 2015 年之后，人均管理费用下降，说明公司运行成本有所降低。在过去 8 年间，公司的人均研发费用虽然有较大波动，但公司研发人员的人均研发费用远高于人均管理费用，说明该公司非常重视在研发方面的投入。研发费用占销售收入比例在过去 8 年间有波动下降的趋势，说明与公司收入的增幅趋势相比，公司在研发费用方面的投入力度还略显不够，不过从研发投入到专利权，再到产品生产与销售之间的链条比较长，所以研发投入费用与销售收入之间的关系不是很直接。在过去8年间，公司研发涉及的项目数逐年增加，特别是2010年以后，说明公司比较注重新产品和新技术的开发，关注到了公司创新能力的可持续性问题。

（3）从结构资本效率方面相关指标变动情况来看，在过去8年间，公司的存货周转率和固定资产周转率没有显著变化，但总资产周转率有点略微下降的趋势，说明在过去8年间，公司对现有生产能力的利用效率没有明显改进；研发费用资本化率不同年间变化较大，说明公司新产品和新技术开发的进度和成功率还不太稳定。

表10－6反映了“红日药业”2010～2016年企业特定智力资本报表中关系资本相关指标变动情况。可以看出：

（1）从关系资本现状相关指标情况来看，稳定的前5名客户占销售额比例和稳定的前5名供应商采购比例都很大，部分年份前者超过了1/4，后者更是超过了1/3，甚至超过一半。说明“红日药业”公司拥有非常稳定的供应商和客户，这样的关系资本对公司持续、稳定发展至关重要。2015年以后，稳定的前5名客户占销售额比例和稳定的前5名供应商采购比例有所下降，说明公司业逐渐注重降低对主要客户和供应商的依赖。尽管公司注册的商标数最近数据无法取得，但是在2010～2011年，“红日药业”注册的商标数快速增长，说明公司关系资本提升显著。

（2）从关系资本投资相关指标变动情况来看，在2010～2016年，“红日药业”的人均销售费用和销售费用占销售收入比都呈大幅上升的趋势，其中，2013年销售费用占销售收入比例甚至超过了50%，说明公司非常注重对关系资本的维护与投资。随着一批医药企业在创业板上市，“红日药业”面临的竞争也越来越激烈，公司主要从事中成药和西药的研发、生产和销售，主导产品为血必净注射液盐酸法舒地尔注射液，合计毛利率在90%以上，销售费用的快速增长一方面说明了公司对被仿制的风险和市场竞争加剧的担心，另一方面更说明公司对关系资本维护与提升的重视。

表 10－6 "红日药业"企业特定智力资本报表中的关系资本信息披露情况

类别		项目	2010	2011	2012	2013	2014	2015	2016
关系资本现状	社会通用指标	顾客年均购买次数	—	—	—	—			
		本年稳定的前5年客户占销售额比例	28.11%	31.88%	18.43%	24.23%	24.44%	18.94%	16.42%
		本年流失的顾客比例	—	—	—	—			
		本年从稳定的前5名供应商采购比例	67.72%	32.26%	33.06%	55.26%	50.37%	40.88%	21.55%
		拥有的商标数	12	30	—	—	—	—	—
		拥有的品牌产品数	—	—	—	—	—	—	—
	行业通用指标	进入国家医保目录的药品数	—	—	—	—	—	—	—
		进入省医保目录药品数	—	—	—	—	—	—	—
		近3年与本公司有合作关系的大学和科研机构数	—	—	—	—	—	—	—
		近3年合作研究项目数	—	—	—	—	—	—	—
	企业特定指标	血必净注射液在同类药市场占有率							
		盐酸法舒地尔注射液在同类药市场占有率							
		血必净注射液市场占有率排名							
		盐酸法舒地尔注射液市场占有率排名							
关系资本投资	社会通用指标	年人均销售费用（万元）	14.56	22.63	65.26	118.13	172.03	34.81	28.20
		销售费用占销售收入比例	22.7%	23.44%	42.31%	54.02%	55.15%	53.89%	44.4%

续表

类别		项目	2010	2011	2012	2013	2014	2015	2016
关系资本投资	行业通用指标	学术推广费用占销售收入比例	—	—	—	—	—	—	—
		学术推广费用占销售费用比例	—	—	—	—	—	—	—
		近3年举办院级以上医学学术会议次数	—	—	—	—	—	—	—
		近3年累计培训医生人次	—	—	—	—	—	—	—
	企业特定指标	—	—	—	—	—	—	—	—
		—	—	—	—	—	—	—	—
关系资本效率	社会通用指标	平均每个顾客所带来的销售收入	—	—	—	—	—	—	—
		平均每个顾客所带来的利润	—	—	—	—	—	—	—
	行业通用指标	—	—	—	—	—	—	—	—
	企业特定指标	—	—	—	—	—	—	—	—

注：“ -”表示无法从公司年报、其他报告和公司网站上获取数据。

总结：

第十一章

外部导向知识资本报告的规制

一、国外知识资本报告管制现状

编制和对外披露知识资本报告最初仅仅是少数知识密集型企业的自发行为，21 世纪初一些国家的政府部门和国际组织开始介入知识资本报告的编制和披露，对知识资本报告的编制进行规制。2000 年，在与多个企业合作研究的基础上，丹麦政府出台了全球首份智力资本报告指南——“A Guideline for Intellectual Capital Statements”，并于 2003 年发布了新的智力资本报告指南“Intellectual Capital Statements——The New Guideline”（通常简称“Danish Guideline”）。20 世纪 90 年代后期，欧盟先后启动了多个研究计划，在总结欧盟各国企业（主要是西欧企业）知识资本管理和报告经验的基础上，欧盟于 2002 年发布了智力资本报告指南“Guidelines for Management and Reporting on Intangibles (Intellectual Capital Report)”（通常简称“Meritum Guidelines”）。为了进一步促进欧盟知识密集型企业对智力资本的投资、管理和报告，2008 年欧盟研究出台了 European ICS Guidelines (European Intellectual Capital Statement Guidelines)。此外，丹麦 2003 年发布知识资本报告（ICS）框架，德国于 2004 年发布了“Guideline on the Preparation of an IC Statement”，澳大利亚于 2005 发布了“Australian Guiding Principles on Extended Performance Management”，日本也分别于 2004 年和 2005 年先后发布了“Guideline for Intellectual Property Information Disclosure”和“The Guideline for Disclosure of Intellectual Assets Based Management”，以规范和指导本国企业知识资本管理及其信息披露。2008 年欧洲金融分析师协会联合会（EFFAS）成立了知识资本委员会 Commission on Intellectual Capital（CIC），为提高公司智力资本信息对公司评估的可用性，针对公司用户（金融分析师）报告 IC 披露准则制定包含了具体部门智力资本指标的 10 条原则，调整了原 2006 年发布的一套为“知识资本有效沟通原则”的指导方针。近十年来，奥地利、德国、日本和欧盟、经合组织、世界知识资本倡议等一些国家的政府也推动了国家和国际上的大型研究项目，努力为 IC 报告制定统一的框架或指导方针。

需要特别说明的两点是：（1）除了日本2004 年的“Guideline for Intellectual Property Information Disclosure”外，上述指南主要用来指导各国知识密集型企业如何编制知识资本报告，很少涉及知识资本信息的对外披露问题，目标是帮助所在国或地区知识密集型企业推进知识资本管理。因此，这些指南并不完全适合外部导向知识资本报告的规制。（2）这些指南更像一种倡议，并没有强制约束力，而是鼓励企业自发地遵照执行，欧盟的“Meritum Guidelines”和“European ICS Guidelines”更是带有一种研究报告性质的。显然，IC 企业所面临的挑战被认为是未来企业报告综合报告（IR）模型的重要考虑因素（Beattie & Smith，2013；Nielsen & Roslender，2015）。综上所述，目前国外关于知识资本报告的编制和披露，并没有专门针对外部导向知识资本报告的指南、准则或制度，外部导向知识资本报告的规制问题必须专门进行研究。

二、外部导向知识资本报告管制的基本理论问题

（一）外部导向知识资本报告的性质定位

外部导向知识资本报告在企业对外披露的各类报告中处于什么地位呢？它与传统财务报告之间又是什么关系呢？我们认为，外部导向知识资本报告是企业对外披露的各类专题报告的一种，它与传统财务报告存在密切的联系，但又截然不同于传统财务报告。外部导向知识资本报告是一种专门用来反映和报告企业知识资本信息的报告，它从多种不同的视角，运用多种不同的计量手段，反映和报告知识资本在企业目标实现、战略实施和价值创造过程中的动态作用，一定程度上揭示了企业价值的创造过程，而传统财务报告比较适合用来反映和报告企业金融资本和物质资本信息，它侧重于从价值视角，采用单一的货币计量尺度，反映和报告企业价值的创造结果及其分配情况，因此，外部导向知识资本报告与传统财务报告是

一种互为补充的关系。

从长远来看，外部导向知识资本报告的地位平行于传统财务报告，企业应该采用“传统财务报告＋外部导向知识资本报告”的二维报告模式。从近期来看，传统财务报告是目前企业对外披露信息的主要工具，尽管外部导向知识资本报告独立于传统财务报告，可以有效弥补传统财务报告在知识资本信息披露方面的不足，但是由于知识资本报告目前还处于起步阶段，不够成熟，只能作为传统财务报告的一种有效补充。

（二）自愿披露范畴，还是强制披露范畴

强制性信息披露是指政府相关管制机构通过法律、法规的形式强制性要求企业必须对外披露的信息，包括披露信息的内容、格式和方式等等；自愿性信息披露是指政府相关管制机构对于某些信息的披露不作强制性的规定，企业是否对外披露这类信息、如何披露以及披露什么等都由企业自己决定。那么，外部导向知识资本报告究竟是属于自愿披露的范畴，还是强制披露的范畴？就目前现状来看，一方面，目前各国通过知识资本报告的方式对外披露知识资本信息仅仅少数知识密集型的自发行为，涉及面还不广；另一方面，知识资本报告的发展目前还处于起步阶段，无论是其基本理论、计量模型和报告模式都还处于“百花齐放，百家争鸣”阶段，都不成熟，都难以被业界公认。因此，目前外部导向知识资本报告充其量只能属于企业自愿信息披露的范畴，无法纳入强制信息披露的范畴。

（三）外部导向知识资本报告要不要审计

明确了外部导向知识资本报告的上述两个问题，接下来的问题是：既然外部导向知识资本报告属于企业自愿性信息披露的范畴，那么，为了企业外部各类利益相关者的权益，要不要对外部导向知识资本报告进行专门审计或审核？就专题财务报告的相关经验来看，审计或审核必须要以社会或行业公认的准则、制度或共识等为准绳，否则审计或审核就没有参照标准，无法实施。知识资本报告目前在各国都处于起步阶段，与其相关的基

本理论、计量模型和报告模式都还处于不断探索阶段，根本没有达成一致的行业共识，更没有明确强制的知识资本报告指南、准则或制度。因此，外部导向知识资本报告的审计或审核很难开展。目前上述知识密集型企业对外披露的知识资本报告是无法进行审计或审核的。

（四）外部导向知识资本报告的编制和管制部门

尽管目前外部导向知识资本报告属于企业自愿性信息披露的范畴，但是对外部导向知识资本报告的管制迟早是要进行的。如果对外部导向知识资本报告进行管制，相关责任部门必须明确。我们认为，至少有两个层面的责任部门必须明确：

1. 企业内部哪个部门负责外部导向知识资本报告的编制和解释？是由财务部负责，还是哪个部门负责？外部导向知识资本报告的编制涉及企业的方方面面，几乎涉及企业的各个部门，这是财务部门可能无法承担的，但是在编制和对外披露信息方面，财务部门又是最擅长的。因此，我们认为，企业应该成立由财务部牵头、其他各个职能部门参加的专门知识资本管理部门，专门负责企业外部导向知识资本报告的编制和披露。

2. 国家层面哪个部门负责外部导向知识资本报告管制规则的制定？目前我国资本市场信息披露管制规则的制定主要由财政部和中国证监会共同负责，相关的证券交易所只起辅助作用。知识资本管理和报告在我国目前还是个新兴课题，无论是财政部，还是中国证监会，都没有对此问题进行过深入的研究。我们认为，知识资本信息披露仅仅是企业对外信息披露的一部分，既然我国资本市场的信息披露都由财政部和中国证监会负责，预计未来我国外部导向知识资本报告的管制规则也应该由财政部和中国证监会负责，至于由谁牵头可能需要两个部门之间的协调。

三、未来我国外部导向知识资本报告的管制思路

鉴于知识资本信息编制、披露的技术难度和现实困境，我们认为，必

须有外在的强力部门强制介入，对企业知识资本信息的编制和披露开展深入研究，进行强制规制。研究和规制的重点应集中在以下几个方面：(1) 外部导向知识资本报告的基本理论框架研究。(2) 外部导向知识资本报告反映和报告的内容定位。(3) 外部导向知识资本报告反映和报告的范畴界定。(4) 外部导向知识资本报告的计量模式研究。(5) 外部导向知识资本报告的报告模式研究编制。如果采用计分卡模式，那么，除了报告的基本框架设计外，还必须重点研究和规制知识资本报表该如何设计，“通用指标”“行业特定指标”“企业特定指标”三个层次的计量指标体系如何设计等。(6) 外部导向知识资本报告的编制和呈报的具体程序。

未来我国外部导向知识资本报告的规制建议分四步走：

第一，成立专门研究机构对知识资本管理和报告进行系统研究。建议首先由相关行业学会或协会举办各类学术研讨活动，引导和激励学者和相关研究组织对知识资本管理和报告进行系统研究；其次，财政部或中国证监会下属于的相关部门应有意识地成立专门研究机构，汇集全国专家学者（甚至国外专家学者和一些研究组织），对知识资本管理和报告进行针对性系统研究。

第二，由财政部或中国证监会下属的专门研究机构牵头，在上市公司范围内，首先选择影响面相对较小的创业板（由于创业板上市公司基本上都是一些知识密集型企业，因此选择创业板较为合适）某一行业的少数知识密集型企业进行试点，制订针对该行业制定知识资本报告指南，率先在这些知识密集型上市公司范围内鼓励实施。积累一定经验后，再在这些知识密集型上市公司范围内强制实施。

第三，积累几年经验后，由财政部或中国证监会下属的相关部门正式出面，制定国家法规性质知识资本报告准则或知识资本报告制度，在创业板块范围内率先进行试点。所拟定的知识资本报告准则或制度应该是系统的一整套规则体系，应分行业分别制定专门的知识资本报告准则或制度。

第四，根据创业板实施的经验教训对相关的知识资本报告准则或制度进行系统修订和完善，待条件和时机成熟后，所有上市范围内进行推广实施。

参考文献

[1] Abdelrazaq Faleh Altal . The Impact of Intellectual Capital Disclosure on Market Value: An Empirical Study on Jordanian Pharmaceutical Manufacturing Companies Listed in Amman Stock Exchange [J] . Journal of Social Sciences. 2016, 5 (3) .

[2] Abdolmohammadi M J. Intellectual Capital Disclosure and Market Capitalization [J] . Journal of Intellectual Capital. 2005, 6 (3) .

[3] Abeysekera. Intellectual Accounting Scorecard: Mearuring and Reporting Intellectual Capital [J], Journal of American Academy of Business, 2003, 3 (9) .

[4] Abeysekera, I. and Guthrie, J. An Empirical Investigation of Annual Reporting Trends of Intellectual Capital in Sri Lanka [J] . Critical Perspectives in Accounting. 2005, 16 (3) .

[5] Abeysekera. Intellectual Capital Reporting Between A Developing and Developed Nation [J], Journal of Intellectual Capital. 2007, 8 (2) .

[6] Abeysekera Indra. Intellectual Capital Disclosure Trends: Singapore and Sri Lanka [J] . Journal of Intellectual Capital. 2008, 9 (4) .

[7] Aboody D. and Lev, B. The Value -Relevance of Intangibles: The Case of Software Capitalization [J] . Journal of Accounting Research. Supplement 1998.

[8] Aboody D. and Lev, B. Information Asymmetry, R& D, and Insider Gains [J] . Journal of Finance. 2000, 55 (6) .

[9] Ahmed Haji A, Mohd Ghazali N A. A Longitudinal Examination of In-

tellectualcapital Disclosures and Corporate Governance Attributes in Malaysia [J]. Asian Review of Accounting. 2013, 21 (1).

[10] Alwert Kay, Manfred Bornemann and Markus Will. Does Intellectual Capital Reporting Matter to Financial Analysts? [J], Journal of Intellectual Capital, 2009, 10 (3).

[11] Amit, Raphael and Paul J H. Schoemaker. Strategic Assets and Organizational Rent [J]. Strategic Management Journal. 1993, 14 (1).

[12] Amitavamondal, Santanu Kumar Ghosh. Determinants of Intellectualcapital Disclosure Practices Ofindiancompanies [J]. Journal of Commerce & Accounting Research. 2014, 3 (3).

[13] Amitava Mondal. Measuring The Efficiency and Value of Intellectual Capital in Indian Knowledge Companies [J]. Journal of Commerce & Accounting Research. 2016, 5 (4).

[14] Anna KarmaŃska. The Imperative of Sustainable Growthand Reporting Integration Three Erasin The Corporate Reporting Development [J]. Copernican Journal of Finance & Accounting. 2014, 3 (1).

[15] April, K. A., Bosma, P., and Deglon, D. A. IC Measurement and Reporting: Establishing A Practice in SA Mining [J]. Journal of Intellectual Capital. 2003, 4 (2).

[16] Barney, Jay B. Strategic Factor Markets: Expectations, Luck, and Business Strategy [J]. Management Science. 1986, 32 (10).

[17] Barney, Jay B. Firm Resources and Sustained Competitive Advantage [J]. Journal of Management. 1991, 17 (1).

[18] Barney, Jay B. The Resource-Based Theory of The Firm [J]. Organization Science. 1996, 7 (5).

[19] Barney, Jay B. Resource-Based Theories of Competitive Advantage: A Ten-Year Retrospective on The Resource-Based View [J]. Journal of Management. 2001. 27 (6).

[20] Barney, Jay B. , Wright, Mike & Ketchen, David J. The Resource - Based View of The Firm: Ten Years After 1991 [J] . Journal of Management. 2001, 27 (6) .

[21] Berzkalne, I. And Zelgalve, E. Intellectual Capital and Company Value [J] . Procedia - Social and Behavioral Sciences, 2014.

[22] Bontis, N. Intellectual Capital: An Exploratory Study That Develops Measures and Models [J] . Management Decision. 1998, 36 (2) .

[23] Bontis, N. Intellectual Capital Disclosure in Canadian Corporations [J] . Journal of Human Resources Costing and Accounting. 2003, 7 (1/2) .

[24] Boone, Jeff and Kris Raman. Off - Balance - Sheet R& D Assets and Market Liquidity [J] . Journal of Accounting & Public Policy. 2001, 20 (2) .

[25] Bornemann and Leitner. Mearuring and Reporting Intellectual Capital: The Case of A Research Technology Organization. Singapore Management Review. 2002, 24 (3) .

[26] Bozzolan, S. , Favotto, F. and Ricceri, F. Italian Annual Intellectual Capital Disclosure: An Empirical Analysis [J] . Journal of Intellectual Capital. 2003, 4 (4) .

[27] Bozzolan, S. , O'Regan, P. , Ricceri, F. Intellectual Capital Disclosure (ICD) in Listed Companies: A Comparison of Practice in Italy and The Research Technology Organisation [J] . Journal of Human Resource Costing & Accounting. 2006, 10 (2) .

[28] Brennan, N. Reporting Intellectual Capital in Annual Reports: Evidence From Ireland [J] . Accounting, Auditing & Accountability Journal. 2001, 14 (4) .

[29] Bukh Per Nikolaj. and Isa Kjaergaard Jensen. Intellectual Capital Statements in The Danish Utility Sector: Materialisation and Enactment [J] . Journal of Human Resource Costing & Accounting. 2008, 12 (3) .

[30] Burgman Roland and Goran Roos. The Importance of Intellectual Cap-

ital Reporting: Evidence and Implications [J] . Journal of Intellectual Capital. 2007, 8 (1) .

[31] Castanias, Richard P. , & Constance E. Helfat. Managerial Resources and Rents [J] . Journal of Management. 1991, 17 (1) .

[32] Castanias, Richard P. , & Constance E. Helfat. The Managerial Rents Model: Theory and Empirical Analysis [J] . Journal of Management. 2001, 27 (6) .

[33] Chan, Louis Josef Lakonishok and Theodore Sougiannis. The Stock Market Valuation of Research and Development Expenditures [J] . Journal of Finance, 2001, 56 (6) .

[34] Chen Y S, Ming Ji, James Lin, Chang C H. The Influence of Intellectual Capital on New Product Development Performance [J] . Totalquality Management. 2006, 17 (10) .

[35] Christian Nielsen, Robin Roslender, Stefan Schaper. Continuities in The Use of the Intellectual Capital Statement Approach: Elements of An Institutional Theory Analy [J] . Accounting Forum. 2016, 40.

[36] Christian Nielsen, Robin Roslender, Stefan Schaper. Explaining The Demise of The Intellectual Capitalstatement in Denmark [J] . Accounting, Auditing & Accountability Journal. 2017, 30 (1) .

[37] Collis, David J. , and Cynthia A. Montgomery. Competing on Resources: Strategy in The 1990s [J] . Harvard Business Review. 1995, 73 (4) .

[38] Cricelli L. The Assessment of The Intellectual Capital Impact on The Value Creation Process: A Decision Support Framework for Top Management [J] . International Journal of Management and Decision Making. 2013, 12 (2) .

[39] Danish Ministry of Science, Technology and Innovation. Intellectual Capital Statements—The New Guideline [S] . 2003.

[40] Dati. A Guideline for Intellectual Capital Statements [S] . 2000.

[41] Dierickx, Ingemar & Karel Cool. Asset Stock Accumulation and Sustain-

ability of Competitive Advantage [J] . Management Science. 1989, 35 (12) .

[42] Davide Scaltrito. Intellectual Capital Disclosure in Italy – An Empirical Analysis [J] . Journal of Contemporary Research in Management. 2014, 9 (4) .

[43] European Commission. Encourage Corporate Measuring and Reporting on Research and Other Forms of Intellectual Capital [R] . 2006.

[44] Farooq O, Nielsen C. Intellectual Capital Disclosure and Analyst Following: Evidence From Danish Biotechnology Firms [J] . Journal of Intellectual Capital. 2014, 15 (1) .

[45] Federal Ministry of Economics and Labour. Intellectual Capital Statement – Made in Germany [R] . 2004.

[46] Firer S, and Williams S M. Intellectual Capital and Traditional Measures of Corporate Performance [J] . Journal of Intellectual Capital. 2003, 4 (2) .

[47] George Cipriangiju, Mariana RADU. Recognition of Intellectual Capital Incontemporary Financial Statements [J] . Valahian Journal of Economic Studies. 2014, 5 (19) .

[48] Goh Pek Chen and Kwee Pheng Lim. Disclosing Intellectual Capital in Company Annual Reports : Evidence From Malaysia [J], Journal of Intellectual Capital. 2004. Vol. 5 (3) .

[49] Grant, Robert M. The Resource – Based Theory of Competitive Advantage: Implications for Strategy Formulation [J] . California Management Review. 1991, 33 (3) .

[50] Gu, F. , and Lev, B. The Information Content of Royalty Income [J] . Accounting Horizons. 2004, 18 (1) .

[51] Guimon. Intellectual Capital Reporting and Credit Risk Analysis [J] . Journal of Intellectual Capital. 2005, 6 (1) .

[52] Gunnar Rimmel, Johan Derga°Rd, Kristina Jona¨Ll. Human Resources Disclosurein Danish Intellectual Capital Statements [J] . Journal of Human Resource Costing &Accounting. 2012, 16 (2) .

[53] Guthrie, J. & Petty, R. Intellectual Capital: Australian Annual Reporting Practices [J]. Journal of Intellectual Capital. 2000, 1 (3).

[54] Guthrie James, The Management, Measurement and The Reporting of Intellectual Capital [J]. Journal of Intellectual Capital. 2001, 2 (1).

[55] Guthrie, J., Petty, R., Ricceri, F. and Yongvanich, K. Using Content Analysis As A Research Method to Inquire Into Intellectual Capital Reporting [J]. Journal of Intellectual Capital. 2004, 5 (2).

[56] Guthrie, J., Petty, R. and Ricceri. The Voluntary Reporting of Intellectual Capital: Comparing Evidence From Hong Kong and Australia [J]. Journal of Intellectual Capital. 2006, 7 (2).

[57] Halim Siana. Statistical Analysis on The Intellectual Capital Statement [J]. Journal of Intellectual Capital. 2010, 11 (1).

[58] Hall, Richard. The Strategic Analysis of Intangible Resources [J]. Strategic Management Journal. 1992, 13 (2).

[59] Harrison S, Sullivan P H. Profiting From Intellectual Capital Learning From Leading Companies [J]. Journal of Intellectual Capital. 2000 (1).

[60] Huafang Xiao. Corporate Reporting of Intellectual Capital: Evidence From China [J]. The Business Review. 2008, 11 (1).

[61] Japanese Ministry of Economy, Trade and Industry. Guidelines for Disclosure of Intellectual Assets Based Management [S]. 2005.

[62] Jensen M, Meekling W. Theory of Firm: Managerial Behavior, Agency Costs and Ownership Strueture [J]. Ournal of Financial Economics. 1976.

[63] John Dumay. A Critical Reflection on The Future of Intellectual Capital: from Reporting to Disclosure [J]. Journal of Intellectual Capital. 2016, 17 (1).

[64] Kaplan, R. S., & Norton, D. P. The Balanced Scorecard - Measures That Drive Performance [J]. Harvard Business Review. 1992, 70 (1).

[65] Kaplan, R. S., & Norton, D. P.. Using The Balanced Scorecard As A Strategic Management System [J]. Harvard Business Review. 1996, 74 (1).

[66] Karagiannis Dimitris, Martin Nemetz and Franz Bayer. A Method for Comprehensive Intellectual Capital Management and Reporting: The Case of BOC Information Systems [J] . Journal of Intellectual Capital. 2009, 10 (1) .

[67] Kaufmann, L. and Schneider, Y. Intangibles: A Synthesis of Current Research [J] . Journal of Intellectual Capital. 2004, 5 (3) .

[68] Kjaergaard Isa. Constructing A Knowledge - Based Identity Experiences From Working With Intellectual Capital Statements [J] . Corporate Reputation Review. 2003, 6 (3) .

[69] Leonard - Barton, Dorothy. Core Capabilities and Core Rigidities: A Paradox in Managing New Product Development [J] . Strategic Management Journal. 1992, 13 (Summer) .

[70] Lev, B. and P. Zarowin. The Boundaries of Financial Reporting and How to Extend Them [J] . Journal of Accounting Research, Autumn 1999.

[71] Lev, B. Sarath B. and Sougiannis, T. R& D Reporting Biases and Their Consequences [J] . Contemporary Accounting Research. . Winter 2005.

[72] Li Chang and Chao Hung Wang. Clarifying The Effect of Intellectual Capital on Performance: The Mediating Role of Dynamic Capability [J] . British Lournal of Management, 2010.

[73] Linocinquini, Emilio Passetti, Andrea Tenucci and Marco Frey. Analyzing Intellectual Capitalinformation in Sustainability Reports: Some Empirical Evidence [J] . Journal of Intellectual Capital. 2012, 13 (4) .

[74] Mahoney, Joseph T. A Resource - Based Theory of Sustainable Rents [J] . Journal of Management. 2001, 27 (6) .

[75] Manfred Bornemann, Roswitha Wiedenhofer. Intellectual Capital in Education: A Value Chain Perspective [J] . Journal of Intellectual Capital. 2014, 15 (3) .

[76] Marco Giuliani and Stefano Marasca. Construction and Valuation Ofintellectual Capital: A Case Study [J] . Journal of Intellectual Capital. 2011, 12 (3) .

[77] Martinez M. Identification of Intangible Assets in Knowledge - Based Organizations Using Concept Mapping Techniques [J]. R& D Management. 2014, 44 (1).

[78] Mavridis, D. G.. The Intellectual Capital Performance of The Japanese Banking Sector [J]. Journal of Intellectual Capital, 2004, 5 (1).

[79] Mavridis, D. G. and Kyrmizoglou, P.. Intellectual Capital Performance Drivers in The Greek Banking Sector [J]. Management Research New, 2005, 28 (5).

[80] Mertins, Kai., Wen - Huan Wang and Markus Will. How to Ensure The Quality and Reliability of Intellectual Capital Statements? [J]. Electronic Journal of Knowledge Management, 2007, 5 (4).

[81] Mertins, Kai., Wen - Huan Wang and Markus Will. Incas: Intellectual Capital Management in European SME - Its Strategic Relevance and The Importance of Its Certification [J]. Electronic Journal of Knowledge Management 2009, 7 (1).

[82] Meritum Project. Guidelines for Managing and Reporting on Intangibles (Intellectual Capital Report) [S]. 2002.

[83] Miriam Delgado - Verde, Gregorio Martin - De. Organizationalknowledge Assets and Innovation Capability: Evidence Fromspanish Manufacturing Firms [J]. Journal of Intellectual Capital. 2011, 12 (1).

[84] Mishari M. Alfraih. The Value Relevance of Intellectual Capital Disclosure: Empirical Evidence From Kuwait [J]. Journal of Financial Regulation and Compliance. 2017, 25 (1).

[85] Mohamed Ali Boujelbene, Habib Affes. The Impact of Intellectual Capital Disclosure on Cost of Equity Capital: A Case of French Firms [J]. Journal of Economics, Finance and Administrative Science. 2013, 18 (34).

[86] Mondal, A., and Ghosh, S. K. Intellectual Capital and Financial Performance of Indian Banks. [J]. Journal of Intellectual Capital, 2012. 13 (4).

[87] Mouritsen J., P. N. Bukh, H. T. Larsen and M. R. Johansen. Develo-

ping and Managing Knowledge Through Intellectual Capital Statements [J] . Journal of Intellectual Capital. 2002, 3 (1) .

[88] Mouritsen J, Larsen, H. T, Bukh P. N and Johansen M. R. Reading An Intellectual Capital Statement [J] . Journal of Intellectual Capital, 2003, 2 (4) .

[89] M. Pherson, P. and Pike, S. Accounting, Empirical Measurement and Intellectual Capital [J] . Journal of Intellectual Capital, 2001, 2 (3) .

[90] Musa Mangena1, Jing Li, and Venancio Tauringana. Disentangling The Effects of Corporate Disclosure on The Cost of Equity Capital: Astudy of The Role of Intellectual Capital Disclosure [J] . Journal of Accounting, Auditing & Finance. 2016, 31 (1): 3 -27.

[91] Nelson, Richard R. Why Do Firms Differ, and How Does It Matter? [J] . Strategic Management Journal. 1991, 12 (2) .

[92] Nielsen Et Al. Intellectual Capital Statement on The Way to Stock Exchange [J] . Journal of Intellectual Capital. 2006, 7 (2) .

[93] Nordic Industrial Fund. Intellectual Capital Managing and Reporting [R] . 2001.

[94] Nordic Industrial Fund. How to Develop and Monitor Your Company's Intellectual Capital [R] . 2003.

[95] Nordic Innovation Centre. Putting Intellectual Capital Into Practice [R] . 2006.

[96] Olsson B. Annual Reporting Practices: Information About Human Resources in Corporate Annual Reports in Major Swedish Companies [J] . Journal of Human Resource Costing and Accounting, Auditing and Accountability. 2001, 6 (1) .

[97] Oliveira, L. , Rodrigues, L. L. and Craig, R. Firm -Specific Determinants of Intangibles Reporting: Evidence From The Portuguese Stock Market [J] . Journal of Human Resource Costing & Accounting. 2006, 10 (1) .

[98] Oliveras Ester, Catherine Gowthorpe, Yulia Kasperskaya and Jordi Perramon. Reporting Intellectual Capital in Spain [J] . Corporate Communications: An International Journal, . 2008, 3 (2) .

[99] Omar Farooq and Christian Nielsen. Improving The Informationenvironment for Analystswhich Intellectual Capital Disclosuresmatter The Most? [J]. Journal of Intellectual Capital. 2014, 15 (1).

[100] Ordonez De Pablos. Intellectual Capitareporting in Spain A Comparative Review [J]. Journal of Intellectual Capital. 2003, 4 (1).

[101] Ordonez Patricia and Pablos. Intellectual Capital Reports in India: Lessons From A Case Study [J]. Journal of Intellectual Capital. 2005, 6 (1).

[102] Pena I. Intellectual Capital and Business Start - Up Success [J]. Journal of Intellectual Capital. 2002, 3 (2).

[103] Pew - Tan Hong., Plowman David. and Hancock Phil. Intellectual Capital and Financial Returns of Companies [J]. Journal of Intellectual Capital. 2007, 8 (1).

[104] Peteraf, Margaret A. The Cornerstones of Competitive Advantage: A Resource - Based View [J]. Strategic Management Journal. 1993, 14 (3).

[105] Pike, S. and Roos, G. Mathematics and Modern Business Management [J]. Journal of Intellectual Capital, 2005, 5 (2).

[106] Prahalad, C. K., & Gary Hamel. The Core Competence of The Corporation [J]. Harvard Business Review. 1990, 68 (3).

[107] Riahi - Belkaoui A. Intellectual Capital and Firm Performance of US Multinational Firms: A Study of The Resource - Based and Stakeholder Views [J]. Journal of Intellectual Capital. 2003, 4 (2).

[108] Robin Roslender, Christian Nielsen. Lessons for Progressing Narrative Reporting: Learning From The Experience of Disseminating The Danish Intellectual Capitalstatement Approach [J]. Accounting Forum, 2017, 41.

[109] Sallebrant Tobias., Joakim Hansen, Nick Bontis and Peder Hofman - Bang. Managing Risk With Intellectualual Capital Statements [J]. Management Decision. 2007, 45 (9).

[110] Schoemaker, Paul J H. Strategy, Complexity and Economic Rent [J].

Management Science. 1990, 36 (10) .

[111] Sonnier, B. M. , Carson K. D. , and Carson, P. P. Intellectual Capital Disclosure By Traditional US Companies: A Longitudinal Assessment [J] . Journal of Accounting & Organizational Change. 2008, 4 (1) .

[112] Stephen Korutaronkundabanyanga, Joseph M. Ntayi, Augustine Ahiauzu, Samuel K. Sejjaaka. Intellectual Capital in Ugandanservice Firms As Mediator of Boardgovernance and Firm Performance [J] . African Journal of Economic Andmanagement Studies. 2014, 5 (3) .

[113] Striukova, L. , Unerman, J. , and Guthrie J. Corporate Reporting of Intellectual Capital: Evidence From UK Companies [J] . The British Accounting Review. 2008, 40 (4) .

[114] Subhash. A Review of Guidelines and Frameworks on External Reporting of Intellectual Capital [J] . Journal of Intellectual Capital, 2014 (15) .

[115] Teece, David J. , Gary Pisano & Amy. Shuen. Dynamic Capabilities and Strategic Management [J] . Strategic Management Journal. 1997, 18 (7) .

[116] Tracy – Anne De Silva, Michelle Stratford and Murray Clark. Intellectual Capital Reporting: A Longitudinal Study Ofnew Zealand Companies [J] . Journal of Intellectual Capital. 2014, 15 (1) .

[117] Tracy Artiach and Peter Clarkson. Conservatism, Disclosure and The Cost of Equity Capital [J] . Australian Journal of Management, 2014, 39 (2) .

[118] Vishnu, S. , and Kumar Gupta, V. Intellectual Capital and Performance of Pharmaceutical Firms in India [J] . Journal Ofintellectual Capital, 2014. 15 (1) .

[119] Wernerfelt, Birger. A Resource –Based View of The Firm [J] . Strategic Management Journal. 1984, 5 (2) .

[121] Wernerfelt, Birger. The Resource – Based View of The Firm: Ten Years After [J] . Strategic Management Journal. 1995, 16 (3) .

[122] Wewior J, Alevifard S, Kohl H, Et Al. Intellectual Capital Statement

in IPS 2 [J] . Procedia Cirp, 2014 (16) .

[123] Whiting, R. H. , and Miller, J. C. Voluntary Disclosure of Intellectual Capital in New Zealand Annual Reports and The "Hidden Value" [J] . Journal of Human Resource Costing & Accounting. 2008, 12 (1) .

[124] 巴鲁·列弗. 无形资产——管理、计量和呈报 [M] . 王志台、唐春霞和杨明译. 北京：中国劳动社会保障出版社, 2003.

[125] 鲍超超. 知识资产价值评估动因与评估方法研究 [J] . 财务与管理. 2016, 3.

[126] 毕见良. 浅谈企业智力资本及其信息披露 [J] . 中国证券期货. 2013, 2.

[127] 曹裕、熊寿遥、胡韩莉. 企业生命周期下智力资本与创新绩效关系研究 [J] . 科研管理. 2016, 10.

[128] 陈劲、谢洪源、朱朝晖. 企业智力资本评价模型和实证研究 [J] . 中国地质大学学报（社会科学版）. 2004, 6.

[129] 陈恋. 社会责任信息披露质量对权益资本成本的影响——基于生命周期视角 [J] . 科学决策, 2017, 1.

[130] 陈露兰, 王昱升. 证券分析师跟踪与企业社会责任信息披露——基于中国资本市场的研究 [J] . 宏观经济研, 2014, 5.

[131] 储成兵. 智力资本信息披露、公司治理与信号传递——基于上市公司的经验数据 [J] . 广西经济管理干部学院学报. 2012, 1.

[132] 崔凯悦. 智力资本与企业创新绩效的关系研究 [D] . 山东大学硕士学位论文. 2016.

[133] 崔也光. 无形资产的特征与计价方法的选择 [J] . 会计研究. 1999, 2.

[134] 党小博. 智力资本对建筑企业绩效的影响研究 [D] . 北京交通大学博士学位论文, 2015.

[135] 董必荣. 不同资产的报告模式差异分析 [J] . 中国工业经济. 2008, 2.

[136] 董必荣、李虎、路国平．论智力资本报告的标准化 [J]．经济管理．2008，14.

[137] 董必荣．企业对外智力资本报告研究 [J]．会计研究．2009，1.

[138] 董必荣．智力资本研究现状评析 [J]．科技管理研究．2009，10.

[139] 董必荣、路国平．智力资本报告与通用财务报告的差异分析 [J]．中南财经政法大学学报．2009，2.

[140] 董必荣．国外企业智力资本报告模式述评 [J]．上海立信会计学院学报．2010，5.

[141] 董必荣、熊程．智力资本的战略地位分析 [J]．科技与经济．2010，6.

[142] 董必荣、李虎．资产计量模式差异研究 [J]．中南财经政法大学学报．2010，5.

[143] 董必荣．知识密集型企业外部导向的智力资本报告研究 [J]．经济管理．2011，3.

[144] 董必荣．基于价值网络的企业价值计量与报告模式研究 [J]．中国工业经济，2012，1.

[145] 董必荣、刘海燕、曾晓红．我国大学知识资本报告研究 [J]．学海，2014，7.

[146] 董峰．知识资本与中小企业成长性相关性研究 [J]．广西财经学院学报．2014，27（5）．

[147] 戴乾文．智力资本与企业核心竞争力及经营绩效之关联性研究 [D]．厦门大学博士学位论文．2009.

[148] 董峰．知识资本与中小企业成长性相关性研究 [J]．广西财经学院学报．2014，27（5）．

[149] 冯旭南、徐宗宇．分析师、信息传播与股价联动：基于中国股市信息溢出的研究 [J]．管理工程报，2014，（4）．

[150] 傅传锐．智力资本对企业竞争优势的影响——来自我国 IT 上市公司的证据 [J]．当代财经．2007a，4.

［151］傅传锐．智力资本与公司绩效的相关性——基于分量回归的实证分析［J］．山西财经大学学报，2007b，11.

［152］傅传锐．增值税转型对企业智力资本价值创造效率的影响［J］．经济暂理，2015，1. PH

［153］傅元略．企业智力资产效益贡献的综合评价［J］．会计研究．2000，10.

［154］傅元略．企业智力资本与企业资本结构优化［J］．中国工业经济．2002. 3.

［155］葛家澍、杜兴强．无形资产会计的相关问题：综评与探讨（上）［J］．财会通讯（综合版）．2004，17.

［156］葛家澍、杜兴强．无形资产会计的相关问题：综评与探讨（下）［J］．财会通讯（综合版）．2004，19.

［157］耿建新、朱友干．职位资本——人力资本会计研究的新视角［J］．会计研究．2009，11.

［158］工智宁、工念新、吴金南．知识共享与企业绩效：智力资本的中介作用［J］．中国科技论坛，2014，2.

［159］何玉、唐清亮、王开田．碳信息披露、碳业绩与资本成本［J］．会计研究，2014，1.

［160］李金勇、胡伟清．我国企业知识资本报告的模式探讨［J］．科技进步与对策．2011，2.

［161］姜南、单晓光、漆苏．知识产权密集型产业对中国经济的贡献研究［J］．科学学研究，2014，8.

［162］蒋琰、茅宁．智力资本与财务资本：谁对企业价值创造更有效——来自于江浙地区企业的实证研究［J］．会计研究．2008，7.

［163］蒋艳辉．李林纯．智力资本多源化信息披露、分析师跟踪与企业价值的关系——来自A股主板高新技术企业的经验证据［J］．财贸研究．2014，5.

［164］蒋艳霞、徐程兴．高科技上市公司智力资本信息披露的实证分析

[J]．科技进步与对策．2009，3.

[165] 蒋天颖、王俊江．智力资本、组织学习与企业创新绩效的关系分析 [J]．科研管理．2009，4.

[166] 孔玉生、华东、朱乃平．印度智力资本报告的模式及启示 [J]．财务与会计．2006，3.

[167] 李冬伟、汪克夷．智力资本与高科技企业绩效关系研究 [J]．科学学研究．2009，11.

[168] 李冬伟、李建良．基于企业生命周期的智力资本对企业价值影响研究 [J]．管理学报．2012，5.

[169] 李冬琴．智力资本与企业绩效的关系研究 [D]．浙江大学博士学位论文．2004.

[170] 李慧云、刘镝．市场化进程、自愿性信息披露和权益资本成本 [J]．会计研究，2016，1.

[171] 李经路．错合视角下的企业智力资本价值贡献研究 [J]．软科学，2013，6.

[172] 李越．自愿性信息披露对企业价值影响的研究 [D]．首都经济贸易大学硕士学位论文．2012.

[173] 李林纯．分析师跟踪视阈下智力资本信息披露与企业价值关系研究 [D]．湖南大学硕士学位论文，2015.

[174] 李嘉明、黎富兵．企业智力资本与企业绩效的实证分析 [D]．重庆大学学报（自然科学版）．2004，12.

[175] 李平、李蕾蕾．基础研究对后发国家技术进步的影响——基于技术创新和技术引进的视角 [J]．科学学研究，2014，5.

[176] 李玉平、杨忠英．关于我国企业智力资本信息披露的思考 [J]．经济师．2008，6.

[177] 刘超、原毅军．智力资本对企业绩效影响的实证研究．东北大学学报（社会科学版 [J]）．2008，1.

[178] 刘洪泉、金福．我国企业智力资本报告实施设计 [J]．企业研究．

2014，4.

［179］刘焕、严太华．智力资本、风险投资与高端装备制造企业效率——基于 DSBM 方法与 Tobit 模型的实证研究［J］．山西财经大学学报，2015，5.

［180］刘晓华、工华．市场环境，会计准则国际趋同与会计信息质量［J］．山西财经大学学报，2015，7.

［181］刘玉平、赵兴莉．智力资本驱动企业价值创造的有效性研究——基于智力资本综合评价视角［J］．中央财经大学学报．2013，1.

［182］梁英、李清．公司治理对上市公司信息披露及时性的影响研究［J］．当代经济研巧，2014，9.

［183］罗绮、李辉．企业生命周期、股利决策与投资效率［J］．经济评论，2015，2.

［184］柯剑、谢易颖．机构投资者持股对上市公司信息披露质量的影响［J］．北京工商大学学报，2014，2.

［185］马德林、朱元午．无形资产会计研究中的问题与改进［J］．会计研究．2005，4.

［186］玛格丽特·布莱尔和史蒂文·沃曼．无形财富——来自布鲁金斯无形资产研究特别工作组的报告［M］．王志台、谢诗蕾和陈春华．北京：中国劳动社会保障出版社，2004.

［187］茅宁．无形资产在企业价值创造中的作用与机理分析［J］．外国经济与管理．2001，7.

［188］马跃如、邱俊彦、张玉梅．我国上市公司智力资本与企业价值跨行业研究［J］．中南大学学报，2017（5）.

［189］蒙立元、张婉婧．公司特征与我国创业板企业智力资本信息披露研究［J］．商业会计．2013，6.

［190］宁德保、李莹．上市公司智力资本对财务绩效的影响研究——基于 Pulic 模型的实证分析［J］．山西财经大学学报．2007，11.

［191］潘楚林、田虹．经济新常态下绿色智力资本怎样成为企业的竞争优势［J］．上海财经大学学报，2016，4.

［192］彭洁流．我国企业智力资本信息披露分析［J］．安徽广播电视大学学报．2015，3.

［193］彼得·德鲁克．后资本主义社会［M］．上海：上海译文出版社，2005.

［194］屈志凤．中美上市公司自愿性信息披露制度比较［J］．财会月刊．2009，36.

［195］冉秋红、罗嫣、赵丽．上市公司智力资本信息披露的实证分析及改进设想［M］．经济管理．2007，22.

［196］冉秋红、任重．企业智力资本结构与自主创新绩效—运用 DEA 方法的实践验证［J］．科技进步与对策．2012，12.

［197］饶淑华．智力资本驱动因素及其信息披露研究［D］．复旦大学博士学位论文．2005.

［198］任俊义．企业智力资本研究轨迹与多维研究框架构建［J］．河南社会科学．2015，2.

［199］宋良荣、徐福缘．知识型企业的智力资本核算研究［J］．科学学研究．2004. 2.

［200］苏冬蔚、熊家财．股票流动性、股价信息含量与 CEO 薪酬契约［J］．经济研究，2013，11.

［201］孙东哲．智力资本信息披露与股价相关性研究［D］．苏州大学硕士学位论文．2012.

［202］孙颖．创新制度背景下上市公司智力资本信息披露的现状与思考——基于甘肃省上市公司招股说明书的调查［J］．石家庄经济学院学报．2016，2.

［203］芮明杰．智力资本激励的制度安排［J］．中国工业经济．2002. 9

［204］邵红霞、方军雄．我国上市公司无形资产价值相关性研究：基于无形资产明细分类信息的再检验［J］．会计研究．2006，12.

［205］谭劲松、马军舰．知识经济下的会计创新——初论建立以智力资本为中心的知识会计［J］．会计研究．1999，2.

［206］谭劲松．试论智力资本会计［J］．会计研究．2001，10.

[207] 汤晓建．内部控制、制度环境与企业社会责任信息披露质量 [J]．会计与经济研究，2016，2.

[208] 万希．智力资本对我国运营最佳公司贡献的实证分析 [J]．南开管理评论．2006，3.

[209] 汪海粟、马忠明、陈蕾．基于因素分析的无形资产减值概率测度模型及其应用 [J]．管理世界．2008，6.

[210] 汪海粟、梅良勇、文豪、王娟娟．我国企业无形资产减值及其信息报告——基于问卷调查的实证研究 [J]．管理世界．2009，1.

[211] 王化成、卢闯、李春玲．企业无形资产与未来业绩相关性研究：基于中国资本市场的经验证据 [J]．中国软科学．2005，10.

[212] 王蜀霖．智力资本对企业竞争优势的影响 [D]．北京邮电大学硕士学位论文．2014.

[213] 汪炜、袁东任．盈余质量对自愿性信息披露的影响及作用机理 [J]．统计研究．2014，4.

[214] 王新利、王凯．智力资本对企业绩效贡献的实证研究——基于分位数回归的两行业对比分析 [J]．统计教育．2008，10.

[215] 王勇、许强、许庆瑞．智力资本及其测度研究 [J]．科研管理．2002，4.

[216] 王润．上市公司环境信息披露与企业价值相关性研究 [D]．北京交通大学硕士学位论文．2013.

[217] 王小军、杜坤伦．资本市场化改革与信息披露制度完善——新三板及我国场外市场信息披露制度建设 [J]．财经科学，2016，5.

[218] 王艺霖、王爱群．内控缺陷披露、内控审计与债务资本成本——来自沪市A股上市公司的经验证据 [J]．中国软科学，2014，2.

[219] 王智宁、吴应宇、叶新．智力资本与企业可持续成长关系的实证分析——基于中国信息技术业上市公司的证据 [J]．管理科学．2008，12.

[220] 王智宁、王念新、吴金南．知识共享与企业绩效：智力资本的中介作用 [J]．中国科技论坛，2014，2.

[221] 文豪、汪海粟．无形资产信息不对称问题研究 [J]．中南财经政法大学学报．2005，3.

[222] 武志伟、茅宁．智力资本度量的记分卡方法评述 [J]．科研管理．2003. 4.

[223] 肖建华、李雅楠．知识生产模式变革中的科研组织智力资本结构特征 [J]．科技进步与对策，2014，03.

[224] 徐程兴．企业智力资本报告的探讨 [J]．中国工业经济．2003，8.

[225] 徐玲芳、孔玉生、朱乃平．谈智力资本报告模式标准化 [J]．财会月刊．2006，11.

[226] 徐晟．会计信息质量影响权益资本成本的实证分析 [J]．经济管理，2013，10.

[227] 徐晟、袁德玉、赵惠芳、徐媛．互补性专利下创业企业协同创新投资策略研究 [J]．科技进步与对策，2013，6.

[228] 徐笑君．组织智力资本增长过程研究——以突变型组织智力资本增长为例 [J]．研究与发展管理．2006，2.

[229] 徐笑君．基于学习的智力资本转换管理研究 [J]．研究与发展管理．2001，4.

[230] 杨晓丹．智力资本对企业价值贡献的有效性研究——基于中国上市公司的经验证据 [J]．财经理论与实践，2014，35.

[231] 杨肖丽、张一帆、王秋兵．智力资本及其评价方法研究综述 [J]．商业经济研究．2015，4.

[232] 杨政、董必荣、施平．智力资本信息披露困境评析 [J]．会计研究．2007，1.

[233] 余绪缨．智力资产与智力资本会计的几个理论问题 [J]．经济学家．2004. 4.

[234] 于团叶、张逸化、宋晓瓶．自愿性信息披露程度及其影响因素研究——以我国创业板公司为例 [J]．审计与经济研究，2013，2.

[235] 余玮、郑颖、辛琳．企业社会责任报告披露的影响因素研究——基于控股股东和外资股东视角［J］．审计与经济研究，2017，2.

[236] 原毅军．基于智力资本的企业战略研究［J］．大连理工大学学报（社会科学版）．2006，1.

[237] 原毅军．我国软件企业智力资本价值创造潜力的评估［J］．中国工业经济．2006，3.

[238] 原毅军．智力资本投资与企业资本化发展——基于软件上市公司的实证研究［J］．大连理工大学学报（社会科学版）．2009，2.

[239] 张程睿．公司信息披露对投资者保护的有效性——对中国上市公司 2001—2013 年年报披露的实证分析［J］．经济评论，2016，1.

[240] 张丹．我国企业智力资本报告建立的现实基础——来自上市公司年报的检验［J］．会计研究．2008 a，1.

[241] 张丹．我国上市公司智力资本信息披露的市场效应研究——基于上市公司招股说明书的经验证据［J］．软科学．2008b，11.

[242] 张丹、张韵．西方智力资本报告研究进展及其对我国的启示［J］．财会通讯，2006a，2.

[243] 张丹、张韵．国外典型企业智力资本报告模式的比较及启示［J］．中国资产评估．2006b，7.

[244] 张丹、牛晓君．企业智力资本报告的国际演进与发展［J］．工业技术经济．2009，1.

[245] 张娟．产学研协同创新中智力资本的转化路径［J］．科技管理研究．2017，17.

[246] 张军华．产品市场竞争、制度环境与权益资本成本［J］．山西财经学报，2014，4.

[247] 张露．智力资本信息披露与 IPO 抑价的相关性研究——基于创业板上市公司［J］．知识经济．2016，14.

[248] 张敏、李延喜．企业家声誉对债务融资影响研巧［J］．大连理工大学学报，2014，1.

[249] 张同建，蒲勇健．公平性偏好、知识资本开发与企业成长性的相关性研究——基于高科技中小风险企业样本数据的检验［J］．软科学．2011，2.

[250] 张文、王昊、苑巧．信息质量与证券分析师预测精度［J］．江西财经大学学报，2015，2.

[251] 张学勇、何蛟、陶醉．会计师事务所声誉能有效降低上市公司权益资本成本吗？［J］．审计研究，2014，5.

[252] 张秀敏、汪瑾、薛宇、李晓琳．语义分析方法在企业环境信息披露研究中的应用［J］．会计研究，2016，1.

[253] 张玉喜、赵耀辉．科技型企业智力资本与创新类型的关系［J］．科技管理研究，2017（3）．

[254] 张玉梅．企业环境财务信息披露与企业价值的关系研究［D］．湖南师范大学硕士学位论文．2013.

[255] 张炜、王重鸣．高技术企业创业智力资本结构验证性因素分析［J］．科学学研究．2007，6.

[256] 张炜、袁晓璐．技术企业创业智力资本与成长绩效实证研究［J］．科学学研究 2008，6.

[257] 曾洁琼．企业智力资本报告现状与前瞻［J］．湖北经济学院学报（人文社会科学版）．2006a，10.

[258] 曾洁琼．企业智力资本报告研究［J］．管理科学．2006b，10.

[259] 曾洁琼．智力资本计量问题研究［J］．中国工业经济．2006c，3.

[260] 曾洁琼、陈君宁．智力资本报告和财务报告的结合：智力会计计分卡［J］．财会月刊．2006a，1.

[261] 曾洁琼、陈君宁．谈智力资本报告效应发挥的障碍［J］．财会月刊．2006b，10.

[262] 曾洁琼．智力资本报告和信用风险分析的关系研究［J］．科技管理研究．2008，12.

[263] 曾珍香、王梦雅、张早春．企业社会责任报告质量、表现与治理

机制——基于中国上市公司的实证研究［J］. 软科学，2017，10.

［264］赵小玮. 智力资本信息披露影响因素研究——以湖北上市企业为例［J］. 现代经济信息. 2015，15.

［265］周嘉南、雷霆. 股权激励影响上市公司权益资本成本了吗?［J］. 管理评论，2014，3.

［266］钟马、徐光华. 社会责任信息披露、财务信息质量与投资效率——基于“强制披露时代”中国上市公司的证据［J］. 管理评论，2017，2.

［267］朱学义. 我国智力资本会计应用初探［J］. 会计研究. 2004，8.

［268］朱瑜、王雁飞、蓝海林. 企业文化、智力资本与组织绩效关系研究［J］. 科学学研究 2007，5.

［269］朱瑜、王雁飞、蓝海林. 智力资本理论研究新进展［J］. 外国经济与管理. 2007，9.

附录1 样本企业基本信息一览表

股票代码	上市年份	公司名称	所处行业
300001	2009	特锐德	电气机械及器材制造业
300002	2009	神州泰岳	软件和信息技术服务业
300003	2009	乐普医疗	专用设备制造业
300004	2009	南风股份	通用设备制造业
300005	2009	探路者	纺织服装、服饰业
300006	2009	莱美药业	医药制造业
300007	2009	汉威科技	仪器仪表制造业
300008	2009	天海防务	专业技术服务业
300009	2009	安科生物	医药制造业
300010	2009	立思辰	软件和信息技术服务业
300011	2009	鼎汉技术	铁路、船舶、航空航天和其他运输设备制造业
300012	2009	华测检测	专业技术服务业
300013	2009	新宁物流	仓储业
300014	2009	亿纬锂能	电气机械及器材制造业
300015	2009	爱尔眼科	卫生
300016	2009	北陆药业	医药制造业
300017	2009	网宿科技	软件和信息技术服务业
300018	2009	中元股份	电气机械及器材制造业
300019	2009	硅宝科技	化学原料及化学制品制造业
300020	2009	银江股份	软件和信息技术服务业
300021	2009	大禹节水	橡胶和塑料制品业
300022	2009	吉峰农机	零售业
300023	2009	宝德股份	租赁业
300024	2009	机器人	通用设备制造业
300025	2009	华星创业	软件和信息技术服务业
300026	2009	红日药业	医药制造业
300027	2009	华谊兄弟	广播、电视、电影和影视录音制作业
300028	2009	金亚科技	计算机、通信和其他电子设备制造业
300029	2009	天龙光电	专用设备制造业
300030	2009	阳普医疗	专用设备制造业
300031	2009	宝通科技	互联网和相关服务
300032	2009	金龙机电	电气机械及器材制造业
300033	2009	同花顺	软件和信息技术服务业
300034	2009	钢研高纳	有色金属冶炼及压延加工业
300035	2009	中科电气	专用设备制造业

续表 1

股票代码	上市年份	公司名称	所处行业
300036	2009	超图软件	软件和信息技术服务业
300037	2010	新宙邦	化学原料及化学制品制造业
300038	2010	梅泰诺	计算机、通信和其他电子设备制造业
300039	2010	上海凯宝	医药制造业
300040	2010	九洲电气	电气机械及器材制造业
300041	2010	回天新材	化学原料及化学制品制造业
300042	2010	朗科科技	计算机、通信和其他电子设备制造业
300043	2010	星辉娱乐	文教、工美、体育和娱乐用品制造业
300044	2010	赛为智能	软件和信息技术服务业
300045	2010	华力创通	专用设备制造业
300046	2010	台基股份	计算机、通信和其他电子设备制造业
300047	2010	天源迪科	软件和信息技术服务业
300048	2010	合康新能	电气机械及器材制造业
300049	2010	福瑞股份	医药制造业
300050	2010	世纪鼎利	软件和信息技术服务业
300051	2010	三五互联	软件和信息技术服务业
300052	2010	中青宝	互联网和相关服务
300053	2010	欧比特	计算机、通信和其他电子设备制造业
300054	2010	鼎龙股份	化学原料及化学制品制造业
300055	2010	万邦达	土木工程建筑业
300056	2010	三维丝	专用设备制造业
300057	2010	万顺股份	有色金属冶炼及压延加工业
300058	2010	蓝色光标	商务服务业
300059	2010	东方财富	互联网和相关服务
300061	2010	康旗股份	其他制造业
300062	2010	中能电气	电气机械及器材制造业
300063	2010	天龙集团	商务服务业
300064	2010	豫金刚石	非金属矿物制品业
300065	2010	海兰信	计算机、通信和其他电子设备制造业
300066	2010	三川智慧	仪器仪表制造业
300067	2010	安诺其	化学原料及化学制品制造业
300068	2010	南都电源	电气机械及器材制造业
300069	2010	金利华电	电气机械及器材制造业

续表 2

股票代码	上市年份	公司名称	所处行业
300070	2010	碧水源	生态保护和环境治理业
300071	2010	华谊嘉信	商务服务业
300072	2010	三聚环保	化学原料及化学制品制造业
300073	2010	当升科技	非金属矿物制品业
300074	2010	华平股份	软件和信息技术服务业
300075	2010	数字政通	软件和信息技术服务业
300076	2010	GQY 视讯	计算机、通信和其他电子设备制造业
300077	2010	国民技术	计算机、通信和其他电子设备制造业
300078	2010	思创医惠	计算机、通信和其他电子设备制造业
300079	2010	数码科技	计算机、通信和其他电子设备制造业
300080	2010	易成新能	非金属矿物制品业
300081	2010	恒信东方	零售业
300082	2010	奥克股份	化学原料及化学制品制造业
300083	2010	劲胜智能	计算机、通信和其他电子设备制造业
300084	2010	海默科技	开采辅助活动
300085	2010	银之杰	软件和信息技术服务业
300086	2010	康芝药业	医药制造业
300087	2010	荃银高科	农业
300088	2010	长信科技	计算机、通信和其他电子设备制造业
300089	2010	文化长城	非金属矿物制品业
300090	2010	盛运环保	通用设备制造业
300091	2010	金通灵	通用设备制造业
300092	2010	科新机电	专用设备制造业
300093	2010	金刚玻璃	非金属矿物制品业
300094	2010	国联水产	渔业
300095	2010	华伍股份	专用设备制造业
300096	2010	易联众	软件和信息技术服务业
300097	2010	智云股份	通用设备制造业
300098	2010	高新兴	软件和信息技术服务业
300099	2010	精准信息	专用设备制造业
300100	2010	双林股份	汽车制造业
300101	2010	振芯科技	计算机、通信和其他电子设备制造业
300102	2010	乾照光电	计算机、通信和其他电子设备制造业

续表 3

股票代码	上市年份	公司名称	所处行业
300103	2010	达刚路机	专用设备制造业
300104	2010	乐视网	互联网和相关服务
300105	2010	龙源技术	电气机械及器材制造业
300106	2010	西部牧业	畜牧业
300107	2010	建新股份	化学原料及化学制品制造业
300108	2010	吉药控股	医药制造业
300109	2010	新开源	化学原料及化学制品制造业
300110	2010	华仁药业	医药制造业
300111	2010	向日葵	计算机、通信和其他电子设备制造业
300112	2010	万讯自控	仪器仪表制造业
300113	2010	顺网科技	互联网和相关服务
300114	2010	中航电测	计算机、通信和其他电子设备制造业
300115	2010	长盈精密	计算机、通信和其他电子设备制造业
300116	2010	坚瑞沃能	电气机械及器材制造业
300117	2010	嘉寓股份	建筑装饰和其他建筑业
300118	2010	东方日升	计算机、通信和其他电子设备制造业
300119	2010	瑞普生物	医药制造业
300120	2010	经纬电材	电气机械及器材制造业
300121	2010	阳谷华泰	化学原料及化学制品制造业
300122	2010	智飞生物	医药制造业
300123	2010	太阳鸟	铁路、船舶、航空航天和其它运输设备制造业
300124	2010	汇川技术	电气机械及器材制造业
300125	2010	易世达	专业技术服务业
300126	2010	锐奇股份	通用设备制造业
300127	2010	银河磁体	计算机、通信和其他电子设备制造业
300128	2010	锦富技术	计算机、通信和其他电子设备制造业
300129	2010	泰胜风能	电气机械及器材制造业
300130	2010	新国都	专用设备制造业
300131	2010	英唐智控	批发业
300132	2010	青松股份	化学原料及化学制品制造业
300133	2010	华策影视	广播、电视、电影和影视录音制作业
300134	2010	大富科技	计算机、通信和其他电子设备制造业
300135	2010	宝利国际	化学原料及化学制品制造业

续表 4

股票代码	上市年份	公司名称	所处行业
300136	2010	信维通信	计算机、通信和其他电子设备制造业
300137	2010	先河环保	仪器仪表制造业
300138	2010	晨光生物	农副食品加工业
300139	2010	晓程科技	计算机、通信和其他电子设备制造业
300140	2010	中环装备	电气机械及器材制造业
300141	2010	和顺电气	电气机械及器材制造业
300142	2010	沃森生物	医药制造业
300143	2010	星普医科	农业
300144	2010	宋城演艺	文化艺术业
300145	2010	中金环境	通用设备制造业
300146	2010	汤臣倍健	食品制造业
300147	2010	香雪制药	医药制造业
300148	2010	天舟文化	新闻和出版业
300149	2010	量子高科	食品制造业
300150	2010	世纪瑞尔	软件和信息技术服务业
300151	2010	昌红科技	专用设备制造业
300152	2010	科融环境	生态保护和环境治理业
300153	2010	科泰电源	电气机械及器材制造业
300154	2010	瑞凌股份	通用设备制造业
300155	2011	安居宝	计算机、通信和其他电子设备制造业
300156	2011	神雾环保	专用设备制造业
300157	2011	恒泰艾普	开采辅助活动
300158	2011	振东制药	医药制造业
300159	2011	新研股份	专用设备制造业
300160	2011	秀强股份	非金属矿物制品业
300161	2011	华中数控	通用设备制造业
300162	2011	雷曼股份	计算机、通信和其他电子设备制造业
300163	2011	先锋新材	其他制造业
300164	2011	通源石油	开采辅助活动
300165	2011	天瑞仪器	仪器仪表制造业
300166	2011	东方国信	软件和信息技术服务业
300167	2011	迪威视讯	软件和信息技术服务业
300168	2011	万达信息	软件和信息技术服务业

续表5

股票代码	上市年份	公司名称	所处行业
300169	2011	天晟新材	橡胶和塑料制品业
300170	2011	汉得信息	软件和信息技术服务业
300171	2011	东富龙	专用设备制造业
300172	2011	中电环保	生态保护和环境治理业
300173	2011	智慧松德	专用设备制造业
300174	2011	元力股份	化学原料及化学制品制造业
300175	2011	朗源股份	农副食品加工业
300176	2011	鸿特精密	汽车制造业
300177	2011	中海达	计算机、通信和其他电子设备制造业
300178	2011	腾邦国际	商务服务业
300179	2011	四方达	非金属矿物制品业
300180	2011	华峰超纤	橡胶和塑料制品业
300181	2011	佐力药业	医药制造业
300182	2011	捷成股份	软件和信息技术服务业
300183	2011	东软载波	软件和信息技术服务业
300184	2011	力源信息	批发业
300185	2011	通裕重工	通用设备制造业
300186	2011	大华农	医药制造业
300187	2011	永清环保	生态保护和环境治理业
300188	2011	美亚柏科	软件和信息技术服务业
300189	2011	神农基因	农业
300190	2011	维尔利	生态保护和环境治理业
300191	2011	潜能恒信	开采辅助活动
300192	2011	科斯伍德	化学原料及化学制品制造业
300193	2011	佳士科技	通用设备制造业
300194	2011	福安药业	医药制造业
300195	2011	长荣股份	专用设备制造业
300196	2011	长海股份	非金属矿物制品业
300197	2011	铁汉生态	土木工程建筑业
300198	2011	纳川股份	橡胶和塑料制品业
300199	2011	翰宇药业	医药制造业
300200	2011	高盟新材	化学原料及化学制品制造业
300201	2011	海伦哲	专用设备制造业

续表 6

股票代码	上市年份	公司名称	所处行业
300202	2011	聚龙股份	通用设备制造业
300203	2011	聚光科技	仪器仪表制造业
300204	2011	舒泰神	医药制造业
300205	2011	天喻信息	计算机、通信和其他电子设备制造业
300206	2011	理邦仪器	专用设备制造业
300207	2011	欣旺达	电气机械及器材制造业
300208	2011	恒顺众昇	电气机械及器材制造业
300209	2011	天泽信息	软件和信息技术服务业
300210	2011	森远股份	专用设备制造业
300211	2011	亿通科技	计算机、通信和其他电子设备制造业
300212	2011	易华录	软件和信息技术服务业
300213	2011	佳讯飞鸿	计算机、通信和其他电子设备制造业
300214	2011	日科化学	化学原料及化学制品制造业
300215	2011	电科院	专业技术服务业
300216	2011	千山药机	专用设备制造业
300217	2011	东方电热	电气机械及器材制造业
300218	2011	安利股份	橡胶和塑料制品业
300219	2011	鸿利智汇	计算机、通信和其他电子设备制造业
300220	2011	金运激光	计算机、通信和其他电子设备制造业
300221	2011	银禧科技	橡胶和塑料制品业
300222	2011	科大智能	电气机械及器材制造业
300223	2011	北京君正	计算机、通信和其他电子设备制造业
300224	2011	正海磁材	非金属矿物制品业
300225	2011	金力泰	化学原料及化学制品制造业
300226	2011	上海钢联	互联网和相关服务
300227	2011	光韵达	计算机、通信和其他电子设备制造业
300228	2011	富瑞特装	专用设备制造业
300229	2011	拓尔思	软件和信息技术服务业
300230	2011	永利股份	橡胶和塑料制品业
300231	2011	银信科技	软件和信息技术服务业
300232	2011	洲明科技	计算机、通信和其他电子设备制造业
300233	2011	金城医药	医药制造业
300234	2011	开尔新材	非金属矿物制品业

续表 7

股票代码	上市年份	公司名称	所处行业
300235	2011	方直科技	软件和信息技术服务业
300236	2011	上海新阳	化学原料及化学制品制造业
300237	2011	美晨科技	土木工程建筑业
300238	2011	冠昊生物	专用设备制造业
300239	2011	东宝生物	医药制造业
300240	2011	飞力达	仓储业
300241	2011	瑞丰光电	计算机、通信和其他电子设备制造业
300242	2011	明家联合	互联网和相关服务
300243	2011	瑞丰高材	化学原料及化学制品制造业
300244	2011	迪安诊断	卫生
300245	2011	天玑科技	软件和信息技术服务业
300246	2011	宝莱特	专用设备制造业
300247	2011	乐金健康	电气机械及器材制造业
300248	2011	新开普	软件和信息技术服务业
300249	2011	依米康	专用设备制造业
300250	2011	初灵信息	计算机、通信和其他电子设备制造业
300251	2011	光线传媒	广播、电视、电影和影视录音制作业
300252	2011	金信诺	电气机械及器材制造业
300253	2011	卫宁健康	软件和信息技术服务业
300254	2011	仟源医药	医药制造业
300255	2011	常山药业	医药制造业
300256	2011	星星科技	计算机、通信和其他电子设备制造业
300257	2011	开山股份	通用设备制造业
300258	2011	精锻科技	汽车制造业
300259	2011	新天科技	仪器仪表制造业
300260	2011	新莱应材	通用设备制造业
300261	2011	雅本化学	化学原料及化学制品制造业
300262	2011	巴安水务	土木工程建筑业
300263	2011	隆华节能	通用设备制造业
300264	2011	佳创视讯	软件和信息技术服务业
300265	2011	通光线缆	电气机械及器材制造业
300266	2011	兴源环境	生态保护和环境治理业
300267	2011	尔康制药	医药制造业

续表 8

股票代码	上市年份	公司名称	所处行业
300268	2011	佳沃股份	农副食品加工业
300269	2011	联建光电	商务服务业
300270	2011	中威电子	计算机、通信和其他电子设备制造业
300271	2011	华宇软件	软件和信息技术服务业
300272	2011	开能环保	电气机械及器材制造业
300273	2011	和佳股份	专用设备制造业
300274	2011	阳光电源	电气机械及器材制造业
300275	2011	梅安森	软件和信息技术服务业
300276	2011	三丰智能	专用设备制造业
300277	2011	海联讯	软件和信息技术服务业
300278	2011	华昌达	专用设备制造业
300279	2011	和晶科技	电气机械及器材制造业
300280	2011	南通锻压	通用设备制造业
300281	2011	金明精机	专用设备制造业
300282	2011	汇冠股份	计算机、通信和其他电子设备制造业
300283	2012	温州宏丰	电气机械及器材制造业
300284	2012	苏交科	专业技术服务业
300285	2012	国瓷材料	化学原料及化学制品制造业
300286	2012	安科瑞	仪器仪表制造业
300287	2012	飞利信	软件和信息技术服务业
300288	2012	朗玛信息	电信、广播电视和卫星传输服务
300289	2012	利德曼	医药制造业
300290	2012	荣科科技	软件和信息技术服务业
300291	2012	华录百纳	广播、电视、电影和影视录音制作业
300292	2012	吴通控股	计算机、通信和其他电子设备制造业
300293	2012	蓝英装备	专用设备制造业
300294	2012	博雅生物	医药制造业
300295	2012	三六五网	互联网和相关服务
300296	2012	利亚德	计算机、通信和其他电子设备制造业
300297	2012	蓝盾股份	软件和信息技术服务业
300298	2012	三诺生物	专用设备制造业
300299	2012	富春股份	软件和信息技术服务业
300300	2012	汉鼎宇佑	软件和信息技术服务业

续表 9

股票代码	上市年份	公司名称	所处行业
300301	2012	长方集团	计算机、通信和其他电子设备制造业
300302	2012	同有科技	软件和信息技术服务业
300303	2012	聚飞光电	计算机、通信和其他电子设备制造业
300304	2012	云意电气	汽车制造业
300305	2012	裕兴股份	橡胶和塑料制品业
300306	2012	远方信息	仪器仪表制造业
300307	2012	慈星股份	专用设备制造业
300308	2012	中际装备	专用设备制造业
300309	2012	吉艾科技	仪器仪表制造业
300310	2012	宜通世纪	电信、广播电视和卫星传输服务
300311	2012	任子行	软件和信息技术服务业
300312	2012	邦讯技术	软件和信息技术服务业
300313	2012	天山生物	畜牧业
300314	2012	戴维医疗	专用设备制造业
300315	2012	掌趣科技	互联网和相关服务
300316	2012	晶盛机电	专用设备制造业
300317	2012	珈伟股份	电气机械及器材制造业
300318	2012	博晖创新	专用设备制造业
300319	2012	麦捷科技	计算机、通信和其他电子设备制造业
300320	2012	海达股份	橡胶和塑料制品业
300321	2012	同大股份	橡胶和塑料制品业
300322	2012	硕贝德	计算机、通信和其他电子设备制造业
300323	2012	华灿光电	计算机、通信和其他电子设备制造业
300324	2012	旋极信息	软件和信息技术服务业
300325	2012	德威新材	橡胶和塑料制品业
300326	2012	凯利泰	专用设备制造业
300327	2012	中颖电子	计算机、通信和其他电子设备制造业
300328	2012	宜安科技	金属制品业
300329	2012	海伦钢琴	文教、工美、体育和娱乐用品制造业
300330	2012	华虹计通	软件和信息技术服务业
300331	2012	苏大维格	计算机、通信和其他电子设备制造业
300332	2012	天壕环境	燃气生产和供应业
300333	2012	兆日科技	软件和信息技术服务业

续表 10

股票代码	上市年份	公司名称	所处行业
300334	2012	津膜科技	专用设备制造业
300335	2012	迪森股份	电力、热力生产和供应业
300336	2012	新文化	广播、电视、电影和影视录音制作业
300337	2012	银邦股份	有色金属冶炼及压延加工业
300338	2012	开元股份	仪器仪表制造业
300339	2012	润和软件	软件和信息技术服务业
300340	2012	科恒股份	计算机、通信和其他电子设备制造业
300341	2012	麦迪电气	电气机械及器材制造业
300342	2012	天银机电	电气机械及器材制造业
300343	2012	联创互联	互联网和相关服务
300344	2012	太空板业	非金属矿物制品业
300345	2012	红宇新材	金属制品业
300346	2012	南大光电	计算机、通信和其他电子设备制造业
300347	2012	泰格医药	卫生
300348	2012	长亮科技	软件和信息技术服务业
300349	2012	金卡智能	仪器仪表制造业
300350	2012	华鹏飞	仓储业
300351	2012	永贵电器	计算机、通信和其他电子设备制造业
300352	2012	北信源	软件和信息技术服务业
300353	2012	东土科技	计算机、通信和其他电子设备制造业
300354	2012	东华测试	仪器仪表制造业
300355	2012	蒙草生态	生态保护和环境治理业
300356	2012	光一科技	电气机械及器材制造业
300357	2014	我武生物	医药制造业
300358	2014	楚天科技	专用设备制造业
300359	2014	全通教育	软件和信息技术服务业
300360	2014	炬华科技	仪器仪表制造业
300362	2014	天翔环境	通用设备制造业
300363	2014	博腾股份	医药制造业
300364	2015	中文在线	新闻和出版业
300365	2014	恒华科技	软件和信息技术服务业
300366	2014	创意信息	软件和信息技术服务业
300367	2014	东方网力	计算机、通信和其他电子设备制造业

续表 11

股票代码	上市年份	公司名称	所处行业
300368	2014	汇金股份	专用设备制造业
300369	2014	绿盟科技	软件和信息技术服务业
300370	2014	安控科技	仪器仪表制造业
300371	2014	汇中股份	仪器仪表制造业
300372	2014		
300373	2014	扬杰科技	计算机、通信和其他电子设备制造业
300374	2015	恒通科技	非金属矿物制品业
300375	2014	鹏翎股份	橡胶和塑料制品业
300376	2014	易事特	电气机械及器材制造业
300377	2014	赢时胜	软件和信息技术服务业
300378	2014	鼎捷软件	软件和信息技术服务业
300379	2014	东方通	软件和信息技术服务业
300380	2014	安硕信息	软件和信息技术服务业
300381	2014	溢多利	食品制造业
300382	2014	斯莱克	专用设备制造业
300383	2014	光环新网	软件和信息技术服务业
300384	2014	三联虹普	专业技术服务业
300385	2014	雪浪环境	专用设备制造业
300386	2014	飞天诚信	软件和信息技术服务业
300387	2014	富邦股份	化学原料及化学制品制造业
300388	2014	国祯环保	生态保护和环境治理业
300389	2014	艾比森	计算机、通信和其他电子设备制造业
300390	2014	天华超净	计算机、通信和其他电子设备制造业
300391	2014	康跃科技	通用设备制造业
300392	2014	腾信股份	互联网和相关服务
300393	2014	中来股份	计算机、通信和其他电子设备制造业
300394	2015	天孚通信	计算机、通信和其他电子设备制造业
300395	2014	菲利华	非金属矿物制品业
300396	2014	迪瑞医疗	专用设备制造业
300397	2014	天和防务	计算机、通信和其他电子设备制造业
300398	2014	飞凯材料	化学原料及化学制品制造业
300399	2014	京天利	软件和信息技术服务业
300400	2014	劲拓股份	专用设备制造业

续表 12

股票代码	上市年份	公司名称	所处行业
300401	2014	花园生物	食品制造业
300402	2014	宝色股份	专用设备制造业
300403	2014	地尔汉宇	电气机械及器材制造业
300404	2015	博济医药	研究和试验发展
300405	2014	科隆股份	化学原料及化学制品制造业
300406	2014	九强生物	医药制造业
300407	2014	凯发电气	电气机械及器材制造业
300408	2014	三环集团	计算机、通信和其他电子设备制造业
300409	2014	道氏技术	非金属矿物制品业
300410	2014	正业科技	仪器仪表制造业
300411	2014	金盾股份	通用设备制造业
300412	2014	迦南科技	专用设备制造业
300413	2015	快乐购	零售业
300414	2015	中光防雷	计算机、通信和其他电子设备制造业
300415	2015	伊之密	专用设备制造业
300416	2015	苏试试验	仪器仪表制造业
300417	2015	南华仪器	仪器仪表制造业
300418	2015	昆仑万维	互联网和相关服务
300419	2015	浩丰科技	软件和信息技术服务业
300420	2015	五洋科技	通用设备制造业
300421	2015	力星股份	通用设备制造业
300422	2015	博世科	生态保护和环境治理业
300423	2015	鲁亿通	电气机械及器材制造业
300424	2015	航新科技	铁路、船舶、航空航天和其他运输设备制造业
300425	2015	环能科技	专用设备制造业
300426	2015	唐德影视	广播、电视、电影和影视录音制作业
300427	2015	红相电力	电气机械及器材制造业
300428	2015	四通新材	有色金属冶炼及压延加工业
300429	2015	强力新材	化学原料及化学制品制造业
300430	2015	诚益通	仪器仪表制造业
300431	2015	暴风集团	互联网和相关服务
300432	2015	富临精工	汽车制造业
300433	2015	蓝思科技	计算机、通信和其他电子设备制造业

续表 13

股票代码	上市年份	公司名称	所处行业
300434	2015	金石东方	专用设备制造业
300435	2015	中泰股份	通用设备制造业
300436	2015	广生堂	医药制造业
300437	2015	清水源	化学原料及化学制品制造业
300438	2015	鹏辉能源	电气机械及器材制造业
300439	2015	美康生物	医药制造业
300440	2015	运达科技	软件和信息技术服务业
300441	2015	鲍斯股份	通用设备制造业
300442	2015	普丽盛	专用设备制造业
300443	2015	金雷风电	专用设备制造业
300444	2015	双杰电气	电气机械及器材制造业
300445	2015	康斯特	仪器仪表制造业
300446	2015	乐凯新材	化学原料及化学制品制造业
300447	2015	全信股份	电气机械及器材制造业
300448	2015	浩云科技	软件和信息技术服务业
300449	2015	汉邦高科	计算机、通信和其他电子设备制造业
300450	2015	先导智能	专用设备制造业
300451	2015	创业软件	软件和信息技术服务业
300452	2015	山河药辅	医药制造业
300453	2015	三鑫医疗	专用设备制造业
300455	2015	康拓红外	计算机、通信和其他电子设备制造业
300456	2015	耐威科技	计算机、通信和其他电子设备制造业
300457	2015	赢合科技	专用设备制造业
300458	2015	全志科技	计算机、通信和其他电子设备制造业
300459	2015	金科文化	化学原料及化学制品制造业
300460	2015	惠伦晶体	计算机、通信和其他电子设备制造业
300461	2015	田中精机	专用设备制造业
300462	2015	华铭智能	专用设备制造业
300463	2015	迈克生物	医药制造业
300464	2015	星徽精密	金属制品业
300465	2015	高伟达	软件和信息技术服务业
300466	2015	赛摩电气	仪器仪表制造业
300467	2015	迅游科技	互联网和相关服务

续表 14

股票代码	上市年份	公司名称	所处行业
300468	2015	四方精创	软件和信息技术服务业
300469	2015	信息发展	软件和信息技术服务业
300470	2015	日机密封	通用设备制造业
300471	2015	厚普股份	专用设备制造业
300472	2015	新元科技	专用设备制造业
300473	2015	德尔股份	通用设备制造业
300474	2016	景嘉微	计算机、通信和其他电子设备制造业
300475	2015	聚隆科技	电气机械及器材制造业
300476	2015	胜宏科技	计算机、通信和其他电子设备制造业
300477	2015	合纵科技	电气机械及器材制造业
300478	2015	杭州高新	橡胶和塑料制品业
300479	2015	神思电子	计算机、通信和其他电子设备制造业
300480	2015	光力科技	仪器仪表制造业
300481	2015	濮阳惠成	化学原料及化学制品制造业
300482	2015	万孚生物	医药制造业
300483	2015	沃施股份	其他制造业
300484	2016	蓝海华腾	电气机械及器材制造业
300485	2015	赛升药业	医药制造业
300486	2015	东杰智能	专用设备制造业
300487	2015	蓝晓科技	化学原料及化学制品制造业
300488	2015	恒锋工具	金属制品业
300489	2015	中飞股份	有色金属冶炼及压延加工业
300490	2015	华自科技	电气机械及器材制造业
300491	2015	通合科技	电气机械及器材制造业
300492	2015	山鼎设计	专业技术服务业
300493	2015	润欣科技	软件和信息技术服务业
300494	2015	盛天网络	互联网和相关服务
300495	2015	美尚生态	土木工程建筑业
300496	2015	中科创达	软件和信息技术服务业
300497	2015	富祥股份	医药制造业
300498	2015	温氏股份	畜牧业
300499	2016	高澜股份	电气机械及器材制造业
300500	2016	启迪设计	专业技术服务业

续表15

股票代码	上市年份	公司名称	所处行业
300501	2016	海顺新材	医药制造业
300502	2016	新易盛	计算机、通信和其他电子设备制造业
300503	2016	昊志机电	通用设备制造业
300505	2016	川金诺	化学原料及化学制品制造业
300506	2016	名家汇	建筑装饰和其他建筑业
300507	2016	苏奥传感	汽车制造业
300508	2016	维宏股份	软件和信息技术服务业
300509	2016	新美星	专用设备制造业
300510	2016	金冠电气	电气机械及器材制造业
300511	2016	雪榕生物	农业
300512	2016	中亚股份	通用设备制造业
300513	2016	恒泰实达	软件和信息技术服务业
300515	2016	三德科技	仪器仪表制造业
300516	2016	久之洋	计算机、通信和其他电子设备制造业
300517	2016	海波重科	土木工程建筑业
300518	2016	盛讯达	软件和信息技术服务业
300519	2016	新光药业	医药制造业
300520	2016	科大国创	软件和信息技术服务业
300521	2016	爱司凯	专用设备制造业
300522	2016	世名科技	化学原料及化学制品制造业
300523	2016	辰安科技	软件和信息技术服务业
300525	2016	博思软件	软件和信息技术服务业
300526	2016	中潜股份	专用设备制造业
300527	2016	华舟应急	专用设备制造业
300528	2016	幸福蓝海	广播、电视、电影和影视录音制作业
300529	2016	健帆生物	专用设备制造业
300530	2016	达志科技	化学原料及化学制品制造业
300531	2016	优博讯	计算机、通信和其他电子设备制造业
300532	2016	今天国际	软件和信息技术服务业
300533	2016	冰川网络	软件和信息技术服务业
300534	2016	陇神戎发	医药制造业
300535	2016	达威股份	化学原料及化学制品制造业
300536	2016	农尚环境	土木工程建筑业
300537	2016	广信材料	化学原料及化学制品制造业
300538	2016	同益股份	批发业

续表 16

股票代码	上市年份	公司名称	所处行业
300539	2016	横河模具	橡胶和塑料制品业
300540	2016	深冷股份	通用设备制造业
300541	2016	先进数通	软件和信息技术服务业
300542	2016	新晨科技	软件和信息技术服务业
300543	2016	朗科智能	计算机、通信和其他电子设备制造业
300545	2016	联得装备	专用设备制造业
300546	2016	雄帝科技	计算机、通信和其他电子设备制造业
300547	2016	川环科技	橡胶和塑料制品业
300548	2016	博创科技	计算机、通信和其他电子设备制造业
300549	2016	优德精密	专用设备制造业
300550	2016	和仁科技	软件和信息技术服务业
300551	2016	古鳌科技	专用设备制造业
300552	2016	万集科技	软件和信息技术服务业
300553	2016	集智股份	仪器仪表制造业
300555	2016	路通视信	计算机、通信和其他电子设备制造业
300556	2016	丝路视觉	软件和信息技术服务业
300557	2016	理工光科	仪器仪表制造业
300558	2016	贝达药业	医药制造业
300559	2016	佳发安泰	软件和信息技术服务业
300560	2016	中富通	软件和信息技术服务业
300561	2016	汇金科技	软件和信息技术服务业
300562	2016	乐心医疗	专用设备制造业
300563	2016	神宇股份	计算机、通信和其他电子设备制造业
300565	2016	科信技术	计算机、通信和其他电子设备制造业
300566	2016	激智科技	计算机、通信和其他电子设备制造业
300567	2016	精测电子	仪器仪表制造业
300568	2016	星源材质	化学原料及化学制品制造业
300569	2016	天能重工	电气机械及器材制造业
300570	2016	太辰光	计算机、通信和其他电子设备制造业
300571	2016	平治信息	互联网和相关服务
300572	2016	安车检测	仪器仪表制造业
300573	2016	兴齐眼药	医药制造业
300575	2016	中旗股份	化学原料及化学制品制造业
300576	2016	容大感光	化学原料及化学制品制造业
300577	2016	开润股份	纺织业

续表 17

股票代码	上市年份	公司名称	所处行业
300578	2017	会畅通讯	软件和信息技术服务业
300579	2016	数字认证	软件和信息技术服务业
300580	2017	贝斯特	汽车制造业
300581	2016	晨曦航空	计算机、通信和其他电子设备制造业
300582	2016	英飞特	计算机、通信和其他电子设备制造业
300583	2017	赛托生物	医药制造业
300584	2017	海辰药业	医药制造业
300585	2016	奥联电子	汽车制造业
300586	2017	美联新材	橡胶和塑料制品业
300587	2017	天铁股份	橡胶和塑料制品业
300588	2017	熙菱信息	软件和信息技术服务业
300589	2017	江龙船艇	铁路、船舶、航空航天和其他运输设备制造业
300590	2017	移为通信	计算机、通信和其他电子设备制造业
300591	2017	万里马	皮革、毛皮、羽毛及其制品和制鞋业
300592	2017	华凯创意	文化艺术业
300593	2017	新雷能	电气机械及器材制造业
300595	2017	欧普康视	专用设备制造业
300596	2017	利安隆	化学原料及化学制品制造业
300597	2017	吉大通信	软件和信息技术服务业
300598	2017	诚迈科技	软件和信息技术服务业
300599	2017	雄塑科技	橡胶和塑料制品业
300600	2017	瑞特股份	铁路、船舶、航空航天和其他运输设备制造业
300601	2017	康泰生物	医药制造业
300602	2017	飞荣达	计算机、通信和其他电子设备制造业
300603	2017	立昂技术	软件和信息技术服务业
300605	2017	恒锋信息	软件和信息技术服务业
300606	2017	金太阳	非金属矿物制品业
300607	2017	拓斯达	通用设备制造业
300608	2017	思特奇	软件和信息技术服务业
300609	2017	汇纳科技	软件和信息技术服务业
300610	2017	晨化股份	化学原料及化学制品制造业
300611	2017	美力科技	通用设备制造业
300612	2017	宣亚国际	商务服务业
300615	2017	欣天科技	计算机、通信和其他电子设备制造业
300631	2017	久吾高科	专用设备制造业
300633	2017	开立医疗	专用设备制造业

附录 2

人力资本年份描述性统计

年份	Sum	人力资本												
		年末员工总数	具有本科以上学历的员工比例	具有硕士以上学历的高管比例	具有高级职称的高管比例	技术岗位人数	年人均培训费用	高管平均教育水平	员工人均薪酬	高管人均薪酬	员工人均销售收入	高管平均年龄	是否披露员工年龄	是否披露员工岗位分布情况
2009	N	38.00	38.00	38.00	39.00	39.00	39.00	39.00	55.00	38.00	39.00	38.00	58.00	58.00
	mean	509.30	0.37	0.49	0.24	170.90	95.03	3.40	8332.00	320621.00	708418.00	43.72	1.00	0.98
	sd	311.90	0.23	0.16	0.19	165.80	359.20	0.35	8972.00	176341.00	470882.00	3.17	0.00	0.13
	min	103.00	0.00	0.00	0.00	18.00	0.00	2.49	0.00	106000.00	94084.00	34.45	1.00	0.00
	p5	122.00	0.06	0.00	0.00	20.00	0.00	2.59	0.00	112783.00	215068.00	39.64	1.00	1.00
	p25	234.00	0.19	0.42	0.09	52.00	0.00	3.19	2138.00	190840.00	316667.00	41.93	1.00	1.00
	p50	472.00	0.34	0.54	0.20	117.00	0.00	3.46	4096.00	305433.00	627287.00	43.35	1.00	1.00
	p75	721.00	0.52	0.60	0.38	214.00	0.00	3.65	13406.00	421086.00	958174.00	45.52	1.00	1.00
	max	1351.00	0.85	0.69	0.62	733.00	1964.00	3.85	36947.00	992760.00	1929000.00	50.24	1.00	1.00
2010	N	69.00	69.00	70.00	70.00	70.00	70.00	179.00	69.00	70.00	69.00	188.00	188.00	188.00
	mean	849.00	0.33	0.47	0.27	251.50	228.50	3.29	8935.00	406146.00	658375.00	45.21	1.00	1.00
	sd	828.30	0.25	0.15	0.17	388.80	794.30	0.36	11146.00	283441.00	471392.00	3.10	0.00	0.07
	min	126.00	0.00	0.00	0.00	16.00	0.00	2.45	0.00	139420.00	85259.00	36.00	1.00	0.00
	p5	222.00	0.00	0.20	0.00	31.00	0.00	2.63	0.00	145500.00	199039.00	40.50	1.00	1.00
	p25	356.00	0.15	0.36	0.14	79.00	0.00	3.01	2448.00	235900.00	300131.00	42.85	1.00	1.00
	p50	614.00	0.28	0.50	0.25	145.00	0.00	3.31	4980.00	331988.00	592430.00	45.26	1.00	1.00
	p75	986.00	0.51	0.59	0.40	289.00	0.00	3.53	12245.00	485067.00	822812.00	47.32	1.00	1.00
	max	4703.00	0.93	0.72	0.71	2986.00	5117.00	4.20	64827.00	2.05×10^{6}	2803000.00	54.29	1.00	1.00

续表 1

年份	Sum	人力资本												
		年末员工总数	具有本科以上学历的员工比例	具有硕士以上学历的高管比例	具有高级职称的高管比例	技术岗位人数	年人均培训费用	高管平均教育水平	员工人均薪酬	高管人均薪酬	员工人均销售收入	高管平均年龄	是否披露员工年龄	是否披露员工岗位分布情况
2011	N	144.00	144.00	145.00	145.00	144.00	145.00	275.00	144.00	145.00	144.00	293.00	293.00	292.00
	mean	927.50	0.33	0.47	0.27	263.40	83.97	3.31	8398.00	466093.00	703681.00	45.57	1.00	1.00
	sd	1194.00	0.25	0.14	0.17	382.90	564.00	0.35	11710.00	263438.00	637344.00	2.96	0.00	0.06
	min	47.00	0.00	0.00	0.00	7.00	0.00	2.30	0.00	152600.00	85208.00	37.42	1.00	0.00
	p5	213.00	0.04	0.17	0.00	38.00	0.00	2.71	0.00	172600.00	212533.00	40.79	1.00	1.00
	p25	409.00	0.13	0.39	0.14	85.00	0.00	3.06	2111.00	287256.00	370532.00	43.41	1.00	1.00
	p50	587.00	0.26	0.50	0.25	149.50	0.00	3.33	6184.00	401350.00	554257.00	45.64	1.00	1.00
	p75	985.50	0.51	0.56	0.38	308.00	0.00	3.54	10076.00	555025.00	873095.00	47.71	1.00	1.00
	max	11870.00	0.95	0.71	0.70	3617.00	6364.00	4.20	105809.00	1.58×10^{6}	6112000.00	52.57	1.00	1.00
2012	N	181.00	181.00	182.00	182.00	178.00	182.00	325.00	181.00	182.00	181.00	355.00	355.00	355.00
	mean	902.60	0.33	0.46	0.26	270.10	139.10	3.33	9165.00	518889.00	698443.00	46.02	1.00	0.99
	sd	821.00	0.24	0.15	0.18	387.70	579.70	0.36	10946.00	311438.00	552483.00	2.96	0.00	0.08
	min	87.00	0.00	0.00	0.00	32.00	0.00	2.21	0.00	121144.00	135141.00	37.53	1.00	0.00
	p5	223.00	0.05	0.14	0.00	47.00	0.00	2.72	119.50	211714.00	219725.00	41.20	1.00	1.00
	p25	443.00	0.14	0.40	0.13	90.00	0.00	3.07	2965.00	340600.00	345100.00	43.87	1.00	1.00
	p50	675.00	0.27	0.50	0.25	148.50	0.00	3.36	6367.00	442332.00	545346.00	46.00	1.00	1.00
	p75	1017.00	0.53	0.56	0.40	303.00	0.00	3.55	10657.00	604533.00	873594.00	48.06	1.00	1.00
	max	7073.00	0.97	0.71	0.67	3620.00	4701.00	4.20	74709.00	2.28×10^{6}	4437000.00	53.57	1.00	1.00

续表 2

年份	Sum	人力资本												
		年末员工总数	具有本科以上学历的员工比例	具有硕士以上学历的高管比例	具有高级职称的高管比例	技术岗位人数	年人均培训费用	高管平均教育水平	员工人均薪酬	高管人均薪酬	员工人均销售收入	高管平均年龄	是否披露员工年龄	是否披露员工岗位分布情况
2013	N	217.00	216.00	218.00	218.00	216.00	218.00	355.00	217.00	218.00	217.00	379.00	379.00	379.00
	mean	967.20	0.35	0.47	0.25	291.20	154.20	3.36	10980.00	592092.00	743929.00	46.68	1.00	1.00
	sd	770.70	0.23	0.16	0.18	386.90	858.20	0.36	12638.00	436100.00	583795.00	3.06	0.00	0.07
	min	101.00	0.00	0.00	0.00	7.00	0.00	2.00	0.00	141740.00	150994.00	39.33	1.00	0.00
	p5	204.00	0.06	0.17	0.00	43.00	0.00	2.76	221.30	250825.00	206330.00	41.80	1.00	1.00
	p25	495.00	0.15	0.38	0.13	97.50	0.00	3.14	4274.00	373050.00	366901.00	44.33	1.00	1.00
	p50	728.00	0.30	0.50	0.23	176.00	0.00	3.36	7511.00	494188.00	567513.00	46.67	1.00	1.00
	p75	1147.00	0.51	0.57	0.38	316.00	0.00	3.60	13584.00	645500.00	879691.00	48.77	1.00	1.00
	max	4492.00	0.93	0.75	0.68	3125.00	10853.00	4.20	114618.00	4.13×10^6	3741000.00	55.20	1.00	1.00
2014	N	419.00	378.00	374.00	303.00	410.00	40.00	377.00	419.00	419.00	417.00	419.00	419.00	419.00
	mean	1203.00	0.01	0.47	0.30	363.10	990.10	3.36	12953.00	621393.00	840998.00	47.24	1.00	0.99
	sd	1224.00	0.01	0.15	0.14	565.50	1447.00	0.35	13863.00	439164.00	669532.00	2.94	0.00	0.11
	min	65.00	0.00	0.00	0.07	5.00	18.01	2.15	0.00	155714.00	131791.00	40.08	1.00	0.00
	p5	252.00	0.00	0.17	0.13	39.00	26.64	2.77	744.40	230080.00	259341.00	42.63	1.00	1.00
	p25	485.00	0.00	0.40	0.18	99.00	161.40	3.14	5191.00	384000.00	423125.00	45.00	1.00	1.00
	p50	856.00	0.01	0.50	0.29	182.00	415.50	3.35	9483.00	532875.00	625625.00	47.23	1.00	1.00
	p75	1417.00	0.01	0.56	0.39	378.00	1371.00	3.59	16060.00	727100.00	1035000.00	49.31	1.00	1.00
	max	9877.00	0.06	0.75	0.72	5176.00	7821.00	4.20	130072.00	5.68×10^6	5235000.00	55.63	1.00	1.00

续表 3

年份	Sum	人力资本												
		年末员工总数	具有本科以上学历的员工比例	具有硕士以上学历的高管比例	具有高级职称的高管比例	技术岗位人数	年人均培训费用	高管平均教育水平	员工人均薪酬	高管人均薪酬	员工人均销售收入	高管平均年龄	是否披露员工年龄	是否披露员工岗位分布情况
2015	N	349.00	347.00	350.00	350.00	348.00	350.00	478.00	349.00	350.00	349.00	497.00	497.00	497.00
	mean	1617.00	0.36	0.48	0.25	429.50	95.95	3.37	14865.00	704614.00	874962.00	47.56	1.00	0.99
	sd	4550.00	0.24	0.14	0.18	738.00	533.60	0.35	14273.00	457828.00	1047000.00	2.85	0.00	0.08
	min	154.00	0.00	0.00	0.00	27.00	0.00	2.37	0.00	143700.00	90341.00	38.78	1.00	0.00
	p5	249.00	0.05	0.17	0.00	49.00	0.00	2.74	1664.00	270000.00	247588.00	43.00	1.00	1.00
	p25	499.00	0.17	0.40	0.13	108.50	0.00	3.17	6047.00	400820.00	418670.00	45.58	1.00	1.00
	p50	934.00	0.31	0.50	0.25	213.50	0.00	3.38	11021.00	590015.00	632209.00	47.44	1.00	1.00
	p75	1530.00	0.52	0.57	0.38	420.50	0.00	3.60	18636.00	831986.00	955901.00	49.63	1.00	1.00
	max	69581.00	0.94	0.75	0.74	7383.00	6879.00	4.20	101631.00	4.20×10^{6}	14400000.00	57.06	1.00	1.00
2016	N	309.00	309.00	310.00	310.00	308.00	310.00	583.00	309.00	310.00	309.00	602.00	602.00	330.00
	mean	1761.00	0.37	0.49	0.23	460.80	105.80	3.38	18119.00	727118.00	855744.00	47.72	1.00	1.00
	sd	5334.00	0.24	0.14	0.18	890.70	580.00	0.34	14393.00	454020.00	724310.00	3.07	0.00	0.06
	min	97.00	0.00	0.00	0.00	22.00	0.00	2.42	0.00	135125.00	138746.00	38.75	1.00	0.00
	p5	259.00	0.05	0.25	0.00	46.00	0.00	2.75	3829.00	251657.00	264663.00	42.86	1.00	1.00
	p25	505.00	0.18	0.40	0.11	106.00	0.00	3.15	8153.00	423967.00	460735.00	45.45	1.00	1.00
	p50	842.00	0.32	0.50	0.20	209.50	0.00	3.40	14065.00	617796.00	668076.00	47.80	1.00	1.00
	p75	1509.00	0.53	0.58	0.36	416.50	0.00	3.60	23980.00	887220.00	974554.00	49.89	1.00	1.00
	max	74174.00	0.95	0.80	0.74	8734.00	7550.00	4.20	102692.00	3.23×10^{6}	7772000.00	57.35	1.00	1.00

续表 4

年份	Sum	人力资本												
		年末员工总数	具有本科以上学历的员工比例	具有硕士以上学历的高管比例	具有高级职称的高管比例	技术岗位人数	年人均培训费用	高管平均教育水平	员工人均薪酬	高管人均薪酬	员工人均销售收入	高管平均年龄	是否披露员工年龄	是否披露员工岗位分布情况
Total	N	1726.00	1682.00	1688.00	1617.00	1713.00	1354.00	2627.00	1726.00	1733.00	1724.00	2791.00	2791.00	2518.00
	mean	1273.00	0.27	0.47	0.26	358.10	145.30	3.35	12977.00	614205.00	801631.00	46.78	1.00	0.99
	sd	3168.00	0.25	0.15	0.17	623.40	682.90	0.35	13620.00	423867.00	742080.00	3.14	0.00	0.08
	min	47.00	0.00	0.00	0.00	5.00	0.00	2.00	0.00	106000.00	85208.00	34.45	1.00	0.00
	p5	237.00	0.00	0.17	0.00	43.00	0.00	2.73	373.80	216644.00	232602.00	41.67	1.00	1.00
	p25	463.00	0.04	0.40	0.14	96.00	0.00	3.14	4754.00	365500.00	396830.00	44.50	1.00	1.00
	p50	773.00	0.20	0.50	0.25	181.00	0.00	3.37	9239.00	506833.00	614454.00	46.81	1.00	1.00
	p75	1338.00	0.45	0.57	0.38	359.00	0.00	3.59	16812.00	723843.00	957476.00	48.95	1.00	1.00
	max	74174.00	0.97	0.80	0.74	8734.00	10853.00	4.20	130072.00	5.68×10^{6}	14400000.00	57.35	1.00	1.00

附录 3

结构资本年份描述性统计

年份	sum	结构资本													
		人均固定资产	研发人员占全体员工比例	无形资产-土地使用权（总额）	专利权数（数量）	发明专利（数量）	产品设计	产品商标数	是否披露职工权益保护	是否披露健康等	是否披露生产安全指标	年人均管理费用	研发人员年人均研发费用	研发费用占销售收入比例	研发费用资本化率
2009	N	38.00	38.00	38.00	40.00	39.00	26.00	26.00	39.00	39.00	39.00	39.00	2009.00	39.00	38.00
	mean	108394.00	0.35	3502000.00	10.23	2.96	1.08	8.36	0.08	0.08	0.00	57448.00	149500.00	0.06	0.54
	sd	97620.00	0.26	5355000.00	20.58	3.85	2.33	14.90	0.27	0.27	0.00	34117.00	126595.00	0.05	0.18
	min	6948.00	0.05	0.00	0.00	0.00	0.00	0.00	0.00	0.00	0.00	8278.00	16190.00	0.01	0.42
	p5	14532.00	0.06	0.00	0.00	0.00	0.00	0.00	0.00	0.00	0.00	9867.00	21749.00	0.01	0.42
	p25	45265.00	0.14	18667.00	1.00	1.00	0.00	1.00	0.00	0.00	0.00	32663.00	52349.00	0.04	0.42
	p50	78678.00	0.25	518214.00	6.00	2.00	0.00	3.00	0.00	0.00	0.00	51786.00	113885.00	0.05	0.54
	p75	164272.00	0.54	5865000.00	10.00	3.00	1.00	10.00	0.00	0.00	0.00	66851.00	197457.00	0.06	0.66
	max	467090.00	0.92	1.71×10^7	125.00	16.00	10.00	81.00	1.00	1.00	0.00	137007.00	534535.00	0.26	0.66
2010	N	69.00	69.00	148.00	70.00	49.00	49.00	70.00	70.00	70.00	70.00	69.00	69.00	66.00	7.00
	mean	149539.00	0.32	3911000.00	19.97	7.04	1.39	12.59	0.11	0.20	0.10	69175.00	156657.00	0.06	0.22
	sd	109318.00	0.25	1.20×10^7	31.07	12.79	2.94	19.14	0.32	0.40	0.30	49216.00	190886.00	0.06	0.23
	min	5607.00	0.05	-3.32×10^7	0.00	0.00	0.00	0.00	0.00	0.00	0.00	10909.00	22546.00	0.01	0.00
	p5	12679.00	0.07	0.00	0.00	0.00	0.00	0.00	0.00	0.00	0.00	18204.00	33988.00	0.02	0.00
	p25	61214.00	0.12	104016.00	3.00	2.00	0.00	2.00	0.00	0.00	0.00	35604.00	69375.00	0.04	0.02
	p50	128325.00	0.21	615370.00	10.00	4.00	0.00	6.00	0.00	0.00	0.00	56469.00	101247.00	0.04	0.10
	p75	225450.00	0.55	3276000.00	22.00	8.00	1.00	13.00	0.00	0.00	0.00	87357.00	191833.00	0.06	0.47
	max	515548.00	0.87	1.07×10^8	181.00	79.00	14.00	86.00	1.00	1.00	1.00	309177.00	1480000.00	0.40	0.52

续表 1

年份	sum	结构资本													
		人均固定资产	研发人员占全体员工比例	无形资产－土地使用权（总额）	专利权数（数量）	发明专利（数量）	产品设计	产品商标数	是否披露职工权益保护	是否披露健康等	是否披露生产安全指标	年人均管理费用	研发人员年人均研发费用	研发费用占销售收入比例	研发费用资本化率
2011	N	144.00	143.00	239.00	145.00	112.00	112.00	145.00	145.00	145.00	145.00	144.00	140.00	138.00	17.00
	mean	155112.00	0.33	7052000.00	34.21	8.60	2.06	14.48	0.08	0.13	0.06	74799.00	147726.00	0.07	0.25
	sd	137555.00	0.24	1.77×10^{7}	77.56	25.98	5.21	23.57	0.27	0.34	0.24	50224.00	121346.00	0.06	0.22
	min	6398.00	0.00	-5.42×10^{7}	0.00	0.00	0.00	0.00	0.00	0.00	0.00	3550.00	11302.00	0.01	0.00
	p5	14572.00	0.07	0.00	0.00	0.00	0.00	0.00	0.00	0.00	0.00	25632.00	26715.00	0.02	0.00
	p25	59671.00	0.15	289208.00	4.00	1.00	0.00	2.00	0.00	0.00	0.00	44106.00	67919.00	0.04	0.04
	p50	118123.00	0.24	1280000.00	15.00	3.00	0.00	8.00	0.00	0.00	0.00	63365.00	116356.00	0.05	0.26
	p75	217676.00	0.46	6114000.00	35.00	9.00	2.00	18.00	0.00	0.00	0.00	90226.00	184998.00	0.07	0.38
	max	781994.00	0.88	1.44×10^{8}	820.00	266.00	40.00	202.00	1.00	1.00	1.00	339054.00	995632.00	0.36	0.70
2012	N	181.00	177.00	294.00	182.00	140.00	140.00	182.00	182.00	182.00	182.00	181.00	177.00	180.00	13.00
	mean	189600.00	0.31	1.38×10^{7}	36.41	7.37	2.41	8.47	0.09	0.10	0.07	82438.00	171347.00	0.08	0.25
	sd	175123.00	0.23	5.29×10^{7}	79.51	11.39	7.60	23.13	0.28	0.30	0.26	50561.00	145167.00	0.08	0.20
	min	6941.00	0.02	0.00	0.00	0.00	0.00	0.00	0.00	0.00	0.00	18254.00	8300.00	0.01	0.01
	p5	14458.00	0.08	0.00	0.00	0.00	0.00	0.00	0.00	0.00	0.00	29609.00	28618.00	0.02	0.01
	p25	63023.00	0.13	497947.00	0.00	1.00	0.00	0.00	0.00	0.00	0.00	48362.00	84959.00	0.04	0.11
	p50	149370.00	0.23	1930000.00	14.00	4.00	0.00	0.00	0.00	0.00	0.00	72408.00	133990.00	0.05	0.22
	p75	245495.00	0.41	1.10×10^{7}	42.00	9.00	2.00	6.00	0.00	0.00	0.00	105155.00	219817.00	0.08	0.30
	max	949138.00	0.89	8.38×10^{8}	881.00	99.00	70.00	207.00	1.00	1.00	1.00	300039.00	1347000.00	0.53	0.59

续表 2

年份	sum	结构资本													
		人均固定资产	研发人员占全体员工比例	无形资产－土地使用权（总额）	专利权数（数量）	发明专利（数量）	产品设计	产品商标数	是否披露职工权益保护	是否披露健康等	是否披露生产安全指标	年人均管理费用	研发人员年人均研发费用	研发费用占销售收入比例	研发费用资本化率
2013	N	217.00	214.00	314.00	218.00	176.00	176.00	218.00	218.00	218.00	218.00	217.00	214.00	215.00	205.00
	mean	246099.00	0.31	2.06×10^7	45.40	7.55	1.28	9.15	0.09	0.10	0.06	90579.00	199422.00	0.08	0.11
	sd	246583.00	0.23	6.41×10^7	82.86	10.86	2.86	25.82	0.28	0.30	0.25	55453.00	189132.00	0.08	0.21
	min	5906.00	0.02	-6.26×10^7	0.00	0.00	0.00	0.00	0.00	0.00	0.00	15552.00	6250.00	0.00	0.00
	p5	13065.00	0.07	0.00	0.00	0.00	0.00	0.00	0.00	0.00	0.00	31391.00	33724.00	0.02	0.00
	p25	85370.00	0.14	773426.00	0.00	1.00	0.00	0.00	0.00	0.00	0.00	52896.00	92648.00	0.04	0.00
	p50	200818.00	0.23	3219000.00	17.50	4.00	0.00	0.00	0.00	0.00	0.00	77658.00	146685.00	0.05	0.00
	p75	318630.00	0.40	1.51×10^7	60.00	9.00	1.00	6.00	0.00	0.00	0.00	112691.00	257299.00	0.09	0.12
	max	1839000.00	0.94	9.01×10^8	884.00	74.00	23.00	219.00	1.00	1.00	1.00	414907.00	1649000.00	0.47	1.29
2014	N	419.00	407.00	95.00	419.00	338.00	338.00	371.00	419.00	419.00	419.00	419.00	406.00	412.00	133.00
	mean	307580.00	0.29	1.21×10^7	50.51	7.70	2.11	12.25	0.07	0.06	0.10	99865.00	214371.00	0.07	0.28
	sd	291616.00	0.21	1.94×10^7	88.38	11.77	7.24	42.30	0.26	0.23	0.35	61673.00	258867.00	0.07	0.21
	min	6042.00	0.02	4717.00	0.00	0.00	0.00	0.00	0.00	0.00	0.00	16277.00	1851.00	0.00	0.00
	p5	21699.00	0.07	30329.00	0.00	0.00	0.00	0.00	0.00	0.00	0.00	36954.00	34999.00	0.02	0.02
	p25	111870.00	0.14	481978.00	0.00	1.00	0.00	0.00	0.00	0.00	0.00	58291.00	92018.00	0.04	0.08
	p50	231914.00	0.21	3327000.00	21.00	3.00	0.00	0.00	0.00	0.00	0.00	84425.00	155396.00	0.05	0.23
	p75	396432.00	0.39	1.65×10^7	66.00	9.00	1.00	5.00	0.00	0.00	0.00	123055.00	254162.00	0.08	0.45
	max	2289000.00	0.96	9.17×10^7	1167.00	91.00	97.00	556.00	1.00	1.00	2.00	449090.00	3433000.00	0.73	0.73

续表 3

年份	sum	结构资本													
		人均固定资产	研发人员占全体员工比例	无形资产－土地使用权（总额）	专利权数（数量）	发明专利（数量）	产品设计	产品商标数	是否披露职工权益保护	是否披露健康等	是否披露生产安全指标	年人均管理费用	研发人员年人均研发费用	研发费用占销售收入比例	研发费用资本化率
2015	N	349.00	345.00	426.00	350.00	266.00	266.00	220.00	350.00	350.00	350.00	349.00	344.00	345.00	341.00
	mean	272292.00	0.30	4.67×10^{7}	68.70	6.58	1.23	12.28	0.08	0.11	0.05	101990.00	195907.00	0.07	0.08
	sd	259955.00	0.21	2.21×10^{8}	125.70	10.53	4.17	43.35	0.28	0.32	0.23	61245.00	159963.00	0.07	0.16
	min	7188.00	0.02	0.00	0.00	0.00	0.00	0.00	0.00	0.00	0.00	17253.00	13395.00	0.00	0.00
	p5	18812.00	0.09	46715.00	0.00	0.00	0.00	0.00	0.00	0.00	0.00	36966.00	34653.00	0.02	0.00
	p25	106495.00	0.15	1213000.00	0.00	1.00	0.00	0.00	0.00	0.00	0.00	60580.00	100408.00	0.04	0.00
	p50	205033.00	0.22	8969000.00	40.00	3.00	0.00	0.00	0.00	0.00	0.00	88990.00	150339.00	0.05	0.00
	p75	343930.00	0.40	4.12×10^{7}	90.00	8.00	1.00	2.00	0.00	0.00	0.00	121771.00	253229.00	0.08	0.09
	max	1875000.00	0.93	4.26×10^{9}	1385.00	64.00	40.00	413.00	1.00	1.00	1.00	430150.00	1378000.00	0.73	0.98
2016	N	309.00	307.00	518.00	310.00	0.00	0.00	310.00	310.00	310.00	310.00	309.00	0.00	0.00	0.00
	mean	252229.00	0.31	6.54×10^{7}	78.72	.	.	8.06	0.02	0.31	0.00	105923.00	.	.	.
	sd	293670.00	0.21	4.44×10^{8}	149.00	.	.	32.11	0.14	0.46	0.06	70027.00	.	.	.
	min	4329.00	0.03	0.00	0.00	.	.	0.00	0.00	0.00	0.00	10371.00	.	.	.
	p5	13377.00	0.09	41337.00	0.00	.	.	0.00	0.00	0.00	0.00	34319.00	.	.	.
	p25	71596.00	0.15	1199000.00	0.00	.	.	0.00	0.00	0.00	0.00	63721.00	.	.	.
	p50	167839.00	0.22	8814000.00	39.00	.	.	0.00	0.00	0.00	0.00	90612.00	.	.	.
	p75	354530.00	0.43	4.27×10^{7}	97.00	.	.	0.00	0.00	1.00	0.00	128467.00	.	.	.
	max	3061000.00	0.93	9.85×10^{9}	2000.00	.	.	286.00	1.00	1.00	1.00	696268.00	.	.	.

续表 4

年份	sum	结构资本													
		人均固定资产	研发人员占全体员工比例	无形资产－土地使用权（总额）	专利权数（数量）	发明专利（数量）	产品设计	产品商标数	是否披露职工权益保护	是否披露健康等	是否披露生产安全指标	年人均管理费用	研发人员年人均研发费用	研发费用占销售收入比例	研发费用资本化率
Total	N	1726.00	1700.00	2074.00	1733.00	1107.00	1107.00	1555.00	1733.00	1733.00	1733.00	1726.00	1389.00	1394.00	718.00
	mean	247010.00	0.31	3.27×10^{7}	53.60	7.31	1.74	10.67	0.07	0.14	0.06	94132.00	190607.00	0.07	0.14
	sd	256077.00	0.22	2.47×10^{8}	106.90	13.41	5.67	33.61	0.26	0.34	0.25	60683.00	195597.00	0.07	0.20
	min	4329.00	0.00	-6.26×10^{7}	0.00	0.00	0.00	0.00	0.00	0.00	0.00	3550.00	1851.00	0.00	0.00
	p5	16530.00	0.08	0.00	0.00	0.00	0.00	0.00	0.00	0.00	0.00	31070.00	32955.00	0.02	0.00
	p25	82475.00	0.14	562582.00	0.00	1.00	0.00	0.00	0.00	0.00	0.00	54198.00	87044.00	0.04	0.00
	p50	183076.00	0.22	3730000.00	20.00	3.00	0.00	0.00	0.00	0.00	0.00	80616.00	143431.00	0.05	0.00
	p75	320617.00	0.41	2.00×10^{7}	67.00	8.00	1.00	7.00	0.00	0.00	0.00	116326.00	234118.00	0.08	0.22
	max	3061000.00	0.96	9.85×10^{9}	2000.00	266.00	97.00	556.00	1.00	1.00	2.00	696268.00	3433000.00	0.73	1.29

附录 4

关系资本年份描述性统计

年份	sum	关系资本																	
		本年稳定的前五名客户占销售额比例	第一大客户销售比例	第一与第二大客户销售比例之比	是否披露客户及消费者权益保护	本年稳定的前5名供应商采购比例	第一大供应商采购比例	第一与第二大供应商采购比例之比	是否披露供应商权益保护	是否披露债权人权益保护	是否披露股东权益保护（定性）	股利支付率（定量）	是否披露公共关系和社会公益事业	是否披露环境和可持续发展	产品质量认证（SA、ISO90001、ISO14000）可持续发展	企业科技方面的荣誉	企业荣誉	捐款额	人均销售费用	销售费用占销售收入比例
2009	N	2.00	39.00	39.00	39.00	39.00	7.00	7.00	3.00	39.00	39.00	20.00	39.00	39.00	38.00	39.00	39.00	39.00	38.00	39.00
	mean	0.33	0.14	2.19	0.08	0.66	0.40	5.72	0.03	0.05	0.08	0.27	0.08	0.08	0.00	1.64	2.87	0.00	53080.00	0.10
	sd	0.20	0.13	2.30	0.27	0.31	0.27	1.82	0.16	0.22	0.27	0.16	0.27	0.27	0.00	2.07	2.23	0.00	62668.00	0.12
	min	0.02	0.01	1.01	0.00	0.14	0.04	3.63	0.00	0.00	0.00	0.00	0.00	0.00	0.00	0.00	0.00	0.00	4340.00	0.01
	p5	0.03	0.01	1.06	0.00	0.14	0.04	3.63	0.00	0.00	0.00	0.05	0.00	0.00	0.00	0.00	0.00	0.00	6145.00	0.01
	p25	0.21	0.06	1.14	0.00	0.31	0.08	3.63	0.00	0.00	0.00	0.15	0.00	0.00	0.00	0.00	0.00	0.00	21905.00	0.03
	p50	0.27	0.10	1.36	0.00	0.80	0.43	6.63	0.00	0.00	0.00	0.25	0.00	0.00	0.00	0.00	4.00	0.00	33637.00	0.05
	p75	0.46	0.16	1.91	0.00	0.86	0.67	6.91	0.00	0.00	0.00	0.34	0.00	0.00	0.00	4.00	5.00	0.00	71284.00	0.11
	max	0.84	0.49	11.61	1.00	0.98	0.76	6.91	1.00	1.00	1.00	0.60	1.00	1.00	0.00	5.00	6.00	0.00	364696.00	0.57
2010	N	70.00	70.00	70.00	70.00	24.00	24.00	24.00	70.00	70.00	70.00	70.00	70.00	70.00	70.00	70.00	70.00	70.00	69.00	70.00
	mean	0.36	0.15	1.97	0.10	0.48	0.19	11.03	0.06	0.04	0.11	0.26	0.11	0.11	0.01	1.36	3.56	29571.00	53658.00	0.09
	sd	0.20	0.12	1.39	0.30	0.17	0.11	5.46	0.23	0.20	0.32	0.24	0.32	0.32	0.12	2.07	2.01	147542.00	66002.00	0.10
	min	0.03	0.01	1.00	0.00	0.14	0.04	2.80	0.00	0.00	0.00	0.00	0.00	0.00	0.00	0.00	0.00	0.00	0.00	0.00
	p5	0.12	0.03	1.03	0.00	0.22	0.05	4.82	0.00	0.00	0.00	0.00	0.00	0.00	0.00	0.00	0.00	0.00	4516.00	0.01
	p25	0.21	0.06	1.18	0.00	0.35	0.12	6.95	0.00	0.00	0.00	0.10	0.00	0.00	0.00	0.00	3.00	0.00	14158.00	0.03
	p50	0.32	0.12	1.55	0.00	0.47	0.16	10.80	0.00	0.00	0.00	0.20	0.00	0.00	0.00	0.00	5.00	0.00	35735.00	0.06
	p75	0.47	0.17	2.10	0.00	0.60	0.25	14.32	0.00	0.00	0.00	0.30	0.00	0.00	0.00	3.00	5.00	0.00	61665.00	0.12
	max	1.00	0.58	8.61	1.00	0.87	0.45	28.46	1.00	1.00	1.00	1.50	1.00	1.00	1.00	5.00	5.00	865000.00	417264.00	0.53

续表 1

年份	sum	关系资本																		
		本年稳定的前五名客户占销售额比例	第一大客户销售比例	第一与第二大客户销售比例之比	是否披露客户及消费者权益保护	本年稳定的前5名供应商采购比例	第一大供应商采购比例	第一与第二大供应商采购比例之比	是否披露供应商权益保护	是否披露债权人权益保护	是否披露股东权益保护（定性）	股利支付率（定量）	是否披露公共关系和社会公益事业	是否披露环境和可持续发展	产品质量认证（SA、ISO90001、ISO14000）可持续发展	企业科技方面的荣誉	企业荣誉	捐款额	人均销售费用	销售费用占销售收入比例
2011	N	145.00	145.00	145.00	145.00	70.00	70.00	70.00	145.00	145.00	145.00	133.00	145.00	145.00	145.00	145.00	145.00	145.00	144.00	145.00
	mean	0.35	0.14	1.92	0.08	0.39	0.16	8.16	0.06	0.02	0.08	0.20	0.08	0.08	0.01	1.75	2.74	7183.00	54519.00	0.09
	sd	0.21	0.12	1.44	0.27	0.17	0.12	3.95	0.24	0.14	0.27	0.23	0.27	0.27	0.12	2.16	2.27	57201.00	57013.00	0.09
	min	0.05	0.01	1.00	0.00	0.12	0.04	2.60	0.00	0.00	0.00	0.00	0.00	0.00	0.00	0.00	0.00	0.00	122.00	0.00
	p5	0.11	0.03	1.03	0.00	0.18	0.05	3.44	0.00	0.00	0.00	0.00	0.00	0.00	0.00	0.00	0.00	0.00	5944.00	0.02
	p25	0.20	0.06	1.16	0.00	0.25	0.08	4.86	0.00	0.00	0.00	0.10	0.00	0.00	0.00	0.00	0.00	0.00	19406.00	0.04
	p50	0.29	0.10	1.46	0.00	0.36	0.12	7.50	0.00	0.00	0.00	0.15	0.00	0.00	0.00	0.00	4.00	0.00	43358.00	0.07
	p75	0.48	0.16	2.08	0.00	0.47	0.20	10.94	0.00	0.00	0.00	0.22	0.00	0.00	0.00	4.00	5.00	0.00	65922.00	0.12
	max	0.92	0.71	10.48	1.00	0.94	0.64	21.16	1.00	1.00	1.00	1.60	1.00	1.00	1.00	5.00	6.00	630000.00	464447.00	0.53
2012	N	182.00	182.00	182.00	182.00	16.00	16.00	3.00	182.00	182.00	182.00	182.00	182.00	182.00	182.00	182.00	181.00	182.00	181.00	182.00
	mean	0.35	0.15	2.06	0.09	0.62	0.37	18.07	0.07	0.07	0.09	0.18	0.08	0.08	0.01	1.62	2.34	16648.00	57060.00	0.10
	sd	0.21	0.13	1.54	0.28	0.24	0.12	17.11	0.26	0.26	0.28	0.19	0.28	0.28	0.11	2.00	2.21	159686.00	69595.00	0.09
	min	0.05	0.01	1.01	0.00	0.27	0.09	6.98	0.00	0.00	0.00	0.00	0.00	0.00	0.00	0.00	0.00	0.00	2258.00	0.00
	p5	0.10	0.03	1.02	0.00	0.27	0.09	6.98	0.00	0.00	0.00	0.00	0.00	0.00	0.00	0.00	0.00	0.00	6543.00	0.01
	p25	0.19	0.06	1.17	0.00	0.41	0.36	6.98	0.00	0.00	0.00	0.07	0.00	0.00	0.00	0.00	0.00	0.00	18554.00	0.03
	p50	0.28	0.10	1.51	0.00	0.63	0.38	9.45	0.00	0.00	0.00	0.10	0.00	0.00	0.00	0.00	3.00	0.00	39006.00	0.08
	p75	0.49	0.18	2.43	0.00	0.87	0.42	37.77	0.00	0.00	0.00	0.21	0.00	0.00	0.00	4.00	5.00	0.00	68250.00	0.12
	max	0.93	0.70	11.78	1.00	0.93	0.64	37.77	1.00	1.00	1.00	1.36	1.00	1.00	1.00	5.00	5.00	2000000.00	616393.00	0.52

续表 2

年份	sum	关系资本																	
		本年稳定的前五名客户占销售额比例	第一大客户销售比例	第一与第二大客户销售比例之比	是否披露客户及消费者权益保护	本年稳定的前5名供应商采购比例	第一大供应商采购比例	第一与第二大供应商采购比例之比	是否披露供应商权益保护	是否披露债权人权益保护	是否披露股东权益保护（定性）	股利支付率（定量）	是否披露公共关系和社会公益事业	是否披露环境和可持续发展	产品质量认证（SA、ISO90001、ISO14000）可持续发展	企业科技方面的荣誉	企业荣誉	捐款额	人均销售费用	销售费用占销售收入比例
2013	N	218.00	218.00	218.00	218.00	11.00	11.00	1.00	218.00	218.00	218.00	197.00	218.00	218.00	218.00	218.00	217.00	218.00	217.00	218.00
	mean	0.34	0.14	1.90	0.08	0.80	0.40	31.33	0.07	0.07	0.09	0.11	0.09	0.08	0.01	1.71	2.31	25409.00	64886.00	0.10
	sd	0.20	0.12	1.43	0.28	0.10	0.09	.	0.26	0.25	0.28	0.12	0.28	0.27	0.10	2.09	2.15	188999.00	100932.00	0.10
	min	0.02	0.01	1.00	0.00	0.67	0.31	31.33	0.00	0.00	0.00	0.00	0.00	0.00	0.00	0.00	0.00	0.00	1502.00	0.00
	p5	0.09	0.03	1.02	0.00	0.67	0.31	31.33	0.00	0.00	0.00	0.00	0.00	0.00	0.00	0.00	0.00	0.00	7735.00	0.01
	p25	0.19	0.06	1.15	0.00	0.69	0.33	31.33	0.00	0.00	0.00	0.03	0.00	0.00	0.00	0.00	0.00	0.00	20011.00	0.03
	p50	0.27	0.10	1.41	0.00	0.82	0.36	31.33	0.00	0.00	0.00	0.08	0.00	0.00	0.00	0.00	3.00	0.00	44700.00	0.07
	p75	0.44	0.18	2.22	0.00	0.89	0.49	31.33	0.00	0.00	0.00	0.14	0.00	0.00	0.00	4.00	4.00	0.00	74181.00	0.14
	max	0.98	0.63	13.29	1.00	0.96	0.57	31.33	1.00	1.00	1.00	1.00	1.00	1.00	1.00	6.00	6.00	2.01×10^6	1.18×10^6	0.54
2014	N	393.00	46.00	0.00	419.00	381.00	32.00	0.00	419.00	419.00	419.00	419.00	419.00	419.00	419.00	419.00	419.00	419.00	419.00	419.00
	mean	0.33	0.40	.	0.07	0.37	0.44	.	0.07	0.04	0.07	0.00	0.08	0.07	0.00	1.51	2.18	334065.00	69913.00	0.09
	sd	0.20	0.15	.	0.26	0.18	0.09	.	0.25	0.20	0.26	0.01	0.27	0.26	0.07	2.01	2.16	6.35×10^6	118118.00	0.09
	min	0.02	0.05	.	0.00	0.03	0.31	.	0.00	0.00	0.00	0.00	0.00	0.00	0.00	0.00	0.00	0.00	0.00	0.00
	p5	0.09	0.21	.	0.00	0.14	0.31	.	0.00	0.00	0.00	0.00	0.00	0.00	0.00	0.00	0.00	0.00	7305.00	0.01
	p25	0.18	0.33	.	0.00	0.24	0.35	.	0.00	0.00	0.00	0.00	0.00	0.00	0.00	0.00	0.00	0.00	24398.00	0.03
	p50	0.28	0.36	.	0.00	0.33	0.43	.	0.00	0.00	0.00	0.00	0.00	0.00	0.00	0.00	3.00	0.00	45879.00	0.06
	p75	0.45	0.46	.	0.00	0.46	0.48	.	0.00	0.00	0.00	0.00	0.00	0.00	0.00	3.00	4.00	0.00	75362.00	0.12
	max	0.93	0.95	.	1.00	0.96	0.62	.	1.00	1.00	1.00	0.13	1.00	1.00	1.00	6.00	6.00	1.30×10^8	1.72×10^6	0.69

续表 3

年份	sum	关系资本																	
		本年稳定的前五名客户占销售额比例	第一大客户销售比例	第一与第二大客户销售比例之比	是否披露客户及消费者权益保护	本年稳定的前5名供应商采购比例	第一大供应商采购比例	第一与第二大供应商采购比例之比	是否披露供应商权益保护	是否披露债权人权益保护	是否披露股东权益保护（定性）	股利支付率（定量）	是否披露公共关系和社会公益事业	是否披露环境和可持续发展	产品质量认证（SA、ISO90001、ISO14000）可持续发展	企业科技方面的荣誉	企业荣誉	捐款额	人均销售费用	销售费用占销售收入比例
2015	N	350.00	350.00	350.00	350.00	348.00	346.00	346.00	350.00	350.00	350.00	345.00	350.00	350.00	350.00	350.00	350.00	350.00	349.00	350.00
	mean	0.35	0.14	1.99	0.07	0.37	0.16	8.10	0.06	0.05	0.08	0.12	0.08	0.07	0.02	1.57	2.30	238594.00	63754.00	0.09
	sd	0.20	0.12	2.29	0.26	0.19	0.12	4.75	0.24	0.22	0.28	0.16	0.27	0.26	0.13	2.14	2.28	4.01×10^6	77998.00	0.09
	min	0.02	0.01	1.00	0.00	0.08	0.02	1.65	0.00	0.00	0.00	0.00	0.00	0.00	0.00	0.00	0.00	0.00	0.00	0.00
	p5	0.09	0.03	1.04	0.00	0.15	0.04	2.91	0.00	0.00	0.00	0.00	0.00	0.00	0.00	0.00	0.00	0.00	7428.00	0.01
	p25	0.20	0.06	1.18	0.00	0.23	0.08	4.90	0.00	0.00	0.00	0.02	0.00	0.00	0.00	0.00	0.00	0.00	21054.00	0.03
	p50	0.30	0.11	1.45	0.00	0.32	0.12	6.72	0.00	0.00	0.00	0.07	0.00	0.00	0.00	0.00	3.00	0.00	43499.00	0.06
	p75	0.47	0.18	2.15	0.00	0.48	0.20	9.77	0.00	0.00	0.00	0.15	0.00	0.00	0.00	4.00	5.00	0.00	77120.00	0.12
	max	1.00	0.79	38.11	1.00	0.97	0.76	27.56	1.00	1.00	1.00	1.00	1.00	1.00	1.00	6.00	6.00	7.50×10^7	919518.00	0.58
2016	N	310.00	310.00	310.00	310.00	310.00	310.00	310.00	310.00	310.00	310.00	280.00	310.00	310.00	310.00	310.00	310.00	310.00	307.00	310.00
	mean	0.37	0.15	2.06	0.02	0.38	0.16	8.51	0.01	0.01	0.02	0.15	0.02	0.02	0.00	1.67	2.57	83183.00	71173.00	0.09
	sd	0.22	0.13	2.65	0.13	0.19	0.13	5.13	0.10	0.08	0.14	0.19	0.14	0.13	0.00	2.20	2.39	1339000.00	89779.00	0.08
	min	0.01	0.00	1.00	0.00	0.01	0.00	0.24	0.00	0.00	0.00	0.00	0.00	0.00	0.00	0.00	0.00	0.00	1762.00	0.00
	p5	0.11	0.03	1.03	0.00	0.13	0.04	2.79	0.00	0.00	0.00	0.00	0.00	0.00	0.00	0.00	0.00	0.00	8371.00	0.01
	p25	0.20	0.07	1.18	0.00	0.25	0.08	4.79	0.00	0.00	0.00	0.04	0.00	0.00	0.00	0.00	0.00	0.00	24505.00	0.03
	p50	0.33	0.12	1.46	0.00	0.35	0.12	7.25	0.00	0.00	0.00	0.10	0.00	0.00	0.00	0.00	3.00	0.00	44851.00	0.07
	p75	0.50	0.20	2.10	0.00	0.47	0.20	10.28	0.00	0.00	0.00	0.20	0.00	0.00	0.00	4.00	5.00	0.00	84810.00	0.12
	max	1.00	0.88	35.48	1.00	0.94	0.88	30.99	1.00	1.00	1.00	1.50	1.00	1.00	0.00	6.00	6.00	2.35×10^7	1003000.00	0.50

续表 4

年份	sum	关系资本																	
		本年稳定的前五名客户占销售额比例	第一大客户销售比例	第一与第二大客户销售比例之比	是否披露客户及消费者权益保护	本年稳定的前5名供应商采购比例	第一大供应商采购比例	第一与第二大供应商采购比例之比	是否披露供应商权益保护	是否披露债权人权益保护	是否披露股东权益保护（定性）	股利支付率（定量）	是否披露公共关系和社会公益事业	是否披露环境和可持续发展	产品质量认证（SA、ISO90001、ISO14000）可持续发展	企业科技方面的荣誉	企业荣誉	捐款额	人均销售费用	销售费用占销售收入比例
Total	N	1707.00	1360.00	1314.00	1733.00	1167.00	816.00	757.00	1733.00	1733.00	1733.00	1646.00	1733.00	1733.00	1732.00	1733.00	1731.00	1733.00	1724.00	1733.00
	mean	0.35	0.15	2.00	0.07	0.39	0.18	8.43	0.06	0.04	0.07	0.11	0.07	0.07	0.01	1.61	2.42	150576.00	64601.00	0.09
	sd	0.20	0.13	2.05	0.25	0.19	0.14	5.05	0.23	0.20	0.26	0.17	0.26	0.25	0.09	2.09	2.25	3651000.00	91602.00	0.09
	min	0.01	0.00	1.00	0.00	0.01	0.00	0.24	0.00	0.00	0.00	0.00	0.00	0.00	0.00	0.00	0.00	0.00	0.00	0.00
	p5	0.10	0.03	1.03	0.00	0.15	0.04	2.87	0.00	0.00	0.00	0.00	0.00	0.00	0.00	0.00	0.00	0.00	7239.00	0.01
	p25	0.19	0.06	1.17	0.00	0.24	0.08	4.91	0.00	0.00	0.00	0.00	0.00	0.00	0.00	0.00	0.00	0.00	21866.00	0.03
	p50	0.30	0.11	1.46	0.00	0.35	0.13	7.09	0.00	0.00	0.00	0.06	0.00	0.00	0.00	0.00	3.00	0.00	43495.00	0.07
	p75	0.47	0.19	2.15	0.00	0.49	0.24	10.38	0.00	0.00	0.00	0.15	0.00	0.00	0.00	4.00	5.00	0.00	74964.00	0.12
	max	1.00	0.95	38.11	1.00	0.98	0.88	37.77	1.00	1.00	1.00	1.60	1.00	1.00	1.00	6.00	6.00	1.30×10^{8}	1720000.00	0.69

附录 5

人力资本区域描述性统计

区域	sum	人力资本												
		年末员工总数	具有本科以上学历的员工比例	具有硕士以上学历的高管比例	具有高级职称的高管比例	技术岗位人数	年人均培训费用	高管平均教育水平	员工人均薪酬	高管人均薪酬	员工人均销售收入	高管平均年龄	是否披露员工年龄	是否披露员工岗位分布情况
广东	N	277.00	275.00	277.00	277.00	274.00	277.00	277.00	277.00	277.00	277.00	277.00	275.00	275.00
	mean	1707.00	0.32	0.47	0.14	421.90	142.10	3.41	13932.00	653317.00	657026.00	45.30	1.00	1.00
	sd	4243.00	0.25	0.16	0.14	649.60	548.40	0.34	14635.00	403202.00	460382.00	2.92	0.00	0.06
	min	97.00	0.00	0.00	0.00	22.00	0.00	2.27	0.00	122480.00	162454.00	34.45	1.00	0.00
	p5	215.00	0.04	0.13	0.00	52.00	0.00	2.86	507.90	230717.00	215068.00	40.75	1.00	1.00
	p25	503.00	0.11	0.40	0.00	119.00	0.00	3.23	4855.00	387080.00	325344.00	43.42	1.00	1.00
	p50	883.00	0.25	0.50	0.14	217.50	0.00	3.42	9367.00	585067.00	504127.00	45.14	1.00	1.00
	p75	1609.00	0.51	0.58	0.21	408.00	0.00	3.65	17759.00	783450.00	822293.00	47.17	1.00	1.00
	max	49314.00	0.94	0.73	0.65	4964.00	4327.00	4.20	100974.00	3011000.00	3260000.00	54.07	1.00	1.00
北京	N	235.00	234.00	235.00	235.00	234.00	235.00	235.00	235.00	235.00	235.00	235.00	235.00	235.00
	mean	1084.00	0.54	0.53	0.22	489.30	73.99	3.57	14736.00	692672.00	985295.00	46.04	1.00	1.00
	sd	1324.00	0.22	0.11	0.18	737.30	339.10	0.25	16189.00	474732.00	903931.00	3.16	0.00	0.00
	min	47.00	0.02	0.11	0.00	7.00	0.00	3.04	0.00	177657.00	85208.00	38.33	1.00	1.00
	p5	228.00	0.22	0.30	0.00	35.00	0.00	3.15	252.00	250043.00	282082.00	41.35	1.00	1.00
	p25	398.00	0.36	0.50	0.10	111.00	0.00	3.40	4252.00	409914.00	491723.00	43.73	1.00	1.00
	p50	627.00	0.53	0.55	0.20	229.50	0.00	3.57	10584.00	559920.00	745112.00	45.93	1.00	1.00
	p75	1193.00	0.74	0.60	0.32	497.00	0.00	3.74	19233.00	796529.00	1093000.00	48.09	1.00	1.00
	max	11870.00	0.95	0.75	0.74	4605.00	3905.00	4.20	114618.00	3576000.00	6614000.00	54.35	1.00	1.00

续表 1

区域	sum	人力资本												
		年末员工总数	具有本科以上学历的员工比例	具有硕士以上学历的高管比例	具有高级职称的高管比例	技术岗位人数	年人均培训费用	高管平均教育水平	员工人均薪酬	高管人均薪酬	员工人均销售收入	高管平均年龄	是否披露员工年龄	是否披露员工岗位分布情况
江苏	N	130.00	130.00	137.00	137.00	137.00	137.00	137.00	130.00	137.00	130.00	137.00	137.00	137.00
	mean	1001.00	0.23	0.39	0.27	258.30	64.88	3.10	15213.00	579177.00	718505.00	46.92	1.00	1.00
	sd	780.70	0.18	0.15	0.17	467.50	395.60	0.37	16901.00	322468.00	447946.00	3.13	0.00	0.00
	min	174.00	0.01	0.00	0.00	16.00	0.00	2.00	0.00	112783.00	172981.00	40.00	1.00	1.00
	p5	277.00	0.06	0.17	0.00	39.00	0.00	2.52	1938.00	223056.00	215584.00	41.73	1.00	1.00
	p25	495.00	0.13	0.29	0.17	74.00	0.00	2.80	6388.00	341420.00	429893.00	44.47	1.00	1.00
	p50	764.00	0.18	0.40	0.29	140.00	0.00	3.12	10502.00	510833.00	607873.00	46.75	1.00	1.00
	p75	1303.00	0.24	0.50	0.40	215.00	0.00	3.32	17184.00	714600.00	893567.00	49.17	1.00	1.00
	max	5235.00	0.90	0.71	0.65	4727.00	3528.00	4.20	105809.00	1868000.00	2905000.00	54.71	1.00	1.00
浙江	N	130.00	130.00	130.00	130.00	130.00	130.00	130.00	130.00	130.00	130.00	130.00	130.00	130.00
	mean	1143.00	0.31	0.45	0.26	337.00	46.44	3.31	12713.00	504228.00	697751.00	46.05	1.00	1.00
	sd	1507.00	0.23	0.15	0.13	462.60	219.40	0.34	9054.00	314649.00	495932.00	3.62	0.00	0.00
	min	133.00	0.00	0.00	0.00	26.00	0.00	2.49	0.00	139420.00	150566.00	39.63	1.00	1.00
	p5	247.00	0.05	0.14	0.00	42.00	0.00	2.77	2629.00	210350.00	249066.00	40.67	1.00	1.00
	p25	438.00	0.13	0.36	0.14	88.00	0.00	3.07	6789.00	312800.00	367507.00	43.24	1.00	1.00
	p50	775.50	0.21	0.47	0.25	175.50	0.00	3.32	10906.00	406396.00	546551.00	45.91	1.00	1.00
	p75	1234.00	0.49	0.55	0.36	402.00	0.00	3.53	16851.00	563513.00	850056.00	48.21	1.00	1.00
	max	10162.00	0.87	0.71	0.60	2902.00	1532.00	4.20	62331.00	2092000.00	2781000.00	57.35	1.00	1.00

续表 2

区域	sum	人力资本												
		年末员工总数	具有本科以上学历的员工比例	具有硕士以上学历的高管比例	具有高级职称的高管比例	技术岗位人数	年人均培训费用	高管平均教育水平	员工人均薪酬	高管人均薪酬	员工人均销售收入	高管平均年龄	是否披露员工年龄	是否披露员工岗位分布情况
上海	N	110.00	110.00	110.00	110.00	103.00	110.00	110.00	110.00	110.00	110.00	110.00	109.00	109.00
	mean	928.30	0.41	0.50	0.26	340.30	165.80	3.32	11626.00	672852.00	987564.00	47.31	1.00	1.00
	sd	857.70	0.25	0.14	0.18	458.50	773.70	0.30	15520.00	388057.00	1676000.00	3.53	0.00	0.00
	min	87.00	0.00	0.00	0.00	29.00	0.00	2.53	0.00	196067.00	161630.00	38.75	1.00	1.00
	p5	171.00	0.00	0.22	0.00	47.00	0.00	2.90	0.00	297900.00	201898.00	41.92	1.00	1.00
	p25	398.00	0.17	0.42	0.13	76.00	0.00	3.07	453.40	417743.00	308708.00	44.47	1.00	1.00
	p50	668.50	0.45	0.50	0.29	194.00	0.00	3.31	6568.00	516817.00	597148.00	47.53	1.00	1.00
	p75	1100.00	0.59	0.60	0.38	409.00	0.00	3.57	16756.00	734343.00	1005000.00	49.59	1.00	1.00
	max	4127.00	0.92	0.71	0.63	2723.00	7550.00	3.86	75446.00	2130000.00	14400000.00	55.71	1.00	1.00
天津	N	15.00	15.00	15.00	15.00	15.00	15.00	15.00	15.00	15.00	15.00	15.00	15.00	15.00
	mean	1457.00	0.41	0.53	0.29	243.30	177.50	3.60	14289.00	1365000.00	925110.00	48.58	1.00	1.00
	sd	1757.00	0.23	0.17	0.15	211.10	444.00	0.39	13299.00	1368000.00	434545.00	2.79	0.00	0.00
	min	238.00	0.09	0.10	0.00	43.00	0.00	2.88	258.60	284144.00	399788.00	43.46	1.00	1.00
	p5	238.00	0.09	0.10	0.00	43.00	0.00	2.88	258.60	284144.00	399788.00	43.46	1.00	1.00
	p25	521.00	0.21	0.38	0.17	92.00	0.00	3.35	6445.00	466567.00	635083.00	46.50	1.00	1.00
	p50	742.00	0.43	0.62	0.29	191.00	0.00	3.69	11819.00	764280.00	874903.00	50.00	1.00	1.00
	p75	1461.00	0.52	0.67	0.38	337.00	0.00	3.88	19047.00	2053000.00	1161000.00	50.76	1.00	1.00
	max	6089.00	0.77	0.71	0.53	672.00	1648.00	4.20	49662.00	4196000.00	2187000.00	51.72	1.00	1.00

续表 3

区域	sum	人力资本												
		年末员工总数	具有本科以上学历的员工比例	具有硕士以上学历的高管比例	具有高级职称的高管比例	技术岗位人数	年人均培训费用	高管平均教育水平	员工人均薪酬	高管人均薪酬	员工人均销售收入	高管平均年龄	是否披露员工年龄	是否披露员工岗位分布情况
河北	N	21.00	21.00	21.00	21.00	21.00	21.00	21.00	21.00	21.00	21.00	21.00	21.00	21.00
	mean	1231.00	0.30	0.49	0.33	204.20	7.69	3.37	5808.00	463038.00	764185.00	49.10	1.00	1.00
	sd	1356.00	0.10	0.13	0.17	216.00	35.22	0.34	6381.00	297057.00	605952.00	2.36	0.00	0.00
	min	249.00	0.16	0.20	0.00	33.00	0.00	2.72	25.22	143700.00	237948.00	44.40	1.00	1.00
	p5	257.00	0.16	0.22	0.00	41.00	0.00	2.77	54.68	149960.00	246976.00	44.78	1.00	1.00
	p25	375.00	0.21	0.44	0.22	60.00	0.00	3.20	2151.00	325675.00	316002.00	47.75	1.00	1.00
	p50	520.00	0.33	0.53	0.33	97.00	0.00	3.36	4582.00	381518.00	544012.00	49.44	1.00	1.00
	p75	1530.00	0.38	0.56	0.43	266.00	0.00	3.62	6273.00	480900.00	1111000.00	50.90	1.00	1.00
	max	4167.00	0.51	0.67	0.67	780.00	161.40	3.87	29772.00	1313000.00	2346000.00	52.95	1.00	1.00
山西	N	6.00	6.00	6.00	6.00	6.00	6.00	6.00	6.00	6.00	6.00	6.00	6.00	6.00
	mean	1176.00	0.24	0.42	0.17	277.20	0.00	3.04	13600.00	759438.00	394419.00	49.28	1.00	1.00
	sd	627.20	0.12	0.07	0.20	185.10	0.00	0.14	9427.00	317636.00	173071.00	2.74	0.00	0.00
	min	468.00	0.09	0.33	0.00	167.00	0.00	2.93	2024.00	336400.00	265224.00	46.00	1.00	1.00
	p5	468.00	0.09	0.33	0.00	167.00	0.00	2.93	2024.00	336400.00	265224.00	46.00	1.00	1.00
	p25	501.00	0.13	0.36	0.00	180.00	0.00	2.93	5210.00	423900.00	301144.00	47.00	1.00	1.00
	p50	1198.00	0.21	0.40	0.08	200.50	0.00	2.99	13744.00	832815.00	322607.00	48.93	1.00	1.00
	p75	1683.00	0.37	0.50	0.40	267.00	0.00	3.15	18713.00	1000000.00	425085.00	52.27	1.00	1.00
	max	2011.00	0.39	0.50	0.43	648.00	0.00	3.25	28165.00	1131000.00	729845.00	52.55	1.00	1.00

续表 4

区域	sum	人力资本												
		年末员工总数	具有本科以上学历的员工比例	具有硕士以上学历的高管比例	具有高级职称的高管比例	技术岗位人数	年人均培训费用	高管平均教育水平	员工人均薪酬	高管人均薪酬	员工人均销售收入	高管平均年龄	是否披露员工年龄	是否披露员工岗位分布情况
内蒙古	N	13.00	13.00	13.00	13.00	13.00	13.00	13.00	13.00	13.00	13.00	13.00	13.00	13.00
	mean	487.40	0.15	0.49	0.48	89.38	3023.00	3.18	16167.00	612208.00	1045000.00	48.53	1.00	1.00
	sd	170.30	0.19	0.09	0.14	118.40	3537.00	0.24	16253.00	289952.00	425174.00	2.35	0.00	0.00
	min	307.00	0.00	0.33	0.22	33.00	0.00	2.90	847.30	242400.00	580350.00	44.69	1.00	1.00
	p5	307.00	0.00	0.33	0.22	33.00	0.00	2.90	847.30	242400.00	580350.00	44.69	1.00	1.00
	p25	379.00	0.00	0.44	0.40	42.00	0.00	2.99	1276.00	486838.00	684842.00	47.75	1.00	1.00
	p50	449.00	0.10	0.50	0.50	50.00	720.20	3.12	11098.00	559100.00	934253.00	48.00	1.00	1.00
	p75	579.00	0.18	0.55	0.58	78.00	5117.00	3.23	28196.00	731875.00	1290000.00	50.35	1.00	1.00
	max	950.00	0.50	0.64	0.67	476.00	10853.00	3.61	50869.00	1363000.00	1861000.00	52.67	1.00	1.00
辽宁	N	18.00	18.00	18.00	18.00	18.00	18.00	18.00	18.00	18.00	18.00	18.00	18.00	18.00
	mean	908.70	0.40	0.55	0.35	264.80	78.31	3.67	5490.00	535772.00	1527000.00	48.00	1.00	1.00
	sd	754.80	0.20	0.15	0.18	528.60	332.30	0.41	3396.00	214248.00	1081000.00	3.23	0.00	0.00
	min	281.00	0.18	0.17	0.00	64.00	0.00	2.95	1298.00	141740.00	444452.00	40.67	1.00	1.00
	p5	281.00	0.18	0.17	0.00	64.00	0.00	2.95	1298.00	141740.00	444452.00	40.67	1.00	1.00
	p25	467.00	0.26	0.50	0.20	84.00	0.00	3.32	3504.00	420829.00	587519.00	45.30	1.00	1.00
	p50	803.50	0.33	0.61	0.31	131.00	0.00	3.65	4725.00	502365.00	1157000.00	49.60	1.00	1.00
	p75	1115.00	0.62	0.67	0.53	195.00	0.00	4.10	7885.00	788157.00	2521000.00	50.54	1.00	1.00
	max	3611.00	0.78	0.71	0.56	2364.00	1410.00	4.20	11908.00	860000.00	4040000.00	51.23	1.00	1.00

续表 5

区域	sum	人力资本												
		年末员工总数	具有本科以上学历的员工比例	具有硕士以上学历的高管比例	具有高级职称的高管比例	技术岗位人数	年人均培训费用	高管平均教育水平	员工人均薪酬	高管人均薪酬	员工人均销售收入	高管平均年龄	是否披露员工年龄	是否披露员工岗位分布情况
吉林	N	4.00	4.00	4.00	4.00	4.00	4.00	4.00	4.00	4.00	4.00	4.00	4.00	4.00
	mean	1195.00	0.50	0.45	0.16	484.30	63.28	3.21	12072.00	757503.00	481867.00	49.44	1.00	1.00
	sd	476.60	0.23	0.12	0.13	343.40	78.30	0.31	8439.00	408915.00	156632.00	3.85	0.00	0.00
	min	536.00	0.18	0.27	0.00	61.00	0.00	2.89	61.66	250825.00	364605.00	47.00	1.00	1.00
	p5	536.00	0.18	0.27	0.00	61.00	0.00	2.89	61.66	250825.00	364605.00	47.00	1.00	1.00
	p25	848.50	0.36	0.39	0.06	271.50	0.00	2.96	6428.00	450676.00	373967.00	47.29	1.00	1.00
	p50	1321.00	0.57	0.50	0.18	487.00	46.03	3.19	14454.00	782276.00	428608.00	47.79	1.00	1.00
	p75	1541.00	0.64	0.51	0.26	697.00	126.60	3.47	17717.00	1064000.00	589767.00	51.59	1.00	1.00
	max	1601.00	0.70	0.52	0.27	902.00	161.00	3.58	19321.00	1215000.00	705646.00	55.17	1.00	1.00
黑龙江	N	9.00	9.00	9.00	9.00	9.00	9.00	9.00	9.00	9.00	9.00	9.00	9.00	9.00
	mean	734.60	0.30	0.49	0.57	183.10	0.00	3.40	4344.00	265681.00	624148.00	50.62	1.00	1.00
	sd	258.10	0.07	0.04	0.03	97.49	0.00	0.08	1702.00	81091.00	394021.00	1.78	0.00	0.00
	min	348.00	0.21	0.46	0.53	45.00	0.00	3.30	2255.00	123300.00	357836.00	49.06	1.00	1.00
	p5	348.00	0.21	0.46	0.53	45.00	0.00	3.30	2255.00	123300.00	357836.00	49.06	1.00	1.00
	p25	565.00	0.24	0.46	0.54	130.00	0.00	3.36	3339.00	220286.00	395649.00	49.47	1.00	1.00
	p50	826.00	0.29	0.50	0.57	208.00	0.00	3.39	4093.00	256000.00	474915.00	50.06	1.00	1.00
	p75	929.00	0.37	0.50	0.60	226.00	0.00	3.41	4903.00	332500.00	625736.00	50.95	1.00	1.00
	max	1003.00	0.38	0.57	0.60	318.00	0.00	3.57	7045.00	370460.00	1597000.00	54.50	1.00	1.00

续表 6

区域	sum	人力资本												
		年末员工总数	具有本科以上学历的员工比例	具有硕士以上学历的高管比例	具有高级职称的高管比例	技术岗位人数	年人均培训费用	高管平均教育水平	员工人均薪酬	高管人均薪酬	员工人均销售收入	高管平均年龄	是否披露员工年龄	是否披露员工岗位分布情况
安徽	N	43.00	43.00	43.00	43.00	43.00	43.00	43.00	43.00	43.00	43.00	43.00	43.00	43.00
	mean	1849.00	0.27	0.53	0.36	289.00	7.24	3.42	9624.00	584074.00	701489.00	47.50	1.00	1.00
	sd	2916.00	0.19	0.10	0.16	390.10	47.50	0.24	12774.00	348846.00	536672.00	2.56	0.00	0.00
	min	126.00	0.03	0.27	0.00	45.00	0.00	2.90	57.25	141111.00	248558.00	41.60	1.00	1.00
	p5	356.00	0.06	0.32	0.09	52.00	0.00	2.98	71.31	163611.00	287763.00	42.14	1.00	1.00
	p25	723.00	0.11	0.50	0.25	87.00	0.00	3.31	2311.00	329575.00	387894.00	45.83	1.00	1.00
	p50	1263.00	0.19	0.55	0.40	185.00	0.00	3.44	6261.00	481078.00	517716.00	47.85	1.00	1.00
	p75	2045.00	0.41	0.58	0.50	312.00	0.00	3.59	9497.00	945467.00	727612.00	49.65	1.00	1.00
	max	19010.00	0.82	0.80	0.54	2001.00	311.50	3.79	62930.00	1392000.00	3092000.00	51.44	1.00	1.00
福建	N	31.00	31.00	31.00	31.00	31.00	31.00	31.00	31.00	31.00	31.00	31.00	31.00	31.00
	mean	875.90	0.36	0.54	0.30	282.50	155.50	3.37	15675.00	634118.00	569501.00	45.80	1.00	1.00
	sd	545.20	0.29	0.11	0.20	279.90	380.80	0.16	10116.00	271204.00	437387.00	2.58	0.00	0.00
	min	165.00	0.00	0.17	0.00	32.00	0.00	3.07	3969.00	190840.00	85259.00	39.64	1.00	1.00
	p5	213.00	0.00	0.29	0.00	33.00	0.00	3.08	4472.00	241840.00	94084.00	40.64	1.00	1.00
	p25	487.00	0.18	0.50	0.17	79.00	0.00	3.23	7312.00	430233.00	197671.00	43.92	1.00	1.00
	p50	722.00	0.32	0.55	0.25	197.00	0.00	3.36	11256.00	556760.00	446678.00	46.15	1.00	1.00
	p75	1213.00	0.50	0.60	0.50	451.00	0.00	3.49	25238.00	834475.00	801263.00	47.56	1.00	1.00
	max	2285.00	0.97	0.78	0.67	1027.00	1457.00	3.63	37031.00	1206000.00	1632000.00	50.33	1.00	1.00

续表 7

区域	sum	人力资本												
		年末员工总数	具有本科以上学历的员工比例	具有硕士以上学历的高管比例	具有高级职称的高管比例	技术岗位人数	年人均培训费用	高管平均教育水平	员工人均薪酬	高管人均薪酬	员工人均销售收入	高管平均年龄	是否披露员工年龄	是否披露员工岗位分布情况
江西	N	13.00	13.00	13.00	13.00	13.00	13.00	13.00	13.00	13.00	13.00	13.00	13.00	13.00
	mean	1046.00	0.14	0.42	0.42	218.30	17.14	3.06	11064.00	476823.00	483519.00	50.54	1.00	1.00
	sd	283.50	0.07	0.10	0.08	162.80	42.35	0.24	7689.00	207504.00	136625.00	1.78	0.00	0.00
	min	465.00	0.07	0.29	0.25	93.00	0.00	2.72	126.70	235900.00	222272.00	47.16	1.00	1.00
	p5	465.00	0.07	0.29	0.25	93.00	0.00	2.72	126.70	235900.00	222272.00	47.16	1.00	1.00
	p25	880.00	0.09	0.33	0.38	126.00	0.00	2.80	4581.00	327000.00	419446.00	49.40	1.00	1.00
	p50	1124.00	0.12	0.43	0.42	146.00	0.00	3.14	12537.00	442820.00	552563.00	50.62	1.00	1.00
	p75	1258.00	0.17	0.50	0.50	194.00	0.00	3.24	17528.00	588000.00	582438.00	51.62	1.00	1.00
	max	1403.00	0.30	0.55	0.50	557.00	127.50	3.46	22893.00	991886.00	626486.00	52.72	1.00	1.00
山东	N	44.00	44.00	44.00	44.00	44.00	44.00	44.00	44.00	44.00	44.00	44.00	44.00	44.00
	mean	949.30	0.19	0.36	0.30	197.70	0.00	3.01	9240.00	495620.00	985203.00	46.41	1.00	1.00
	sd	1048.00	0.16	0.16	0.14	320.20	0.00	0.35	6949.00	215950.00	549152.00	2.90	0.00	0.00
	min	327.00	0.00	0.00	0.00	33.00	0.00	2.21	355.80	188800.00	234836.00	41.06	1.00	1.00
	p5	366.00	0.00	0.00	0.00	54.00	0.00	2.43	714.40	210857.00	258797.00	41.69	1.00	1.00
	p25	514.50	0.08	0.29	0.23	72.00	0.00	2.78	4870.00	338380.00	625926.00	44.14	1.00	1.00
	p50	697.50	0.17	0.37	0.33	110.00	0.00	3.05	7741.00	452252.00	829765.00	46.53	1.00	1.00
	p75	819.50	0.25	0.48	0.40	164.50	0.00	3.29	11924.00	605425.00	1263000.00	48.50	1.00	1.00
	max	6383.00	0.63	0.57	0.56	1922.00	0.00	3.57	32287.00	1098000.00	2487000.00	52.13	1.00	1.00

续表8

区域	sum	人力资本												
		年末员工总数	具有本科以上学历的员工比例	具有硕士以上学历的高管比例	具有高级职称的高管比例	技术岗位人数	年人均培训费用	高管平均教育水平	员工人均薪酬	高管人均薪酬	员工人均销售收入	高管平均年龄	是否披露员工年龄	是否披露员工岗位分布情况
河南	N	33.00	33.00	33.00	33.00	33.00	33.00	33.00	33.00	33.00	33.00	33.00	33.00	33.00
	mean	1048.00	0.27	0.46	0.37	222.70	67.21	3.32	7947.00	366680.00	656600.00	45.89	1.00	1.00
	sd	531.90	0.14	0.08	0.11	165.30	368.70	0.19	4710.00	203587.00	440617.00	2.03	0.00	0.00
	min	176.00	0.07	0.33	0.13	42.00	0.00	2.84	297.80	135125.00	204031.00	41.00	1.00	1.00
	p5	206.00	0.10	0.33	0.22	43.00	0.00	3.05	802.60	171114.00	212533.00	42.47	1.00	1.00
	p25	689.00	0.14	0.39	0.30	148.00	0.00	3.21	4817.00	255911.00	367514.00	45.12	1.00	1.00
	p50	943.00	0.26	0.46	0.33	216.00	0.00	3.33	7223.00	320260.00	463292.00	45.53	1.00	1.00
	p75	1498.00	0.39	0.54	0.46	257.00	0.00	3.45	11258.00	437529.00	806374.00	46.89	1.00	1.00
	max	2076.00	0.51	0.60	0.54	1014.00	2119.00	3.65	19697.00	1216000.00	1990000.00	49.84	1.00	1.00
湖北	N	44.00	44.00	44.00	44.00	44.00	44.00	44.00	44.00	44.00	44.00	44.00	44.00	44.00
	mean	706.60	0.28	0.49	0.33	190.90	19.35	3.30	11998.00	466920.00	688140.00	46.91	1.00	1.00
	sd	438.10	0.18	0.17	0.19	137.10	128.30	0.40	10073.00	315056.00	421763.00	3.52	0.00	0.00
	min	150.00	0.01	0.10	0.00	32.00	0.00	2.33	53.85	161117.00	241215.00	40.73	1.00	1.00
	p5	241.00	0.01	0.13	0.00	45.00	0.00	2.60	2674.00	180867.00	252755.00	41.44	1.00	1.00
	p25	449.50	0.15	0.42	0.18	89.50	0.00	3.12	3980.00	247703.00	392158.00	43.56	1.00	1.00
	p50	555.00	0.25	0.54	0.40	131.00	0.00	3.38	8263.00	366876.00	511500.00	47.14	1.00	1.00
	p75	866.00	0.36	0.61	0.46	275.00	0.00	3.59	17163.00	576181.00	884287.00	50.10	1.00	1.00
	max	2280.00	0.67	0.75	0.57	571.00	851.30	4.20	39493.00	1417000.00	1762000.00	52.77	1.00	1.00

续表 9

区域	sum	人力资本												
		年末员工总数	具有本科以上学历的员工比例	具有硕士以上学历的高管比例	具有高级职称的高管比例	技术岗位人数	年人均培训费用	高管平均教育水平	员工人均薪酬	高管人均薪酬	员工人均销售收入	高管平均年龄	是否披露员工年龄	是否披露员工岗位分布情况
湖南	N	34.00	34.00	34.00	34.00	34.00	34.00	34.00	34.00	34.00	34.00	34.00	34.00	34.00
	mean	5383.00	0.29	0.40	0.30	861.30	267.50	3.26	14368.00	600402.00	705383.00	47.65	1.00	1.00
	sd	17021.00	0.15	0.12	0.11	2238.00	930.10	0.36	12460.00	577667.00	538028.00	2.09	0.00	0.00
	min	300.00	0.04	0.20	0.10	44.00	0.00	2.63	1463.00	121144.00	205411.00	42.88	1.00	1.00
	p5	310.00	0.05	0.22	0.13	67.00	0.00	2.66	1640.00	156517.00	247588.00	43.23	1.00	1.00
	p25	415.00	0.18	0.33	0.24	90.00	0.00	3.04	7048.00	276100.00	384491.00	46.72	1.00	1.00
	p50	784.00	0.29	0.38	0.29	141.00	0.00	3.19	9778.00	389656.00	501248.00	47.71	1.00	1.00
	p75	1352.00	0.36	0.50	0.36	303.00	0.00	3.55	18541.00	555720.00	669894.00	49.21	1.00	1.00
	max	74174.00	0.69	0.67	0.56	8734.00	4357.00	4.20	64045.00	2511000.00	2459000.00	51.79	1.00	1.00
广西	N	2.00	2.00	2.00	2.00	2.00	2.00	2.00	2.00	2.00	2.00	2.00	2.00	2.00
	mean	823.50	0.54	0.49	0.25	347.50	12.25	3.43	15168.00	407343.00	812783.00	44.65	1.00	1.00
	sd	299.10	0.08	0.06	0.03	142.10	17.33	0.08	1404.00	28967.00	16754.00	0.38	0.00	0.00
	min	612.00	0.48	0.44	0.23	247.00	0.00	3.37	14175.00	386860.00	800936.00	44.38	1.00	1.00
	p5	612.00	0.48	0.44	0.23	247.00	0.00	3.37	14175.00	386860.00	800936.00	44.38	1.00	1.00
	p25	612.00	0.48	0.44	0.23	247.00	0.00	3.37	14175.00	386860.00	800936.00	44.38	1.00	1.00
	p50	823.50	0.54	0.49	0.25	347.50	12.25	3.43	15168.00	407343.00	812783.00	44.65	1.00	1.00
	p75	1035.00	0.60	0.53	0.27	448.00	24.51	3.49	16161.00	427825.00	824630.00	44.91	1.00	1.00
	max	1035.00	0.60	0.53	0.27	448.00	24.51	3.49	16161.00	427825.00	824630.00	44.91	1.00	1.00

续表10

区域	sum	人力资本												
		年末员工总数	具有本科以上学历的员工比例	具有硕士以上学历的高管比例	具有高级职称的高管比例	技术岗位人数	年人均培训费用	高管平均教育水平	员工人均薪酬	高管人均薪酬	员工人均销售收入	高管平均年龄	是否披露员工年龄	是否披露员工岗位分布情况
海南	N	6.00	6.00	6.00	6.00	6.00	6.00	6.00	6.00	6.00	6.00	6.00	6.00	6.00
	mean	817.80	0.22	0.37	0.07	94.17	192.70	3.29	8037.00	394219.00	445251.00	46.78	1.00	1.00
	sd	92.54	0.04	0.11	0.08	28.60	472.00	0.08	2887.00	190407.00	71411.00	1.25	0.00	0.00
	min	680.00	0.15	0.25	0.00	65.00	0.00	3.19	3689.00	206000.00	332979.00	45.42	1.00	1.00
	p5	680.00	0.15	0.25	0.00	65.00	0.00	3.19	3689.00	206000.00	332979.00	45.42	1.00	1.00
	p25	740.00	0.20	0.30	0.00	68.00	0.00	3.26	6453.00	239250.00	411138.00	45.48	1.00	1.00
	p50	839.00	0.23	0.35	0.06	90.50	0.00	3.28	8248.00	357581.00	455807.00	46.72	1.00	1.00
	p75	880.00	0.25	0.39	0.14	111.00	0.00	3.28	9756.00	488771.00	465633.00	47.81	1.00	1.00
	max	929.00	0.26	0.57	0.14	140.00	1156.00	3.43	11824.00	716133.00	550145.00	48.56	1.00	1.00
重庆	N	11.00	11.00	11.00	11.00	11.00	11.00	11.00	11.00	11.00	11.00	11.00	11.00	11.00
	mean	1245.00	0.33	0.56	0.34	310.00	0.00	3.63	10395.00	747739.00	515122.00	48.29	1.00	1.00
	sd	606.30	0.11	0.08	0.13	266.00	0.00	0.22	7307.00	462374.00	177409.00	1.94	0.00	0.00
	min	457.00	0.19	0.42	0.17	82.00	0.00	3.34	3555.00	276360.00	224287.00	46.21	1.00	1.00
	p5	457.00	0.19	0.42	0.17	82.00	0.00	3.34	3555.00	276360.00	224287.00	46.21	1.00	1.00
	p25	620.00	0.26	0.50	0.22	132.00	0.00	3.36	4421.00	404967.00	366901.00	46.71	1.00	1.00
	p50	1514.00	0.32	0.58	0.33	229.00	0.00	3.65	7767.00	559750.00	478853.00	47.56	1.00	1.00
	p75	1727.00	0.40	0.62	0.39	321.00	0.00	3.84	13986.00	1208000.00	654040.00	50.83	1.00	1.00
	max	2069.00	0.56	0.63	0.56	863.00	0.00	3.91	24087.00	1543000.00	768173.00	51.38	1.00	1.00

续表 11

区域	sum	人力资本												
		年末员工总数	具有本科以上学历的员工比例	具有硕士以上学历的高管比例	具有高级职称的高管比例	技术岗位人数	年人均培训费用	高管平均教育水平	员工人均薪酬	高管人均薪酬	员工人均销售收入	高管平均年龄	是否披露员工年龄	是否披露员工岗位分布情况
四川	N	46.00	46.00	46.00	46.00	46.00	46.00	46.00	46.00	46.00	46.00	46.00	46.00	46.00
	mean	950.50	0.32	0.49	0.30	289.60	111.40	3.28	16704.00	711193.00	903212.00	47.98	1.00	1.00
	sd	730.80	0.20	0.15	0.18	235.30	423.20	0.30	11678.00	427001.00	474184.00	3.01	0.00	0.00
	min	159.00	0.00	0.00	0.00	29.00	0.00	2.46	0.00	187075.00	304192.00	38.78	1.00	1.00
	p5	182.00	0.11	0.27	0.00	67.00	0.00	2.67	420.40	252220.00	389639.00	42.86	1.00	1.00
	p25	476.00	0.16	0.44	0.17	112.00	0.00	3.18	4350.00	430588.00	555835.00	46.53	1.00	1.00
	p50	695.50	0.28	0.52	0.29	175.00	0.00	3.36	16749.00	587900.00	814214.00	48.20	1.00	1.00
	p75	1274.00	0.50	0.57	0.43	415.00	0.00	3.46	25619.00	864333.00	968023.00	49.75	1.00	1.00
	max	3345.00	0.79	0.75	0.64	884.00	2508.00	3.88	42709.00	1950000.00	2210000.00	53.50	1.00	1.00
贵州	N	4.00	4.00	4.00	4.00	4.00	4.00	4.00	4.00	4.00	4.00	4.00	4.00	4.00
	mean	783.30	0.39	0.49	0.11	157.80	0.00	3.48	6678.00	470319.00	227400.00	43.87	1.00	1.00
	sd	91.94	0.10	0.03	0.01	71.09	0.00	0.05	5295.00	141267.00	88332.00	1.15	0.00	0.00
	min	687.00	0.30	0.47	0.10	77.00	0.00	3.41	2763.00	315822.00	163292.00	42.53	1.00	1.00
	p5	687.00	0.30	0.47	0.10	77.00	0.00	3.41	2763.00	315822.00	163292.00	42.53	1.00	1.00
	p25	707.50	0.31	0.47	0.10	107.50	0.00	3.46	3143.00	350839.00	172190.00	43.00	1.00	1.00
	p50	779.50	0.36	0.47	0.10	153.00	0.00	3.51	4811.00	481556.00	194673.00	43.85	1.00	1.00
	p75	859.00	0.46	0.50	0.11	208.00	0.00	3.51	10212.00	589799.00	282611.00	44.74	1.00	1.00
	max	887.00	0.53	0.53	0.13	248.00	0.00	3.51	14326.00	602343.00	356963.00	45.25	1.00	1.00

续表 12

区域	sum	人力资本												
		年末员工总数	具有本科以上学历的员工比例	具有硕士以上学历的高管比例	具有高级职称的高管比例	技术岗位人数	年人均培训费用	高管平均教育水平	员工人均薪酬	高管人均薪酬	员工人均销售收入	高管平均年龄	是否披露员工年龄	是否披露员工岗位分布情况
云南	N	1.00	1.00	1.00	1.00	1.00	1.00	1.00	1.00	1.00	1.00	1.00	1.00	1.00
	mean	1025.00	0.02	0.36	0.13	173.00	0.00	2.79	4184.00	207029.00	631029.00	47.94	1.00	1.00
	min	1025.00	0.02	0.36	0.13	173.00	0.00	2.79	4184.00	207029.00	631029.00	47.94	1.00	1.00
	p5	1025.00	0.02	0.36	0.13	173.00	0.00	2.79	4184.00	207029.00	631029.00	47.94	1.00	1.00
	p25	1025.00	0.02	0.36	0.13	173.00	0.00	2.79	4184.00	207029.00	631029.00	47.94	1.00	1.00
	p50	1025.00	0.02	0.36	0.13	173.00	0.00	2.79	4184.00	207029.00	631029.00	47.94	1.00	1.00
	p75	1025.00	0.02	0.36	0.13	173.00	0.00	2.79	4184.00	207029.00	631029.00	47.94	1.00	1.00
	max	1025.00	0.02	0.36	0.13	173.00	0.00	2.79	4184.00	207029.00	631029.00	47.94	1.00	1.00
陕西	N	11.00	11.00	11.00	11.00	11.00	11.00	11.00	11.00	11.00	11.00	11.00	11.00	11.00
	mean	363.90	0.64	0.45	0.30	119.20	0.00	3.33	14834.00	339629.00	852318.00	48.78	1.00	1.00
	sd	322.70	0.15	0.11	0.25	114.70	0.00	0.18	13964.00	76876.00	742072.00	1.21	0.00	0.00
	min	115.00	0.46	0.27	0.00	46.00	0.00	3.13	221.30	190540.00	90341.00	46.81	1.00	1.00
	p5	115.00	0.46	0.27	0.00	46.00	0.00	3.13	221.30	190540.00	90341.00	46.81	1.00	1.00
	p25	123.00	0.47	0.40	0.00	49.00	0.00	3.16	3716.00	291125.00	259936.00	47.93	1.00	1.00
	p50	254.00	0.66	0.44	0.33	76.00	0.00	3.34	12629.00	363825.00	692768.00	48.91	1.00	1.00
	p75	359.00	0.71	0.50	0.56	106.00	0.00	3.53	26608.00	397100.00	958174.00	50.00	1.00	1.00
	max	1110.00	0.95	0.64	0.56	403.00	0.00	3.60	44779.00	436746.00	2666000.00	50.21	1.00	1.00

续表 13

区域	sum	人力资本												
		年末员工总数	具有本科以上学历的员工比例	具有硕士以上学历的高管比例	具有高级职称的高管比例	技术岗位人数	年人均培训费用	高管平均教育水平	员工人均薪酬	高管人均薪酬	员工人均销售收入	高管平均年龄	是否披露员工年龄	是否披露员工岗位分布情况
甘肃	N	14.00	14.00	14.00	14.00	14.00	14.00	14.00	14.00	14.00	14.00	14.00	14.00	14.00
	mean	994.10	0.32	0.45	0.25	250.40	32.15	3.18	4396.00	521584.00	475404.00	46.93	1.00	1.00
	sd	650.40	0.09	0.04	0.17	131.50	54.18	0.21	2964.00	309832.00	208126.00	2.12	0.00	0.00
	min	249.00	0.20	0.39	0.00	33.00	0.00	2.88	863.50	106000.00	207446.00	43.88	1.00	1.00
	p5	249.00	0.20	0.39	0.00	33.00	0.00	2.88	863.50	106000.00	207446.00	43.88	1.00	1.00
	p25	493.00	0.25	0.40	0.10	156.00	0.00	3.01	1844.00	298717.00	335620.00	45.64	1.00	1.00
	p50	718.00	0.33	0.46	0.25	201.00	0.00	3.20	3718.00	503510.00	436804.00	46.74	1.00	1.00
	p75	1672.00	0.37	0.47	0.40	353.00	79.67	3.38	7246.00	656778.00	615548.00	47.71	1.00	1.00
	max	1926.00	0.52	0.50	0.50	492.00	141.10	3.44	9021.00	1335000.00	1022000.00	51.89	1.00	1.00
新疆	N	5.00	5.00	5.00	5.00	5.00	5.00	5.00	5.00	5.00	5.00	5.00	5.00	5.00
	mean	376.00	0.32	0.48	0.24	108.40	0.00	3.24	11384.00	477780.00	652737.00	46.74	1.00	1.00
	sd	158.60	0.20	0.02	0.16	107.40	0.00	0.08	3689.00	187910.00	403282.00	1.02	0.00	0.00
	min	212.00	0.18	0.46	0.13	48.00	0.00	3.13	7280.00	319287.00	369385.00	45.69	1.00	1.00
	p5	212.00	0.18	0.46	0.13	48.00	0.00	3.13	7280.00	319287.00	369385.00	45.69	1.00	1.00
	p25	222.00	0.21	0.46	0.14	48.00	0.00	3.19	8359.00	382080.00	389890.00	46.05	1.00	1.00
	p50	400.00	0.25	0.50	0.17	52.00	0.00	3.23	12255.00	390433.00	528625.00	46.37	1.00	1.00
	p75	467.00	0.30	0.50	0.29	97.00	0.00	3.29	12501.00	505357.00	626572.00	47.50	1.00	1.00
	max	579.00	0.68	0.50	0.50	297.00	0.00	3.35	16525.00	791743.00	1349000.00	48.10	1.00	1.00

续表 14

区域	sum	人力资本												
		年末员工总数	具有本科以上学历的员工比例	具有硕士以上学历的高管比例	具有高级职称的高管比例	技术岗位人数	年人均培训费用	高管平均教育水平	员工人均薪酬	高管人均薪酬	员工人均销售收入	高管平均年龄	是否披露员工年龄	是否披露员工岗位分布情况
Total	N	1310.00	1307.00	1317.00	1317.00	1306.00	1317.00	1317.00	1310.00	1317.00	1310.00	1317.00	1314.00	1314.00
	mean	1295.00	0.35	0.47	0.25	356.30	120.00	3.36	13014.00	611926.00	788496.00	46.55	1.00	1.00
	sd	3570.00	0.24	0.15	0.18	640.10	628.70	0.35	13612.00	418730.00	762968.00	3.21	0.00	0.03
	min	47.00	0.00	0.00	0.00	7.00	0.00	2.00	0.00	106000.00	85208.00	34.45	1.00	0.00
	p5	228.00	0.05	0.17	0.00	44.00	0.00	2.74	316.90	211333.00	229807.00	41.50	1.00	1.00
	p25	457.00	0.15	0.40	0.13	94.00	0.00	3.15	4593.00	357383.00	387335.00	44.18	1.00	1.00
	p50	746.50	0.30	0.50	0.25	181.00	0.00	3.37	9089.00	500117.00	610062.00	46.57	1.00	1.00
	p75	1309.00	0.52	0.57	0.38	356.00	0.00	3.59	17019.00	723843.00	934253.00	48.79	1.00	1.00
	max	74174.00	0.97	0.80	0.74	8734.00	10853.00	4.20	114618.00	4196000.00	14400000.00	57.35	1.00	1.00

附录 6　　结构资本区域描述性统计

区域	sum	结构资本													
		人均固定资产	研发人员占全体员工比例	无形资产－土地使用权（总额）	专利权数（数量）	发明专利（数量）	产品设计	产品商标数	是否披露职工权益保护	是否披露健康等	是否披露生产安全指标	年人均管理费用	研发人员年人均研发费用	研发费用占销售收入比例	研发费用资本化率
广东	N	277.00	272.00	232.00	277.00	166.00	166.00	253.00	277.00	277.00	277.00	277.00	203.00	201.00	120.00
	mean	178021.00	0.33	2.11×10^{7}	68.93	9.22	1.82	11.40	0.06	0.17	0.04	87483.00	155434.00	0.09	0.12
	sd	206880.00	0.24	4.54×10^{7}	148.50	24.11	4.07	29.09	0.24	0.38	0.20	72874.00	120731.00	0.09	0.20
	min	5848.00	0.03	0.00	0.00	0.00	0.00	0.00	0.00	0.00	0.00	8278.00	13395.00	0.00	0.00
	p5	11712.00	0.08	6453.00	0.00	0.00	0.00	0.00	0.00	0.00	0.00	24675.00	35713.00	0.02	0.00
	p25	55264.00	0.15	705596.00	0.00	1.00	0.00	0.00	0.00	0.00	0.00	46058.00	79284.00	0.04	0.00
	p50	113359.00	0.24	3.40×10^{6}	24.00	3.00	0.00	0.00	0.00	0.00	0.00	66291.00	121851.00	0.05	0.00
	p75	239988.00	0.48	1.46×10^{7}	89.00	8.00	2.00	7.00	0.00	0.00	0.00	108325.00	190004.00	0.10	0.21
	max	1436000.00	0.93	2.66×10^{8}	2000.00	266.00	23.00	216.00	1.00	1.00	1.00	514028.00	722778.00	0.47	0.98
北京	N	235.00	233.00	132.00	235.00	126.00	126.00	216.00	235.00	235.00	235.00	235.00	179.00	179.00	113.00
	mean	211077.00	0.42	1.54×10^{8}	37.68	9.41	1.37	14.32	0.11	0.19	0.07	118703.00	181196.00	0.10	0.20
	sd	306811.00	0.23	9.29×10^{8}	64.17	12.98	4.01	45.60	0.31	0.39	0.25	72042.00	128089.00	0.10	0.23
	min	4329.00	0.00	0.00	0.00	0.00	0.00	0.00	0.00	0.00	0.00	3550.00	6250.00	0.00	0.00
	p5	12679.00	0.09	59741.00	0.00	0.00	0.00	0.00	0.00	0.00	0.00	40293.00	47856.00	0.01	0.00
	p25	40738.00	0.23	1121000.00	0.00	1.00	0.00	0.00	0.00	0.00	0.00	74467.00	87044.00	0.04	0.00
	p50	135086.00	0.37	8.14×10^{6}	13.00	4.00	0.00	0.50	0.00	0.00	0.00	101746.00	155716.00	0.06	0.10
	p75	253578.00	0.60	5.97×10^{7}	53.00	11.00	2.00	10.00	0.00	0.00	0.00	141395.00	256331.00	0.12	0.36
	max	3061000.00	0.92	9.85×10^{9}	492.00	64.00	40.00	413.00	1.00	1.00	1.00	696268.00	784386.00	0.73	0.92

续表1

区域	sum	结构资本													
		人均固定资产	研发人员占全体员工比例	无形资产-土地使用权（总额）	专利权数（数量）	发明专利（数量）	产品设计	产品商标数	是否披露职工权益保护	是否披露健康等	是否披露生产安全指标	年人均管理费用	研发人员年人均研发费用	研发费用占销售收入比例	研发费用资本化率
江苏	N	130.00	130.00	127.00	137.00	91.00	91.00	117.00	137.00	137.00	137.00	130.00	107.00	107.00	66.00
	mean	309585.00	0.24	7.09×10^{6}	46.73	5.77	2.01	1.88	0.00	0.07	0.00	86911.00	228103.00	0.06	0.04
	sd	262014.00	0.21	1.89×10^{7}	55.02	6.76	9.52	4.72	0.00	0.26	0.00	43783.00	243623.00	0.05	0.18
	min	7555.00	0.02	-6.26×10^{7}	0.00	0.00	0.00	0.00	0.00	0.00	0.00	22051.00	15817.00	0.01	0.00
	p5	59639.00	0.03	0.00	0.00	0.00	0.00	0.00	0.00	0.00	0.00	38313.00	25133.00	0.01	0.00
	p25	127216.00	0.12	234171.00	2.00	2.00	0.00	0.00	0.00	0.00	0.00	59168.00	87609.00	0.03	0.00
	p50	232310.00	0.17	967957.00	35.00	4.00	0.00	0.00	0.00	0.00	0.00	77916.00	159786.00	0.04	0.00
	p75	412840.00	0.25	6.03×10^{6}	70.00	8.00	0.00	1.00	0.00	0.00	0.00	103637.00	301968.00	0.06	0.00
	max	1344000.00	0.90	1.28×10^{8}	448.00	53.00	70.00	28.00	0.00	1.00	0.00	274274.00	1649000.00	0.43	1.29
浙江	N	130.00	130.00	112.00	130.00	72.00	72.00	119.00	130.00	130.00	130.00	130.00	99.00	99.00	57.00
	mean	216915.00	0.31	1.08×10^{7}	46.59	5.00	1.67	8.27	0.02	0.12	0.01	90270.00	160116.00	0.07	0.03
	sd	195086.00	0.23	2.26×10^{7}	61.99	4.77	2.71	18.52	0.12	0.32	0.09	50560.00	115746.00	0.08	0.09
	min	12528.00	0.04	0.00	0.00	0.00	0.00	0.00	0.00	0.00	0.00	22943.00	16190.00	0.01	0.00
	p5	22158.00	0.09	0.00	0.00	0.00	0.00	0.00	0.00	0.00	0.00	33567.00	19588.00	0.03	0.00
	p25	84205.00	0.14	255931.00	0.00	1.50	0.00	0.00	0.00	0.00	0.00	54000.00	77061.00	0.04	0.00
	p50	160025.00	0.23	1255000.00	23.50	4.00	0.00	0.00	0.00	0.00	0.00	78071.00	129773.00	0.05	0.00
	p75	260877.00	0.44	8227000.00	61.00	7.50	2.50	6.00	0.00	0.00	0.00	115097.00	218560.00	0.07	0.00
	max	1082000.00	0.92	1.28×10^{8}	302.00	21.00	13.00	107.00	1.00	1.00	1.00	256391.00	570818.00	0.45	0.40

续表 2

区域	sum	结构资本													
		人均固定资产	研发人员占全体员工比例	无形资产－土地使用权（总额）	专利权数（数量）	发明专利（数量）	产品设计	产品商标数	是否披露职工权益保护	是否披露健康等	是否披露生产安全指标	年人均管理费用	研发人员年人均研发费用	研发费用占销售收入比例	研发费用资本化率
上海	N	110.00	103.00	81.00	110.00	59.00	59.00	98.00	110.00	110.00	110.00	110.00	83.00	85.00	47.00
	mean	168178.00	0.36	7.37×10^{6}	30.47	4.83	1.42	5.53	0.11	0.16	0.07	97756.00	159792.00	0.08	0.05
	sd	148381.00	0.25	1.86×10^{7}	56.95	5.86	3.26	12.50	0.31	0.37	0.26	64515.00	137590.00	0.05	0.11
	min	7473.00	0.05	0.00	0.00	0.00	0.00	0.00	0.00	0.00	0.00	16988.00	15676.00	0.00	0.00
	p5	10148.00	0.07	0.00	0.00	0.00	0.00	0.00	0.00	0.00	0.00	26388.00	20854.00	0.02	0.00
	p25	44998.00	0.14	322908.00	0.00	1.00	0.00	0.00	0.00	0.00	0.00	53115.00	79932.00	0.04	0.00
	p50	131443.00	0.29	1314000.00	5.00	3.00	0.00	0.00	0.00	0.00	0.00	76744.00	124244.00	0.06	0.00
	p75	241401.00	0.53	4.98×10^{6}	38.00	6.00	1.00	5.00	0.00	0.00	0.00	118255.00	171360.00	0.10	0.01
	max	709043.00	0.94	1.31×10^{8}	423.00	32.00	16.00	76.00	1.00	1.00	1.00	380735.00	725521.00	0.25	0.36
天津	N	15.00	15.00	15.00	15.00	10.00	10.00	12.00	15.00	15.00	15.00	15.00	11.00	11.00	10.00
	mean	264120.00	0.22	4.94×10^{7}	34.20	10.20	0.60	13.58	0.00	0.07	0.00	112448.00	332833.00	0.06	0.13
	sd	145153.00	0.16	1.02×10^{8}	32.62	9.60	1.90	23.92	0.00	0.26	0.00	55236.00	192457.00	0.03	0.21
	min	126568.00	0.07	46227.00	0.00	2.00	0.00	0.00	0.00	0.00	0.00	58025.00	81921.00	0.03	0.00
	p5	126568.00	0.07	46227.00	0.00	2.00	0.00	0.00	0.00	0.00	0.00	58025.00	81921.00	0.03	0.00
	p25	179642.00	0.14	4830000.00	9.00	4.00	0.00	0.00	0.00	0.00	0.00	69018.00	204256.00	0.03	0.00
	p50	208170.00	0.18	9587000.00	30.00	6.50	0.00	0.00	0.00	0.00	0.00	85482.00	291145.00	0.07	0.01
	p75	295250.00	0.20	3.87×10^{7}	48.00	14.00	0.00	27.50	0.00	0.00	0.00	162522.00	402577.00	0.08	0.22
	max	725225.00	0.72	4.01×10^{8}	101.00	34.00	6.00	78.00	0.00	1.00	0.00	216703.00	745860.00	0.11	0.66

续表 3

区域	sum	结构资本													
		人均固定资产	研发人员占全体员工比例	无形资产－土地使用权（总额）	专利权数（数量）	发明专利（数量）	产品设计	产品商标数	是否披露职工权益保护	是否披露健康等	是否披露生产安全指标	年人均管理费用	研发人员年人均研发费用	研发费用占销售收入比例	研发费用资本化率
河北	N	21.00	21.00	15.00	21.00	9.00	9.00	16.00	21.00	21.00	21.00	21.00	16.00	16.00	11.00
	mean	231783.00	0.18	1.04×10^7	33.57	3.00	1.22	10.56	0.00	0.00	0.00	75854.00	200423.00	0.05	0.15
	sd	189194.00	0.09	1.91×10^7	53.70	2.50	1.92	16.09	0.00	0.00	0.00	40494.00	117376.00	0.02	0.22
	min	5607.00	0.09	0.00	0.00	0.00	0.00	0.00	0.00	0.00	0.00	12054.00	50476.00	0.03	0.00
	p5	6398.00	0.11	0.00	2.00	0.00	0.00	0.00	0.00	0.00	0.00	13425.00	50476.00	0.03	0.00
	p25	30909.00	0.12	139995.00	5.00	1.00	0.00	0.00	0.00	0.00	0.00	50794.00	102614.00	0.04	0.00
	p50	207579.00	0.15	653516.00	15.00	2.00	0.00	10.00	0.00	0.00	0.00	80012.00	190581.00	0.05	0.00
	p75	408073.00	0.19	1.13×10^7	44.00	4.00	1.00	12.00	0.00	0.00	0.00	104291.00	271673.00	0.06	0.41
	max	520456.00	0.51	5.65×10^7	231.00	8.00	5.00	67.00	0.00	0.00	0.00	146809.00	438176.00	0.11	0.56
山西	N	6.00	6.00	6.00	6.00	3.00	3.00	5.00	6.00	6.00	6.00	6.00	5.00	5.00	4.00
	mean	205205.00	0.27	2.79×10^7	14.00	1.67	0.33	74.60	0.17	0.00	0.00	77262.00	83821.00	0.05	0.07
	sd	121811.00	0.13	2.37×10^7	18.26	1.53	0.58	60.96	0.41	0.00	0.00	32233.00	37299.00	0.01	0.05
	min	75142.00	0.13	337621.00	0.00	0.00	0.00	0.00	0.00	0.00	0.00	47339.00	35330.00	0.04	0.00
	p5	75142.00	0.13	337621.00	0.00	0.00	0.00	0.00	0.00	0.00	0.00	47339.00	35330.00	0.04	0.00
	p25	94450.00	0.16	569211.00	0.00	0.00	0.00	44.00	0.00	0.00	0.00	56048.00	65200.00	0.04	0.03
	p50	185016.00	0.26	3.43×10^7	6.00	2.00	0.00	57.00	0.00	0.00	0.00	63963.00	76628.00	0.04	0.08
	p75	342633.00	0.39	4.88×10^7	27.00	3.00	1.00	120.00	0.00	0.00	0.00	101314.00	115752.00	0.05	0.11
	max	348974.00	0.40	4.91×10^7	45.00	3.00	1.00	152.00	1.00	0.00	0.00	130945.00	126194.00	0.06	0.12

续表 4

区域	sum	结构资本													
		人均固定资产	研发人员占全体员工比例	无形资产－土地使用权（总额）	专利权数（数量）	发明专利（数量）	产品设计	产品商标数	是否披露职工权益保护	是否披露健康等	是否披露生产安全指标	年人均管理费用	研发人员年人均研发费用	研发费用占销售收入比例	研发费用资本化率
内蒙古	N	13.00	13.00	13.00	13.00	3.00	3.00	13.00	13.00	13.00	13.00	13.00	12.00	12.00	8.00
	mean	260070.00	0.16	1.90×10^{7}	1.85	1.67	0.67	9.92	0.00	0.00	0.00	129227.00	350890.00	0.05	0.19
	sd	136802.00	0.11	2.79×10^{7}	3.67	1.16	1.16	20.24	0.00	0.00	0.00	83220.00	287524.00	0.03	0.16
	min	120982.00	0.07	296166.00	0.00	1.00	0.00	0.00	0.00	0.00	0.00	37573.00	34780.00	0.01	0.00
	p5	120982.00	0.07	296166.00	0.00	1.00	0.00	0.00	0.00	0.00	0.00	37573.00	34780.00	0.01	0.00
	p25	160901.00	0.11	2.00×10^{6}	0.00	1.00	0.00	0.00	0.00	0.00	0.00	53126.00	157094.00	0.03	0.05
	p50	202538.00	0.13	2.47×10^{6}	0.00	1.00	0.00	0.00	0.00	0.00	0.00	105740.00	294101.00	0.04	0.20
	p75	326386.00	0.14	3.51×10^{7}	2.00	3.00	2.00	0.00	0.00	0.00	0.00	198724.00	393715.00	0.07	0.30
	max	527099.00	0.50	7.95×10^{7}	13.00	3.00	2.00	58.00	0.00	0.00	0.00	304747.00	1072000.00	0.09	0.46
辽宁	N	18.00	18.00	15.00	18.00	10.00	10.00	16.00	18.00	18.00	18.00	18.00	13.00	13.00	7.00
	mean	466582.00	0.29	1.20×10^{7}	35.06	6.60	0.50	9.94	0.17	0.28	0.11	87456.00	590214.00	0.06	0.00
	sd	525192.00	0.26	1.62×10^{7}	50.25	6.95	1.27	31.81	0.38	0.46	0.32	35803.00	531430.00	0.02	0.01
	min	117109.00	0.08	262753.00	0.00	0.00	0.00	0.00	0.00	0.00	0.00	46020.00	43514.00	0.03	0.00
	p5	117109.00	0.08	262753.00	0.00	0.00	0.00	0.00	0.00	0.00	0.00	46020.00	43514.00	0.03	0.00
	p25	143411.00	0.10	1.40×10^{6}	0.00	1.00	0.00	0.00	0.00	0.00	0.00	60215.00	119967.00	0.05	0.00
	p50	265577.00	0.14	4.40×10^{6}	18.00	2.50	0.00	2.00	0.00	0.00	0.00	78316.00	275749.00	0.06	0.00
	p75	472413.00	0.66	2.61×10^{7}	46.00	14.00	0.00	4.00	0.00	1.00	0.00	106700.00	1056000.00	0.06	0.00
	max	1875000.00	0.71	5.26×10^{7}	200.00	17.00	4.00	129.00	1.00	1.00	1.00	156597.00	1480000.00	0.13	0.02

续表 5

区域	sum	结构资本													
		人均固定资产	研发人员占全体员工比例	无形资产－土地使用权（总额）	专利权数（数量）	发明专利（数量）	产品设计	产品商标数	是否披露职工权益保护	是否披露健康等	是否披露生产安全指标	年人均管理费用	研发人员年人均研发费用	研发费用占销售收入比例	研发费用资本化率
吉林	N	4.00	4.00	3.00	4.00	1.00	1.00	4.00	4.00	4.00	4.00	4.00	1.00	1.00	1.00
	mean	141049.00	0.38	1.96×10^{8}	107.80	7.00	0.00	0.00	0.00	0.00	0.00	78098.00	101812.00	0.09	0.12
	sd	81987.00	0.28	1.70×10^{8}	83.34	.	.	0.00	0.00	0.00	0.00	27636.00	101812.00	0.09	0.12
	min	24289.00	0.11	367034.00	10.00	7.00	0.00	0.00	0.00	0.00	0.00	40153.00	101812.00	0.09	0.12
	p5	24289.00	0.11	367034.00	10.00	7.00	0.00	0.00	0.00	0.00	0.00	40153.00	101812.00	0.09	0.12
	p25	83926.00	0.21	367034.00	38.50	7.00	0.00	0.00	0.00	0.00	0.00	60293.00	101812.00	0.09	0.12
	p50	170641.00	0.32	2.78×10^{8}	120.00	7.00	0.00	0.00	0.00	0.00	0.00	83021.00	101812.00	0.09	0.12
	p75	198172.00	0.56	3.10×10^{8}	177.00	7.00	0.00	0.00	0.00	0.00	0.00	95903.00	101812.00	0.09	0.12
	max	198626.00	0.78	3.10×10^{8}	181.00	7.00	0.00	0.00	0.00	0.00	0.00	106196.00			
黑龙江	N	9.00	9.00	9.00	9.00	7.00	7.00	8.00	9.00	9.00	9.00	9.00	7.00	7.00	3.00
	mean	360332.00	0.24	1.46×10^{7}	108.30	3.43	0.43	12.25	0.00	0.00	0.00	62272.00	131722.00	0.06	0.18
	sd	308439.00	0.07	1.93×10^{7}	72.24	3.95	0.54	10.29	0.00	0.00	0.00	30267.00	70848.00	0.03	0.18
	min	113580.00	0.13	110111.00	22.00	0.00	0.00	0.00	0.00	0.00	0.00	26254.00	68446.00	0.04	0.00
	p5	113580.00	0.13	110111.00	22.00	0.00	0.00	0.00	0.00	0.00	0.00	26254.00	68446.00	0.04	0.00
	p25	116041.00	0.16	395945.00	39.00	0.00	0.00	4.00	0.00	0.00	0.00	42602.00	81085.00	0.04	0.00
	p50	241749.00	0.24	9.47×10^{6}	94.00	3.00	0.00	11.50	0.00	0.00	0.00	60580.00	107294.00	0.05	0.16
	p75	517749.00	0.31	1.40×10^{7}	160.00	6.00	1.00	20.00	0.00	0.00	0.00	68887.00	201307.00	0.07	0.37
	max	1050000.00	0.32	4.98×10^{7}	207.00	11.00	1.00	27.00	0.00	0.00	0.00	130412.00	258231.00	0.13	0.37

续表 6

区域	sum	结构资本													
		人均固定资产	研发人员占全体员工比例	无形资产－土地使用权（总额）	专利权数（数量）	发明专利（数量）	产品设计	产品商标数	是否披露职工权益保护	是否披露健康等	是否披露生产安全指标	年人均管理费用	研发人员年人均研发费用	研发费用占销售收入比例	研发费用资本化率
安徽	N	43.00	43.00	43.00	43.00	28.00	28.00	42.00	43.00	43.00	43.00	43.00	33.00	33.00	16.00
	mean	234465.00	0.18	5.95×10^{7}	64.12	10.57	3.18	5.67	0.00	0.14	0.00	76425.00	185427.00	0.04	0.02
	sd	112123.00	0.15	1.65×10^{8}	87.17	17.44	4.54	13.69	0.00	0.35	0.00	54436.00	89859.00	0.02	0.04
	min	18842.00	0.06	0.00	0.00	0.00	0.00	0.00	0.00	0.00	0.00	10371.00	51761.00	0.01	0.00
	p5	86643.00	0.06	0.00	0.00	0.00	0.00	0.00	0.00	0.00	0.00	27832.00	57208.00	0.02	0.00
	p25	138067.00	0.11	214950.00	0.00	2.00	0.00	0.00	0.00	0.00	0.00	40961.00	111178.00	0.03	0.00
	p50	232066.00	0.15	1.83×10^{6}	31.00	3.00	0.00	0.00	0.00	0.00	0.00	56899.00	183218.00	0.04	0.00
	p75	309648.00	0.21	4.35×10^{7}	107.00	9.50	7.00	0.00	0.00	0.00	0.00	86120.00	269529.00	0.05	0.00
	max	476252.00	0.85	9.37×10^{8}	435.00	62.00	12.00	55.00	0.00	1.00	0.00	222430.00	344924.00	0.09	0.15
福建	N	31.00	31.00	26.00	31.00	14.00	14.00	29.00	31.00	31.00	31.00	31.00	23.00	23.00	10.00
	mean	185155.00	0.32	9.13×10^{6}	18.45	3.57	0.00	30.62	0.26	0.32	0.16	77806.00	171964.00	0.06	0.06
	sd	222551.00	0.27	1.70×10^{7}	28.61	4.45	0.00	51.92	0.45	0.48	0.37	47110.00	147809.00	0.03	0.12
	min	10601.00	0.10	12333.00	0.00	0.00	0.00	0.00	0.00	0.00	0.00	9867.00	6271.00	0.04	0.00
	p5	15589.00	0.12	56932.00	0.00	0.00	0.00	0.00	0.00	0.00	0.00	14969.00	8300.00	0.04	0.00
	p25	34864.00	0.15	420926.00	0.00	1.00	0.00	0.00	0.00	0.00	0.00	39332.00	51541.00	0.04	0.00
	p50	108211.00	0.19	1.67×10^{6}	7.00	2.00	0.00	6.00	0.00	0.00	0.00	69826.00	115721.00	0.05	0.00
	p75	234111.00	0.32	9.10×10^{6}	15.00	5.00	0.00	32.00	1.00	1.00	0.00	106480.00	332413.00	0.09	0.14
	max	949138.00	0.87	7.21×10^{7}	100.00	15.00	0.00	178.00	1.00	1.00	1.00	187008.00	523949.00	0.16	0.35

续表7

区域	sum	结构资本													
		人均固定资产	研发人员占全体员工比例	无形资产－土地使用权（总额）	专利权数（数量）	发明专利（数量）	产品设计	产品商标数	是否披露职工权益保护	是否披露健康等	是否披露生产安全指标	年人均管理费用	研发人员年人均研发费用	研发费用占销售收入比例	研发费用资本化率
江西	N	13.00	13.00	13.00	13.00	10.00	10.00	11.00	13.00	13.00	13.00	13.00	10.00	10.00	7.00
	mean	187542.00	0.21	5.77×10^{6}	39.00	1.80	0.50	0.18	0.00	0.00	0.00	54361.00	102539.00	0.04	0.30
	sd	89219.00	0.12	6.53×10^{6}	38.30	1.62	0.71	0.41	0.00	0.00	0.00	32258.00	42760.00	0.01	0.27
	min	62239.00	0.11	208461.00	0.00	0.00	0.00	0.00	0.00	0.00	0.00	18931.00	24266.00	0.02	0.00
	p5	62239.00	0.11	208461.00	0.00	0.00	0.00	0.00	0.00	0.00	0.00	18931.00	24266.00	0.02	0.00
	p25	106495.00	0.12	346058.00	4.00	1.00	0.00	0.00	0.00	0.00	0.00	25186.00	74198.00	0.03	0.00
	p50	207648.00	0.13	477088.00	27.00	1.00	0.00	0.00	0.00	0.00	0.00	47107.00	100288.00	0.03	0.22
	p75	268028.00	0.30	1.09×10^{7}	66.00	3.00	1.00	0.00	0.00	0.00	0.00	81772.00	130269.00	0.05	0.59
	max	311404.00	0.41	1.82×10^{7}	107.00	5.00	2.00	1.00	0.00	0.00	0.00	116833.00	163719.00	0.06	0.66
山东	N	44.00	44.00	44.00	44.00	33.00	33.00	38.00	44.00	44.00	44.00	44.00	37.00	37.00	23.00
	mean	341665.00	0.18	8845000.00	36.16	5.06	0.49	1.66	0.00	0.09	0.00	75172.00	222558.00	0.04	0.00
	sd	196407.00	0.07	18900000.00	66.22	5.03	1.18	4.35	0.00	0.29	0.00	25572.00	96384.00	0.02	0.00
	min	14532.00	0.09	0.00	0.00	0.00	0.00	0.00	0.00	0.00	0.00	33024.00	91759.00	0.02	0.00
	p5	100706.00	0.10	6666.00	0.00	0.00	0.00	0.00	0.00	0.00	0.00	34520.00	95330.00	0.03	0.00
	p25	233386.00	0.14	125919.00	0.00	1.00	0.00	0.00	0.00	0.00	0.00	57925.00	133990.00	0.03	0.00
	p50	309846.00	0.17	1.02×10^{6}	16.00	3.00	0.00	0.00	0.00	0.00	0.00	71540.00	212558.00	0.04	0.00
	p75	379685.00	0.21	5.54×10^{6}	50.50	8.00	0.00	1.00	0.00	0.00	0.00	92627.00	306911.00	0.05	0.00
	max	934138.00	0.39	8.55×10^{7}	400.00	21.00	5.00	21.00	0.00	1.00	0.00	151924.00	412293.00	0.11	0.00

续表 8

区域	sum	结构资本													
		人均固定资产	研发人员占全体员工比例	无形资产－土地使用权（总额）	专利权数（数量）	发明专利（数量）	产品设计	产品商标数	是否披露职工权益保护	是否披露健康等	是否披露生产安全指标	年人均管理费用	研发人员年人均研发费用	研发费用占销售收入比例	研发费用资本化率
河南	N	33.00	33.00	33.00	33.00	24.00	24.00	31.00	33.00	33.00	33.00	33.00	27.00	27.00	15.00
	mean	344722.00	0.23	3.32×10^{7}	153.90	3.21	2.33	6.16	0.42	0.39	0.42	70411.00	137290.00	0.05	0.03
	sd	299707.00	0.11	8.10×10^{7}	135.60	4.51	3.40	12.48	0.50	0.50	0.50	44317.00	90522.00	0.03	0.07
	min	24958.00	0.09	35543.00	0.00	0.00	0.00	0.00	0.00	0.00	0.00	25922.00	37524.00	0.03	0.00
	p5	30246.00	0.11	48041.00	3.00	0.00	0.00	0.00	0.00	0.00	0.00	29025.00	45901.00	0.03	0.00
	p25	94793.00	0.14	463218.00	32.00	0.00	0.00	0.00	0.00	0.00	0.00	39747.00	76984.00	0.04	0.00
	p50	269563.00	0.22	2.13×10^{6}	133.00	2.00	0.00	0.00	0.00	0.00	0.00	56605.00	111415.00	0.04	0.00
	p75	535568.00	0.29	1.91×10^{7}	253.00	5.00	3.00	5.00	1.00	1.00	1.00	93833.00	168695.00	0.06	0.02
	max	1230000.00	0.60	3.42×10^{8}	413.00	21.00	12.00	46.00	1.00	1.00	1.00	217121.00	411577.00	0.14	0.22
湖北	N	44.00	44.00	37.00	44.00	31.00	31.00	41.00	44.00	44.00	44.00	44.00	33.00	33.00	17.00
	mean	266253.00	0.28	9.21×10^{6}	48.57	7.55	1.29	11.27	0.00	0.18	0.00	86580.00	159990.00	0.07	0.09
	sd	214156.00	0.14	2.47×10^{7}	54.83	7.36	3.11	20.10	0.00	0.39	0.00	48737.00	83358.00	0.04	0.16
	min	29245.00	0.09	0.00	0.00	0.00	0.00	0.00	0.00	0.00	0.00	25632.00	35792.00	0.03	0.00
	p5	45265.00	0.11	0.00	0.00	0.00	0.00	0.00	0.00	0.00	0.00	29257.00	44202.00	0.03	0.00
	p25	94483.00	0.18	309151.00	7.00	2.00	0.00	0.00	0.00	0.00	0.00	48591.00	102395.00	0.05	0.00
	p50	206688.00	0.25	1251000.00	28.00	5.00	0.00	1.00	0.00	0.00	0.00	78724.00	148838.00	0.06	0.00
	p75	359223.00	0.34	4.56×10^{6}	64.50	10.00	0.00	14.00	0.00	0.00	0.00	109346.00	185572.00	0.07	0.15
	max	886838.00	0.60	1.34×10^{8}	202.00	32.00	14.00	76.00	0.00	1.00	0.00	242692.00	415309.00	0.23	0.46

续表 9

区域	sum	结构资本													
		人均固定资产	研发人员占全体员工比例	无形资产－土地使用权（总额）	专利权数（数量）	发明专利（数量）	产品设计	产品商标数	是否披露职工权益保护	是否披露健康等	是否披露生产安全指标	年人均管理费用	研发人员年人均研发费用	研发费用占销售收入比例	研发费用资本化率
湖南	N	34.00	34.00	34.00	34.00	23.00	23.00	29.00	34.00	34.00	34.00	34.00	26.00	26.00	17.00
	mean	223570.00	0.24	1.33×10^{7}	220.80	12.57	4.39	3.17	0.03	0.18	0.00	79961.00	202641.00	0.06	0.06
	sd	177209.00	0.14	1.58×10^{7}	377.60	18.88	9.49	9.31	0.17	0.39	0.00	34654.00	116651.00	0.03	0.12
	min	16644.00	0.07	0.00	0.00	0.00	0.00	0.00	0.00	0.00	0.00	28859.00	50784.00	0.02	0.00
	p5	22494.00	0.08	443948.00	0.00	0.00	0.00	0.00	0.00	0.00	0.00	31285.00	67517.00	0.03	0.00
	p25	117878.00	0.13	2.57×10^{6}	14.00	1.00	0.00	0.00	0.00	0.00	0.00	57485.00	123022.00	0.04	0.00
	p50	164490.00	0.21	1.18×10^{7}	38.50	6.00	0.00	0.00	0.00	0.00	0.00	78614.00	178790.00	0.06	0.00
	p75	302229.00	0.31	1.79×10^{7}	230.00	10.00	3.00	0.00	0.00	0.00	0.00	96736.00	217246.00	0.08	0.07
	max	832209.00	0.58	6.71×10^{7}	1385.00	69.00	40.00	44.00	1.00	1.00	0.00	205861.00	510456.00	0.14	0.39
广西	N	2.00	2.00	2.00	2.00	1.00	1.00	2.00	2.00	2.00	2.00	2.00	1.00	1.00	0.00
	mean	104532.00	0.42	1.59×10^{7}	85.00	4.00	0.00	4.50	0.00	0.00	0.00	81062.00	64798.00	0.03	.
	sd	15074.00	0.02	1.98×10^{7}	16.97	.	.	6.36	0.00	0.00	0.00	1728.00	64798.00	0.03	.
	min	93873.00	0.40	1.89×10^{6}	73.00	4.00	0.00	0.00	0.00	0.00	0.00	79841.00	64798.00	0.03	.
	p5	93873.00	0.40	1.89×10^{6}	73.00	4.00	0.00	0.00	0.00	0.00	0.00	79841.00	64798.00	0.03	.
	p25	93873.00	0.40	1.89×10^{6}	73.00	4.00	0.00	0.00	0.00	0.00	0.00	79841.00	64798.00	0.03	.
	p50	104532.00	0.42	1.59×10^{7}	85.00	4.00	0.00	4.50	0.00	0.00	0.00	81062.00	64798.00	0.03	.
	p75	115191.00	0.43	2.99×10^{7}	97.00	4.00	0.00	9.00	0.00	0.00	0.00	82284.00	64798.00	0.03	.
	max	115191.00	0.43	2.99×10^{7}	97.00	4.00	0.00	9.00	0.00	0.00	0.00	82284.00			

续表 10

区域	sum	结构资本													
		人均固定资产	研发人员占全体员工比例	无形资产－土地使用权（总额）	专利权数（数量）	发明专利（数量）	产品设计	产品商标数	是否披露职工权益保护	是否披露健康等	是否披露生产安全指标	年人均管理费用	研发人员年人均研发费用	研发费用占销售收入比例	研发费用资本化率
海南	N	6.00	6.00	6.00	6.00	4.00	4.00	6.00	6.00	6.00	6.00	6.00	5.00	5.00	3.00
	mean	327436.00	0.11	8.33×10^{7}	17.83	3.75	1.25	144.00	0.17	0.33	0.17	96492.00	203491.00	0.05	0.25
	sd	84178.00	0.03	4.46×10^{7}	6.40	2.63	1.50	93.07	0.41	0.52	0.41	22274.00	94350.00	0.02	0.37
	min	156384.00	0.08	5.60×10^{6}	10.00	1.00	0.00	32.00	0.00	0.00	0.00	54388.00	101013.00	0.03	0.01
	p5	156384.00	0.08	5.60×10^{6}	10.00	1.00	0.00	32.00	0.00	0.00	0.00	54388.00	101013.00	0.03	0.01
	p25	350763.00	0.09	6.65×10^{7}	12.00	1.50	0.00	57.00	0.00	0.00	0.00	94268.00	114126.00	0.04	0.01
	p50	359773.00	0.12	9.25×10^{7}	18.00	4.00	1.00	146.50	0.00	0.00	0.00	101681.00	211351.00	0.04	0.07
	p75	365023.00	0.12	1.17×10^{8}	22.00	6.00	2.50	196.00	0.00	1.00	0.00	112190.00	287326.00	0.06	0.68
	max	372903.00	0.16	1.26×10^{8}	27.00	6.00	3.00	286.00	1.00	1.00	1.00	114747.00	303638.00	0.07	0.68
重庆	N	11.00	11.00	11.00	11.00	7.00	7.00	11.00	11.00	11.00	11.00	11.00	9.00	9.00	5.00
	mean	323006.00	0.23	1.24×10^{7}	101.30	9.00	0.14	0.09	0.00	0.36	0.00	85069.00	166663.00	0.09	0.27
	sd	264204.00	0.09	1.10×10^{7}	118.70	6.38	0.38	0.30	0.00	0.51	0.00	38987.00	66220.00	0.07	0.38
	min	11919.00	0.14	0.00	0.00	2.00	0.00	0.00	0.00	0.00	0.00	36791.00	53359.00	0.05	0.00
	p5	11919.00	0.14	0.00	0.00	2.00	0.00	0.00	0.00	0.00	0.00	36791.00	53359.00	0.05	0.00
	p25	152265.00	0.18	394259.00	0.00	3.00	0.00	0.00	0.00	0.00	0.00	49066.00	144990.00	0.06	0.00
	p50	229625.00	0.20	1.43×10^{7}	22.00	9.00	0.00	0.00	0.00	0.00	0.00	94122.00	150302.00	0.07	0.00
	p75	573153.00	0.22	2.21×10^{7}	248.00	16.00	0.00	0.00	0.00	1.00	0.00	121473.00	205120.00	0.07	0.55
	max	809857.00	0.42	2.80×10^{7}	287.00	18.00	1.00	1.00	0.00	1.00	0.00	137330.00	276801.00	0.28	0.80

续表 11

区域	sum	结构资本													
		人均固定资产	研发人员占全体员工比例	无形资产－土地使用权（总额）	专利权数（数量）	发明专利（数量）	产品设计	产品商标数	是否披露职工权益保护	是否披露健康等	是否披露生产安全指标	年人均管理费用	研发人员年人均研发费用	研发费用占销售收入比例	研发费用资本化率
四川	N	46.00	46.00	42.00	46.00	17.00	17.00	37.00	46.00	46.00	46.00	46.00	21.00	21.00	16.00
	mean	164909.00	0.34	2.75×10^7	46.22	3.94	0.82	7.78	0.17	0.28	0.13	91925.00	116742.00	0.05	0.00
	sd	127897.00	0.20	7.36×10^7	51.55	3.60	1.33	18.27	0.38	0.46	0.34	56700.00	64718.00	0.02	0.02
	min	18785.00	0.07	0.00	0.00	0.00	0.00	0.00	0.00	0.00	0.00	27641.00	30655.00	0.01	0.00
	p5	25542.00	0.10	29777.00	0.00	0.00	0.00	0.00	0.00	0.00	0.00	45874.00	42650.00	0.01	0.00
	p25	71596.00	0.20	698995.00	0.00	1.00	0.00	0.00	0.00	0.00	0.00	57741.00	77893.00	0.04	0.00
	p50	115680.00	0.27	3.38×10^6	36.00	2.00	0.00	0.00	0.00	0.00	0.00	73594.00	106032.00	0.05	0.00
	p75	264806.00	0.47	8.15×10^6	67.00	6.00	1.00	4.00	0.00	1.00	0.00	98601.00	141827.00	0.06	0.00
	max	476760.00	0.75	4.35×10^8	208.00	10.00	4.00	88.00	1.00	1.00	1.00	332380.00	304240.00	0.13	0.07
贵州	N	4.00	4.00	0.00	4.00	4.00	4.00	4.00	4.00	4.00	4.00	4.00	4.00	4.00	2.00
	mean	10701.00	0.20	.	0.00	17.00	0.00	9.00	0.00	0.00	0.00	78800.00	161202.00	0.15	0.43
	sd	2022.00	0.07	.	0.00	13.44	0.00	18.00	0.00	0.00	0.00	32795.00	46964.00	0.07	0.37
	min	7913.00	0.11	.	0.00	4.00	0.00	0.00	0.00	0.00	0.00	50569.00	109521.00	0.08	0.16
	p5	7913.00	0.11	.	0.00	4.00	0.00	0.00	0.00	0.00	0.00	50569.00	109521.00	0.08	0.16
	p25	9226.00	0.14	.	0.00	6.00	0.00	0.00	0.00	0.00	0.00	52857.00	131624.00	0.10	0.16
	p50	11233.00	0.20	.	0.00	15.50	0.00	0.00	0.00	0.00	0.00	71852.00	155897.00	0.13	0.43
	p75	12175.00	0.26	.	0.00	28.00	0.00	18.00	0.00	0.00	0.00	104743.00	190780.00	0.20	0.69
	max	12423.00	0.28	.	0.00	33.00	0.00	36.00	0.00	0.00	0.00	120928.00	223494.00	0.25	0.69

续表 12

区域	sum	结构资本													
		人均固定资产	研发人员占全体员工比例	无形资产－土地使用权（总额）	专利权数（数量）	发明专利（数量）	产品设计	产品商标数	是否披露职工权益保护	是否披露健康等	是否披露生产安全指标	年人均管理费用	研发人员年人均研发费用	研发费用占销售收入比例	研发费用资本化率
云南	N	1.00	1.00	1.00	1.00	0.00	0.00	1.00	1.00	1.00	1.00	1.00	0.00	0.00	0.00
	mean	219817.00	0.17	1.49×10^6	0.00	.	.	0.00	0.00	0.00	0.00	33074.00	.	.	.
	sd														
	min	219817.00	0.17	1.49×10^6	0.00	.	.	0.00	0.00	0.00	0.00	33074.00	.	.	.
	p5	219817.00	0.17	1.49×10^6	0.00	.	.	0.00	0.00	0.00	0.00	33074.00	.	.	.
	p25	219817.00	0.17	1.49×10^6	0.00	.	.	0.00	0.00	0.00	0.00	33074.00	.	.	.
	p50	219817.00	0.17	1.49×10^6	0.00	.	.	0.00	0.00	0.00	0.00	33074.00	.	.	.
	p75	219817.00	0.17	1.49×10^6	0.00	.	.	0.00	0.00	0.00	0.00	33074.00	.	.	.
	max	219817.00	0.17	1.49×10^6	0.00	.	.	0.00	0.00	0.00	0.00	33074.00	.	.	.
陕西	N	11.00	11.00	10.00	11.00	7.00	7.00	9.00	11.00	11.00	11.00	11.00	7.00	7.00	4.00
	mean	303701.00	0.33	9.32×10^6	23.64	1.29	0.00	1.11	0.00	0.00	0.00	122248.00	164903.00	0.17	0.27
	sd	299214.00	0.07	9.15×10^6	35.94	1.60	0.00	2.26	0.00	0.00	0.00	50673.00	83802.00	0.21	0.20
	min	27601.00	0.21	3.77×10^5	0.00	0.00	0.00	0.00	0.00	0.00	0.00	77474.00	80385.00	0.01	0.00
	p5	27601.00	0.21	3.77×10^5	0.00	0.00	0.00	0.00	0.00	0.00	0.00	77474.00	80385.00	0.01	0.00
	p25	63185.00	0.26	7.28×10^5	0.00	0.00	0.00	0.00	0.00	0.00	0.00	83712.00	97854.00	0.06	0.13
	p50	159873.00	0.34	6.79×10^6	11.00	0.00	0.00	0.00	0.00	0.00	0.00	109813.00	145397.00	0.11	0.30
	p75	513722.00	0.40	1.14×10^7	45.00	3.00	0.00	0.00	0.00	0.00	0.00	164854.00	254655.00	0.16	0.41
	max	961316.00	0.43	2.57×10^7	116.00	3.00	0.00	6.00	0.00	0.00	0.00	220133.00	299056.00	0.63	0.47

续表 13

区域	sum	结构资本													
		人均固定资产	研发人员占全体员工比例	无形资产－土地使用权（总额）	专利权数（数量）	发明专利（数量）	产品设计	产品商标数	是否披露职工权益保护	是否披露健康等	是否披露生产安全指标	年人均管理费用	研发人员年人均研发费用	研发费用占销售收入比例	研发费用资本化率
甘肃	N	14.00	14.00	14.00	14.00	10.00	10.00	14.00	14.00	14.00	14.00	14.00	11.00	10.00	4.00
	mean	263787.00	0.30	7.11×10^{6}	66.79	4.60	0.00	9.50	0.00	0.29	0.00	61604.00	41100.00	0.03	0.31
	sd	315025.00	0.13	5.47×10^{6}	90.78	7.63	0.00	10.07	0.00	0.47	0.00	39446.00	21365.00	0.02	0.23
	min	58447.00	0.13	62574.00	0.00	1.00	0.00	0.00	0.00	0.00	0.00	16295.00	22115.00	0.01	0.00
	p5	58447.00	0.13	62574.00	0.00	1.00	0.00	0.00	0.00	0.00	0.00	16295.00	22115.00	0.01	0.00
	p25	159660.00	0.19	5.07×10^{6}	7.00	1.00	0.00	0.00	0.00	0.00	0.00	25596.00	26106.00	0.02	0.14
	p50	185420.00	0.27	6.27×10^{6}	29.50	2.50	0.00	9.50	0.00	0.00	0.00	54386.00	34086.00	0.02	0.38
	p75	236389.00	0.41	8.72×10^{6}	78.00	3.00	0.00	11.00	0.00	1.00	0.00	91024.00	48615.00	0.05	0.48
	max	1325000.00	0.56	1.85×10^{7}	312.00	26.00	0.00	31.00	0.00	1.00	0.00	128206.00	98951.00	0.05	0.48
新疆	N	5.00	5.00	4.00	5.00	0.00	0.00	5.00	5.00	5.00	5.00	5.00	3.00	3.00	2.00
	mean	306122.00	0.30	1.51×10^{6}	2.20	.	.	3.60	0.00	0.00	0.00	85494.00	32816.00	0.02	0.00
	sd	325025.00	0.26	1.89×10^{6}	3.19	.	.	2.51	0.00	0.00	0.00	21898.00	12723.00	0.01	0.00
	min	15052.00	0.09	1.83×10^{5}	0.00	.	.	0.00	0.00	0.00	0.00	53671.00	18712.00	0.01	0.00
	p5	15052.00	0.09	1.83×10^{5}	0.00	.	.	0.00	0.00	0.00	0.00	53671.00	18712.00	0.01	0.00
	p25	40275.00	0.21	2.00×10^{5}	0.00	.	.	3.00	0.00	0.00	0.00	75594.00	18712.00	0.01	0.00
	p50	301025.00	0.22	8.29×10^{5}	0.00	.	.	3.00	0.00	0.00	0.00	87164.00	36312.00	0.01	0.00
	p75	353449.00	0.23	2.83×10^{6}	4.00	.	.	6.00	0.00	0.00	0.00	104379.00	43426.00	0.03	0.00
	max	820808.00	0.74	4.21×10^{6}	7.00	.	.	6.00	0.00	0.00	0.00	106661.00	43426.00	0.03	0.00

续表 14

区域	sum	结构资本													
		人均固定资产	研发人员占全体员工比例	无形资产－土地使用权（总额）	专利权数（数量）	发明专利（数量）	产品设计	产品商标数	是否披露职工权益保护	是否披露健康等	是否披露生产安全指标	年人均管理费用	研发人员年人均研发费用	研发费用占销售收入比例	研发费用资本化率
Total	N	1310.00	1296.00	1080.00	1317.00	770.00	770.00	1187.00	1317.00	1317.00	1317.00	1310.00	986.00	985.00	588.00
	mean	227200.00	0.31	3.46×10^{7}	54.67	7.18	1.58	10.20	0.07	0.16	0.05	92548.00	181213.00	0.07	0.10
	sd	240371.00	0.22	3.31×10^{8}	112.20	14.08	4.81	30.37	0.26	0.37	0.22	61018.00	162173.00	0.07	0.19
	min	4329.00	0.00	-6.26×10^{7}	0.00	0.00	0.00	0.00	0.00	0.00	0.00	3550.00	6250.00	0.00	0.00
	p5	14799.00	0.08	0.00	0.00	0.00	0.00	0.00	0.00	0.00	0.00	29025.00	31933.00	0.02	0.00
	p25	75029.00	0.14	465805.00	0.00	1.00	0.00	0.00	0.00	0.00	0.00	52811.00	85408.00	0.04	0.00
	p50	164466.00	0.23	2452000.00	20.00	3.00	0.00	0.00	0.00	0.00	0.00	79479.00	139411.00	0.05	0.00
	p75	298073.00	0.41	1.49×10^{7}	68.00	8.00	1.00	7.00	0.00	0.00	0.00	114747.00	224483.00	0.08	0.13
	max	3061000.00	0.94	9.85×10^{9}	2000.00	266.00	70.00	413.00	1.00	1.00	1.00	696268.00	1649000.00	0.73	1.29

附录 7

关系资本区域描述性统计

区域	sum	关系资本																	
		本年稳定的前五名客户占销售额比例	第一大客户销售比例	第一与第二大客户销售比例之比	是否披露客户及消费者权益保护	本年稳定的前5名供应商采购比例	第一大供应商采购比例	第一与第二大供应商采购比例之比	是否披露供应商权益保护	是否披露债权人权益保护	是否披露股东权益保护（定性）	股利支付率（定量）	是否披露公共关系和社会公益事业	是否披露环境和可持续发展	产品质量认证（SA、ISO90001、ISO14000）可持续发展	企业科技方面的荣誉	企业荣誉	捐款额	人均销售费用	销售费用占销售收入比例
广东	N	277.00	277.00	277.00	277.00	165.00	163.00	159.00	277.00	277.00	277.00	252.00	277.00	277.00	277.00	277.00	277.00	277.00	277.00	277.00
	mean	0.36	0.15	1.94	0.05	0.39	0.17	8.31	0.04	0.04	0.06	0.15	0.06	0.06	0.01	1.31	2.24	289956.00	49847.00	0.09
	sd	0.21	0.12	1.42	0.23	0.20	0.14	4.73	0.20	0.19	0.24	0.17	0.24	0.24	0.12	2.01	2.23	4509000.00	46096.00	0.07
	min	0.03	0.01	1.00	0.00	0.09	0.02	1.72	0.00	0.00	0.00	0.00	0.00	0.00	0.00	0.00	0.00	0.00	1762.00	0.01
	p5	0.10	0.03	1.03	0.00	0.15	0.04	2.84	0.00	0.00	0.00	0.00	0.00	0.00	0.00	0.00	0.00	0.00	6878.00	0.02
	p25	0.21	0.07	1.16	0.00	0.25	0.08	5.02	0.00	0.00	0.00	0.03	0.00	0.00	0.00	0.00	0.00	0.00	21109.00	0.04
	p50	0.30	0.11	1.48	0.00	0.35	0.12	7.16	0.00	0.00	0.00	0.10	0.00	0.00	0.00	0.00	2.00	0.00	37584.00	0.06
	p75	0.49	0.19	2.08	0.00	0.47	0.20	10.33	0.00	0.00	0.00	0.20	0.00	0.00	0.00	3.00	5.00	0.00	60480.00	0.12
	max	0.99	0.56	13.29	1.00	0.97	0.85	28.06	1.00	1.00	1.00	1.50	1.00	1.00	1.00	6.00	6.00	75000000.00	285001.00	0.48
北京	N	235.00	235.00	235.00	235.00	140.00	140.00	133.00	235.00	235.00	235.00	220.00	235.00	235.00	235.00	235.00	235.00	235.00	235.00	235.00
	mean	0.38	0.15	1.90	0.10	0.39	0.17	7.88	0.07	0.07	0.11	0.12	0.11	0.10	0.00	1.53	2.50	140041.00	84182.00	0.10
	sd	0.20	0.11	1.30	0.30	0.20	0.13	4.61	0.26	0.25	0.31	0.14	0.31	0.30	0.07	2.22	2.40	1550000.00	109877.00	0.08
	min	0.06	0.01	1.00	0.00	0.08	0.02	1.18	0.00	0.00	0.00	0.00	0.00	0.00	0.00	0.00	0.00	0.00	0.00	0.00
	p5	0.12	0.04	1.03	0.00	0.12	0.04	2.45	0.00	0.00	0.00	0.00	0.00	0.00	0.00	0.00	0.00	0.00	6543.00	0.01
	p25	0.22	0.07	1.16	0.00	0.24	0.08	4.57	0.00	0.00	0.00	0.05	0.00	0.00	0.00	0.00	0.00	0.00	24711.00	0.03
	p50	0.35	0.12	1.50	0.00	0.35	0.13	6.73	0.00	0.00	0.00	0.10	0.00	0.00	0.00	0.00	3.00	0.00	59310.00	0.09
	p75	0.49	0.19	2.12	0.00	0.50	0.22	9.96	0.00	0.00	0.00	0.16	0.00	0.00	0.00	4.00	5.00	0.00	100016.00	0.13
	max	1.00	0.63	10.69	1.00	0.98	0.65	27.07	1.00	1.00	1.00	1.50	1.00	1.00	1.00	5.00	6.00	23500000.00	1003000.00	0.43

续表 1

区域	sum	关系资本																	
		本年稳定的前五名客户占销售额比例	第一大客户销售比例	第一与第二大客户销售比例之比	是否披露客户及消费者权益保护	本年稳定的前5名供应商采购比例	第一大供应商采购比例	第一与第二大供应商采购比例之比	是否披露供应商权益保护	是否披露债权人权益保护	是否披露股东权益保护（定性）	股利支付率（定量）	是否披露公共关系和社会公益事业	是否披露环境和可持续发展	产品质量认证（SA、ISO9001、ISO14000）可持续发展	企业科技方面的荣誉	企业荣誉	捐款额	人均销售费用	销售费用占销售收入比例
江苏	N	137.00	137.00	137.00	137.00	87.00	87.00	81.00	137.00	137.00	137.00	129.00	137.00	137.00	137.00	137.00	135.00	137.00	129.00	137.00
	mean	0.36	0.14	1.81	0.00	0.39	0.17	8.16	0.00	0.00	0.00	0.19	0.00	0.00	0.00	1.98	2.68	0.00	32448.00	0.06
	sd	0.21	0.12	1.13	0.00	0.20	0.11	4.57	0.00	0.00	0.00	0.25	0.00	0.00	0.00	2.11	2.11	0.00	36443.00	0.08
	min	0.03	0.01	1.00	0.00	0.10	0.04	2.53	0.00	0.00	0.00	0.00	0.00	0.00	0.00	0.00	0.00	0.00	0.00	0.00
	p5	0.09	0.02	1.04	0.00	0.17	0.05	3.40	0.00	0.00	0.00	0.00	0.00	0.00	0.00	0.00	0.00	0.00	5244.00	0.01
	p25	0.20	0.06	1.19	0.00	0.26	0.08	5.15	0.00	0.00	0.00	0.05	0.00	0.00	0.00	0.00	0.00	0.00	15552.00	0.02
	p50	0.31	0.11	1.40	0.00	0.34	0.13	6.63	0.00	0.00	0.00	0.10	0.00	0.00	0.00	0.00	4.00	0.00	21054.00	0.03
	p75	0.51	0.18	2.12	0.00	0.49	0.23	9.42	0.00	0.00	0.00	0.20	0.00	0.00	0.00	4.00	5.00	0.00	33150.00	0.06
	max	0.94	0.71	10.48	0.00	0.94	0.46	26.51	0.00	0.00	0.00	1.60	0.00	0.00	0.00	5.00	6.00	0.00	241808.00	0.58
浙江	N	130.00	130.00	130.00	130.00	75.00	75.00	72.00	130.00	130.00	130.00	126.00	130.00	130.00	130.00	130.00	130.00	130.00	130.00	130.00
	mean	0.37	0.16	2.03	0.02	0.41	0.18	9.07	0.01	0.00	0.02	0.18	0.02	0.02	0.01	1.98	2.78	8115.00	46640.00	0.07
	sd	0.22	0.14	1.43	0.12	0.18	0.14	5.25	0.09	0.00	0.12	0.22	0.12	0.12	0.09	2.22	2.21	92530.00	49682.00	0.06
	min	0.07	0.02	1.00	0.00	0.12	0.03	2.39	0.00	0.00	0.00	0.00	0.00	0.00	0.00	0.00	0.00	0.00	2601.00	0.01
	p5	0.10	0.03	1.02	0.00	0.16	0.05	2.95	0.00	0.00	0.00	0.00	0.00	0.00	0.00	0.00	0.00	0.00	5427.00	0.01
	p25	0.19	0.07	1.18	0.00	0.27	0.09	5.16	0.00	0.00	0.00	0.05	0.00	0.00	0.00	0.00	0.00	0.00	19211.00	0.03
	p50	0.32	0.13	1.50	0.00	0.38	0.13	8.04	0.00	0.00	0.00	0.10	0.00	0.00	0.00	0.00	4.00	0.00	35123.00	0.06
	p75	0.50	0.19	2.32	0.00	0.51	0.24	11.11	0.00	0.00	0.00	0.25	0.00	0.00	0.00	4.00	5.00	0.00	63510.00	0.11
	max	0.98	0.71	9.42	1.00	0.88	0.64	27.56	1.00	0.00	1.00	1.50	1.00	1.00	1.00	5.00	6.00	1055000.00	463999.00	0.39

续表 2

区域	sum	关系资本																	
		本年稳定的前五名客户占销售额比例	第一大客户销售比例	第一与第二大客户销售比例之比	是否披露客户及消费者权益保护	本年稳定的前5名供应商采购比例	第一大供应商采购比例	第一与第二大供应商采购比例之比	是否披露供应商权益保护	是否披露债权人权益保护	是否披露股东权益保护（定性）	股利支付率（定量）	是否披露公共关系和社会公益事业	是否披露环境和可持续发展	产品质量认证（SA、ISO90001、ISO14000）可持续发展	企业科技方面的荣誉	企业荣誉	捐款额	人均销售费用	销售费用占销售收入比例
上海	N	110.00	110.00	110.00	110.00	59.00	59.00	56.00	110.00	110.00	110.00	101.00	110.00	110.00	110.00	110.00	110.00	110.00	110.00	110.00
	mean	0.32	0.13	1.82	0.11	0.45	0.21	9.82	0.10	0.05	0.11	0.17	0.11	0.11	0.00	1.39	2.17	75273.00	90601.00	0.14
	sd	0.20	0.12	1.22	0.31	0.23	0.15	7.49	0.30	0.23	0.31	0.19	0.31	0.31	0.00	2.01	2.24	346492.00	113105.00	0.14
	min	0.02	0.01	1.00	0.00	0.15	0.04	1.96	0.00	0.00	0.00	0.00	0.00	0.00	0.00	0.00	0.00	0.00	4340.00	0.01
	p5	0.10	0.03	1.05	0.00	0.17	0.05	3.20	0.00	0.00	0.00	0.00	0.00	0.00	0.00	0.00	0.00	0.00	9956.00	0.01
	p25	0.17	0.05	1.15	0.00	0.25	0.08	4.73	0.00	0.00	0.00	0.05	0.00	0.00	0.00	0.00	0.00	0.00	34420.00	0.05
	p50	0.25	0.08	1.35	0.00	0.38	0.15	7.18	0.00	0.00	0.00	0.10	0.00	0.00	0.00	0.00	1.00	0.00	58720.00	0.09
	p75	0.41	0.16	2.14	0.00	0.67	0.32	12.91	0.00	0.00	0.00	0.20	0.00	0.00	0.00	4.00	4.00	0.00	94434.00	0.17
	max	1.00	0.72	8.49	1.00	0.94	0.56	37.77	1.00	1.00	1.00	1.00	1.00	1.00	0.00	5.00	5.00	2600000.00	616393.00	0.57
天津	N	15.00	15.00	15.00	15.00	10.00	10.00	10.00	15.00	15.00	15.00	13.00	15.00	15.00	15.00	15.00	15.00	15.00	15.00	15.00
	mean	0.39	0.14	1.42	0.00	0.33	0.12	6.57	0.00	0.00	0.00	0.14	0.00	0.00	0.00	1.13	1.93	0.00	179221.00	0.18
	sd	0.16	0.07	0.46	0.00	0.16	0.10	2.39	0.00	0.00	0.00	0.14	0.00	0.00	0.00	2.00	2.46	0.00	294817.00	0.19
	min	0.16	0.05	1.01	0.00	0.11	0.03	2.87	0.00	0.00	0.00	0.02	0.00	0.00	0.00	0.00	0.00	0.00	18787.00	0.03
	p5	0.16	0.05	1.01	0.00	0.11	0.03	2.87	0.00	0.00	0.00	0.02	0.00	0.00	0.00	0.00	0.00	0.00	18787.00	0.03
	p25	0.27	0.08	1.15	0.00	0.22	0.06	4.94	0.00	0.00	0.00	0.05	0.00	0.00	0.00	0.00	0.00	0.00	44627.00	0.04
	p50	0.37	0.14	1.27	0.00	0.32	0.09	5.92	0.00	0.00	0.00	0.10	0.00	0.00	0.00	0.00	0.00	0.00	71218.00	0.08
	p75	0.56	0.21	1.60	0.00	0.41	0.14	8.48	0.00	0.00	0.00	0.20	0.00	0.00	0.00	3.00	5.00	0.00	226268.00	0.23
	max	0.63	0.26	2.88	0.00	0.68	0.37	10.60	0.00	0.00	0.00	0.50	0.00	0.00	0.00	5.00	5.00	0.00	1181000.00	0.54

续表 3

区域	sum	关系资本																	
		本年稳定的前五名客户占销售额比例	第一大客户销售比例	第一与第二大客户销售比例之比	是否披露客户及消费者权益保护	本年稳定的前5名供应商采购比例	第一大供应商采购比例	第一与第二大供应商采购比例之比	是否披露供应商权益保护	是否披露债权人权益保护	是否披露股东权益保护（定性）	股利支付率（定量）	是否披露公共关系和社会公益事业	是否披露环境和可持续发展	产品质量认证（SA、ISO9001、ISO14000）可持续发展	企业科技方面的荣誉	企业荣誉	捐款额	人均销售费用	销售费用占销售收入比例
河北	N	21.00	21.00	21.00	21.00	12.00	12.00	12.00	21.00	21.00	21.00	19.00	21.00	21.00	21.00	21.00	21.00	21.00	21.00	21.00
	mean	0.34	0.17	4.69	0.00	0.41	0.16	8.10	0.00	0.00	0.00	0.18	0.00	0.00	0.00	0.52	0.81	0.00	87002.00	0.14
	sd	0.19	0.21	9.12	0.00	0.16	0.11	3.28	0.00	0.00	0.00	0.25	0.00	0.00	0.00	1.33	1.75	0.00	94649.00	0.08
	min	0.14	0.04	1.08	0.00	0.21	0.05	4.42	0.00	0.00	0.00	0.00	0.00	0.00	0.00	0.00	0.00	0.00	31368.00	0.02
	p5	0.18	0.05	1.08	0.00	0.21	0.05	4.42	0.00	0.00	0.00	0.00	0.00	0.00	0.00	0.00	0.00	0.00	35025.00	0.02
	p25	0.22	0.06	1.26	0.00	0.27	0.08	5.90	0.00	0.00	0.00	0.01	0.00	0.00	0.00	0.00	0.00	0.00	37627.00	0.09
	p50	0.30	0.10	1.46	0.00	0.38	0.09	7.78	0.00	0.00	0.00	0.10	0.00	0.00	0.00	0.00	0.00	0.00	49184.00	0.13
	p75	0.36	0.15	2.71	0.00	0.58	0.28	8.89	0.00	0.00	0.00	0.20	0.00	0.00	0.00	0.00	0.00	0.00	74240.00	0.20
	max	0.86	0.79	38.11	0.00	0.64	0.35	16.06	0.00	0.00	0.00	1.00	0.00	0.00	0.00	4.00	5.00	0.00	398301.00	0.33
山西	N	6.00	6.00	6.00	6.00	4.00	4.00	4.00	6.00	6.00	6.00	6.00	6.00	6.00	6.00	6.00	6.00	6.00	6.00	6.00
	mean	0.23	0.08	1.56	0.00	0.21	0.06	4.57	0.17	0.17	0.17	0.07	0.00	0.17	0.00	1.17	0.83	0.00	74731.00	0.23
	sd	0.16	0.08	0.64	0.00	0.09	0.03	2.25	0.41	0.41	0.41	0.04	0.00	0.41	0.00	2.04	1.33	0.00	40990.00	0.15
	min	0.09	0.02	1.09	0.00	0.11	0.03	2.63	0.00	0.00	0.00	0.00	0.00	0.00	0.00	0.00	0.00	0.00	30676.00	0.04
	p5	0.09	0.02	1.09	0.00	0.11	0.03	2.63	0.00	0.00	0.00	0.00	0.00	0.00	0.00	0.00	0.00	0.00	30676.00	0.04
	p25	0.12	0.03	1.10	0.00	0.14	0.04	2.73	0.00	0.00	0.00	0.05	0.00	0.00	0.00	0.00	0.00	0.00	46740.00	0.11
	p50	0.19	0.06	1.33	0.00	0.20	0.05	4.16	0.00	0.00	0.00	0.09	0.00	0.00	0.00	0.00	0.00	0.00	62401.00	0.23
	p75	0.26	0.08	1.73	0.00	0.27	0.08	6.40	0.00	0.00	0.00	0.10	0.00	0.00	0.00	2.00	2.00	0.00	112151.00	0.37
	max	0.52	0.24	2.76	0.00	0.31	0.10	7.31	1.00	1.00	1.00	0.11	0.00	1.00	0.00	5.00	3.00	0.00	134014.00	0.39

续表 4

区域	sum	关系资本																	
		本年稳定的前五名客户占销售额比例	第一大客户销售比例	第一与第二大客户销售比例之比	是否披露客户及消费者权益保护	本年稳定的前5名供应商采购比例	第一大供应商采购比例	第一与第二大供应商采购比例之比	是否披露供应商权益保护	是否披露债权人权益保护	是否披露股东权益保护（定性）	股利支付率（定量）	是否披露公共关系和社会公益事业	是否披露环境和可持续发展	产品质量认证（SA、ISO90001、ISO14000）可持续发展	企业科技方面的荣誉	企业荣誉	捐款额	人均销售费用	销售费用占销售收入比例
内蒙古	N	13.00	13.00	13.00	13.00	6.00	6.00	6.00	13.00	13.00	13.00	13.00	13.00	13.00	13.00	13.00	13.00	13.00	13.00	13.00
	mean	0.35	0.14	2.32	0.00	0.55	0.20	15.27	0.00	0.00	0.00	0.11	0.00	0.00	0.00	1.31	2.08	0.00	147382.00	0.16
	sd	0.16	0.12	1.71	0.00	0.22	0.08	8.64	0.00	0.00	0.00	0.10	0.00	0.00	0.00	2.10	2.40	0.00	133947.00	0.13
	min	0.17	0.07	1.09	0.00	0.22	0.09	3.95	0.00	0.00	0.00	0.00	0.00	0.00	0.00	0.00	0.00	0.00	19221.00	0.01
	p5	0.17	0.07	1.09	0.00	0.22	0.09	3.95	0.00	0.00	0.00	0.00	0.00	0.00	0.00	0.00	0.00	0.00	19221.00	0.01
	p25	0.22	0.08	1.46	0.00	0.48	0.13	10.18	0.00	0.00	0.00	0.07	0.00	0.00	0.00	0.00	0.00	0.00	35420.00	0.05
	p50	0.31	0.12	1.84	0.00	0.53	0.20	13.94	0.00	0.00	0.00	0.10	0.00	0.00	0.00	0.00	0.00	0.00	48170.00	0.07
	p75	0.41	0.15	2.40	0.00	0.66	0.26	21.16	0.00	0.00	0.00	0.10	0.00	0.00	0.00	3.00	5.00	0.00	270340.00	0.29
	max	0.72	0.51	7.70	0.00	0.87	0.31	28.46	0.00	0.00	0.00	0.30	0.00	0.00	0.00	5.00	5.00	0.00	353263.00	0.33
辽宁	N	18.00	18.00	18.00	18.00	13.00	13.00	12.00	18.00	18.00	18.00	16.00	18.00	18.00	18.00	18.00	18.00	18.00	18.00	18.00
	mean	0.27	0.10	1.71	0.17	0.43	0.21	10.56	0.17	0.06	0.17	0.20	0.17	0.17	0.00	1.22	2.89	0.00	60558.00	0.06
	sd	0.13	0.07	0.77	0.38	0.24	0.14	6.61	0.38	0.24	0.38	0.28	0.38	0.38	0.00	2.13	2.42	0.00	46896.00	0.08
	min	0.09	0.03	1.02	0.00	0.01	0.00	0.24	0.00	0.00	0.00	0.00	0.00	0.00	0.00	0.00	0.00	0.00	12803.00	0.02
	p5	0.09	0.03	1.02	0.00	0.01	0.00	0.24	0.00	0.00	0.00	0.00	0.00	0.00	0.00	0.00	0.00	0.00	12803.00	0.02
	p25	0.17	0.05	1.13	0.00	0.29	0.12	5.20	0.00	0.00	0.00	0.04	0.00	0.00	0.00	0.00	0.00	0.00	32613.00	0.03
	p50	0.25	0.08	1.47	0.00	0.36	0.13	9.72	0.00	0.00	0.00	0.11	0.00	0.00	0.00	0.00	4.50	0.00	48784.00	0.04
	p75	0.35	0.13	2.02	0.00	0.59	0.31	15.52	0.00	0.00	0.00	0.23	0.00	0.00	0.00	2.00	5.00	0.00	71351.00	0.06
	max	0.59	0.30	3.81	1.00	0.83	0.49	22.12	1.00	1.00	1.00	1.00	1.00	1.00	0.00	5.00	5.00	0.00	226449.00	0.39

续表 5

区域	sum	关系资本																	
		本年稳定的前五名客户占销售额比例	第一大客户销售比例	第一与第二大客户销售比例之比	是否披露客户及消费者权益保护	本年稳定的前5名供应商采购比例	第一大供应商采购比例	第一与第二大供应商采购比例之比	是否披露供应商权益保护	是否披露债权人权益保护	是否披露股东权益保护（定性）	股利支付率（定量）	是否披露公共关系和社会公益事业	是否披露环境和可持续发展	产品质量认证（SA、ISO9001、ISO14000）可持续发展	企业科技方面的荣誉	企业荣誉	捐款额	人均销售费用	销售费用占销售收入比例
吉林	N	4.00	4.00	4.00	4.00	4.00	4.00	4.00	4.00	4.00	4.00	3.00	4.00	4.00	4.00	4.00	4.00	4.00	4.00	4.00
	mean	0.28	0.09	1.54	0.00	0.42	0.16	11.86	0.00	0.00	0.00	0.15	0.00	0.00	0.00	3.00	4.50	0.00	51203.00	0.11
	sd	0.09	0.02	1.26	0.00	0.15	0.03	3.36	0.00	0.00	0.00	0.08	0.00	0.00	0.00	2.00	0.58	0.00	34524.00	0.08
	min	0.09	0.02	1.26	0.00	0.15	0.03	3.36	0.00	0.00	0.00	0.06	0.00	0.00	0.00	0.00	4.00	0.00	7571.00	0.02
	p5	0.10	0.03	1.35	0.00	0.22	0.06	4.86	0.00	0.00	0.00	0.06	0.00	0.00	0.00	0.00	4.00	0.00	7571.00	0.02
	p25	0.24	0.10	1.49	0.00	0.29	0.08	6.55	0.00	0.00	0.00	0.06	0.00	0.00	0.00	2.00	4.00	0.00	24464.00	0.04
	p50	0.45	0.16	1.73	0.00	0.62	0.26	18.86	0.00	0.00	0.00	0.20	0.00	0.00	0.00	4.00	4.50	0.00	55393.00	0.12
	p75	0.54	0.16	1.92	0.00	0.94	0.43	30.99	0.00	0.00	0.00	0.20	0.00	0.00	0.00	4.00	5.00	0.00	77943.00	0.18
	max	0.58	0.16	1.94	0.00	0.95	0.47	32.5	0.00	0.00	0.00	0.20	0.00	0.00	0.00	4.00	5.00	0.00	86456.00	0.18
黑龙江	N	9.00	9.00	9.00	9.00	4.00	4.00	4.00	9.00	9.00	9.00	8.00	9.00	9.00	9.00	9.00	9.00	9.00	9.00	9.00
	mean	0.44	0.18	2.64	0.00	0.60	0.28	12.44	0.00	0.00	0.00	0.09	0.00	0.00	0.00	1.56	3.33	0.00	43983.00	0.08
	sd	0.20	0.08	3.39	0.00	0.09	0.12	2.33	0.00	0.00	0.00	0.06	0.00	0.00	0.00	2.35	2.50	0.00	25500.00	0.05
	min	0.20	0.08	1.11	0.00	0.49	0.19	9.52	0.00	0.00	0.00	0.00	0.00	0.00	0.00	0.00	0.00	0.00	7970.00	0.02
	p5	0.20	0.08	1.11	0.00	0.49	0.19	9.52	0.00	0.00	0.00	0.00	0.00	0.00	0.00	0.00	0.00	0.00	7970.00	0.02
	p25	0.30	0.13	1.17	0.00	0.55	0.20	10.60	0.00	0.00	0.00	0.04	0.00	0.00	0.00	0.00	0.00	0.00	31373.00	0.05
	p50	0.34	0.18	1.30	0.00	0.61	0.24	12.75	0.00	0.00	0.00	0.10	0.00	0.00	0.00	0.00	5.00	0.00	42303.00	0.07
	p75	0.63	0.20	2.11	0.00	0.66	0.36	14.28	0.00	0.00	0.00	0.11	0.00	0.00	0.00	4.00	5.00	0.00	63425.00	0.08
	max	0.74	0.31	11.61	0.00	0.69	0.46	14.73	0.00	0.00	0.00	0.20	0.00	0.00	0.00	5.00	5.00	0.00	73762.00	0.17

续表 6

区域	sum	关系资本																	
		本年稳定的前五名客户占销售额比例	第一大客户销售比例	第一与第二大客户销售比例之比	是否披露客户及消费者权益保护	本年稳定的前5名供应商采购比例	第一大供应商采购比例	第一与第二大供应商采购比例之比	是否披露供应商权益保护	是否披露债权人权益保护	是否披露股东权益保护（定性）	股利支付率（定量）	是否披露公共关系和社会公益事业	是否披露环境和可持续发展	产品质量认证（SA、ISO90001、ISO14000）可持续发展	企业科技方面的荣誉	企业荣誉	捐款额	人均销售费用	销售费用占销售收入比例
安徽	N	43.00	43.00	43.00	43.00	25.00	25.00	25.00	43.00	43.00	43.00	42.00	43.00	43.00	43.00	43.00	43.00	43.00	43.00	43.00
	mean	0.28	0.12	1.97	0.00	0.35	0.17	6.21	0.00	0.00	0.00	0.13	0.00	0.00	0.00	2.33	3.61	0.00	70372.00	0.12
	sd	0.20	0.15	1.14	0.00	0.23	0.22	3.47	0.00	0.00	0.00	0.11	0.00	0.00	0.00	2.44	2.07	0.00	63110.00	0.11
	min	0.08	0.02	1.02	0.00	0.12	0.03	1.33	0.00	0.00	0.00	0.00	0.00	0.00	0.00	0.00	0.00	0.00	3789.00	0.01
	p5	0.11	0.03	1.03	0.00	0.13	0.04	2.70	0.00	0.00	0.00	0.00	0.00	0.00	0.00	0.00	0.00	0.00	6089.00	0.02
	p25	0.17	0.05	1.24	0.00	0.19	0.05	4.16	0.00	0.00	0.00	0.05	0.00	0.00	0.00	0.00	3.00	0.00	17052.00	0.03
	p50	0.21	0.08	1.63	0.00	0.26	0.10	5.40	0.00	0.00	0.00	0.10	0.00	0.00	0.00	0.00	5.00	0.00	41764.00	0.08
	p75	0.32	0.11	2.36	0.00	0.38	0.18	7.84	0.00	0.00	0.00	0.20	0.00	0.00	0.00	5.00	5.00	0.00	124771.00	0.15
	max	0.99	0.70	5.93	0.00	0.92	0.88	15.55	0.00	0.00	0.00	0.50	0.00	0.00	0.00	6.00	6.00	0.00	206355.00	0.36
福建	N	31.00	31.00	31.00	31.00	18.00	18.00	17.00	31.00	31.00	31.00	27.00	31.00	31.00	31.00	31.00	31.00	31.00	31.00	31.00
	mean	0.35	0.16	2.72	0.26	0.45	0.20	9.09	0.23	0.26	0.26	0.12	0.26	0.16	0.00	1.36	2.61	9677.00	64383.00	0.16
	sd	0.19	0.10	2.36	0.45	0.19	0.11	4.29	0.43	0.45	0.45	0.12	0.45	0.37	0.00	1.82	2.31	53882.00	52767.00	0.15
	min	0.02	0.01	1.02	0.00	0.11	0.03	1.97	0.00	0.00	0.00	0.00	0.00	0.00	0.00	0.00	0.00	0.00	1502.00	0.01
	p5	0.04	0.02	1.03	0.00	0.11	0.03	1.97	0.00	0.00	0.00	0.00	0.00	0.00	0.00	0.00	0.00	0.00	4032.00	0.02
	p25	0.23	0.09	1.22	0.00	0.31	0.12	5.96	0.00	0.00	0.00	0.01	0.00	0.00	0.00	0.00	0.00	0.00	29595.00	0.06
	p50	0.31	0.15	2.17	0.00	0.43	0.16	9.23	0.00	0.00	0.00	0.10	0.00	0.00	0.00	0.00	4.00	0.00	51302.00	0.09
	p75	0.43	0.22	3.29	1.00	0.60	0.30	10.80	0.00	1.00	1.00	0.20	1.00	0.00	0.00	3.00	5.00	0.00	86743.00	0.33
	max	0.89	0.46	11.78	1.00	0.80	0.43	18.09	1.00	1.00	1.00	0.40	1.00	1.00	0.00	5.00	5.00	300000.00	239362.00	0.48

续表 7

区域	sum	关系资本																		
		本年稳定的前五名客户占销售额比例	第一大客户销售比例	第一与第二大客户销售比例之比	是否披露客户及消费者权益保护	本年稳定的前5名供应商采购比例	第一大供应商采购比例	第一与第二大供应商采购比例之比	是否披露供应商权益保护	是否披露债权人权益保护	是否披露股东权益保护（定性）	股利支付率（定量）	是否披露公共关系和社会公益事业	是否披露环境和可持续发展	产品质量认证（SA、ISO9001、ISO14000）可持续发展	企业科技方面的荣誉	企业荣誉	捐款额	人均销售费用	销售费用占销售收入比例
江西	N	13.00	13.00	13.00	13.00	9.00	9.00	9.00	13.00	13.00	13.00	13.00	13.00	13.00	13.00	13.00	13.00	13.00	13.00	13.00
	mean	0.28	0.10	1.52	0.00	0.29	0.13	5.89	0.00	0.00	0.00	0.27	0.00	0.00	0.00	0.77	1.69	0.00	32944.00	0.07
	sd	0.15	0.05	0.54	0.00	0.10	0.09	2.88	0.00	0.00	0.00	0.19	0.00	0.00	0.00	1.48	2.25	0.00	17824.00	0.04
	min	0.08	0.02	1.02	0.00	0.09	0.02	1.82	0.00	0.00	0.00	0.02	0.00	0.00	0.00	0.00	0.00	0.00	10250.00	0.02
	p5	0.08	0.02	1.02	0.00	0.09	0.02	1.82	0.00	0.00	0.00	0.02	0.00	0.00	0.00	0.00	0.00	0.00	10250.00	0.02
	p25	0.18	0.06	1.16	0.00	0.26	0.10	4.47	0.00	0.00	0.00	0.10	0.00	0.00	0.00	0.00	0.00	0.00	16430.00	0.03
	p50	0.26	0.10	1.34	0.00	0.30	0.11	4.85	0.00	0.00	0.00	0.20	0.00	0.00	0.00	0.00	0.00	0.00	28496.00	0.07
	p75	0.39	0.13	1.79	0.00	0.37	0.12	6.80	0.00	0.00	0.00	0.50	0.00	0.00	0.00	0.00	4.00	0.00	43492.00	0.10
	max	0.57	0.19	2.76	0.00	0.42	0.28	11.01	0.00	0.00	0.00	0.50	0.00	0.00	0.00	4.00	5.00	0.00	59235.00	0.14
山东	N	44.00	44.00	44.00	44.00	25.00	25.00	25.00	44.00	44.00	44.00	42.00	44.00	44.00	43.00	44.00	44.00	44.00	44.00	44.00
	mean	0.44	0.18	1.97	0.00	0.45	0.19	8.73	0.00	0.00	0.00	0.16	0.00	0.00	0.00	2.66	2.34	0.00	51728.00	0.05
	sd	0.22	0.12	1.07	0.00	0.21	0.16	4.33	0.00	0.00	0.00	0.15	0.00	0.00	0.00	2.22	2.33	0.00	39997.00	0.03
	min	0.08	0.02	1.02	0.00	0.16	0.05	2.96	0.00	0.00	0.00	0.00	0.00	0.00	0.00	0.00	0.00	0.00	7355.00	0.01
	p5	0.14	0.05	1.03	0.00	0.18	0.06	3.13	0.00	0.00	0.00	0.00	0.00	0.00	0.00	0.00	0.00	0.00	7735.00	0.01
	p25	0.26	0.09	1.19	0.00	0.24	0.09	4.94	0.00	0.00	0.00	0.05	0.00	0.00	0.00	0.00	0.00	0.00	13999.00	0.02
	p50	0.40	0.14	1.75	0.00	0.41	0.15	7.31	0.00	0.00	0.00	0.10	0.00	0.00	0.00	3.50	3.00	0.00	39474.00	0.05
	p75	0.65	0.26	2.21	0.00	0.60	0.22	12.15	0.00	0.00	0.00	0.20	0.00	0.00	0.00	5.00	5.00	0.00	81449.00	0.07
	max	0.86	0.44	6.18	0.00	0.83	0.76	16.92	0.00	0.00	0.00	0.60	0.00	0.00	0.00	5.00	5.00	0.00	158009.00	0.11

续表8

区域	sum	关系资本																		
		本年稳定的前五名客户占销售额比例	第一大客户销售比例	第一与第二大客户销售比例之比	是否披露客户及消费者权益保护	本年稳定的前5名供应商采购比例	第一大供应商采购比例	第一与第二大供应商采购比例之比	是否披露供应商权益保护	是否披露债权人权益保护	是否披露股东权益保护（定性）	股利支付率（定量）	是否披露公共关系和社会公益事业	是否披露环境和可持续发展	产品质量认证（SA、ISO90001、ISO14000）可持续发展	企业科技方面的荣誉	企业荣誉	捐款额	人均销售费用	销售费用占销售收入比例
河南	N	33.00	33.00	33.00	33.00	21.00	20.00	20.00	33.00	33.00	33.00	33.00	33.00	33.00	33.00	33.00	33.00	33.00	33.00	33.00
	mean	0.23	0.07	1.43	0.39	0.37	0.14	8.34	0.39	0.39	0.42	0.11	0.42	0.42	0.03	2.27	3.24	4485.00	42607.00	0.09
	sd	0.12	0.05	0.39	0.50	0.14	0.09	3.92	0.50	0.50	0.50	0.12	0.50	0.50	0.17	2.17	2.09	19072.00	20823.00	0.07
	min	0.06	0.02	1.01	0.00	0.14	0.04	2.84	0.00	0.00	0.00	0.00	0.00	0.00	0.00	0.00	0.00	0.00	5634.00	0.02
	p5	0.08	0.02	1.02	0.00	0.16	0.04	2.99	0.00	0.00	0.00	0.00	0.00	0.00	0.00	0.00	0.00	0.00	6589.00	0.02
	p25	0.15	0.05	1.14	0.00	0.26	0.08	5.68	0.00	0.00	0.00	0.04	0.00	0.00	0.00	0.00	0.00	0.00	32436.00	0.03
	p50	0.19	0.06	1.33	0.00	0.39	0.12	7.92	0.00	0.00	0.00	0.08	0.00	0.00	0.00	3.00	4.00	0.00	43331.00	0.06
	p75	0.28	0.09	1.71	1.00	0.50	0.19	10.37	1.00	1.00	1.00	0.15	1.00	1.00	0.00	4.00	5.00	0.00	58194.00	0.11
	max	0.53	0.24	2.78	1.00	0.58	0.32	16.24	1.00	1.00	1.00	0.50	1.00	1.00	1.00	5.00	5.00	100000.00	75052.00	0.32
湖北	N	44.00	44.00	44.00	44.00	25.00	25.00	24.00	44.00	44.00	44.00	41.00	44.00	44.00	44.00	44.00	44.00	44.00	43.00	44.00
	mean	0.31	0.12	1.71	0.00	0.36	0.15	7.92	0.00	0.00	0.00	0.16	0.00	0.00	0.00	2.52	3.32	0.00	50333.00	0.07
	sd	0.20	0.11	0.77	0.00	0.18	0.14	3.67	0.00	0.00	0.00	0.17	0.00	0.00	0.00	1.99	1.97	0.00	48702.00	0.06
	min	0.09	0.03	1.01	0.00	0.12	0.03	2.79	0.00	0.00	0.00	0.00	0.00	0.00	0.00	0.00	0.00	0.00	4227.00	0.00
	p5	0.10	0.03	1.02	0.00	0.13	0.04	2.95	0.00	0.00	0.00	0.00	0.00	0.00	0.00	0.00	0.00	0.00	7049.00	0.01
	p25	0.15	0.05	1.12	0.00	0.24	0.08	5.51	0.00	0.00	0.00	0.02	0.00	0.00	0.00	0.00	2.50	0.00	13630.00	0.03
	p50	0.24	0.07	1.42	0.00	0.29	0.10	7.18	0.00	0.00	0.00	0.12	0.00	0.00	0.00	3.50	4.00	0.00	29007.00	0.05
	p75	0.43	0.13	2.10	0.00	0.52	0.16	9.70	0.00	0.00	0.00	0.25	0.00	0.00	0.00	4.00	5.00	0.00	72262.00	0.11
	max	0.93	0.53	4.37	0.00	0.86	0.76	18.43	0.00	0.00	0.00	0.60	0.00	0.00	0.00	5.00	5.00	0.00	227592.00	0.23

续表 9

区域	sum	关系资本																		
		本年稳定的前五名客户占销售额比例	第一大客户销售比例	第一与第二大客户销售比例之比	是否披露客户及消费者权益保护	本年稳定的前5名供应商采购比例	第一大供应商采购比例	第一与第二大供应商采购比例之比	是否披露供应商权益保护	是否披露债权人权益保护	是否披露股东权益保护（定性）	股利支付率（定量）	是否披露公共关系和社会公益事业	是否披露环境和可持续发展	产品质量认证（SA、ISO9001、ISO14000）可持续发展	企业科技方面的荣誉	企业荣誉	捐款额	人均销售费用	销售费用占销售收入比例
湖南	N	34.00	34.00	34.00	34.00	21.00	21.00	21.00	34.00	34.00	34.00	32.00	34.00	34.00	34.00	34.00	34.00	34.00	34.00	34.00
	mean	0.31	0.14	3.24	0.03	0.30	0.11	7.67	0.00	0.00	0.03	0.22	0.03	0.03	0.00	0.82	1.62	0.00	87187.00	0.13
	sd	0.22	0.17	6.20	0.17	0.09	0.05	3.01	0.00	0.00	0.17	0.22	0.17	0.17	0.00	1.47	1.94	0.00	91454.00	0.07
	min	0.01	0.00	1.01	0.00	0.15	0.04	2.91	0.00	0.00	0.00	0.01	0.00	0.00	0.00	0.00	0.00	0.00	4061.00	0.02
	p5	0.05	0.01	1.01	0.00	0.16	0.04	2.98	0.00	0.00	0.00	0.03	0.00	0.00	0.00	0.00	0.00	0.00	5272.00	0.03
	p25	0.20	0.06	1.22	0.00	0.28	0.08	6.02	0.00	0.00	0.00	0.10	0.00	0.00	0.00	0.00	0.00	0.00	43431.00	0.08
	p50	0.27	0.11	1.49	0.00	0.29	0.10	7.64	0.00	0.00	0.00	0.18	0.00	0.00	0.00	0.00	0.00	0.00	64618.00	0.12
	p75	0.38	0.16	2.62	0.00	0.33	0.14	9.53	0.00	0.00	0.00	0.30	0.00	0.00	0.00	2.00	3.00	0.00	101286.00	0.16
	max	0.99	0.88	35.48	1.00	0.52	0.24	14.93	0.00	0.00	1.00	1.00	1.00	1.00	0.00	5.00	5.00	0.00	428915.00	0.34
广西	N	2.00	2.00	2.00	2.00	2.00	2.00	2.00	2.00	2.00	2.00	2.00	2.00	2.00	2.00	2.00	2.00	2.00	2.00	2.00
	mean	0.56	0.29	3.20	0.00	0.27	0.09	6.26	0.00	0.00	0.00	0.06	0.00	0.00	0.00	2.50	2.50	0.00	25758.00	0.03
	sd	0.46	0.17	1.81	0.00	0.27	0.07	5.92	0.00	0.00	0.00	0.00	0.00	0.00	0.00	3.54	3.54	0.00	4571.00	0.00
	min	0.46	0.17	1.81	0.00	0.27	0.07	5.92	0.00	0.00	0.00	0.06	0.00	0.00	0.00	0.00	0.00	0.00	22526.00	0.03
	p5	0.46	0.17	1.81	0.00	0.27	0.07	5.92	0.00	0.00	0.00	0.06	0.00	0.00	0.00	0.00	0.00	0.00	22526.00	0.03
	p25	0.56	0.29	3.20	0.00	0.27	0.09	6.26	0.00	0.00	0.00	0.06	0.00	0.00	0.00	0.00	0.00	0.00	22526.00	0.03
	p50	0.65	0.41	4.59	0.00	0.28	0.11	6.60	0.00	0.00	0.00	0.06	0.00	0.00	0.00	2.50	2.50	0.00	25758.00	0.03
	p75	0.65	0.41	4.59	0.00	0.28	0.11	6.60	0.00	0.00	0.00	0.06	0.00	0.00	0.00	5.00	5.00	0.00	28990.00	0.04
	max									0.00	0.00	0.06	0.00	0.00	0.00	5.00	5.00	0.00	28990.00	0.04

续表 10

区域	sum	关系资本																	
		本年稳定的前五名客户占销售额比例	第一大客户销售比例	第一与第二大客户销售比例之比	是否披露客户及消费者权益保护	本年稳定的前5名供应商采购比例	第一大供应商采购比例	第一与第二大供应商采购比例之比	是否披露供应商权益保护	是否披露债权人权益保护	是否披露股东权益保护（定性）	股利支付率（定量）	是否披露公共关系和社会公益事业	是否披露环境和可持续发展	产品质量认证（SA、ISO90001、ISO14000）可持续发展	企业科技方面的荣誉	企业荣誉	捐款额	人均销售费用	销售费用占销售收入比例
海南	N	6.00	6.00	6.00	6.00	3.00	3.00	3.00	6.00	6.00	6.00	6.00	6.00	6.00	6.00	6.00	6.00	6.00	6.00	6.00
	mean	0.17	0.08	3.50	0.17	0.61	0.37	8.74	0.00	0.00	0.17	0.19	0.17	0.17	0.17	2.17	5.67	0.00	72467.00	0.17
	sd	0.07	0.07	3.43	0.41	0.09	0.19	4.06	0.00	0.00	0.41	0.14	0.41	0.41	0.41	2.40	0.52	0.00	27516.00	0.07
	min	0.07	0.02	1.14	0.00	0.53	0.23	4.06	0.00	0.00	0.00	0.00	0.00	0.00	0.00	0.00	5.00	0.00	47261.00	0.10
	p5	0.07	0.02	1.14	0.00	0.53	0.23	4.06	0.00	0.00	0.00	0.00	0.00	0.00	0.00	0.00	5.00	0.00	47261.00	0.10
	p25	0.13	0.03	1.39	0.00	0.53	0.23	4.06	0.00	0.00	0.00	0.10	0.00	0.00	0.00	0.00	5.00	0.00	53550.00	0.12
	p50	0.16	0.06	2.26	0.00	0.59	0.30	11.00	0.00	0.00	0.00	0.18	0.00	0.00	0.00	2.00	6.00	0.00	59788.00	0.14
	p75	0.18	0.10	3.72	0.00	0.70	0.59	11.17	0.00	0.00	0.00	0.30	0.00	0.00	0.00	4.00	6.00	0.00	106118.00	0.24
	max	0.29	0.22	10.21	1.00	0.70	0.59	11.17	0.00	0.00	1.00	0.40	1.00	1.00	1.00	5.00	6.00	0.00	108300.00	0.26
重庆	N	11.00	11.00	11.00	11.00	6.00	6.00	6.00	11.00	11.00	11.00	10.00	11.00	11.00	11.00	11.00	11.00	11.00	11.00	11.00
	mean	0.37	0.17	2.24	0.00	0.45	0.20	9.52	0.00	0.00	0.00	0.13	0.00	0.00	0.00	2.27	4.09	0.00	53781.00	
	sd	0.26	0.19	2.47	0.00	0.14	0.15	4.76	0.00	0.00	0.00	0.13	0.00	0.00	0.00	2.01	1.87	0.00	32089.00	
	min	0.18	0.04	1.01	0.00	0.25	0.09	4.19	0.00	0.00	0.00	0.00	0.00	0.00	0.00	0.00	0.00	0.00	8345.00	
	p5	0.18	0.04	1.01	0.00	0.25	0.09	4.19	0.00	0.00	0.00	0.00	0.00	0.00	0.00	0.00	0.00	0.00	8345.00	
	p25	0.20	0.06	1.04	0.00	0.30	0.09	5.96	0.00	0.00	0.00	0.05	0.00	0.00	0.00	0.00	3.00	0.00	12755.00	
	p50	0.23	0.07	1.64	0.00	0.47	0.16	8.13	0.00	0.00	0.00	0.10	0.00	0.00	0.00	3.00	5.00	0.00	62069.00	
	p75	0.71	0.35	2.26	0.00	0.58	0.25	15.14	0.00	0.00	0.00	0.11	0.00	0.00	0.00	4.00	5.00	0.00	82537.00	
	max	0.81	0.63	9.57	0.00	0.60	0.47	15.55	0.00	0.00	0.00	0.40	0.00	0.00	0.00	5.00	6.00	0.00	97193.00	

续表 11

区域	sum	关系资本																	
		本年稳定的前五名客户占销售额比例	第一大客户销售比例	第一与第二大客户销售比例之比	是否披露客户及消费者权益保护	本年稳定的前5名供应商采购比例	第一大供应商采购比例	第一与第二大供应商采购比例之比	是否披露供应商权益保护	是否披露债权人权益保护	是否披露股东权益保护（定性）	股利支付率（定量）	是否披露公共关系和社会公益事业	是否披露环境和可持续发展	产品质量认证（SA、ISO9001、ISO14000）可持续发展	企业科技方面的荣誉	企业荣誉	捐款额	人均销售费用	销售费用占销售收入比例
四川	N	46.00	46.00	46.00	46.00	35.00	35.00	35.00	46.00	46.00	46.00	44.00	46.00	46.00	46.00	46.00	46.00	46.00	46.00	46.00
	mean	0.35	0.14	1.83	0.17	0.35	0.14	7.75	0.11	0.04	0.17	0.19	0.15	0.15	0.11	1.48	2.41	20978.00	72000.00	0.08
	sd	0.24	0.14	1.17	0.38	0.20	0.12	5.21	0.32	0.21	0.38	0.25	0.36	0.36	0.32	2.13	2.33	127626.00	49678.00	0.04
	min	0.03	0.01	1.00	0.00	0.10	0.03	2.25	0.00	0.00	0.00	0.00	0.00	0.00	0.00	0.00	0.00	0.00	11568.00	0.01
	p5	0.07	0.03	1.03	0.00	0.13	0.03	2.65	0.00	0.00	0.00	0.00	0.00	0.00	0.00	0.00	0.00	0.00	12834.00	0.02
	p25	0.16	0.04	1.11	0.00	0.23	0.06	4.62	0.00	0.00	0.00	0.06	0.00	0.00	0.00	0.00	0.00	0.00	31672.00	0.05
	p50	0.28	0.09	1.30	0.00	0.26	0.09	6.21	0.00	0.00	0.00	0.12	0.00	0.00	0.00	0.00	3.00	0.00	61377.00	0.08
	p75	0.55	0.17	2.21	0.00	0.44	0.19	9.05	0.00	0.00	0.00	0.24	0.00	0.00	0.00	4.00	5.00	0.00	88839.00	0.11
	max	0.98	0.72	6.00	1.00	0.95	0.55	26.84	1.00	1.00	1.00	1.50	1.00	1.00	1.00	5.00	5.00	865000.00	171845.00	0.18
贵州	N	4.00	4.00	4.00	4.00	2.00	2.00	1.00	4.00	4.00	4.00	3.00	4.00	4.00	4.00	4.00	4.00	4.00	4.00	4.00
	mean	0.47	0.19	2.05	0.00	0.47	0.36	4.56	0.00	0.00	0.00	0.10	0.00	0.00	0.00	1.50	1.50	0.00	26591.00	0.11
	sd	0.05	0.03	0.85	0.00	0.40	0.40	.	0.00	0.00	0.00	0.17	0.00	0.00	0.00	1.73	1.73	0.00	16295.00	0.04
	min	0.40	0.15	1.03	0.00	0.19	0.08	4.56	0.00	0.00	0.00	0.00	0.00	0.00	0.00	0.00	0.00	0.00	13071.00	0.08
	p5	0.40	0.15	1.03	0.00	0.19	0.08	4.56	0.00	0.00	0.00	0.00	0.00	0.00	0.00	0.00	0.00	0.00	13071.00	0.08
	p25	0.44	0.17	1.38	0.00	0.19	0.08	4.56	0.00	0.00	0.00	0.00	0.00	0.00	0.00	0.00	0.00	0.00	13645.00	0.08
	p50	0.48	0.19	2.11	0.00	0.47	0.36	4.56	0.00	0.00	0.00	0.00	0.00	0.00	0.00	1.50	1.50	0.00	22917.00	0.11
	p75	0.50	0.21	2.73	0.00	0.75	0.64	4.56	0.00	0.00	0.00	0.30	0.00	0.00	0.00	3.00	3.00	0.00	39537.00	0.14
	max	0.51	0.23	2.97	0.00	0.75	0.64	4.56	0.00	0.00	0.00	0.30	0.00	0.00	0.00	3.00	3.00	0.00	47460.00	0.15

续表 12

区域	sum	关系资本																	
		本年稳定的前五名客户占销售额比例	第一大客户销售比例	第一与第二大客户销售比例之比	是否披露客户及消费者权益保护	本年稳定的前5名供应商采购比例	第一大供应商采购比例	第一与第二大供应商采购比例之比	是否披露供应商权益保护	是否披露债权人权益保护	是否披露股东权益保护（定性）	股利支付率（定量）	是否披露公共关系和社会公益事业	是否披露环境和可持续发展	产品质量认证（SA、ISO9001、ISO14000）可持续发展	企业科技方面的荣誉	企业荣誉	捐款额	人均销售费用	销售费用占销售收入比例
云南	N	1.00	1.00	1.00	1.00	1.00	1.00	1.00	1.00	1.00	1.00	1.00	1.00	1.00	1.00	1.00	1.00	1.00	1.00	1.00
	mean	0.36	0.13	1.33	0.00	0.30	0.09	6.45	0.00	0.00	0.00	0.15	0.00	0.00	0.00	0.00	4.00	0.00	118798.00	0.19
	sd																			
	min	0.36	0.13	1.33	0.00	0.30	0.09	6.45	0.00	0.00	0.00	0.15	0.00	0.00	0.00	0.00	4.00	0.00	118798.00	0.19
	p5	0.36	0.13	1.33	0.00	0.30	0.09	6.45	0.00	0.00	0.00	0.15	0.00	0.00	0.00	0.00	4.00	0.00	118798.00	0.19
	p25	0.36	0.13	1.33	0.00	0.30	0.09	6.45	0.00	0.00	0.00	0.15	0.00	0.00	0.00	0.00	4.00	0.00	118798.00	0.19
	p50	0.36	0.13	1.33	0.00	0.30	0.09	6.45	0.00	0.00	0.00	0.15	0.00	0.00	0.00	0.00	4.00	0.00	118798.00	0.19
	p75	0.36	0.13	1.33	0.00	0.30	0.09	6.45	0.00	0.00	0.00	0.15	0.00	0.00	0.00	0.00	4.00	0.00	118798.00	0.19
	max	0.36	0.13	1.33	0.00	0.30	0.09	6.45	0.00	0.00	0.00	0.15	0.00	0.00	0.00	0.00	4.00	0.00	118798.00	0.19
陕西	N	11.00	11.00	11.00	11.00	7.00	7.00	7.00	11.00	11.00	11.00	11.00	11.00	11.00	11.00	11.00	11.00	11.00	11.00	11.00
	mean	0.59	0.30	2.95	0.00	0.45	0.16	10.73	0.00	0.00	0.00	0.07	0.00	0.00	0.00	1.46	2.64	0.00	42276.00	0.09
	sd	0.25	0.22	3.00	0.00	0.24	0.08	7.40	0.00	0.00	0.00	0.09	0.00	0.00	0.00	2.12	2.25	0.00	22183.00	0.08
	min	0.23	0.07	1.02	0.00	0.19	0.06	4.48	0.00	0.00	0.00	0.00	0.00	0.00	0.00	0.00	0.00	0.00	3494.00	0.01
	p5	0.23	0.07	1.02	0.00	0.19	0.06	4.48	0.00	0.00	0.00	0.00	0.00	0.00	0.00	0.00	0.00	0.00	3494.00	0.01
	p25	0.33	0.08	1.61	0.00	0.30	0.11	5.76	0.00	0.00	0.00	0.00	0.00	0.00	0.00	0.00	0.00	0.00	22913.00	0.03
	p50	0.63	0.28	1.83	0.00	0.36	0.12	6.73	0.00	0.00	0.00	0.00	0.00	0.00	0.00	0.00	3.00	0.00	47825.00	0.05
	p75	0.83	0.36	3.05	0.00	0.73	0.25	16.57	0.00	0.00	0.00	0.14	0.00	0.00	0.00	3.00	5.00	0.00	61552.00	0.15
	max	1.00	0.81	11.66	0.00	0.83	0.30	24.69	0.00	0.00	0.00	0.25	0.00	0.00	0.00	5.00	5.00	0.00	77977.00	0.25

续表 13

区域	sum	关系资本																		
		本年稳定的前五名客户占销售额比例	第一大客户销售比例	第一与第二大客户销售比例之比	是否披露客户及消费者权益保护	本年稳定的前5名供应商采购比例	第一大供应商采购比例	第一与第二大供应商采购比例之比	是否披露供应商权益保护	是否披露债权人权益保护	是否披露股东权益保护（定性）	股利支付率（定量）	是否披露公共关系和社会公益事业	是否披露环境和可持续发展	产品质量认证（SA、ISO9001、ISO14000）可持续发展	企业科技方面的荣誉	企业荣誉	捐款额	人均销售费用	销售费用占销售收入比例
甘肃	N	14.00	14.00	14.00	14.00	5.00	5.00	5.00	14.00	14.00	14.00	14.00	14.00	14.00	14.00	14.00	14.00	14.00	14.00	14.00
	mean	0.38	0.13	1.66	0.00	0.46	0.18	13.07	0.00	0.00	0.00	0.05	0.00	0.00	0.00	2.29	2.79	0.00	29377.00	0.06
	sd	0.19	0.07	0.78	0.00	0.25	0.13	7.15	0.00	0.00	0.00	0.06	0.00	0.00	0.00	2.40	2.55	0.00	22875.00	0.02
	min	0.15	0.05	1.00	0.00	0.23	0.06	5.51	0.00	0.00	0.00	0.00	0.00	0.00	0.00	0.00	0.00	0.00	11749.00	0.03
	p5	0.15	0.05	1.00	0.00	0.23	0.06	5.51	0.00	0.00	0.00	0.00	0.00	0.00	0.00	0.00	0.00	0.00	11749.00	0.03
	p25	0.23	0.07	1.13	0.00	0.35	0.13	7.96	0.00	0.00	0.00	0.00	0.00	0.00	0.00	0.00	0.00	0.00	16702.00	0.04
	p50	0.34	0.12	1.35	0.00	0.38	0.16	11.78	0.00	0.00	0.00	0.03	0.00	0.00	0.00	2.00	4.00	0.00	19737.00	0.05
	p75	0.54	0.20	1.77	0.00	0.46	0.17	16.74	0.00	0.00	0.00	0.10	0.00	0.00	0.00	5.00	5.00	0.00	37312.00	0.08
	max	0.71	0.26	3.55	0.00	0.88	0.41	23.36	0.00	0.00	0.00	0.20	0.00	0.00	0.00	5.00	6.00	0.00	97550.00	0.10
新疆	N	5.00	5.00	5.00	5.00	3.00	3.00	3.00	5.00	5.00	5.00	3.00	5.00	5.00	5.00	5.00	5.00	5.00	5.00	5.00
	mean	0.40	0.15	1.64	0.00	0.43	0.18	10.93	0.00	0.00	0.00	0.05	0.00	0.00	0.00	1.60	1.60	0.00	42035.00	0.08
	sd	0.12	0.08	0.56	0.00	0.07	0.01	5.06	0.00	0.00	0.00	0.05	0.00	0.00	0.00	2.30	2.30	0.00	16584.00	0.04
	min	0.22	0.06	1.06	0.00	0.36	0.17	5.63	0.00	0.00	0.00	0.00	0.00	0.00	0.00	0.00	0.00	0.00	18536.00	0.03
	p5	0.22	0.06	1.06	0.00	0.36	0.17	5.63	0.00	0.00	0.00	0.00	0.00	0.00	0.00	0.00	0.00	0.00	18536.00	0.03
	p25	0.38	0.10	1.16	0.00	0.36	0.17	5.63	0.00	0.00	0.00	0.00	0.00	0.00	0.00	0.00	0.00	0.00	31858.00	0.04
	p50	0.39	0.15	1.75	0.00	0.42	0.17	11.46	0.00	0.00	0.00	0.05	0.00	0.00	0.00	0.00	0.00	0.00	47744.00	0.09
	p75	0.47	0.23	1.78	0.00	0.50	0.19	15.70	0.00	0.00	0.00	0.10	0.00	0.00	0.00	3.00	3.00	0.00	52803.00	0.09
	max	0.55	0.23	2.44	0.00	0.50	0.19	15.70	0.00	0.00	0.00	0.10	0.00	0.00	0.00	5.00	5.00	0.00	59236.00	0.14

续表 14

区域	sum	关系资本																	
		本年稳定的前五名客户占销售额比例	第一大客户销售比例	第一与第二大客户销售比例之比	是否披露客户及消费者权益保护	本年稳定的前5名供应商采购比例	第一大供应商采购比例	第一与第二大供应商采购比例之比	是否披露供应商权益保护	是否披露债权人权益保护	是否披露股东权益保护（定性）	股利支付率（定量）	是否披露公共关系和社会公益事业	是否披露环境和可持续发展	产品质量认证（SA、ISO90001、ISO14000）可持续发展	企业科技方面的荣誉	企业荣誉	捐款额	人均销售费用	销售费用占销售收入比例
Total	N	1317.00	1317.00	1317.00	1317.00	787.00	784.00	757.00	1317.00	1317.00	1317.00	1230.00	1317.00	1317.00	1316.00	1317.00	1315.00	1317.00	1308.00	1317.00
	mean	0.35	0.14	2.00	0.07	0.40	0.17	8.43	0.05	0.04	0.07	0.15	0.07	0.07	0.01	1.64	2.51	94135.00	62950.00	0.09
	sd	0.21	0.12	2.05	0.25	0.20	0.13	5.05	0.22	0.20	0.26	0.18	0.25	0.25	0.10	2.12	2.27	2172000.00	81191.00	0.09
	min	0.01	0.00	1.00	0.00	0.01	0.00	0.24	0.00	0.00	0.00	0.00	0.00	0.00	0.00	0.00	0.00	0.00	0.00	0.00
	p5	0.10	0.03	1.03	0.00	0.15	0.04	2.87	0.00	0.00	0.00	0.00	0.00	0.00	0.00	0.00	0.00	0.00	7169.00	0.01
	p25	0.20	0.06	1.17	0.00	0.25	0.08	4.91	0.00	0.00	0.00	0.05	0.00	0.00	0.00	0.00	0.00	0.00	20972.00	0.03
	p50	0.30	0.11	1.46	0.00	0.35	0.13	7.09	0.00	0.00	0.00	0.10	0.00	0.00	0.00	0.00	3.00	0.00	42337.00	0.07
	p75	0.47	0.18	2.15	0.00	0.50	0.22	10.38	0.00	0.00	0.00	0.20	0.00	0.00	0.00	4.00	5.00	0.00	74964.00	0.12
	max	1.00	0.88	38.11	1.00	0.98	0.88	37.77	1.00	1.00	1.00	1.60	1.00	1.00	1.00	6.00	6.00	75000000.00	1181000.00	0.58

附录 8

人力资本行业描述性统计

行业分类	Sum	人力资本												
		年末员工总数	具有本科以上学历的员工比例	具有硕士以上学历的高管比例	具有高级职称的高管比例	技术岗位人数	年人均培训费用	高管平均教育水平	员工人均薪酬	高管人均薪酬	员工人均销售收入	高管平均年龄	是否披露员工年龄	是否披露员工岗位分布情况
农、林、牧、渔业	N	11.00	11.00	11.00	11.00	11.00	11.00	39.00	11.00	11.00	11.00	43.00	37.00	31.00
	mean	8893.00	0.32	0.54	0.26	637.00	0.16	3.29	28203.00	850918.00	966975.00	46.86	1.00	1.00
	sd	18722.00	0.18	0.08	0.21	1232.00	0.52	0.27	17370.00	928540.00	411554.00	4.41	0.00	0.00
	min	126.00	0.08	0.44	0.00	48.00	0.00	2.84	8359.00	231250.00	369385.00	36.00	1.00	1.00
	p5	126.00	0.08	0.44	0.00	48.00	0.00	2.85	8359.00	231250.00	369385.00	37.53	1.00	1.00
	p25	222.00	0.18	0.50	0.00	62.00	0.00	3.10	12501.00	354367.00	528625.00	43.28	1.00	1.00
	p50	467.00	0.25	0.50	0.29	95.00	0.00	3.29	24041.00	402960.00	1143000.00	48.10	1.00	1.00
	p75	1687.00	0.52	0.60	0.50	296.00	0.00	3.49	44071.00	729980.00	1298000.00	49.79	1.00	1.00
	max	49314.00	0.54	0.67	0.50	3730.00	1.73	3.81	62930.00	3011000.00	1431000.00	54.13	1.00	1.00
采掘业	N	6.00	6.00	6.00	6.00	6.00	6.00	27.00	6.00	6.00	6.00	27.00	23.00	20.00
	mean	460.00	0.39	0.43	0.11	184.50	0.00	3.49	7418.00	741831.00	469022.00	48.56	1.00	1.00
	sd	140.00	0.07	0.04	0.14	32.25	0.00	0.14	1300.00	316960.00	103931.00	2.10	0.00	0.00
	min	249.00	0.33	0.39	0.00	139.00	0.00	3.33	5382.00	489486.00	350953.00	45.06	1.00	1.00
	p5	249.00	0.33	0.39	0.00	139.00	0.00	3.36	5382.00	489486.00	350953.00	46.22	1.00	1.00
	p25	343.00	0.34	0.40	0.00	156.00	0.00	3.39	6680.00	517533.00	390773.00	46.81	1.00	1.00
	p50	494.00	0.37	0.43	0.05	190.00	0.00	3.44	7484.00	631833.00	454463.00	48.33	1.00	1.00
	p75	547.00	0.39	0.47	0.25	206.00	0.00	3.56	8455.00	844963.00	520467.00	50.07	1.00	1.00
	max	633.00	0.52	0.47	0.30	226.00	0.00	3.87	9021.00	1335000.00	643015.00	53.60	1.00	1.00

续表1

行业分类	Sum	人力资本												
		年末员工总数	具有本科以上学历的员工比例	具有硕士以上学历的高管比例	具有高级职称的高管比例	技术岗位人数	年人均培训费用	高管平均教育水平	员工人均薪酬	高管人均薪酬	员工人均销售收入	高管平均年龄	是否披露员工年龄	是否披露员工岗位分布情况
制造业	N	885.00	885.00	885.00	885.00	880.00	885.00	1797.00	885.00	885.00	885.00	1907.00	1621.00	1432.00
	mean	1209.00	0.26	0.46	0.26	229.10	97.15	3.31	12193.00	597413.00	752258.00	47.14	1.00	0.99
	sd	3650.00	0.19	0.15	0.18	468.70	616.70	0.37	12506.00	431149.00	489343.00	3.15	0.00	0.08
	min	97.00	0.00	0.00	0.00	18.00	0.00	2.00	0.00	106000.00	90341.00	34.45	1.00	0.00
	p5	248.00	0.04	0.17	0.00	41.50	0.00	2.67	258.60	196067.00	258682.00	41.94	1.00	1.00
	p25	451.00	0.12	0.38	0.14	85.50	0.00	3.07	4590.00	337400.00	437904.00	44.85	1.00	1.00
	p50	711.00	0.21	0.50	0.25	148.50	0.00	3.32	8440.00	481078.00	628712.00	47.20	1.00	1.00
	p75	1195.00	0.37	0.57	0.39	247.00	0.00	3.56	15881.00	720800.00	923188.00	49.42	1.00	1.00
	max	74174.00	0.95	0.75	0.74	8734.00	10853.00	4.20	102692.00	4196000.00	4606000.00	57.35	1.00	1.00
电力、热力、燃气及水生产和供应业	N	1.00	1.00	1.00	1.00	1.00	1.00	2.00	1.00	1.00	1.00	10.00	8.00	6.00
	mean	218.00	0.25	0.33	0.20	46.00	0.00	4.20	6358.00	626100.00	1903000.00	45.98	1.00	1.00
	sd							0.00	.	.	.	1.96	0.00	0.00
	min	218.00	0.25	0.33	0.20	46.00	0.00	4.20	6358.00	626100.00	1903000.00	43.47	1.00	1.00
	p5	218.00	0.25	0.33	0.20	46.00	0.00	4.20	6358.00	626100.00	1903000.00	43.47	1.00	1.00
	p25	218.00	0.25	0.33	0.20	46.00	0.00	4.20	6358.00	626100.00	1903000.00	45.11	1.00	1.00
	p50	218.00	0.25	0.33	0.20	46.00	0.00	4.20	6358.00	626100.00	1903000.00	45.55	1.00	1.00
	p75	218.00	0.25	0.33	0.20	46.00	0.00	4.20	6358.00	626100.00	1903000.00	47.17	1.00	1.00
	max	218.00	0.25	0.33	0.20	46.00	0.00	4.20	6358.00	626100.00	1903000.00	49.78	1.00	1.00

续表2

行业分类	Sum	人力资本												
		年末员工总数	具有本科以上学历的员工比例	具有硕士以上学历的高管比例	具有高级职称的高管比例	技术岗位人数	年人均培训费用	高管平均教育水平	员工人均薪酬	高管人均薪酬	员工人均销售收入	高管平均年龄	是否披露员工年龄	是否披露员工岗位分布情况
建筑业	N	20.00	20.00	20.00	20.00	20.00	20.00	37.00	20.00	20.00	20.00	38.00	33.00	29.00
	mean	653.00	0.35	0.44	0.25	137.90	0.00	3.23	12329.00	438828.00	1203000.00	44.81	1.00	1.00
	sd	432.60	0.18	0.19	0.16	69.73	0.00	0.31	20029.00	198403.00	632031.00	2.40	0.00	0.00
	min	109.00	0.17	0.00	0.00	27.00	0.00	2.50	0.00	188800.00	491723.00	41.13	1.00	1.00
	p5	148.00	0.18	0.00	0.00	38.00	0.00	2.54	0.00	199829.00	524309.00	41.21	1.00	1.00
	p25	267.00	0.21	0.38	0.15	91.00	0.00	3.04	330.00	266210.00	764866.00	43.33	1.00	1.00
	p50	585.00	0.27	0.50	0.25	122.50	0.00	3.30	5310.00	380453.00	855592.00	44.98	1.00	1.00
	p75	882.50	0.45	0.56	0.35	192.00	0.00	3.43	15241.00	571502.00	1628000.00	45.93	1.00	1.00
	max	1513.00	0.78	0.60	0.55	274.00	0.00	3.76	85666.00	921550.00	2685000.00	51.06	1.00	1.00
批发和零售业	N	14.00	14.00	14.00	14.00	14.00	14.00	33.00	14.00	14.00	14.00	33.00	28.00	26.00
	mean	2498.00	0.23	0.52	0.30	441.30	240.10	3.40	6675.00	564600.00	1281000.00	46.60	1.00	1.00
	sd	1087.00	0.15	0.09	0.10	204.30	678.70	0.25	7119.00	391717.00	913770.00	2.68	0.00	0.00
	min	1298.00	0.12	0.33	0.13	101.00	0.00	2.86	1355.00	252220.00	237948.00	39.92	1.00	1.00
	p5	1298.00	0.12	0.33	0.13	101.00	0.00	2.91	1355.00	252220.00	237948.00	42.20	1.00	1.00
	p25	1551.00	0.13	0.44	0.22	266.00	0.00	3.28	2151.00	346175.00	293816.00	45.07	1.00	1.00
	p50	2065.00	0.19	0.55	0.32	470.00	0.00	3.39	4149.00	435606.00	1798000.00	47.00	1.00	1.00
	p75	3345.00	0.23	0.56	0.38	540.00	0.00	3.57	7799.00	586600.00	2069000.00	48.24	1.00	1.00
	max	4167.00	0.58	0.67	0.44	798.00	2508.00	3.87	23257.00	1465000.00	2459000.00	52.95	1.00	1.00

续表3

行业分类	Sum	人力资本												
		年末员工总数	具有本科以上学历的员工比例	具有硕士以上学历的高管比例	具有高级职称的高管比例	技术岗位人数	年人均培训费用	高管平均教育水平	员工人均薪酬	高管人均薪酬	员工人均销售收入	高管平均年龄	是否披露员工年龄	是否披露员工岗位分布情况
交通运输、仓储和邮政业	N	13.00	13.00	13.00	13.00	13.00	13.00	19.00	13.00	13.00	13.00	19.00	16.00	14.00
	mean	1887.00	0.16	0.35	0.09	115.30	0.00	3.19	8741.00	636813.00	513237.00	46.71	1.00	1.00
	sd	1011.00	0.03	0.14	0.08	138.60	0.00	0.51	6022.00	216674.00	262415.00	2.23	0.00	0.00
	min	313.00	0.13	0.11	0.00	16.00	0.00	2.59	2179.00	234875.00	187090.00	43.60	1.00	1.00
	p5	313.00	0.13	0.11	0.00	16.00	0.00	2.59	2179.00	234875.00	187090.00	43.60	1.00	1.00
	p25	945.00	0.14	0.29	0.00	41.00	0.00	2.84	6451.00	616700.00	210241.00	45.21	1.00	1.00
	p50	1752.00	0.15	0.38	0.14	59.00	0.00	3.17	7318.00	674874.00	601835.00	45.86	1.00	1.00
	p75	2790.00	0.18	0.44	0.17	94.00	0.00	3.29	9196.00	778280.00	786490.00	48.57	1.00	1.00
	max	3021.00	0.21	0.57	0.17	427.00	0.00	4.20	26894.00	947500.00	822293.00	52.11	1.00	1.00
信息传输、软件和信息技术服务业	N	272.00	269.00	279.00	279.00	277.00	279.00	474.00	272.00	279.00	272.00	500.00	424.00	378.00
	mean	1169.00	0.61	0.51	0.21	706.80	211.50	3.49	14098.00	632458.00	729154.00	45.42	1.00	1.00
	sd	1043.00	0.18	0.13	0.17	795.50	769.60	0.27	12142.00	357576.00	1156000.00	2.76	0.00	0.07
	min	129.00	0.00	0.00	0.00	46.00	0.00	2.50	0.00	112783.00	85259.00	38.50	1.00	0.00
	p5	205.00	0.30	0.28	0.00	77.00	0.00	3.06	346.40	246410.00	165080.00	41.22	1.00	1.00
	p25	488.50	0.50	0.43	0.11	206.00	0.00	3.31	5647.00	403214.00	277184.00	43.45	1.00	1.00
	p50	861.00	0.62	0.53	0.20	422.00	0.00	3.48	11825.00	530833.00	409949.00	45.33	1.00	1.00
	p75	1489.00	0.72	0.60	0.30	865.00	0.00	3.67	19296.00	728060.00	826856.00	47.32	1.00	1.00
	max	6972.00	0.97	0.80	0.67	4727.00	7550.00	4.20	72047.00	2632000.00	14400000.00	55.17	1.00	1.00

续表 4

行业分类	Sum	人力资本												
		年末员工总数	具有本科以上学历的员工比例	具有硕士以上学历的高管比例	具有高级职称的高管比例	技术岗位人数	年人均培训费用	高管平均教育水平	员工人均薪酬	高管人均薪酬	员工人均销售收入	高管平均年龄	是否披露员工年龄	是否披露员工岗位分布情况
租赁和商务服务业	N	26.00	26.00	26.00	26.00	25.00	26.00	43.00	26.00	26.00	26.00	44.00	38.00	36.00
	mean	1844.00	0.49	0.49	0.19	608.60	0.00	3.46	23329.00	734072.00	1194000.00	45.00	1.00	1.00
	sd	2590.00	0.29	0.10	0.20	1191.00	0.00	0.21	27685.00	512022.00	883162.00	3.42	0.00	0.00
	min	115.00	0.02	0.29	0.00	11.00	0.00	3.11	221.30	190540.00	85208.00	38.38	1.00	1.00
	p5	122.00	0.05	0.36	0.00	25.00	0.00	3.16	1513.00	257100.00	259936.00	40.11	1.00	1.00
	p25	390.00	0.14	0.42	0.00	49.00	0.00	3.28	3716.00	427054.00	414402.00	42.50	1.00	1.00
	p50	1222.00	0.64	0.50	0.13	126.00	0.00	3.46	12316.00	549981.00	901388.00	45.00	1.00	1.00
	p75	1940.00	0.71	0.57	0.29	434.00	0.00	3.60	28544.00	831986.00	1823000.00	47.55	1.00	1.00
	max	11870.00	0.88	0.67	0.56	4605.00	0.00	4.20	114618.00	2236000.00	3238000.00	52.40	1.00	1.00
科学研究和技术服务业	N	26.00	26.00	26.00	26.00	26.00	26.00	39.00	26.00	26.00	26.00	44.00	38.00	35.00
	mean	1487.00	0.56	0.54	0.33	589.00	163.40	3.52	20894.00	828215.00	532663.00	47.49	1.00	1.00
	sd	1462.00	0.17	0.10	0.22	488.40	436.00	0.33	26425.00	479808.00	542359.00	2.62	0.00	0.00
	min	154.00	0.32	0.25	0.00	59.00	0.00	2.95	1234.00	329644.00	163981.00	42.11	1.00	1.00
	p5	401.00	0.33	0.39	0.00	59.00	0.00	2.95	1264.00	329888.00	198896.00	43.26	1.00	1.00
	p25	476.00	0.42	0.50	0.13	313.00	0.00	3.31	5500.00	417743.00	278767.00	46.38	1.00	1.00
	p50	868.50	0.51	0.56	0.41	446.00	0.00	3.46	14605.00	736379.00	379070.00	47.38	1.00	1.00
	p75	1931.00	0.73	0.61	0.53	713.00	110.70	3.85	23644.00	1245000.00	438656.00	48.72	1.00	1.00
	max	6302.00	0.90	0.70	0.65	2216.00	2122.00	4.20	105809.00	1950000.00	2439000.00	54.13	1.00	1.00

续表 5

行业分类	Sum	人力资本												
		年末员工总数	具有本科以上学历的员工比例	具有硕士以上学历的高管比例	具有高级职称的高管比例	技术岗位人数	年人均培训费用	高管平均教育水平	员工人均薪酬	高管人均薪酬	员工人均销售收入	高管平均年龄	是否披露员工年龄	是否披露员工岗位分布情况
水利、环境和公共设施管理业	N	17.00	17.00	17.00	17.00	17.00	17.00	50.00	17.00	17.00	17.00	50.00	42.00	36.00
	mean	1150.00	0.35	0.50	0.40	295.40	97.81	3.42	7707.00	472258.00	1254000.00	47.34	1.00	1.00
	sd	723.30	0.13	0.07	0.13	175.50	224.50	0.26	5934.00	260219.00	749531.00	2.49	0.00	0.00
	min	351.00	0.15	0.32	0.23	38.00	0.00	2.77	751.90	177657.00	577109.00	43.31	1.00	1.00
	p5	351.00	0.15	0.32	0.23	38.00	0.00	2.99	751.90	177657.00	577109.00	43.88	1.00	1.00
	p25	579.00	0.27	0.46	0.30	137.00	0.00	3.23	2806.00	340120.00	720550.00	44.95	1.00	1.00
	p50	950.00	0.37	0.50	0.38	311.00	0.00	3.48	7645.00	427825.00	865830.00	47.02	1.00	1.00
	p75	1625.00	0.44	0.55	0.50	449.00	0.00	3.60	11236.00	551225.00	1789000.00	49.06	1.00	1.00
	max	2672.00	0.60	0.64	0.60	563.00	720.20	3.92	17464.00	1363000.00	3328000.00	53.06	1.00	1.00
卫生和社会工作	N	7.00	7.00	7.00	7.00	7.00	7.00	19.00	7.00	7.00	7.00	19.00	16.00	14.00
	mean	3237.00	0.57	0.50	0.20	1857.00	325.10	3.60	10157.00	633290.00	373744.00	46.97	1.00	1.00
	sd	4383.00	0.27	0.18	0.13	2569.00	557.60	0.23	5041.00	229837.00	72067.00	2.59	0.00	0.00
	min	692.00	0.35	0.14	0.00	603.00	0.00	3.32	3024.00	433750.00	306052.00	41.25	1.00	1.00
	p5	692.00	0.35	0.14	0.00	603.00	0.00	3.32	3024.00	433750.00	306052.00	41.25	1.00	1.00
	p25	913.00	0.35	0.44	0.10	609.00	0.00	3.48	4517.00	522857.00	310473.00	45.25	1.00	1.00
	p50	1845.00	0.37	0.54	0.20	795.00	0.00	3.53	10145.00	564675.00	367507.00	47.26	1.00	1.00
	p75	2540.00	0.86	0.64	0.33	1579.00	976.50	3.83	15631.00	617217.00	399793.00	49.35	1.00	1.00
	max	13071.00	0.87	0.64	0.33	7633.00	1285.00	4.20	16158.00	1136000.00	518698.00	50.19	1.00	1.00

续表 6

行业分类	Sum	人力资本												
		年末员工总数	具有本科以上学历的员工比例	具有硕士以上学历的高管比例	具有高级职称的高管比例	技术岗位人数	年人均培训费用	高管平均教育水平	员工人均薪酬	高管人均薪酬	员工人均销售收入	高管平均年龄	是否披露员工年龄	是否披露员工岗位分布情况
文化、体育和娱乐业	N	11.00	11.00	11.00	11.00	8.00	11.00	47.00	11.00	11.00	11.00	53.00	45.00	39.00
	mean	427.60	0.58	0.54	0.30	89.00	130.60	3.27	23189.00	738202.00	3197000.00	47.46	1.00	1.00
	sd	442.10	0.17	0.15	0.16	79.88	366.90	0.36	21394.00	268492.00	2103000.00	2.50	0.00	0.00
	min	47.00	0.31	0.17	0.00	7.00	0.00	2.66	316.90	364825.00	649328.00	41.15	1.00	1.00
	p5	47.00	0.31	0.17	0.00	7.00	0.00	2.76	316.90	364825.00	649328.00	43.58	1.00	1.00
	p25	101.00	0.46	0.50	0.20	25.50	0.00	2.91	7407.00	555025.00	969768.00	45.71	1.00	1.00
	p50	342.00	0.61	0.58	0.33	76.00	0.00	3.33	16800.00	681200.00	3466000.00	47.47	1.00	1.00
	p75	601.00	0.74	0.65	0.43	146.50	0.00	3.56	43930.00	932488.00	4454000.00	49.31	1.00	1.00
	max	1586.00	0.77	0.71	0.55	209.00	1219.00	3.98	64045.00	1302000.00	6614000.00	51.69	1.00	1.00
Total	N	1309.00	1306.00	1316.00	1316.00	1305.00	1316.00	2626.00	1309.00	1316.00	1309.00	2787.00	2369.00	2096.00
	mean	1295.00	0.35	0.47	0.25	356.50	120.00	3.35	13023.00	612283.00	788453.00	46.78	1.00	1.00
	sd	3572.00	0.24	0.15	0.18	640.30	628.90	0.35	13614.00	418688.00	763258.00	3.14	0.00	0.07
	min	47.00	0.00	0.00	0.00	7.00	0.00	2.00	0.00	106000.00	85208.00	34.45	1.00	0.00
	p5	228.00	0.05	0.17	0.00	44.00	0.00	2.73	316.90	211714.00	229807.00	41.67	1.00	1.00
	p25	457.00	0.15	0.40	0.13	94.00	0.00	3.14	4607.00	358232.00	387335.00	44.50	1.00	1.00
	p50	747.00	0.30	0.50	0.25	181.00	0.00	3.37	9102.00	500348.00	609889.00	46.81	1.00	1.00
	p75	1309.00	0.52	0.57	0.38	356.00	0.00	3.59	17019.00	723921.00	934253.00	48.95	1.00	1.00
	max	74174.00	0.97	0.80	0.74	8734.00	10853.00	4.20	114618.00	4196000.00	14400000.00	57.35	1.00	1.00

附录 9

结构资本行业描述性统计

行业分类	Sum	结构资本													
		人均固定资产	研发人员占全体员工比例	无形资产－土地使用权（总额）	专利权数（数量）	发明专利（数量）	产品设计	产品商标数	是否披露职工权益保护	是否披露健康等	是否披露生产安全指标	年人均管理费用	研发人员年人均研发费用	研发费用占销售收入比例	研发费用资本化率
农、林牧渔业	N	11. 00	11. 00	43. 00	11. 00	4. 00	4. 00	11. 00	11. 00	11. 00	11. 00	11. 00	8. 00	8. 00	5. 00
	mean	379337. 00	0. 22	15200000. 00	42. 00	8. 75	2. 25	3. 73	0. 09	0. 09	0. 00	123126. 00	122601. 00	0. 03	0. 02
	sd	211454. 00	0. 16	26400000. 00	75. 51	12. 89	4. 50	8. 62	0. 30	0. 30	0. 00	61411. 00	107308. 00	0. 02	0. 05
	min	169870. 00	0. 05	0. 00	0. 00	1. 00	0. 00	0. 00	0. 00	0. 00	0. 00	41438. 00	18712. 00	0. 00	0. 00
	p5	169870. 00	0. 05	20990. 00	0. 00	1. 00	0. 00	0. 00	0. 00	0. 00	0. 00	41438. 00	18712. 00	0. 00	0. 00
	p25	212761. 00	0. 16	202227. 00	0. 00	1. 50	0. 00	0. 00	0. 00	0. 00	0. 00	69462. 00	39869. 00	0. 01	0. 00
	p50	309648. 00	0. 19	1881000. 00	7. 00	3. 00	0. 00	0. 00	0. 00	0. 00	0. 00	106661. 00	78743. 00	0. 03	0. 00
	p75	476252. 00	0. 23	24300000. 00	73. 00	16. 00	4. 50	3. 00	0. 00	0. 00	0. 00	186365. 00	223142. 00	0. 04	0. 00
	max	820808. 00	0. 65	122000000. 00	238. 00	28. 00	9. 00	29. 00	1. 00	1. 00	0. 00	222430. 00	278589. 00	0. 05	0. 11
采掘业	N	6. 00	6. 00	16. 00	6. 00	5. 00	5. 00	6. 00	6. 00	6. 00	6. 00	6. 00	5. 00	4. 00	2. 00
	mean	247729. 00	0. 42	52900000. 00	36. 83	2. 40	0. 00	10. 50	0. 00	0. 00	0. 00	100322. 00	56537. 00	0. 05	0. 38
	sd	47525. 00	0. 08	72900000. 00	30. 57	1. 67	0. 00	1. 87	0. 00	0. 00	0. 00	22789. 00	23892. 00	0. 01	0. 14
	min	186852. 00	0. 31	367914. 00	7. 00	1. 00	0. 00	9. 00	0. 00	0. 00	0. 00	77469. 00	41589. 00	0. 04	0. 29
	p5	186852. 00	0. 31	367914. 00	7. 00	1. 00	0. 00	9. 00	0. 00	0. 00	0. 00	77469. 00	41589. 00	0. 04	0. 29
	p25	223952. 00	0. 37	6101000. 00	14. 00	1. 00	0. 00	9. 00	0. 00	0. 00	0. 00	79667. 00	44872. 00	0. 04	0. 29
	p50	232980. 00	0. 42	10400000. 00	25. 00	2. 00	0. 00	10. 00	0. 00	0. 00	0. 00	94213. 00	48615. 00	0. 05	0. 38
	p75	299917. 00	0. 46	119000000. 00	72. 00	3. 00	0. 00	11. 00	0. 00	0. 00	0. 00	128165. 00	48657. 00	0. 05	0. 48
	max	309696. 00	0. 56	186000000. 00	78. 00	5. 00	0. 00	14. 00	0. 00	0. 00	0. 00	128206. 00	98951. 00	0. 05	0. 48

续表 1

行业分类	Sum	结构资本													
		人均固定资产	研发人员占全体员工比例	无形资产－土地使用权（总额）	专利权数（数量）	发明专利（数量）	产品设计	产品商标数	是否披露职工权益保护	是否披露健康等	是否披露生产安全指标	年人均管理费用	研发人员年人均研发费用	研发费用占销售收入比例	研发费用资本化率
制造业	N	885.00	880.00	1839.00	885.00	586.00	586.00	784.00	885.00	885.00	885.00	885.00	661.00	661.00	399.00
	mean	272688.00	0.23	22200000.00	71.08	7.11	1.71	10.63	0.06	0.18	0.05	90094.00	209398.00	0.06	0.08
	sd	233816.00	0.15	62500000.00	130.10	14.72	5.02	31.13	0.24	0.39	0.23	58697.00	173854.00	0.07	0.16
	min	5848.00	0.02	-62600000.00	0.00	0.00	0.00	0.00	0.00	0.00	0.00	8278.00	22115.00	0.01	0.00
	p5	41573.00	0.08	0.00	0.00	0.00	0.00	0.00	0.00	0.00	0.00	28471.00	52349.00	0.03	0.00
	p25	122901.00	0.13	539066.00	8.00	1.00	0.00	0.00	0.00	0.00	0.00	52256.00	108452.00	0.04	0.00
	p50	214508.00	0.19	3186000.00	36.00	4.00	0.00	0.00	0.00	0.00	0.00	78051.00	167271.00	0.05	0.00
	p75	342878.00	0.31	18300000.00	87.00	8.00	1.00	6.00	0.00	0.00	0.00	111333.00	260492.00	0.07	0.08
	max	1875000.00	0.85	937000000.00	2000.00	266.00	70.00	286.00	1.00	1.00	1.00	514028.00	1649000.00	0.73	0.80
电力、热力、燃气及水生产和供应业	N	1.00	1.00	9.00	1.00	1.00	1.00	1.00	1.00	1.00	1.00	1.00	1.00	1.00	0.00
	mean	1436000.00	0.21	268000000.00	131.00	8.00	0.00	17.00	0.00	0.00	0.00	188759.00	334171.00	0.04	
	sd	.	.	443000000.00											
	min	1436000.00	0.21	631735.00	131.00	8.00	0.00	17.00	0.00	0.00	0.00	188759.00	334171.00	0.04	
	p5	1436000.00	0.21	631735.00	131.00	8.00	0.00	17.00	0.00	0.00	0.00	188759.00	334171.00	0.04	
	p25	1436000.00	0.21	1603000.00	131.00	8.00	0.00	17.00	0.00	0.00	0.00	188759.00	334171.00	0.04	
	p50	1436000.00	0.21	1807000.00	131.00	8.00	0.00	17.00	0.00	0.00	0.00	188759.00	334171.00	0.04	
	p75	1436000.00	0.21	368000000.00	131.00	8.00	0.00	17.00	0.00	0.00	0.00	188759.00	334171.00	0.04	
	max	1436000.00	0.21	1110000000.00	131.00	8.00	0.00	17.00	0.00	0.00	0.00	188759.00	334171.00	0.04	

续表2

行业分类	Sum	结构资本													
		人均固定资产	研发人员占全体员工比例	无形资产－土地使用权（总额）	专利权数（数量）	发明专利（数量）	产品设计	产品商标数	是否披露职工权益保护	是否披露健康等	是否披露生产安全指标	年人均管理费用	研发人员年人均研发费用	研发费用占销售收入比例	研发费用资本化率
建筑业	N	20.00	20.00	28.00	20.00	15.00	15.00	18.00	20.00	20.00	20.00	20.00	15.00	15.00	8.00
	mean	210804.00	0.27	31700000.00	35.95	4.67	0.07	1.50	0.10	0.25	0.00	98098.00	178465.00	0.03	0.02
	sd	152960.00	0.14	73000000.00	41.57	4.92	0.26	4.96	0.31	0.44	0.00	50909.00	154933.00	0.01	0.03
	min	12679.00	0.08	16995.00	0.00	0.00	0.00	0.00	0.00	0.00	0.00	32951.00	84003.00	0.02	0.00
	p5	18139.00	0.09	18975.00	0.00	0.00	0.00	0.00	0.00	0.00	0.00	38980.00	84003.00	0.02	0.00
	p25	52506.00	0.16	1642000.00	1.00	1.00	0.00	0.00	0.00	0.00	0.00	57925.00	98886.00	0.03	0.00
	p50	228685.00	0.23	2332000.00	23.50	3.00	0.00	0.00	0.00	0.00	0.00	86107.00	130225.00	0.04	0.00
	p75	322205.00	0.37	16100000.00	59.00	8.00	0.00	0.00	0.00	0.50	0.00	144534.00	158489.00	0.04	0.01
	max	450077.00	0.56	255000000.00	161.00	16.00	1.00	21.00	1.00	1.00	0.00	206963.00	672112.00	0.05	0.10
批发和零售业	N	14.00	14.00	25.00	14.00	0.00	0.00	13.00	14.00	14.00	14.00	14.00	6.00	6.00	3.00
	mean	37499.00	0.18	13400000.00	2.93	.	.	11.69	0.29	0.14	0.14	53025.00	151294.00	0.04	0.34
	sd	31022.00	0.07	13100000.00	4.43	.	.	17.77	0.47	0.36	0.36	26487.00	130776.00	0.02	0.30
	min	5607.00	0.08	990890.00	0.00	.	.	0.00	0.00	0.00	0.00	12054.00	77085.00	0.02	0.00
	p5	5607.00	0.08	1604000.00	0.00	.	.	0.00	0.00	0.00	0.00	12054.00	77085.00	0.02	0.00
	p25	13065.00	0.12	3061000.00	0.00	.	.	0.00	0.00	0.00	0.00	27784.00	80383.00	0.04	0.00
	p50	25682.00	0.17	6635000.00	0.00	.	.	10.00	0.00	0.00	0.00	58644.00	102614.00	0.05	0.45
	p75	72546.00	0.24	21600000.00	5.00	.	.	15.00	1.00	0.00	0.00	61015.00	129642.00	0.06	0.56
	max	91834.00	0.27	46800000.00	15.00	.	.	67.00	1.00	1.00	1.00	91352.00	415429.00	0.06	0.56

续表 3

行业分类	Sum	结构资本													
		人均固定资产	研发人员占全体员工比例	无形资产－土地使用权（总额）	专利权数（数量）	发明专利（数量）	产品设计	产品商标数	是否披露职工权益保护	是否披露健康等	是否披露生产安全指标	年人均管理费用	研发人员年人均研发费用	研发费用占销售收入比例	研发费用资本化率
交通运输、仓储和邮政业	N	13.00	13.00	19.00	13.00	0.00	0.00	12.00	13.00	13.00	13.00	13.00	12.00	12.00	6.00
	mean	98022.00	0.06	14300000.00	2.77	.	.	6.25	0.00	0.00	0.00	70424.00	215005.00	0.02	0.22
	sd	58557.00	0.05	18200000.00	6.87	.	.	9.98	0.00	0.00	0.00	43069.00	173648.00	0.01	0.52
	min	30910.00	0.02	449807.00	0.00	.	.	0.00	0.00	0.00	0.00	23555.00	33987.00	0.01	0.00
	p5	30910.00	0.02	449807.00	0.00	.	.	0.00	0.00	0.00	0.00	23555.00	33987.00	0.01	0.00
	p25	64095.00	0.02	1994000.00	0.00	.	.	0.00	0.00	0.00	0.00	45813.00	81444.00	0.01	0.00
	p50	74753.00	0.04	6030000.00	0.00	.	.	0.50	0.00	0.00	0.00	61264.00	166081.00	0.02	0.00
	p75	109575.00	0.09	33400000.00	0.00	.	.	12.00	0.00	0.00	0.00	82182.00	286537.00	0.02	0.03
	max	222062.00	0.16	55300000.00	21.00	.	.	28.00	0.00	0.00	0.00	196254.00	576315.00	0.03	1.29
信息传输、软件和信息技术服务业	N	272.00	267.00	218.00	279.00	116.00	116.00	259.00	279.00	279.00	279.00	272.00	216.00	216.00	130.00
	mean	99833.00	0.57	44200000.00	17.10	8.53	1.52	9.04	0.06	0.11	0.03	100855.00	113037.00	0.12	0.19
	sd	219786.00	0.24	78400000.00	41.73	13.38	4.93	22.80	0.25	0.31	0.16	69370.00	95729.00	0.09	0.24
	min	4329.00	0.05	0.00	0.00	0.00	0.00	0.00	0.00	0.00	0.00	9867.00	6271.00	0.00	0.00
	p5	8608.00	0.15	0.00	0.00	0.00	0.00	0.00	0.00	0.00	0.00	31077.00	19031.00	0.03	0.00
	p25	21328.00	0.42	2340000.00	0.00	1.00	0.00	0.00	0.00	0.00	0.00	53854.00	57990.00	0.05	0.00
	p50	51797.00	0.59	10300000.00	0.00	3.00	0.00	0.00	0.00	0.00	0.00	84416.00	87075.00	0.10	0.05
	p75	102591.00	0.76	54700000.00	12.00	8.50	1.00	8.00	0.00	0.00	0.00	122293.00	138270.00	0.17	0.35
	max	3061000.00	0.94	699000000.00	365.00	64.00	40.00	178.00	1.00	1.00	1.00	696268.00	688006.00	0.47	0.98

续表 4

行业分类	Sum	结构资本													
		人均固定资产	研发人员占全体员工比例	无形资产－土地使用权（总额）	专利权数（数量）	发明专利（数量）	产品设计	产品商标数	是否披露职工权益保护	是否披露健康等	是否披露生产安全指标	年人均管理费用	研发人员年人均研发费用	研发费用占销售收入比例	研发费用资本化率
租赁和商务服务业	N	26.00	25.00	20.00	26.00	12.00	12.00	26.00	26.00	26.00	26.00	26.00	20.00	20.00	12.00
	mean	145243.00	0.30	6561000.00	15.15	2.08	1.17	2.35	0.15	0.19	0.00	92207.00	148233.00	0.04	0.15
	sd	218851.00	0.24	7637000.00	29.11	1.83	2.21	4.96	0.37	0.40	0.00	55086.00	176815.00	0.05	0.17
	min	7955.00	0.00	18207.00	0.00	0.00	0.00	0.00	0.00	0.00	0.00	3550.00	6250.00	0.00	0.00
	p5	18610.00	0.02	30345.00	0.00	0.00	0.00	0.00	0.00	0.00	0.00	31663.00	9171.00	0.00	0.00
	p25	26829.00	0.09	2049000.00	0.00	0.00	0.00	0.00	0.00	0.00	0.00	44851.00	29528.00	0.01	0.00
	p50	67944.00	0.19	4258000.00	0.00	2.50	0.00	0.00	0.00	0.00	0.00	78978.00	95713.00	0.01	0.10
	p75	135086.00	0.43	6840000.00	13.00	3.50	1.50	3.00	0.00	0.00	0.00	135870.00	197931.00	0.04	0.27
	max	961316.00	0.78	28900000.00	111.00	5.00	7.00	21.00	1.00	1.00	0.00	220133.00	752395.00	0.16	0.47
科学研究和技术服务业	N	26.00	26.00	39.00	26.00	18.00	18.00	22.00	26.00	26.00	26.00	26.00	20.00	20.00	10.00
	mean	276809.00	0.55	26100000.00	39.00	8.94	0.22	9.91	0.00	0.04	0.00	71820.00	115558.00	0.07	0.00
	sd	309393.00	0.33	66900000.00	48.73	13.77	0.55	25.23	0.00	0.20	0.00	56885.00	162092.00	0.03	0.00
	min	59639.00	0.03	29151.00	0.00	0.00	0.00	0.00	0.00	0.00	0.00	24330.00	15676.00	0.01	0.00
	p5	64910.00	0.13	323691.00	0.00	0.00	0.00	0.00	0.00	0.00	0.00	27757.00	16359.00	0.02	0.00
	p25	84179.00	0.18	967986.00	0.00	1.00	0.00	0.00	0.00	0.00	0.00	49649.00	26942.00	0.05	0.00
	p50	139314.00	0.74	5936000.00	18.00	2.50	0.00	0.00	0.00	0.00	0.00	61385.00	37881.00	0.06	0.00
	p75	230627.00	0.87	18400000.00	62.00	10.00	0.00	3.00	0.00	0.00	0.00	77646.00	158446.00	0.08	0.00
	max	1205000.00	0.91	395000000.00	188.00	53.00	2.00	86.00	0.00	1.00	0.00	335713.00	722778.00	0.13	0.00

续表 5

行业分类	Sum	结构资本													
		人均固定资产	研发人员占全体员工比例	无形资产－土地使用权（总额）	专利权数（数量）	发明专利（数量）	产品设计	产品商标数	是否披露职工权益保护	是否披露健康等	是否披露生产安全指标	年人均管理费用	研发人员年人均研发费用	研发费用占销售收入比例	研发费用资本化率
水利、环境和公共设施管理业	N	17.00	17.00	50.00	17.00	13.00	13.00	16.00	17.00	17.00	17.00	17.00	14.00	14.00	8.00
	mean	205682.00	0.26	390000000.00	72.12	4.23	0.69	11.56	0.24	0.24	0.24	92685.00	145926.00	0.03	0.03
	sd	110802.00	0.11	1500000000.00	86.78	3.27	1.97	24.59	0.44	0.44	0.44	29778.00	81724.00	0.01	0.06
	min	93873.00	0.07	175051.00	0.00	1.00	0.00	0.00	0.00	0.00	0.00	37219.00	34780.00	0.01	0.00
	p5	93873.00	0.07	296166.00	0.00	1.00	0.00	0.00	0.00	0.00	0.00	37219.00	34780.00	0.01	0.00
	p25	134987.00	0.21	994188.00	0.00	1.00	0.00	0.00	0.00	0.00	0.00	79841.00	87044.00	0.02	0.00
	p50	168703.00	0.26	13800000.00	47.00	4.00	0.00	0.00	0.00	0.00	0.00	87231.00	131739.00	0.03	0.00
	p75	203773.00	0.31	121000000.00	97.00	5.00	0.00	10.50	0.00	0.00	0.00	105740.00	179355.00	0.04	0.06
	max	447186.00	0.50	9850000000.00	285.00	11.00	7.00	74.00	1.00	1.00	1.00	153110.00	311744.00	0.05	0.14
卫生和社会工作	N	7.00	7.00	17.00	7.00	0.00	0.00	7.00	7.00	7.00	7.00	7.00	6.00	6.00	3.00
	mean	41717.00	0.62	5025000.00	0.29	.	.	1.14	0.14	0.14	0.00	58767.00	28711.00	0.05	0.00
	sd	30789.00	0.24	3767000.00	0.76	.	.	3.02	0.38	0.38	0.00	15377.00	9311.00	0.03	0.00
	min	20309.00	0.39	474805.00	0.00	.	.	0.00	0.00	0.00	0.00	47040.00	17441.00	0.02	0.00
	p5	20309.00	0.39	474805.00	0.00	.	.	0.00	0.00	0.00	0.00	47040.00	17441.00	0.02	0.00
	p25	21970.00	0.39	2204000.00	0.00	.	.	0.00	0.00	0.00	0.00	47988.00	17498.00	0.03	0.00
	p50	28797.00	0.58	5027000.00	0.00	.	.	0.00	0.00	0.00	0.00	55694.00	31171.00	0.03	0.00
	p75	58840.00	0.87	7503000.00	0.00	.	.	0.00	0.00	0.00	0.00	59545.00	36696.00	0.09	0.00
	max	105169.00	0.87	15300000.00	2.00	.	.	8.00	1.00	1.00	0.00	91685.00	38291.00	0.09	0.00

续表6

行业分类	Sum	结构资本													
		人均固定资产	研发人员占全体员工比例	无形资产－土地使用权（总额）	专利权数（数量）	发明专利（数量）	产品设计	产品商标数	是否披露职工权益保护	是否披露健康等	是否披露生产安全指标	年人均管理费用	研发人员年人均研发费用	研发费用占销售收入比例	研发费用资本化率
文化、体育和娱乐业	N	11.00	8.00	8.00	11.00	0.00	0.00	11.00	11.00	11.00	11.00	11.00	1.00	1.00	1.00
	mean	94943.00	0.20	21400000.00	3.36	.	.	53.55	0.36	0.18	0.27	181314.00	321971.00	0.17	0.05
	sd	97656.00	0.11	38900000.00	7.62	.	.	121.00	0.51	0.41	0.47	71270.00	.	.	
	min	12928.00	0.03	0.00	0.00	.	.	0.00	0.00	0.00	0.00	68952.00	321971.00	0.17	0.05
	p5	12928.00	0.03	0.00	0.00	.	.	0.00	0.00	0.00	0.00	68952.00	321971.00	0.17	0.05
	p25	34187.00	0.11	276641.00	0.00	.	.	0.00	0.00	0.00	0.00	127508.00	321971.00	0.17	0.05
	p50	48993.00	0.24	586028.00	0.00	.	.	8.00	0.00	0.00	0.00	199414.00	321971.00	0.17	0.05
	p75	171037.00	0.27	41200000.00	4.00	.	.	44.00	1.00	0.00	1.00	254317.00	321971.00	0.17	0.05
	max	311677.00	0.35	87400000.00	25.00	.	.	413.00	1.00	1.00	1.00	289608.00	321971.00	0.17	0.05
Total	N	1309.00	1295.00	2331.00	1316.00	770.00	770.00	1186.00	1316.00	1316.00	1316.00	1309.00	985.00	984.00	587.00
	mean	227197.00	0.31	33000000.00	54.68	7.18	1.58	10.21	0.07	0.16	0.05	92572.00	181120.00	0.07	0.10
	sd	240463.00	0.22	235000000.00	112.20	14.08	4.81	30.38	0.26	0.37	0.22	61035.00	162229.00	0.07	0.19
	min	4329.00	0.00	−62600000.00	0.00	0.00	0.00	0.00	0.00	0.00	0.00	3550.00	6250.00	0.00	0.00
	p5	14799.00	0.08	0.00	0.00	0.00	0.00	0.00	0.00	0.00	0.00	29025.00	31933.00	0.02	0.00
	p25	75029.00	0.14	627526.00	0.00	1.00	0.00	0.00	0.00	0.00	0.00	52811.00	85408.00	0.04	0.00
	p50	164448.00	0.23	3948000.00	20.00	3.00	0.00	0.00	0.00	0.00	0.00	79568.00	139134.00	0.05	0.00
	p75	298073.00	0.41	20700000.00	68.00	8.00	1.00	7.00	0.00	0.00	0.00	114747.00	224452.00	0.08	0.13
	max	3061000.00	0.94	9850000000.00	2000.00	266.00	70.00	413.00	1.00	1.00	1.00	696268.00	1649000.00	0.73	1.29

附录 10

关系资本行业描述性统计

行业分类	Sum	关系资本																	
		本年稳定的前五名客户占销售额比例	第一大客户销售比例	第一与第二大客户销售比例之比	是否披露客户及消费者权益保护	本年稳定的前5名供应商采购比例	第一大供应商采购比例	第一与第二大供应商采购比例之比	是否披露供应商权益保护	是否披露债权人权益保护	是否披露股东权益保护（定性）	股利支付率（定量）	是否披露公共关系和社会公益事业	是否披露环境和可持续发展	产品质量认证（SA、ISO90001、ISO14000）可持续发展	企业科技方面的荣誉	企业荣誉	捐款额	人均销售费用	销售费用占销售收入比例
农、林、牧、渔业	N	11.00	11.00	11.00	11.00	7.00	7.00	7.00	11.00	11.00	11.00	11.00	11.00	11.00	11.00	11.00	11.00	11.00	11.00	11.00
	mean	0.19	0.07	1.69	0.09	0.29	0.09	6.60	0.09	0.00	0.09	0.26	0.09	0.09	0.00	1.64	2.91	6817000.00	98352.00	0.10
	sd	0.14	0.07	0.67	0.30	0.19	0.06	4.90	0.30	0.00	0.30	0.44	0.30	0.30	0.00	2.34	2.39	22600000.00	82897.00	0.06
	min	0.03	0.01	1.03	0.00	0.15	0.04	2.88	0.00	0.00	0.00	0.00	0.00	0.00	0.00	0.00	0.00	0.00	10587.00	0.01
	p5	0.03	0.01	1.03	0.00	0.15	0.04	2.88	0.00	0.00	0.00	0.00	0.00	0.00	0.00	0.00	0.00	0.00	10587.00	0.01
	p25	0.11	0.03	1.11	0.00	0.16	0.05	3.30	0.00	0.00	0.00	0.00	0.00	0.00	0.00	0.00	0.00	0.00	11969.00	0.02
	p50	0.15	0.06	1.65	0.00	0.20	0.06	4.16	0.00	0.00	0.00	0.10	0.00	0.00	0.00	0.00	4.00	0.00	52803.00	0.13
	p75	0.27	0.08	2.44	0.00	0.42	0.17	11.46	0.00	0.00	0.00	0.30	0.00	0.00	0.00	5.00	5.00	0.00	181333.00	0.15
	max	0.47	0.23	2.99	1.00	0.66	0.19	15.55	1.00	0.00	1.00	1.50	1.00	1.00	0.00	5.00	5.00	75000000.00	206355.00	0.15
采掘业	N	6.00	6.00	6.00	6.00	2.00	2.00	2.00	6.00	6.00	6.00	6.00	6.00	6.00	6.00	6.00	6.00	6.00	6.00	6.00
	mean	0.57	0.20	1.48	0.00	0.42	0.16	14.26	0.00	0.00	0.00	0.05	0.00	0.00	0.00	0.00	1.67	0.00	18748.00	0.04
	sd	0.11	0.05	0.77	0.00	0.06	0.01	3.51	0.00	0.00	0.00	0.08	0.00	0.00	0.00	0.00	2.66	0.00	3295.00	0.01
	min	0.45	0.15	1.00	0.00	0.38	0.16	11.78	0.00	0.00	0.00	0.00	0.00	0.00	0.00	0.00	0.00	0.00	15260.00	0.03
	p5	0.45	0.15	1.00	0.00	0.38	0.16	11.78	0.00	0.00	0.00	0.00	0.00	0.00	0.00	0.00	0.00	0.00	15260.00	0.03
	p25	0.47	0.15	1.04	0.00	0.38	0.16	11.78	0.00	0.00	0.00	0.00	0.00	0.00	0.00	0.00	0.00	0.00	16702.00	0.04
	p50	0.55	0.19	1.19	0.00	0.42	0.16	14.26	0.00	0.00	0.00	0.03	0.00	0.00	0.00	0.00	0.00	0.00	17445.00	0.04
	p75	0.71	0.24	1.46	0.00	0.46	0.17	16.74	0.00	0.00	0.00	0.06	0.00	0.00	0.00	0.00	4.00	0.00	21978.00	0.04
	max	0.71	0.26	3.02	0.00	0.46	0.17	16.74	0.00	0.00	0.00	0.20	0.00	0.00	0.00	0.00	6.00	0.00	23659.00	0.06

续表1

行业分类	Sum	关系资本																		
		本年稳定的前五名客户占销售额比例	第一大客户销售比例	第一与第二大客户销售比例之比	是否披露客户及消费者权益保护	本年稳定的前5名供应商采购比例	第一大供应商采购比例	第一与第二大供应商采购比例之比	是否披露供应商权益保护	是否披露债权人权益保护	是否披露股东权益保护（定性）	股利支付率（定量）	是否披露公共关系和社会公益事业	是否披露环境和可持续发展	产品质量认证（SA、ISO90001、ISO14000）可持续发展	企业科技方面的荣誉	企业荣誉	捐款额	人均销售费用	销售费用占销售收入比例
制造业	N	885.00	885.00	885.00	885.00	547.00	544.00	527.00	885.00	885.00	885.00	829.00	885.00	885.00	884.00	885.00	883.00	885.00	885.00	885.00
	mean	0.36	0.14	1.97	0.06	0.39	0.16	8.30	0.05	0.04	0.06	0.16	0.06	0.06	0.01	1.75	2.54	14659.00	63031.00	0.09
	sd	0.20	0.12	1.97	0.23	0.19	0.12	4.66	0.22	0.20	0.24	0.18	0.24	0.24	0.09	2.12	2.25	153292.00	79702.00	0.09
	min	0.05	0.01	1.00	0.00	0.01	0.00	0.24	0.00	0.00	0.00	0.00	0.00	0.00	0.00	0.00	0.00	0.00	2258.00	0.00
	p5	0.12	0.03	1.03	0.00	0.16	0.04	3.21	0.00	0.00	0.00	0.00	0.00	0.00	0.00	0.00	0.00	0.00	7319.00	0.01
	p25	0.20	0.06	1.17	0.00	0.25	0.08	5.11	0.00	0.00	0.00	0.05	0.00	0.00	0.00	0.00	0.00	0.00	21122.00	0.03
	p50	0.30	0.11	1.46	0.00	0.34	0.12	7.05	0.00	0.00	0.00	0.10	0.00	0.00	0.00	0.00	3.00	0.00	42370.00	0.07
	p75	0.47	0.18	2.13	0.00	0.49	0.20	10.28	0.00	0.00	0.00	0.20	0.00	0.00	0.00	4.00	5.00	0.00	75014.00	0.11
	max	1.00	0.88	38.11	1.00	0.98	0.88	37.77	1.00	1.00	1.00	1.50	1.00	1.00	1.00	6.00	6.00	3000000.00	1181000.00	0.57
电力、热力、燃气及水生产和供应业	N	1.00	1.00	1.00	1.00	0.00	0.00	0.00	1.00	1.00	1.00	1.00	1.00	1.00	1.00	1.00	1.00	1.00	1.00	1.00
	mean	0.46	0.25	3.01	0.00				0.00	0.00	0.00	0.15	0.00	0.00	0.00	3.00	5.00	0.00	89123.00	0.05
	sd																			
	min	0.46	0.25	3.01	0.00				0.00	0.00	0.00	0.15	0.00	0.00	0.00	3.00	5.00	0.00	89123.00	0.05
	p5	0.46	0.25	3.01	0.00				0.00	0.00	0.00	0.15	0.00	0.00	0.00	3.00	5.00	0.00	89123.00	0.05
	p25	0.46	0.25	3.01	0.00				0.00	0.00	0.00	0.15	0.00	0.00	0.00	3.00	5.00	0.00	89123.00	0.05
	p50	0.46	0.25	3.01	0.00				0.00	0.00	0.00	0.15	0.00	0.00	0.00	3.00	5.00	0.00	89123.00	0.05
	p75	0.46	0.25	3.01	0.00				0.00	0.00	0.00	0.15	0.00	0.00	0.00	3.00	5.00	0.00	89123.00	0.05
	max	0.46	0.25	3.01	0.00				0.00	0.00	0.00	0.15	0.00	0.00	0.00	3.00	5.00	0.00	89123.00	0.05

续表 2

行业分类	Sum	关系资本																		
		本年稳定的前五名客户占销售额比例	第一大客户销售比例	第一与第二大客户销售比例之比	是否披露客户及消费者权益保护	本年稳定的前5名供应商采购比例	第一大供应商采购比例	第一与第二大供应商采购比例之比	是否披露供应商权益保护	是否披露债权人权益保护	是否披露股东权益保护（定性）	股利支付率（定量）	是否披露公共关系和社会公益事业	是否披露环境和可持续发展	产品质量认证（SA、ISO90001、ISO14000）可持续发展	企业科技方面的荣誉	企业荣誉	捐款额	人均销售费用	销售费用占销售收入比例
建筑业	N	20.00	20.00	20.00	20.00	13.00	13.00	13.00	20.00	20.00	20.00	19.00	20.00	20.00	20.00	20.00	20.00	20.00	18.00	20.00
	mean	0.73	0.37	2.71	0.10	0.33	0.15	6.15	0.10	0.10	0.10	0.13	0.10	0.10	0.00	0.60	1.85	0.00	44063.00	0.03
	sd	0.17	0.16	1.92	0.31	0.16	0.10	3.32	0.31	0.31	0.31	0.17	0.31	0.31	0.00	1.50	2.28	0.00	34913.00	0.03
	min	0.42	0.13	1.04	0.00	0.13	0.03	1.96	0.00	0.00	0.00	0.00	0.00	0.00	0.00	0.00	0.00	0.00	0.00	0.00
	p5	0.47	0.13	1.05	0.00	0.13	0.03	1.96	0.00	0.00	0.00	0.00	0.00	0.00	0.00	0.00	0.00	0.00	0.00	0.00
	p25	0.61	0.26	1.28	0.00	0.21	0.07	2.96	0.00	0.00	0.00	0.03	0.00	0.00	0.00	0.00	0.00	0.00	8392.00	0.01
	p50	0.69	0.35	2.11	0.00	0.37	0.13	5.40	0.00	0.00	0.00	0.10	0.00	0.00	0.00	0.00	0.00	0.00	49561.00	0.03
	p75	0.89	0.45	3.23	0.00	0.42	0.18	8.30	0.00	0.00	0.00	0.15	0.00	0.00	0.00	0.00	4.50	0.00	80962.00	0.07
	max	1.00	0.72	8.49	1.00	0.71	0.37	12.97	1.00	1.00	1.00	0.60	1.00	1.00	0.00	5.00	5.00	0.00	96402.00	0.10
批发和零售业	N	14.00	14.00	14.00	14.00	6.00	6.00	6.00	14.00	14.00	14.00	14.00	14.00	14.00	14.00	14.00	14.00	14.00	14.00	14.00
	mean	0.17	0.08	4.52	0.29	0.38	0.19	6.62	0.07	0.00	0.29	0.04	0.21	0.21	0.29	0.00	0.71	61786.00	153641.00	0.15
	sd	0.12	0.06	9.01	0.47	0.10	0.10	0.88	0.27	0.00	0.47	0.06	0.43	0.43	0.47	0.00	1.82	231181.00	125297.00	0.06
	min	0.03	0.01	1.05	0.00	0.28	0.09	5.13	0.00	0.00	0.00	0.00	0.00	0.00	0.00	0.00	0.00	0.00	42601.00	0.06
	p5	0.03	0.01	1.05	0.00	0.28	0.09	5.13	0.00	0.00	0.00	0.00	0.00	0.00	0.00	0.00	0.00	0.00	42601.00	0.06
	p25	0.07	0.03	1.23	0.00	0.29	0.09	6.34	0.00	0.00	0.00	0.00	0.00	0.00	0.00	0.00	0.00	0.00	55134.00	0.09
	p50	0.15	0.06	1.79	0.00	0.36	0.18	6.74	0.00	0.00	0.00	0.01	0.00	0.00	0.00	0.00	0.00	0.00	147706.00	0.17
	p75	0.30	0.11	2.96	1.00	0.49	0.30	7.19	0.00	0.00	1.00	0.06	0.00	0.00	1.00	0.00	0.00	0.00	169062.00	0.19
	max	0.35	0.21	35.48	1.00	0.49	0.30	7.58	1.00	0.00	1.00	0.20	1.00	1.00	1.00	0.00	5.00	865000.00	428915.00	0.24

续表 3

行业分类	Sum	关系资本																	
		本年稳定的前五名客户占销售额比例	第一大客户销售比例	第一与第二大客户销售比例之比	是否披露客户及消费者权益保护	本年稳定的前5名供应商采购比例	第一大供应商采购比例	第一与第二大供应商采购比例之比	是否披露供应商权益保护	是否披露债权人权益保护	是否披露股东权益保护（定性）	股利支付率（定量）	是否披露公共关系和社会公益事业	是否披露环境和可持续发展	产品质量认证（SA、ISO90001、ISO14000）可持续发展	企业科技方面的荣誉	企业荣誉	捐款额	人均销售费用	销售费用占销售收入比例
交通运输、仓储和邮政业	N	13.00	13.00	13.00	13.00	6.00	6.00	6.00	13.00	13.00	13.00	13.00	13.00	13.00	13.00	13.00	13.00	13.00	13.00	13.00
	mean	0.21	0.07	1.51	0.00	0.33	0.17	5.62	0.00	0.00	0.00	0.06	0.00	0.00	0.00	0.92	2.54	0.00	16732.00	0.04
	sd	0.08	0.03	0.39	0.00	0.15	0.12	1.96	0.00	0.00	0.00	0.07	0.00	0.00	0.00	1.50	1.66	0.00	7994.00	0.02
	min	0.12	0.03	1.04	0.00	0.17	0.05	3.47	0.00	0.00	0.00	0.00	0.00	0.00	0.00	0.00	0.00	0.00	4161.00	0.02
	p5	0.12	0.03	1.04	0.00	0.17	0.05	3.47	0.00	0.00	0.00	0.00	0.00	0.00	0.00	0.00	0.00	0.00	4161.00	0.02
	p25	0.16	0.05	1.19	0.00	0.17	0.06	3.67	0.00	0.00	0.00	0.01	0.00	0.00	0.00	0.00	2.00	0.00	12319.00	0.02
	p50	0.18	0.06	1.59	0.00	0.34	0.15	5.63	0.00	0.00	0.00	0.05	0.00	0.00	0.00	0.00	3.00	0.00	15705.00	0.04
	p75	0.25	0.08	1.76	0.00	0.42	0.27	6.98	0.00	0.00	0.00	0.08	0.00	0.00	0.00	2.00	4.00	0.00	22681.00	0.04
	max	0.40	0.14	2.27	0.00	0.54	0.33	8.35	0.00	0.00	0.00	0.20	0.00	0.00	0.00	4.00	4.00	0.00	30798.00	0.08
信息传输、软件和信息技术服务业	N	279.00	279.00	279.00	279.00	159.00	159.00	151.00	279.00	279.00	279.00	255.00	279.00	279.00	279.00	279.00	279.00	279.00	272.00	279.00
	mean	0.34	0.14	1.97	0.06	0.44	0.21	9.34	0.04	0.04	0.06	0.14	0.06	0.04	0.00	1.58	2.29	19391.00	64360.00	0.12
	sd	0.20	0.12	1.56	0.23	0.23	0.16	6.00	0.20	0.19	0.25	0.19	0.24	0.20	0.06	2.20	2.35	201569.00	90561.00	0.11
	min	0.02	0.01	1.00	0.00	0.08	0.02	1.18	0.00	0.00	0.00	0.00	0.00	0.00	0.00	0.00	0.00	0.00	1502.00	0.01
	p5	0.08	0.02	1.03	0.00	0.12	0.04	2.19	0.00	0.00	0.00	0.00	0.00	0.00	0.00	0.00	0.00	0.00	8196.00	0.02
	p25	0.19	0.06	1.16	0.00	0.26	0.09	4.62	0.00	0.00	0.00	0.04	0.00	0.00	0.00	0.00	0.00	0.00	26416.00	0.04
	p50	0.30	0.11	1.45	0.00	0.40	0.15	8.07	0.00	0.00	0.00	0.10	0.00	0.00	0.00	0.00	2.00	0.00	45187.00	0.09
	p75	0.45	0.18	2.17	0.00	0.60	0.29	12.26	0.00	0.00	0.00	0.20	0.00	0.00	0.00	4.00	5.00	0.00	74532.00	0.17
	max	0.98	0.72	13.29	1.00	0.96	0.85	30.99	1.00	1.00	1.00	1.50	1.00	1.00	1.00	5.00	6.00	2600000.00	1003000.00	0.58

续表 4

行业分类	Sum	关系资本																	
		本年稳定的前五名客户占销售额比例	第一大客户销售比例	第一与第二大客户销售比例之比	是否披露客户及消费者权益保护	本年稳定的前5名供应商采购比例	第一大供应商采购比例	第一与第二大供应商采购比例之比	是否披露供应商权益保护	是否披露债权人权益保护	是否披露股东权益保护（定性）	股利支付率（定量）	是否披露公共关系和社会公益事业	是否披露环境和可持续发展	产品质量认证（SA、ISO90001、ISO14000）可持续发展	企业科技方面的荣誉	企业荣誉	捐款额	人均销售费用	销售费用占销售收入比例
租赁和商务服务业	N	26.00	26.00	26.00	26.00	11.00	11.00	10.00	26.00	26.00	26.00	25.00	26.00	26.00	26.00	26.00	26.00	26.00	26.00	26.00
	mean	0.39	0.15	1.81	0.15	0.42	0.19	10.52	0.04	0.00	0.15	0.09	0.15	0.15	0.00	0.54	3.89	114977.00	68849.00	0.07
	sd	0.24	0.12	0.95	0.37	0.24	0.12	7.50	0.20	0.00	0.37	0.08	0.37	0.37	0.00	1.30	2.01	402222.00	61158.00	0.06
	min	0.14	0.03	1.02	0.00	0.11	0.03	2.09	0.00	0.00	0.00	0.00	0.00	0.00	0.00	0.00	0.00	0.00	122.00	0.00
	p5	0.14	0.03	1.06	0.00	0.11	0.03	2.09	0.00	0.00	0.00	0.00	0.00	0.00	0.00	0.00	0.00	0.00	2401.00	0.00
	p25	0.18	0.07	1.15	0.00	0.23	0.08	4.94	0.00	0.00	0.00	0.04	0.00	0.00	0.00	0.00	3.00	0.00	26458.00	0.03
	p50	0.25	0.10	1.56	0.00	0.39	0.19	8.77	0.00	0.00	0.00	0.05	0.00	0.00	0.00	0.00	4.50	0.00	43248.00	0.06
	p75	0.62	0.22	2.02	0.00	0.67	0.30	16.57	0.00	0.00	0.00	0.10	0.00	0.00	0.00	0.00	5.00	0.00	111468.00	0.11
	max	0.84	0.51	5.06	1.00	0.83	0.36	24.69	1.00	0.00	1.00	0.30	1.00	1.00	0.00	4.00	6.00	2014000.00	237772.00	0.21
科学研究和技术服务业	N	26.00	26.00	26.00	26.00	16.00	16.00	16.00	26.00	26.00	26.00	24.00	26.00	26.00	26.00	26.00	26.00	26.00	26.00	26.00
	mean	0.22	0.09	1.70	0.00	0.33	0.13	8.38	0.00	0.00	0.00	0.24	0.00	0.00	0.00	1.92	2.46	0.00	21019.00	0.07
	sd	0.20	0.09	0.94	0.00	0.26	0.14	6.91	0.00	0.00	0.00	0.33	0.00	0.00	0.00	2.21	2.12	0.00	19640.00	0.09
	min	0.03	0.01	1.03	0.00	0.10	0.03	2.25	0.00	0.00	0.00	0.00	0.00	0.00	0.00	0.00	0.00	0.00	3192.00	0.00
	p5	0.03	0.01	1.04	0.00	0.10	0.03	2.25	0.00	0.00	0.00	0.00	0.00	0.00	0.00	0.00	0.00	0.00	3315.00	0.01
	p25	0.05	0.01	1.11	0.00	0.15	0.05	3.66	0.00	0.00	0.00	0.05	0.00	0.00	0.00	0.00	0.00	0.00	5944.00	0.01
	p50	0.18	0.06	1.25	0.00	0.26	0.09	6.12	0.00	0.00	0.00	0.15	0.00	0.00	0.00	0.00	2.50	0.00	11666.00	0.03
	p75	0.33	0.13	1.91	0.00	0.35	0.13	10.15	0.00	0.00	0.00	0.30	0.00	0.00	0.00	4.00	5.00	0.00	48067.00	0.19
	max	0.76	0.28	4.60	0.00	0.94	0.56	27.04	0.00	0.00	0.00	1.60	0.00	0.00	0.00	5.00	5.00	0.00	54901.00	0.26

续表5

行业分类	Sum	关系资本																		
		本年稳定的前五名客户占销售额比例	第一大客户销售比例	第一与第二大客户销售比例之比	是否披露客户及消费者权益保护	本年稳定的前5名供应商采购比例	第一大供应商采购比例	第一与第二大供应商采购比例之比	是否披露供应商权益保护	是否披露债权人权益保护	是否披露股东权益保护（定性）	股利支付率（定量）	是否披露公共关系和社会公益事业	是否披露环境和可持续发展	产品质量认证（SA、ISO90001、ISO14000）可持续发展	企业科技方面的荣誉	企业荣誉	捐款额	人均销售费用	销售费用占销售收入比例
水利、环境和公共设施管理业	N	17.00	17.00	17.00	17.00	10.00	10.00	10.00	17.00	17.00	17.00	17.00	17.00	17.00	17.00	17.00	17.00	17.00	17.00	17.00
	mean	0.38	0.17	2.27	0.24	0.21	0.08	4.72	0.24	0.24	0.24	0.09	0.24	0.24	0.00	3.77	4.06	1559000.00	30777.00	0.03
	sd	0.20	0.14	1.72	0.44	0.07	0.04	1.64	0.44	0.44	0.44	0.06	0.44	0.44	0.00	1.92	1.68	5679000.00	14194.00	0.02
	min	0.11	0.03	1.02	0.00	0.12	0.03	2.39	0.00	0.00	0.00	0.02	0.00	0.00	0.00	0.00	0.00	0.00	8269.00	0.01
	p5	0.11	0.03	1.02	0.00	0.12	0.03	2.39	0.00	0.00	0.00	0.02	0.00	0.00	0.00	0.00	0.00	0.00	8269.00	0.01
	p25	0.25	0.07	1.27	0.00	0.15	0.05	3.33	0.00	0.00	0.00	0.06	0.00	0.00	0.00	3.00	4.00	0.00	19864.00	0.01
	p50	0.36	0.13	1.81	0.00	0.21	0.07	4.57	0.00	0.00	0.00	0.07	0.00	0.00	0.00	5.00	5.00	0.00	28990.00	0.02
	p75	0.46	0.18	2.36	0.00	0.27	0.09	6.48	0.00	0.00	0.00	0.10	0.00	0.00	0.00	5.00	5.00	0.00	40107.00	0.04
	max	0.74	0.51	7.70	1.00	0.34	0.16	6.69	1.00	1.00	1.00	0.30	1.00	1.00	0.00	5.00	5.00	23500000.00	55028.00	0.06
卫生和社会工作	N	7.00	7.00	7.00	7.00	4.00	4.00	3.00	7.00	7.00	7.00	7.00	7.00	7.00	7.00	7.00	7.00	7.00	7.00	7.00
	mean	0.19	0.07	1.78	0.14	0.56	0.43	6.03	0.00	0.00	0.14	0.30	0.14	0.14	0.00	0.29	2.29	0.00	27183.00	0.08
	sd	0.17	0.08	0.43	0.38	0.17	0.22	3.89	0.00	0.00	0.38	0.25	0.38	0.38	0.00	0.76	2.22	0.00	15415.00	0.05
	min	0.01	0.00	1.24	0.00	0.34	0.14	2.61	0.00	0.00	0.00	0.10	0.00	0.00	0.00	0.00	0.00	0.00	8110.00	0.02
	p5	0.01	0.00	1.24	0.00	0.34	0.14	2.61	0.00	0.00	0.00	0.10	0.00	0.00	0.00	0.00	0.00	0.00	8110.00	0.02
	p25	0.08	0.02	1.25	0.00	0.42	0.26	2.61	0.00	0.00	0.00	0.10	0.00	0.00	0.00	0.00	0.00	0.00	9279.00	0.03
	p50	0.11	0.04	1.74	0.00	0.59	0.48	5.22	0.00	0.00	0.00	0.20	0.00	0.00	0.00	0.00	3.00	0.00	32283.00	0.10
	p75	0.29	0.11	2.28	0.00	0.70	0.60	10.26	0.00	0.00	0.00	0.40	0.00	0.00	0.00	0.00	4.00	0.00	39189.00	0.11
	max	0.50	0.22	2.29	1.00	0.70	0.64	10.26	0.00	0.00	1.00	0.80	1.00	1.00	0.00	2.00	5.00	0.00	45607.00	0.13

续表6

行业分类	Sum	关系资本																		
		本年稳定的前五名客户占销售额比例	第一大客户销售比例	第一与第二大客户销售比例之比	是否披露客户及消费者权益保护	本年稳定的前5名供应商采购比例	第一大供应商采购比例	第一与第二大供应商采购比例之比	是否披露供应商权益保护	是否披露债权人权益保护	是否披露股东权益保护（定性）	股利支付率（定量）	是否披露公共关系和社会公益事业	是否披露环境和可持续发展	产品质量认证（SA、ISO90001、ISO14000）可持续发展	企业科技方面的荣誉	企业荣誉	捐款额	人均销售费用	销售费用占销售收入比例
文化、体育和娱乐业	N	11.00	11.00	11.00	11.00	6.00	6.00	6.00	11.00	11.00	11.00	9.00	11.00	11.00	11.00	11.00	11.00	11.00	11.00	11.00
	mean	0.44	0.18	2.29	0.27	0.39	0.15	10.82	0.27	0.36	0.36	0.18	0.36	0.36	0.00	0.00	3.09	22727.00	138406.00	0.07
	sd												0.51	0.51	0.00	0.00	2.47	75378.00	79187.00	0.07
	min	0.18	0.04	1.01	0.00	0.25	0.07	5.81	0.00	0.00	0.00	0.02	0.00	0.00	0.00	0.00	0.00	0.00	38100.00	0.01
	p5	0.18	0.04	1.01	0.00	0.25	0.07	5.81	0.00	0.00	0.00	0.02	0.00	0.00	0.00	0.00	0.00	0.00	38100.00	0.01
	p25	0.28	0.07	1.09	0.00	0.30	0.10	7.00	0.00	0.00	0.00	0.08	0.00	0.00	0.00	0.00	0.00	0.00	70810.00	0.02
	p50	0.46	0.14	1.41	0.00	0.35	0.11	7.50	0.00	0.00	0.00	0.10	0.00	0.00	0.00	0.00	5.00	0.00	111765.00	0.06
	p75	0.52	0.20	2.33	1.00	0.39	0.16	10.60	1.00	1.00	1.00	0.17	1.00	1.00	0.00	0.00	5.00	0.00	212117.00	0.10
	max	0.81	0.63	9.94	1.00	0.73	0.36	26.51	1.00	1.00	1.00	0.50	1.00	1.00	0.00	0.00	5.00	250000.00	267545.00	0.25
Total	N	1316.00	1316.00	1316.00	1316.00	787.00	784.00	757.00	1316.00	1316.00	1316.00	1230.00	1316.00	1316.00	1315.00	1316.00	1314.00	1316.00	1307.00	1316.00
	mean	0.35	0.14	2.00	0.07	0.40	0.17	8.43	0.05	0.04	0.07	0.15	0.07	0.07	0.01	1.64	2.51	94206.00	62973.00	0.09
	sd	0.21	0.12	2.05	0.25	0.20	0.13	5.05	0.22	0.20	0.26	0.18	0.25	0.25	0.10	2.12	2.27	2172000.00	81218.00	0.09
	min	0.01	0.00	1.00	0.00	0.01	0.00	0.24	0.00	0.00	0.00	0.00	0.00	0.00	0.00	0.00	0.00	0.00	0.00	0.00
	p5	0.10	0.03	1.03	0.00	0.15	0.04	2.87	0.00	0.00	0.00	0.00	0.00	0.00	0.00	0.00	0.00	0.00	7169.00	0.01
	p25	0.20	0.06	1.17	0.00	0.25	0.08	4.91	0.00	0.00	0.00	0.05	0.00	0.00	0.00	0.00	0.00	0.00	20969.00	0.03
	p50	0.30	0.11	1.46	0.00	0.35	0.13	7.09	0.00	0.00	0.00	0.10	0.00	0.00	0.00	0.00	3.00	0.00	42370.00	0.07
	p75	0.47	0.18	2.15	0.00	0.50	0.22	10.38	0.00	0.00	0.00	0.20	0.00	0.00	0.00	4.00	5.00	0.00	74972.00	0.12
	max	1.00	0.88	38.11	1.00	0.98	0.88	37.77	1.00	1.00	1.00	1.60	1.00	1.00	1.00	6.00	6.00	75000000.00	1181000.00	0.58